银行卡走进"芯"时代

李东荣　主编

中国金融出版社

责任编辑：吕　楠
责任校对：刘　明
责任印制：程　颖

图书在版编目（CIP）数据

银行卡走进"芯"时代（Yinhangka Zoujin "Xin" Shidai）/李东荣
主编 . —北京：中国金融出版社，2014.8
　ISBN 978 – 7 – 5049 – 7618 – 5

　Ⅰ.①银…　Ⅱ.①李…　Ⅲ.①信用卡业务—研究—中国
Ⅳ.①F832.46

　中国版本图书馆 CIP 数据核字（2014）第 173694 号

出版
发行　　**中国金融出版社**

社址　　北京市丰台区益泽路 2 号
市场开发部　（010）63266347，63805472，63439533（传真）
网 上 书 店　http：//www. chinafph. com
　　　　　　　（010）63286832，63365686（传真）
读者服务部　（010）66070833，62568380
邮编　　100071
经销　　新华书店
印刷　　天津市银博印刷集团有限公司
尺寸　　169 毫米 × 239 毫米
印张　　26. 25
字数　　388 千
版次　　2014 年 8 月第 1 版
印次　　2014 年 8 月第 1 次印刷
定价　　98. 00 元
ISBN 978 – 7 – 5049 – 7618 – 5/F. 7178
如出现印装错误本社负责调换　联系电话（010）63263947

编委会

序

    2013 年 8 月，国务院发布《关于促进信息消费扩大内需的若干意见》（国发〔2013〕32 号），文件指出，将"大力推进金融集成电路卡（IC 卡）在公共服务领域的一卡多应用"，这意味着金融 IC 卡在公共服务领域的多应用将作为国家促进信息消费、扩大内需的重要战略举措，进入一个新的发展阶段。回顾 2009 年 12 月 30 日在中国人民银行 1 号楼 9 层第 3 会议室，当时我们与相关商业银行及中国银联的同事们一起商议次年的金融科技工作。会上我尝试提出将"金融 IC 卡在公共服务领域应用"作为金融科技的重点研究课题和今后若干年的重点工作任务，会议就此进行了热烈的讨论，最后大家达成共识，决定成立专门课题组研究此项工作。在这之后，我们组织各方力量共同攻关，经过一段时间艰苦细致的调研和论证，最终完成了课题报告，勾绘出了在我国推进金融 IC 卡公共服务领域应用的蓝图。2011 年 3 月 15 日，人民银行发布了《关于推进金融 IC 卡应用工作的意见》（银发〔2011〕64 号），宣布全面启动我国银行卡芯片化迁移，并阐明了推进金融 IC 卡在公共服务领域应用的工作目标和实施路径。在启动此项系统工程之初，我就清醒地认识到如此庞大的社会工程不可能一蹴而就，需面对许多困难和挑战，在这之后的发展确实印证了我们的预判。在这锲而不舍的推进过程中，我更深切地感受到此项社会工程涉及面之广、协调范围之大、与民生关系之紧密、社会意义之重大。

银行卡走进"芯"时代是现代经济和信息科学技术发展的必然过程，体现了全球化的趋势，但怎么走，在方法论上各国大相径庭。决策精细、处理得当，就能达到金融服务提升、百姓获益匪浅、民族产业发展的效果；而盲目引进、轻率处置，则可能带来巨额投入低效、社会消耗徒增、风险不降反升的后果。在我国开展银行卡芯片化工作之前，发达国家通常由银行卡国际组织主导，银行业根据自身安全运营和风险防控的需要，自主决定开展芯片化改造。在这种完全出于银行卡业自身安全升级需要前提下开展的技术换代工作，往往带有一定的决策投机性、目标局限性和收效单一性。不从我国持卡人口众多、银行卡服务地域广阔的禀赋要素出发，不假思索地搬用他国方法，显然在投入上得不到合理的支撑，收效上也看不到快速改善，还可能在相当长时期内，在民众的"钱袋子"上烙下舶来品的印记。

在党中央、国务院的正确领导下，人民银行从我国金融业立足实体经济、为社会提供普惠金融服务并适应国际金融服务发展趋势的实际出发，积极跟踪国际芯片技术和芯片化工作的进展，及时开展了《中国金融集成电路（IC）卡规范》的编制工作，为全面实施银行卡芯片化战略夯实基础。这些标准规范已成为我国银行业芯片化过程中使用最为频繁的信息化成果，也是我国银行卡业从完全引进到自主发展的分水岭。

推动金融IC卡在公共服务领域应用的基本理念是：以银行卡芯片化即金融IC卡为手段，保护金融消费者权益和金融信息安全，维护金融稳定，并以公共服务便利最大化为目标，更充分地发挥金融服务民生的作用。通过实践，这些理念在各方面得到了验证，从而探索了符合中国特色的银行卡芯片化发展路径。

党的十八大提出了建设中国特色"工业化、信息化、城镇化、农业现代化"的目标，这为我国金融事业的发展带来了广阔的作为天地。暂且不说传统的金融支持，单是金融 IC 卡在公共服务领域的应用，就能在信息化和城镇化中大有作为。2013 年 7 月 12 日，李克强总理主持召开国务院常务会议，研究部署加快发展节能环保产业，促进信息消费，会议提出将加快实施"信息惠民"工程、推进金融 IC 卡在公共服务领域应用。这意味着金融 IC 卡公共服务领域应用已经上升至国家战略层面，成为促进信息消费、拉动国内有效需求、推动经济转型升级的重要举措，为我国金融 IC 卡的可持续发展注入了强大的推动力。它顺应了人民群众对美好生活的新期盼，不仅有利于释放消费潜力，而且有利于拉动有效投资，带动新兴产业成长，是利当前、惠长远、一举多得的重要举措。

银行卡芯片化是改革开放以来我国金融信息化经历的重大工程之一，是 2002 年我国实现银行卡联网通用后又一次历史性的突破，它惠及千家万户，广涉社会公共服务各领域。为做好这项工作，中国人民银行党委书记、行长周小川，原副行长苏宁多次给予重要指示和提出具体工作要求。在这个重大的信息化工程中，我们始终注意将国际先进技术、自主知识产权和自主信息技术结合采用，力求以中国特色快步走进"芯"时代。整项工作得到了相关部委、地方政府以及银行业机构的理念认同和大力支持，也在国际上引起了关注。在此，对发展改革委、科技部、工业和信息化部、人力资源和社会保障部等部门以及最早引入金融 IC 卡在公共服务领域应用的各城市政府表示感谢，特别要对各银行业机构和中国银联付出的辛勤劳动表达谢意。

回到实用的角度，经常有媒体询问：我国现有 43 亿张银行卡是否都要更换，换则成本太大、不换则安全无望；怎么样实现一卡多应用等等。对这些疑虑，我们认为，从技术上而言已不存在重大瓶颈，只要坚持立足尊重客观规律、关注社会民生，以提高社会公共服务水平和效率为基础，一切终将迎刃而解。以升级卡片的数量问题为例，43 亿只是一个累积数字，金融 IC 卡绝不仅是磁条卡的简单升级，其目的更在于解决目前一人多卡、一事一卡的局面。所以，金融 IC 卡的发展应用并不重在追求数量，而是重在质量，我们并不是要简单地一一替换，解决所有 43 亿张卡的升级问题，而是着眼于将更安全便利的金融服务提供给老百姓。

本书汇集了全球银行卡升级换代的基本情况，展现了我国特色的银行卡芯片化成果，是我国广大持卡人、银行卡受理商户、公共服务部门、银行业机构和芯片产业链服务商了解金融 IC 卡的知识集成，上述问题均在书中有生动表述。在本书付梓之际，谨录感触以为序。

二〇一四年七月

目 录 CONTENTS

银行卡走进"芯"时代
AN ERA OF CHIP BANK CARDS

序 篇

一、为什么要写银行卡——银行卡在生活中扮演着重要角色

银行卡能成书，是因为它与社会民生高度相关。人们日常生活中随处可见银行卡的身影，工人、农民、商人、学者、军人无一能完全离开这种金融产品。事实上，这已是一种全球普遍的现象，市场经济和电子商务的时代，电子货币一定是最活跃的金融服务手段！确实，打开中国大多数人的钱包，总会看到一张或几张银行卡，无论在城市还是乡村，用卡消费正逐渐成为一种习惯。在升级为金融 IC 卡后，银行卡与百姓生活关系更加密切，可以说应用环境随处可见，应用便利不胜枚举。

如今，银行卡承载着大部分的个人金融资产。进入 21 世纪以来，银行卡逐步取代存折，成为管理个人金融资产的最重要工具。比如一些银行开通的"一卡通"个人理财账户，集定活期、多币种、多功能于一卡，对资产进行集中管理，得到广大民众的喜爱。目前，几乎所有商业银行都已经推出此项功能，为百姓提供越来越好的金融资产管理服务。

银行卡有效提升了线下消费的交易便利性。改革开放初期，金融电子化工作还未大规模开展，金融服务手段还十分落后，各地商场里排队交现金的"壮观"场面非常普遍。因为要计算、找零、核对，收付款过程效率低下，极不方便，而且商家平时要准备大量零钱，过程烦琐，差错频繁出现，所以经常叫苦不迭。自 2002 年银行卡联网通用以来，我国的用卡环境得到显著改善，拿着任何一张银行卡，就可以在收款柜台进行刷卡消费，或可以利用手持 POS 机进行货到付款业务，线下商贸极其方便。现在，在商场店铺，在餐厅饭店，在 24 小时自助银行，随处可见的 POS 终端、ATM 以及其他自助缴费终端，为人们提供了越来越便利、快捷、安全的金融服务。

银行卡与电子商务相互推进共同发展，改变了人们的消费习惯。电子商务在中国已经发展了多年，真正"火"起来还是在 2003 年"非典"之后，随着物流业的发展、高速网络的普及以及电子支付的快捷方便，越来越喜欢

3

宅在家里的人们逐渐适应、习惯乃至喜欢上了网上购物。淘宝、京东、易趣、1号店等电商平台,已经成为年轻人网购的首选。在选中心仪商品后,银行卡就登场了。网店与网上消费者都离不开银行卡,因为银行卡是电子支付的中介。电子商务发展到今天,银行的介入与否、网页上有无银行服务标识,已经成为影响电商能否发展、壮大甚至占领市场先机的关键因素。

银行卡在医疗卫生领域也得到了广泛应用。用银行卡结算医疗费用,已经是很普遍的事情了。目前集社会保障卡、医疗就诊卡及金融服务等多种功能于一体、基于金融IC卡多应用的居民健康卡,已经在部分地区试点成功,正向全国推广。

在文化教育方面,银行卡不仅具备传统的支付功能,还可用于校园内的各项生活服务和教学管理。手持一卡,可以进行学籍注册、课程管理、实验登记、器材借用、餐厅就餐、图书借阅、登记社团活动等,极大地便利了学校管理和服务工作的开展。

银行卡在交通旅行方面发挥的作用越来越大。在城市公交、地铁、出租车等公用交通工具上,用银行卡"闪付"乘车,不但能以高安全性替代原有交通卡,而且使交通行业刷卡应用与日常生活中的银行卡应用实现了互通,便利性、安全性显著提高。外出旅游也不用再带很多现金,遍及全球的银行卡服务,让你在国内外都享受轻松、便捷、安全的刷卡消费。

以前缴纳水、电、煤气费用需要去银行,现在,我们可以到银行或商场、超市甚至小卖部的银行卡自助服务终端缴费,也可以通过网上银行、手机银行、电视银行、家庭支付终端等,利用银行卡账户,完成这些与生活服务相关的缴费行为。

在我们的日常生活中,处处都有银行卡的踪影。但凡为大众服务的,都是平凡中体现为民情结的,我们怎能不为之"书"写呢!

二、为什么选择芯片卡——芯片技术极大地提高了银行卡安全性

在银行卡产生的初始阶段,发行的都是磁条卡,即在卡片上印制磁

条，记录用户、账号等信息，使用时通过对磁条信息的读取、比对，进行相关的支付、转账等操作。但是，随着银行卡管理资金量的膨胀以及 IT 技术的普及，磁条卡因其信息存储量小、信息易被读取和伪造、保密性差等弱点，逐渐成为犯罪分子的攻击对象。

出于安全等因素考虑，Europay（欧陆卡）、MasterCard（万事达）、VISA（维萨）三大国际卡组织联合制定了基于金融集成电路（IC）卡的金融支付标准，明确了银行卡从磁条卡向金融 IC 卡升级的技术路线，这就是银行业常说的"EMV"迁移，学术上也称做"芯片卡迁移"。

金融 IC 卡以芯片为介质，其容量大，可以存储密钥、数字证书、指纹等信息，具有更加可靠的安全性。利用安全性更高的芯片卡来代替磁条卡，可以有效防范诸如制作和使用假信用卡、视频密码偷窥等各种科技手段的金融犯罪。为此，国际银行卡组织持续开展了标准制定、产品检测等相关工作。

我国芯片卡迁移的重要原因，除了全球一致的风险管控因素外，金融创新和服务民生也是我国典型的需求，但这两种需求也需要以安全为前提。系统地分析，银行卡风险包括收单风险、伪卡风险和市场风险。简单来说，收单风险是指不能受理银行卡所产生的信誉和政策风险，伪卡风险是指利用伪造的银行卡进行消费或取现而产生的资金风险，而市场风险则是指由于商户信用风险、违规操作以及信息泄露等产生的经营风险。

国内的银行卡收单市场包括外卡收单和内卡收单。如果我国外卡收单不能按时完成 EMV 迁移改造，国际风险责任转移政策一旦正式实施，因不能受理国外芯片卡所产生的风险责任将全部由国内收单机构承担，国内收单机构受理外卡时将面临极大的跨国风险。

随着国际上的银行业纷纷开展 EMV 迁移，伪造银行卡的成本和难度将大大提高，从而使得未进行 EMV 迁移的纯磁条卡成为伪卡集团的主要攻击目标。因此，国内银行一直沿用的磁条卡将更有可能被伪造并在境内外被大量冒用。

那么芯片卡与磁条卡相比，其安全性到底有何长处？

芯片卡的核心是计算机处理器，处理器包含了 CPU、存储器、缓存等硬件资源以及微型的软件系统，其工作原理类似于微型计算机，可以将信息存储、加解密、身份识别、鉴权、支付等功能融合到一起，综合利用能力强大，远非磁条只能简单存储有限信息可比。芯片卡的背后，涉及密码学、计算科学、工程学、电子学、统计学、化学等多个学科领域。通过加密手段（包括国际上广泛应用的 DES、3DES、RSA 等加密算法，也包括 SM1、SM3、SM4 等国产加密算法），芯片卡的安全防护能力达到了很高的水准。相对磁条来说，伪造一颗芯片的成本非常高，几乎成为不可能完成的任务。可以说，芯片卡的安全防护机制远胜于人们平时使用的防盗措施，"指尖上的保险柜"可谓实至名归，在当前及今后相当长一段时期内，可以有效保护银行卡用户的数据安全。

三、为什么发展多应用——多应用是金融服务民生的渠道

多应用是中国特色银行卡生存发展的崭新模式，更是金融业服务民生的主要渠道。

信息技术的迅猛发展，不仅带来了我国银行卡业务的高速发展，也推动了国内非金融行业 IC 卡的普及与应用。1998 年，在《中国金融集成电路（IC）卡规范 V1.0》（PBOC1.0）推出之前，芯片卡的应用范围有限，而且不同的芯片卡之间也不兼容，相同的应用在不同的地区也存在很大的差异。随着 PBOC1.0 规范的颁布，大家仿佛看到了未来芯片卡发展的方向，于是，众多的国内外厂商很快推出了相应的芯片卡，希望即将到来的金融 IC 卡普及的春风能够带来新的活力和希望。但鉴于卡片成本较高，以及国内外经济环境的变化等原因，前期银行发行的 PBOC1.0 卡片微乎其微。厂商们努力寻找新的应用领域，于是在加油卡、社保卡、水电煤气卡、城市一卡通等各种行业应用领域，PBOC1.0 或者类 PBOC1.0 反而得到了蓬勃的发展。其中既包括 PBOC1.0 中定义的用户卡，也包括与之对应的 PSAM、ESAM、ISAM 等各种用于安全认证的卡片。电子钱包作为当时定义的一种新应用，未在金融领域广泛使用，却在众多的非银行支付领

域中开花结果。比如用于机动车驾驶员管理的 IC 卡、用于商场结算的购物卡或者 VIP 积分卡等，类似的卡片在某些城市发卡数量还相当可观。所以 PBOC1.0 的作用并不在于银行发行符合该规范的卡片究竟有多少，而在于它奠定了中国芯片卡应用的基本模式，即金融标准的跨行业应用。

随着商业银行经营体制改革的不断深入，成本和效益已摆在日益突出的地位。单纯发行金融 IC 卡的市场定位难、成本高且总体效益低，发展缓慢。由于非金融行业 IC 卡应用需要金融服务的支持，而金融行业应用需要合适的市场切入点、摊薄的成本和长远的经济效益，更为重要的是，通过各领域的应用，在加强服务民生、服务"三农"方面务实开展工作，能更好地体现银行的社会价值和为民服务的理念，因此，金融与不同行业应用相结合的金融 IC 卡应运而生。金融 IC 卡为民服务是通过其与多个民生领域的应用合作开展的，事实上这种合作存在诸多先天关联：

一方面，金融 IC 卡目前从功能而言更多的是为个人金融服务，面向个人较多，其中闪付、多应用等特色能够有效满足人们方便使用银行卡和个性化特色服务的需求，符合贴近民生、服务民生的理念。另一方面，一卡多应用是便民的必经之路，通过金融 IC 卡标准，把社保、医疗、教育等行业应用及信息整合在一起，为民众提供包含金融在内的多方面服务，是民众的理性需求，也是当前集约化社会的刚性需求。同时，信息的整合分析将为公共服务提供指南，正如前面所说，多应用能够把公众信息进行有效、安全的整合，其中的数据经过计算机分析处理，可以为公共服务提供有效的参考，包括交通信息的及时发布、紧急卫生医疗事件的处理、教育资源的调度等。此外，多应用是金融输出优质服务的重要手段，也是银行推出差异化服务，为民生提供创新、安全、高效的现代金融服务的关键。

金融 IC 卡与行业应用紧密结合产生的多应用，使银行拥有了更多行业客户，不仅实现了行业信息管理，为行业客户提供了新的支付手段，而且通过分摊费用进一步降低了社会总成本，走出了一条中国特色的银行卡芯片化道路。

四、为什么支持区域化——区域推进是策应城镇化与提升银行服务能力的需要

银行卡是为民服务的，人民生活在哪儿，银行卡服务就在哪儿，因此其发展路径也在于为城镇化配套，通过有特色的区域推广优势，加快扩展应用领域及地域范围，充分发挥银行卡的"闪付"及"一卡多应用"的优势，在此基础上再进行全国乃至国际范围的整合。

从发挥地方政府和银行一线团队两方面的主动性来分析，区域化地开展多应用推进工作也是必然的。

第一，加快金融 IC 卡的区域化推进，有利于与信息化、城镇化的整体发展需要互相呼应。党的十八大提出了建设中国特色的"工业化、信息化、城镇化、农业现代化"目标，对信息化和城镇化提出新的要求。当前，城市信息化建设在国内外已经得到广泛重视，并日益影响着城市和区域的未来发展。但是，中国的城市发展适逢经济发展模式转型期，面临着日益严重的资源和环境压力。城市人口增长过快、供配电需求紧张、环境污染与生态破坏严重、交通拥堵治理困难、安全生产形势严峻、城市管理中的违法违规现象屡禁不止等，制约着城镇化的发展。如何有效利用信息技术提升城市管理水平，以跟上快速增长的城镇化步伐，引导、推动我国进入信息社会已成为地方政府的当务之急。事实上，通过多应用实践，以金融 IC 卡的区域化推进带动城市金融信息化发展，继而促进信息化、城镇化，已被证明是一种可行的途径。城市信息化具体可以包括城市管理、医疗卫生、文化教育、公共交通、公用事业、便民服务等各个方面，其中，金融服务是其共同的要求。所以，以金融 IC 卡为代表的现代金融服务，既是金融现代化的主要表现形式，也可成为城市信息化服务民生、便利百姓的有效措施。金融 IC 卡的系列成果，例如多应用卡、支付网络、自助设施、移动金融服务等，可以为民生提供更加安全、便捷的金融服务，也可以提供其他配套的信息化服务，能有效提升社会公共服务水平，成为信息化、城镇化的重要支撑。

第二，加快金融 IC 卡的区域化推进，可以调动银行一线团队的积极性，充分发挥其对市场的洞察力，研究、细分市场多元化需求，结合本行优势资源，重点拓展有代表性的合作项目，形成具有本行特色的典型案例和标准化模板。如医疗保健卡、城市一卡通、企业园区卡、ETC 卡、校园卡等特色产品，都是各地银行业机构在多应用拓展过程中，协作创新出来的。通过这些特色产品，银行在提供新服务的同时，打通了与企业交流合作的新渠道，产生了新的商业合作机会，提升了银行的竞争力。

自 2012 年起，人民银行在全国 47 个城市开展金融 IC 卡在公共服务领域应用试点，结合当地实际情况，围绕服务民生，建立公共服务领域"项目共享、费用分摊"的推广机制，有效地提升了区域内金融机构参与金融 IC 卡应用工作的积极性。截至 2013 年底，47 个应用城市共发行金融 IC 卡 1.84 亿张，占全国金融 IC 卡发卡总量的 31.07%。应用城市通过在公共服务领域的应用有效促进了金融 IC 卡的发行以及应用，成为我国金融 IC 卡推广工作中的亮点。

第三，加快金融 IC 卡的区域化推进，有助于银行找准地方特色，贴近民生实际开展服务。银行不仅具有企业职能，同时也承担着服务民生、服务社会的重要责任。处于一线服务的银行区域分支机构或区域性银行，熟悉当地特色，了解当地需求，深谙当地民风民情，在金融服务创新和"一卡多应用"等方面，具有先天的优势和全力推行的热情。银行在区域试点推进过程中，充分发挥了解当地需求的优势，与当地的经济、文化、消费特点相结合，以"闪付"、多应用为特色，贴近百姓生活，提供安全、便捷、丰富的金融服务。此举既可以提高市场份额，扩大影响力，又可以抢占先机，增强自身竞争力。更重要的是，通过这些特色服务，能更清晰地体现银行服务社会、服务民生的先进理念，体现现代企业制度下银行的社会责任性和公信力。例如，桂林银行根据当地米粉店数量多、分布广泛的特点，发行了"米粉卡"，市民在这些米粉店吃米粉可以"挥"卡付款，既方便，又卫生；在新疆地区，农业银行与燃气公司联合推出"燃气卡"，该卡具备金融、企业管理和增值服务功能，通过加强对所有用气客户的服务，可以推动银行卡规模与效益的同步增长，实现客户增值服务等多重效应，达到提升服务品质，拓宽银企双方合作领域，实现企业、客户、银行三方共赢的目标。

因此，区域化是金融 IC 卡发展的正确道路，区域化的成功，是金融 IC 卡在全国推广的基础和保证。

五、为什么面向全社会——社会化是基于国家战略和大众利益的考虑

前面我们说了要发展银行卡多应用，但怎么发展有一个路径问题。2013 年 7 月 12 日，国务院召开了常务会议，将推进金融 IC 卡在公共服务领域的应用当做拉动国内有效需求、推动经济转型升级的重要措施，同时又出台了促进信息消费、开展信息惠民工程的相关政策，这一精神十分明确地提出了金融 IC 卡的服务目标是社会大众。安全、便利的金融 IC 卡服务，既符合广大群众的利益又符合产业政策的需要，将直接惠及发卡银行等金融机构、受理银行卡消费的商家、使用银行卡的消费者以及与之关联的产业链等相关群体，进而惠及社会整体。因此，如何让大众理解金融 IC 卡，学会使用金融 IC 卡，如何更好地推广金融 IC 卡应用，建设完善金融 IC 卡的软环境，既是金融从业人员的光荣职责，也需要社会成员的共同推动。

银行卡具有鲜明的社会属性，是面向全社会服务的。目前已经取得阶段性成果的金融 IC 卡领域，大多属于民众参与性强、乐于使用、便于使用的领域，主要包括：一是在多个小额便利支付领域实现了金融 IC 卡受理，如上海、南京等地区的标准化菜市场；二是在公共交通等快速支付行业实现了不同程度的应用推广，如成都地铁、广深铁路、贵州多地公交车、株洲自行车租赁等；三是在社保、铁路、医院等领域，人民银行先后与多部委开展了行部合作，在金融 IC 卡上加载社会服务功能；四是结合电子商务示范城市的创建，发展改革委等八部委共同在全国 5 个城市开展金融 IC 卡一卡多应用平台试点工作，推动金融 IC 卡与电子商务融合发展。这些应用，有硬环境的建设和改造，但更多的是软环境的建设和

完善。

应该看到，软环境的改善比硬环境的改造更加困难，也更加重要。什么是软环境？人们对银行卡知识的掌握情况、用卡意识，商户收银员受理卡业务的熟练程度，社会所提供的适合发挥银行卡"闪付"、"多应用"功能的公共服务等都是软环境。这些软环境的建设，需要我们做大量工作，特别是"人"的工作，如普及银行卡知识，培训商户收银员的技能，大力拓展银行卡的业务功能和应用领域等，可见金融IC卡工作也是一项社会工作。

软环境拓展了，更多的人群就会在早市、菜市场、公交、电子商务等领域使用金融IC卡，从而加速推进一卡多应用，金融信息化成果也就能更快、更好地惠及民众。

六、为什么记录全过程——过程总结是继续创新的前提

银行卡的发展，是一个"边实践，边创新"的过程。

我们回顾一下我国银行卡发展的历程。我国银行卡发展始于20世纪80年代中期，最早发行的是信用卡。1985年3月1日，中国银行珠海分行在国内率先发行人民币"珠江卡"，进行了有益的实践探索。此后，各行相继发行了各自的银行卡，银行卡业务呈现出百花齐放的发展态势。各家银行发展银行卡业务，并不是一味地贪大求全，而是注重创新和避免同质化竞争，如工商银行的"牡丹卡"、农业银行的"金穗卡"、中国银行的"长城卡"、建设银行的"龙卡"、招商银行的"金葵花卡"等。它们都发挥了各自的特色，在推动中实践，在发展中不断创新，成为一个个闪亮的品牌。2002年中国银联成立、实现全国联网通用之后，我国的银行卡进入高速发展期。

银行卡发展的又一个高潮是芯片卡的迁移。为顺应国际银行卡技术发展趋势，从根本上提高银行卡的安全性和可靠性，推广应用芯片卡被列为我国金融业信息化"十二五"发展规划的一项重要内容。人民银行充分考

虑银行卡芯片技术在国内国际的发展趋势，银行卡犯罪的特征以及利用芯片卡进行金融服务创新等各方面因素，就推动金融 IC 卡应用工作展开了大量的调研及论证，形成了我国银行卡从磁条向芯片迁移及金融 IC 卡多应用的发展思路。

2011 年 3 月 15 日，《中国人民银行关于推进金融 IC 卡应用工作的意见》（银发〔2011〕64 号）发布，决定在全国范围内正式启动银行卡芯片迁移工作，以促进中国银行卡的产业升级和可持续发展，这意味着我国银行磁条卡向 IC 卡应用迁移工作正式启动。

此后不久，香港金融管理局也宣布启动金融 IC 卡应用进程，在芯片卡迁移中迟迟不动的美国也终于开始行动。2011 年 4 月，美国富国银行（Wells Fargo）选择了 15000 名客户发行 VISA 金融 IC 信用卡；同月，美国国内最大的发卡银行之一摩根大通银行也宣布在 6 月针对其高端客户——Palladium 信用卡客户发行其 VISA 金融 IC 信用卡；2011 年 6 月，硅谷银行（Silicon Valley Bank）和美国国内第五大商业银行合众银行（US Bank），分别推出 EMV 标准的金融 IC 卡。在推动金融 IC 卡应用方面，中国掌握了主动。

从"谨慎应对、积极准备、顺势而为、重点突破"到"积极应对、审慎实施"，再到全面启动银行卡芯片迁移工作，从被动地接受国外标准，到自主研制 PBOC3.0 标准，我国银行卡的芯片迁移工作走过了 10 年历程，筚路蓝缕，终于在金融 IC 卡应用方面走在了世界前列。

从以上的银行卡发展经历，我们可以推断创新是需要总结经验的。通过总结，创新的机制要发扬，创新的方法要发扬，创新的理念更要发扬。回头望，每次总结总能带来下一轮高潮：一是对磁条卡推进的总结，形成了"联网联合、共同发展"的经验，从此银行卡走上了高速发展之路，也为芯片化提供了体制的经验；二是对国际 EMV 迁移的学习以及对国内集成电路产业的调研，形成了高技术的经验，使银行卡找到了技术创新的方向；三是对"多应用"的总结，有力地推动了金融 IC 卡与相关行业、领域的应用融合，也产生了崭新的需求，为民生提供了更加优质、差异化的金融服务，为芯片化提供了快速推广的经验；四是对部门协作的总结，形成了"政府主导、市场化运作"的有效机制，实现了行业卡的整合，带动了金融 IC 卡跨行业应用的迅速开展，为芯片化提供了协调的经验；五是对标准应用的总结，可以看到标准对于产业的指导价值，从借鉴国际标准，到发展自有标准，再到积极参与国际标准的制定，我国银行卡标准走出了一条"大胆借鉴，自主发展"的道路，PBOC3.0 的发布，对我国金融 IC 卡的进一步发展和行业引领作用的发挥具有深刻的指导意义及巨大的推动作用；六是对政府支持的总结，使银行机构认识到相关政府部门及人民银行的主导和推动，为银行卡的发展提供了强大推力，使得金融 IC 卡在正确的道路上越走越宽；七是对产品研发的总结，金融 IC 卡依托微电子技术，实现了银行卡安全性能的大幅提升，也推动了微电子研发生产加工的水平，为芯片化提供了产业经验。

我们希望通过此书，总结过去，畅想未来。可以预见，在总结过程中，我们会不断发现继续创新的动力和思绪源泉。

七、为什么关注全世界——内外通用是全球化战略的需要

中国金融业用三十年的时间，完成了西方国家近百年的发展之路。这其中，学习和借鉴的意义不言而喻。

了解一下各国银行芯片卡标准的制定情况。EMV 标准是框架性标准，各国际组织根据自身需要，在 EMV 标准的基础上制定了本地化的芯片卡标准。国际组织于 1996 年发布了 EMV96 标准，2000 年发布了芯片卡 EMV2000 标准，目前的最新版本是 EMV4.3。VISA 制定了 VSDC 标准，MasterCard 制定了 M/Chip 标准，JCB 制定了 J/Smart 标准，英国制定了 Ukis 标准，中国人民银行也完成了 PBOC1.0、PBOC2.0 与 PBOC3.0 规范的制订与修订工作。

了解我国银行芯片卡发展的人可能知道，最初的 PBOC1.0 并不是我们自己的发明，而是借鉴原来的 EMV96。它涵盖了卡片、应用和终端三部分，定义了一种适用于金融支付功能的电子钱包和电子存折规范，针对

消费、圈存、圈提、取现、透支等和金融支付相关的行为和过程进行了约定。整个交易系统的安全主要依赖于用于脱机认证的 PSAM 卡。

到了 PBOC2.0 和 PBOC3.0 的时候，我们已经基本摆脱国外 EMV 迁移标准的制约，开始结合中国国情，参与国际协作，自主研发、制定我国的银行卡标准。这是我们借鉴国外经验，结合本国特色，发挥自身优势制定标准的过程和成果，也是我们承担大国义务、融入全球一体化的必经之路。

除了标准，银行卡的产品应用也是世界性、全球性的。无论是外国人在中国使用银行卡，还是中国人在国外使用银行卡，都体现了银行卡的全球属性。因此，我们更应该重视的是，银行卡发展全球战略与国家全球战略的契合。

目前，我国的 GDP 已上升至全球第二，全球性战略已经成为必然。而如何发展我国全球战略，需要各方面的协调和配合，不仅要通过产业和技术的跨越式发展，而且更要注重通过各相关产业的协调配合，构建自主、完善的创新产业链和产业生态系统。从这个角度看，银行卡发展的国际化是一项重要的发展战略。例如，中国银联的国际化发展，不仅巩固了银联自主品牌，而且为我国企业和居民"走出去"创造了支付便利，为境外持卡人提供了新的支付品牌选择。除了给持卡人带来支付便利之外，境内商业银行也因银联国际化受益。境内商业银行的产品和服务，通过银联国际受理网络延伸至境外，其品牌也得到广泛传播，通过为客户提供境外支付的安全便利，强化了商业银行自身的品牌黏性。这种"互助式"配合，完全符合我国全球战略发展的要求。

在经济全球化的今天，无论是银行还是企业，都需要具有全球视野，把视线从本土市场扩展到全球市场。中国人出境旅游、商务活动日益增多，境外支付金额逐年扩大。这些贸易、旅游及商务等活动，除去少量的现金外，最重要的支付手段是银行卡支付。因此，跨境使用银行卡，让我国公民在境外安全、便利地使用银行卡已成为"走出去"的基本条件。近几年，我国的银行机构及中国银联已经做了大量工作，在服务全球化和跨境使用银行卡方面有了跨越式发展，网络延伸到亚洲、欧洲、美洲、大洋洲、非洲等境外 140 多个国家和地区，境外受理商户达到 1000 多万户，ATM 达到 100 多万台，基本覆盖中国人经常到访的国家和地区，服务效果显著。

可见，面向全球银行卡业向芯片化迁移的趋势，共同推动全球芯片卡标准的开发和实施，促进金融 IC 卡在全球发行和受理，是我国全球化战略的重要配套措施，也是我们银行业及相关产业界需要共同努力的方向。

八、为什么重视产业界——产业支撑是银行卡发展的基础

银行卡的发展离不开产业的支撑，无论是以前的磁条卡，还是今后我们大力发展的芯片卡。我们要看到，ATM、POS 等机具的布放，用卡环境的改善，加快了银行卡的应用推广，其中，芯片智能卡公司的设计、开发及大规模生产，是金融 IC 卡发展的重要支撑力量。自第二次工业革命以来，科学技术的发展突飞猛进，各种新技术、新发明层出不穷，并被迅速应用于工业生产，大大促进了经济的发展。在这些技术、产品创新中，绝大多数来自相关产业界，可以说产业支撑推动了创新发展。随着时间的推移，以及第三次工业革命的进行，从电子产业的摩尔定律、蝴蝶效应在现实生活中的验证来看，这种趋势越来越明显，产业界的推动作用也越来越重要。

细数中国目前成规模的智能卡公司，无论是芯片设计、封装制造还是应用系统开发，起到市场主导作用的还是来自产业自身。在 IC 卡进入中国初期，国内的卡片生产线规模都很小，多数是在已有磁条卡生产设备的基础上引进 IC 卡封装设备，进行 IC 卡片的封装。不过随着国内模块封装线的形成，这种局面得到改观，卡片封装的技术门槛也大为降低。如 1997 年上海长丰和北京的中电智能卡分别从德国及法国引进了接触式条带 IC 卡模块生产线，从而结束了国内 IC 卡市场必须依赖进口条带模块的局面。

此后经过几年的发展，国内 IC 卡产业的分工日益细化，长丰和中电都回归生产代工的本位，不再直接进入一线市场，并且伴随着国内芯片的

大量涌现，代工生产的任务也相对饱满。此时，不仅长丰和中电先后都扩大了生产规模，更多的模块封装线也得以引进。其中，大唐微电子率先引进了自己的模块封装线，从而结束了和中电之间的紧密合作。而西门子也在无锡建立了自己的模块生产线。随后上海伊诺尔和山东山铝也作为独立的模块加工厂开始分食模块市场蛋糕。另外像江苏恒宝等一些公司也都引进了自己的模块生产线，国内公司之间的竞争更加激烈。

众多公司在满足市场需求的同时，不断扩大生产、降低成本、提高技术水平，以满足自身和市场的发展需要。这种竞争大大提高了产业界技术研发和产品推广的力度，推动了我国金融 IC 卡的迅猛发展。

现在 IC 卡模块的加工费已经大幅度下降，产业链上的分工定位也日趋明确，从芯片厂、COS 开发商、系统应用集成商到生产加工厂，各自都在自己的位置上忙碌着。国内的 IC 卡封装技术和工艺也逐步成熟，无论是卡片还是模块，不仅可供应国内市场，而且还开始面向全球销售，如长丰和伊诺尔都在为国外的一些芯片商提供模块封装服务。

仔细想来，无论什么产品，只要国内能够生产了，那么价格就一定会下来，大到汽车，小到 IC 卡等电子产品，莫不如此！从微观角度来说，国产化降低了成本，提高了效率，从宏观角度来看，夯实了我国银行卡产业的自主性、民族性。因此，无论是以市场换技术，以资金换技术，还是自主研发世界先进技术，最终目标是实现国产化，做到自主可控，这也是我国多种产业发展总结出的真知灼见。

PBOC2.0、PBOC3.0 的借贷记应用，支持非接触的 qPBOC 应用，以及面向小额支付的电子现金应用都已经开始试点，浏览一下银行卡检测中心的网站，可以看到通过各种我国自主标准应用检测的企业在不断地增多，中外著名的智能卡企业尽在其中。

正是这些产业界的佼佼者，使得我国银行卡由磁条卡向芯片卡的迁移工作有了实业支撑。

组织发动篇

进入 21 世纪，我国顺应国际银行卡的发展趋势，启动了银行卡芯片化迁移战略，技术先进、功能丰富的金融 IC 卡作为传统银行卡（磁条卡）的升级产品，逐渐走进公众视野。中国人民银行作为电子支付和银行卡的主管部门，一直致力于将推广金融 IC 卡作为防范支付风险、服务民生与推动银行卡产业发展的重大金融战略。为了做好这项工作，人民银行顺应国际形势，立足国情，在开展应用试点探索、重点课题研究等工作的基础上，于 2011 年先后发布了《中国人民银行关于推进金融 IC 卡应用工作的意见》、《中国人民银行办公厅关于选择部分城市开展金融 IC 卡在公共服务领域中应用工作的通知》两个在我国银行卡发展史上具有划时代意义的文件，全面拉开了我国金融 IC 卡应用推进工作的帷幕。在推进策略方面，人民银行与相关部委和地方政府合作，以部委为"经"，以城市为"纬"，采用"一卡多用"方式在"经"和"纬"两个维度上同时发力，为金融 IC 卡赢得了更为广阔的发展空间。

当前，金融 IC 卡全国推广工作健康、平稳、有序开展，基础设施建设稳步推进，受理环境改造基本完成，发卡数量逐步攀升，行业合作不断拓展并在小额快速支付领域实现突破，有效地提高了我国银行卡的整体风险防控能力，降低了风险损失，极大地增强了银行卡在公共服务领域的拓展能力，实现了"一卡多用"、便民惠民的突破，便利了广大人民群众，有力地促进了城市信息化与金融信息化的结合，带动了银行卡产业升级。

第一章　积极准备

人民银行在充分调研国内外银行卡发展现状及趋势，分析我国人民群众支付普遍需求的基础上，做出了加快推进金融 IC 卡应用的战略决策，同时选择金融 IC 卡在公共服务领域应用作为我国推行金融 IC 卡的战略重点，开展了包括应用试点探索、重点课题研究等一系列工作，为金融 IC 卡应用推广奠定了坚实的基础。

一、放眼中外认真研判银行卡产业发展趋势

（一）金融 IC 卡迁移是全球银行卡产业发展的必然趋势

随着我国经济的持续增长和信息技术的飞速发展，新兴的电子支付工具不断涌现，同时也带来了资金安全和账户安全的问题，广大人民群众对安全支付的需求日益迫切。在这一大环境下，金融 IC 卡这一现代信息技术与金融服务深度融合的产物应运而生，它融合了芯片技术和金融行业标准，兼具了消费信贷、转账结算和现金存取等应用功能，并逐步取代传统的磁条卡，成为银行卡产业发展的必然趋势。金融 IC 卡又称为芯片银行卡，是以芯片作为主要介质的银行卡，芯片卡容量大，安全保密性好，可以存储密钥、数字证书、指纹等信息，其工作原理类似于微型计算机，能够同时处理多种任务，交易准确性与可靠性更高，不易被复制，风险防范能力更强，可为持卡人提供一卡多用的便利，适应了未来更为复杂的应用需求。

从全球范围来看，银行卡正逐步由磁条卡向更加安全的芯片卡，即金

融 IC 卡发展演进，业内人士把"银行磁条卡升级为金融 IC 卡"这一巨大的工程形象地称为"金融 IC 卡迁移"工程。目前全球已经实施金融 IC 卡迁移的国家和地区主要集中在欧洲和亚太地区，中东、中非、拉美及北美等地区的金融 IC 卡迁移也在逐步进行。

欧洲从 20 世纪 90 年代末开始启动金融 IC 卡迁移计划，英国进展最快，于 2006 年 10 月完成迁移，陆续完成金融 IC 卡迁移的还有法国和卢森堡。欧洲各国 EMV 迁移进展情况相当不错，2010 年 12 月 31 日前完成了 ATM 和磁条卡的 IC 卡迁移。

亚太地区有 14 个以上的国家和地区启动了金融 IC 卡迁移计划，中国台湾、马来西亚、日本、韩国已基本完成，中国香港、新加坡、新西兰、菲律宾等其他国家和地区正在有步骤地实施。

2006 年 1 月，风险转移政策在拉美生效，拉美最大的国家巴西一直在积极组织实施，同年，加拿大开始在全国范围启动推行 IC 卡迁移。在美国，鉴于银行卡欺诈率①较低（0.06% 左右），通讯费用也较低，银行卡业还没有制定明确、统一的迁移计划，但为了抢占小额卡基支付市场，各发卡行纷纷发行非接触式金融 IC 卡，大大加快了美国 IC 卡迁移速度。

技术试验和实践经验表明，由磁条卡向金融 IC 卡迁移能有效遏制银行卡欺诈风险，极大地保障了交易安全性。法国在 1992 年将磁条卡全部迁移至金融 IC 卡后，其银行卡的欺诈率长期保持在 0.06% ~ 0.07% 的较低水平。英国在完成金融 IC 卡迁移后，其欺诈交易占整个欧洲地区的比例由早期的 75% 得到大幅下降。中国台湾、马来西亚等地区在实施了金融 IC 卡迁移后，银行卡欺诈率下降了 90% 以上。相反，对于不能积极顺应全球银行卡芯片化迁移进程，及时有效地组织金融 IC 卡迁移工作的国家或地区，则很可能成为安全洼地。

---

① 银行卡欺诈率是指发生过欺诈交易的银行卡数量在银行卡总量中的占比。

（二）金融 IC 卡迁移适应了人民群众对支付安全的迫切需求

我国银行卡发展起步较晚，但发展却很快。根据我国的银行卡交易规则，所有借记卡及大部分信用卡的交易都要求验证密码，与国外的签名交易相比，密码验证不仅有效降低了伪卡风险，而且减少了遗失、盗卡等欺诈交易。因此，在以密码银行卡交易为主的中国市场，欺诈风险相对较小。从国内银行卡欺诈率的变化情况来看，2011 年，国内银行卡欺诈率为 0.0383%，虽然低于国外普遍水平（2010 年，法国银行卡欺诈率为 0.0741%），但仍然呈现出逐年上升的趋势。

周边国家（地区）金融 IC 卡迁移的陆续完成，压制了当地的伪卡欺诈势头，也使得一些伪卡欺诈活动逐步向我国渗透。近年来我国伪卡欺诈增长率明显上升，2010—2012 年，国内贷记卡伪卡损失金额分别为 2691 万元、7028 万元和 8304 万元，占全部贷记卡欺诈损失金额的 23%、47% 和 59%，伪卡风险比例逐年提升。

尽管目前我国银行卡发生欺诈的风险仍在可控范围内，但其上升的势头以及对社会带来的危害不容忽视。公安部公布的数据显示，2011 年公安部部署全国公安机关开展了为期 10 个月的"天网 – 2011"打击银行卡犯罪专项行动，共破获银行卡犯罪案件 2.4 万起，同比增长 16.4%，挽回经济损失 4 亿元。磁条卡遭遇盗刷后，追偿损失颇为费力，持卡人举证复杂，而大量的跨地盗刷也增加了破案难度。2011 年 9 月，上海市首起直接通过专营境外银行卡信息的网站购买磁条信息实施诈骗的特大案件告破，当年上海全市公安经侦部门共破获各类银行卡犯罪案件 1900 余起，抓获嫌犯 700 余人，挽回经济损失 1200 万余元。银行卡遭盗刷的事件不断发生，伪卡欺诈呈上升趋势，磁条卡的安全性引发社会担忧。在我国加快推行金融 IC 卡的迁移，能在很大程度上避免客户信息被窃取，从根本上提升我国银行卡的风险防范水平，因此，已成为人民群众对支付安全的迫切需求。

（三）金融 IC 卡是提高金融服务整体水平的战略产品

金融 IC 卡可以承载公共交通、文化教育、医疗卫生、社会保障、城市管理、公益事业、生活服务、企业服务等多种行业应用，通过行业应用，金融 IC 卡可以延伸到传统银行磁条卡覆盖不到的众多民生领域，从而为广大人民群众提供享受现代金融服务的均等机会。我国许多行业使用 IC 卡作为必要的支付工具，包括公交、社保、教育、能源、通信等领域，部分行业 IC 卡已自成体系，这种现象存在着一定的资金安全隐患。一是由不同部门、企业独立发行的行业或企业 IC 卡越来越多，带来了重复发卡的问题，造成了低效率和社会资源的浪费。对于持卡人来说，持有种类繁多的卡片实际更不便利了；对于发卡机构来说，也面临着越来越复杂的受理环境和越来越高昂的服务成本。二是由于缺少统一的技术和标准，不仅不同行业、不同地区的 IC 卡不能通用，甚至同一个持卡人在不同 IC 卡上存储的个人资金也无法通用，造成大量资金沉淀。三是行业 IC 卡的支付行为游离于银行的支付结算体系之外，脱离了金融监管，存在不可忽视的风险隐患，对我国支付风险防控提出了新的挑战。从行业 IC 卡的发展情况来看，从单一的行业应用向多行业应用整合是必然趋势。商业银行通过发行加载行业多应用的金融 IC 卡，可以"基本实现金融服务的全覆盖"。时任人民银行支付结算司司长，现任广州市委常委欧阳卫民同志对上述支付风险也表示了担忧，并为金融 IC 卡整合行业 IC 卡的推广作出了积极的贡献。

将银行磁条卡迁移到金融 IC 卡，是银行改善用户感受、再造业务流程、服务民生的重要手段和载体，金融 IC 卡还可以为商业银行提供全新的金融创新平台，特别是带动移动金融服务进入民生领域，有重点地探索手机信贷等"端到端"业务，缓解互联网金融带来的"脱媒"压力。金融 IC 卡迁移并不是简单的银行卡产品迭代，也不仅仅是通常意义上的产业升级，而是一项以点带面，既可以增强转型发展内生动力，又可以降低外部竞争压力的战略性举措。我国银行业当前正面临战略转型期，可充分挖掘金融 IC 卡在资源整合、业务创新、流程再造、服务提升方面的能力。商业银行可以通过调整和优化银行卡产品功能配置，以适应复杂、快速、多变、新兴的市场发展趋势，满足不同客户的支付需求，通过满足广大群众在跨业务、跨市场、跨行业，特别是在公共服务领域的交叉式支付服务需求，促进金融业"规模、速度、结构、效益、质量"的协调发展。

我国的银行卡联网通用在人民银行的大力推进下，经历了同城联网、全国联网通用等阶段，为推动金融 IC 卡发展奠定了坚实基础。

(一) 1993 年至 1996 年初，全国金卡工程开始启动

我国的银行卡产业起步于 20 世纪 80 年代，中国银行、工商银行、建设银行、农业银行等银行相继发卡，开创了我国银行卡事业的先河。与此同时，各商业银行电子化建设起步，投资建设了大量的计算机业务处理系统，为银行卡业务的起步和发展奠定了系统和网络基础。

进入 20 世纪 90 年代，我国银行卡业务增长较快，但是由于缺乏一个统一的网络平台，不仅跨行业务无法连通，甚至各行内不同城市之间也难以连通，限制了银行卡业务的进一步发展。为实现 POS 与 ATM 设备、网络、服务和信息资源共享，改善用卡环境，在时任中共中央总书记江泽民的亲自倡导下，以电子货币应用为重点的金卡工程从 1993 年开始正式启动。在人民银行牵头组织下，12 个试点城市组建了城市银行卡网络服务中心，全国银行卡网络服务总中心也同步成立。

(二) 1997 年至 2001 年，我国银行卡逐步实现联网通用

金卡工程启动后，由人民银行牵头，在各商业银行积极参与和各地政府的积极配合下，1997 年首先在北京、天津、上海、沈阳、济南、南京、杭州、广州、海口、大连、青岛、厦门等 12 个城市试点，分别建成 12 个区域银行卡跨行信息交换系统，初步实现了这些城市（区域）内的银行卡跨行联合和资源共享。而后又推广到深圳、昆明、福州、武

汉、长沙和郑州，总共建立了18个城市（区域）银行卡跨行信息交换中心，基本覆盖了全国经济发达地区。这些银行卡中心开通运转之后，逐步实现了当地各商业银行银行卡业务的联网通用，为各商业银行拓展银行卡市场提供了公共的网络平台，各地银行卡发卡量、POS与ATM受理网点的数量和覆盖范围也大大增加。

在同城联网的同时，各商业银行大力推进行内银行卡系统的建设和整合。以新兴股份制银行为代表的中小银行率先实现行内联网，促使银行卡全国联网工作逐渐提上日程。1998年12月底，全国银行卡信息交换总中心建成异地跨行信息交换系统，各城市银行卡中心逐步开始同总中心联网，也有一些中心城市开始向周边城市扩展，扩大联网范围。银行卡业务在跨行交换的基础上，逐步实现跨行异地交换。

随着联网联合的深入进行，银行卡发卡量和交易量都有了迅速的增长。各地分散建立、各自管理的城市银行卡中心，在交易成功率、处理效率、处理能力以及新业务的拓展能力上，越来越难以满足持卡人不断提高的持卡消费和持卡理财的需求。为进一步提高我国银行卡产业的资源利用效率，2001年2月，人民银行组织召开了全国银行卡工作会议。会议确定了未来三年银行卡发展的基本目标：全面贯彻实施统一业务规范、技术标准和品牌标识，在省会城市和部分地级市实现银行卡的全国联网通用；改革完善银行卡经营管理体制，基本建立银行卡"市场资源共享、业务联合发展、公平有序竞争、服务质量提高"的良性发展机制；全面改善银行卡受理环境，普及推广银行卡应用，为广大消费者提供方便、快捷、安全的金融服务。根据上述目标，会议通过了《2001年银行卡联网联合工作实施意见》，就实现全国范围内全面的联网通用、联合发展的目标，各商业银行达成了一致共识。

（三）2001年至今，随着中国银联的成立，"314"计划全面推进

在2001年银行卡工作会议的指导下，各商业银行开始银行卡经营体制的改革，实行系统主机的集中统一和机具标准化改造，金卡工程的目标得到了超额提前完成。在人民银行的统一协调下，同期开始筹建我国的银行卡组织——中国银联股份有限公司。2002年3月，中国银联正式成立。中国银联的成立标志着中国银行卡产业进入一个新的发展阶段。在国务院的支持下，人民银行全力推动"314"计划。截至2002年末，全国300个地市级城市同行异地联网工作基本完成，初步实现系统内银行卡联网运行和跨地区使用，98个城市实现各类银行卡的同城跨行使用，40个城市推广全国统一的银联标识卡8670万张。2002年，银行卡跨行交易达6.3亿笔，交易金额1790亿元，分别比上一年增长100%和95%。从1985年开始，经过了13年的努力，银行卡发卡量突破了第一个1亿张，而发卡量突破第二个1亿张用了15个月；第三个1亿张用了12个月；第四个1亿张只用了11个月。

二、结合实际进行金融IC卡多应用试点探索

为了推广和普及金融IC卡应用，为社会提供安全、快捷和方便的支付服务，特别是公共服务领域的小额支付服务，人民银行经过反复实践探索，不断总结经验，逐步找到了适合金融IC卡在公共服务领域的发展模式。

（一）金融IC卡在公共服务领域应用的初期探索

我国银行业在20世纪90年代中后期开始涉足IC卡，是国内较早使用IC卡技术的一个重要行业。1997年12月中国人民银行颁布我国金融行业第一项IC卡标准——《中国金融集成电路（IC）卡规范（1.0版）》，为我国金融IC卡的发展奠定了基础。

1998年，人民银行组织协调各商业银行开始在北京、上海、长沙等地区进行银行IC卡试点。随后，逐步扩展到天津、福州、杭州、贵阳、重庆等城市，通过开展电子钱包业务推动银行IC卡应用，部分城市还在

医疗、交通和社保行业进行了尝试，取得了一定成效。但由于当时银行卡业务联网通用程度低、社会对小额支付的认识不够、整体发展水平较低的公共服务领域对金融需求不强、跨行业应用合作不深以及卡片终端国产化率低价格高等原因，试点城市虽投入大量精力，但总体的应用效果不理想，银行 IC 卡在国内未能实现大范围、大规模的应用。

然而，金融 IC 卡在公共服务领域的初步实践对于金融机构认识、了解和学习金融 IC 卡业务技术标准起到了重要的启蒙作用，逐渐培养了一批专业性的人才队伍，带动了国产卡片终端企业的壮大。《中国金融集成电路（IC）卡规范（1.0 版）》试点的技术标准、业务设计和安全体系等对于国内其他行业开展 IC 卡小额支付应用起到了重要的借鉴作用。

（二）金融 IC 卡在公共服务领域的成功探索

2005 年 3 月，人民银行在前期探索的基础上，颁布了《中国金融集成电路（IC）卡规范（2.0 版）》，该版本参考国际主流标准，兼容行业应用要求，在银行借贷记功能应用之外，自主设计了基于借贷记的电子现金业务，整体上具有更高的安全性和业务创新能力。

自 2005 年在天津、福州等城市启动"城市一卡通"项目以来，集政府公共服务和金融服务为一体的金融 IC 卡推广工作开始在全国各地开展，2008 年中国人民银行批准宁波为全国首个金融 IC 卡多应用试点城市，由该市政府牵头协调各行业主管部门，人民银行组织各商业银行积极参与的市民金融 IC 卡试点项目最具代表性。

宁波市民卡金融 IC 卡多应用试点将居民密切相关的民政、劳动、医疗卫生、公积金、公安、工商、税务、教育等政府服务项目和交通、公用事业和其他小额支付等商业服务项目整合在一张 IC 卡上。除具有普通银行卡的借贷记功能外，还可具有银行电子现金功能，并支持非接触式使用。其中，对于无借贷记功能的纯电子现金卡，一度还允许采用非实名制方式。宁波市民卡依托现有遍及全国的银行卡网络，在进行相应技术改善的基础上进行交易支付和资金清算，卡内账户资金由发卡银行按照有关规定进行管理。持卡人在使用银行电子现金支付时，保持了权益人资金始终在个人账户支付的属性，通过账户圈存或现金缴入方式，向权益人持有的IC卡内预存一定金额，消费额则以预存金额为限，而且不记名电子现金卡还可以回收利用。简言之，在当时的探索阶段，这种一卡多应用较好地体现了"合理、规范、经济、安全、便利"的特点。

宁波市民卡项目是金融IC卡运用于公共领域的最新探索，也是《中国金融集成电路（IC）卡规范（2.0版）》区域性应用的成功实践。其成功经验是"政府引导，市场运作，总体规划，统一标准"。该项目在一定程度上实现了城市信息化与金融信息化的结合，明显提升了政府公共服务管理的效率，并促进了金融服务水平的提高和相关信息产业的升级。该项试点成果对全国各地推广应用金融IC卡具有积极的引导和参考作用。

宁波试点不但验证了金融IC卡标准的可行性和安全性，而且通过实践为人民银行进一步修订、完善一系列涉及金融IC卡的标准提供了依据。2009年以来，人民银行先后颁布了《银行卡卡片规范》、《银行卡POS终端规范》、《银行卡ATM终端规范》和《银行卡联网联合技术规范》等标准，特别是2010年4月《中国金融集成电路卡规范V2.0》（2010年版）的颁布，标志着中国金融IC卡应用进入了一个新的历史发展阶段。

在上述试点经验的启示下，我国金融IC卡在公共服务领域的应用已经引起各级政府部门的高度重视，许多城市纷纷组织拟定应用金融IC卡改善市政服务的计划和举措，并将其作为改善民生工程的重要组成部分予以实施，总体已呈现良好发展的势头。

三、站在学术高度面向实践开展课题研究

伴随着改革开放，我国从20世纪末开始在公共服务的小额支付领域尝试运用金融IC卡，并取得了一定进展。在公共服务领域推进金融IC卡

应用是经济与社会发展对现代支付手段的客观需求，符合党中央、国务院倡导的以人为本、建立和谐社会的科学发展要求。公共服务领域关系千家万户，涉及国计民生，已成为金融 IC 卡服务于经济和社会发展的重点领域。人民银行在经过深入调研后，将金融 IC 卡在公共服务领域的应用作为重中之重，开展攻关工作。2009 年，根据时任中国人民银行行长助理李东荣的提议，人民银行成立了"推进金融 IC 卡在公共服务领域应用"课题组，正式开展课题研究工作。经过一年多的调研与论证，课题组先后实地走访长沙、天津、武汉、广州、珠海、宁波、北京等地，广泛听取意见，反复修改，形成《大力推广安全标准的金融 IC 卡为社会提供便捷的公共金融服务》金融专报，完成《金融 IC 卡在公共服务领域应用》研究报告，指出了金融 IC 卡在公共服务领域应用的优势，为金融 IC 卡迁移工作提供了坚实的理论基础。

金融 IC 卡覆盖面宽，与社会、经济和文化生活密切相连。金融 IC 卡集银行磁条卡与行业 IC 卡的优势于一身，应用领域非常广阔，包括金融、电信、交通、商贸、社保、税收、医疗、保险等方面，几乎涵盖了整个公共事业领域。同时，金融 IC 卡可以充分发挥银行网络发达、卡片联网通用、受理使用方便等优势，因而能够促进幅员辽阔的农村地区加快信息化、现代化进程，使更多的农民享受到国家经济发展和社会进步的成果。

金融 IC 卡具有较高的运行效率和较大的承载能力。金融 IC 卡采用统一的标准和先进的技术，不仅可以实现传统的联机交易，还可以实现安全的脱机交易[①]；不仅可以插卡支付，也可以非接触支付；不仅可以存储在卡片上，也可以存储在手机和任何随身的智能型介质中；不仅可以支持现场插卡交易，也可以用于远程交易。

金融 IC 卡具有较强的合规性和法定的通用性。金融 IC 卡能够适应公共服务的各个领域和各个方面，特别是近年来在社保、交通、旅游、快

---

① 脱机交易又称离线交易，是指 POS 机在脱机（不通过通信线路与收单机构主机联机）状态下进行的交易。

餐、公交、高速公路、停车等场所得到迅速推广和应用，不但可以满足银行业需要，也可以满足其他行业特别是公共服务领域的金融要求，尤其是庞大、先进和日益完善的银行卡受理网络可以为公共服务领域提供更加广泛的应用环境。同时，金融IC卡也适应了国际卡组织在全球银行卡芯片化迁移的趋势，有利于提高我国在电子支付领域的国际话语权和竞争力。

金融IC卡可以节约社会成本，提高经济金融效率。从持卡人角度讲，可以减少现金携带，免除现金找零和存储的不便，同时避免携带五花八门、互不联网通用的各类卡片；从商户角度讲，使用统一标准的受理设施，可以方便受理卡片，避免一柜多机，同时由于芯片卡可以实现脱机功能，减少通信费用开支；从银行角度讲，可以在保持金融支付的基础上，依托联网通用的银行网络，研发多应用的增值服务，专注提高服务质量，提高现有金融资源利用效率；从行业角度讲，可以减少或避免各行各业自行发行标准各异的卡片，购置功能相近的终端，搭建庞大的支付网络和建设独立的支付系统；从社会角度讲，有利于减少现金的生产和流通，充分发挥金融业现有遍布全国的联网通用网络及各种设施资源，为社会提供标准、规范、安全、便捷的支付转账服务，从而节约社会成本，实现集约化发展。

金融IC卡能够有效地保障持卡人的资金安全。与银行磁条卡相比，金融IC卡的安全性较高。金融IC卡采用技术含量很高的CPU芯片，很难被复制和伪造，可以有效地防范伪卡交易。更重要的是，由于金融IC卡的发卡机构是商业银行等金融机构，具有较为完善的风险控制机制，并受到了严格的金融监管，可以实现卡内资金在商业银行系统的安全存放和管理，能够改变目前储值卡资金由商户保管的现状，切实保障了持卡人的资金安全。

课题组经过深入调研，认为公共服务的快速发展为金融IC卡的推广应用提供了良好的发展机遇，金融IC卡在公共服务领域扩展应用恰逢其时，应加强对全国金融IC卡发展的领导、协调和规划，进一步理清思路、明确方向、制定规划，组织落实配套政策，推行标准统一、联网通用、方便快捷、安全可控的由银行发行的金融 IC 卡，为防范金融风险、提升公共服务水平和创建和谐社会奠定良好而崭新的金融支撑平台。

加强研究，整体规划，确定金融 IC 卡在公共服务领域应用的发展战略。要进一步深入学习和贯彻落实科学发展观要求，研究在新的历史条件下，如何加强对 IC 卡在金融与公共服务领域有效结合的客观规律性的认识，并不断丰富实践，从转变经济发展方式、改善群众生活方式、提升金融服务质量等高度，提出我国金融 IC 卡在公共服务领域发展的战略规划和总体方案，为我国"十二五"期间加快推进金融 IC 卡的普及创新指明方向，奠定基础，做好准备。特别是要抓住最贴近民生的医疗、养老保险和公共交通等社会公共服务供需矛盾突出的领域，制定发展战略，设计总体规划，实现应用突破。

兼容并蓄，励精图治，形成我国金融 IC 卡的标准化体系。立足国情，依托实践，借鉴国际先进经验，构建具有中国特色的金融 IC 卡标准体系。要加大标准化管理力度，继续加强对 IC 卡技术标准的研究，同时，建立标准的监督检查制度以及标准的维护升级机制，进一步做好金融 IC 卡标准体系的建设工作；同时，提出政策建议、总体目标和实施策略，积极引导和促进各行业 IC 卡支付应用统一到金融 IC 卡标准，为我国进一步整合社会资源、加强金融监管、维护经济安全和保障人民群众利益提供优质服务，为社会主义和谐社会建设作出应有的贡献。

加强部门间的政策协调，形成合力，实现金融 IC 卡在公共服务领域应用的资源共享与协调发展。我国作为一个迅速崛起的发展中人口大国，公共服务中的金融应用潜力巨大，政府部门应密切协作，认真分析产业发展主要矛盾和发展规律，充分调动和发挥金融 IC 卡产业链市场主体的作用，制定并落实金融 IC 卡在公共服务领域应用的相关产业扶持政策，不断加大对金融 IC 卡公共服务应用的协调、指导和支持。

加强金融 IC 卡试点经验的宣传、引导，以点带面，扩大金融 IC 卡的应用行业和区域。总结试点经验，规范有序推广，为金融 IC 卡的多应用推广奠定基础。要认真总结金融 IC 卡试点工作经验，切实分析、研究和解决试点中出现的问题，进一步完善总体方案、标准制度、运作规则和实施措施等，按照"以应用为中心、以市场为导向"，逐步推行试点经验，促进金融 IC 卡在公共服务领域工作的全面展开。通过试点地区和重点银行的示范作用，带动银行业整体金融 IC 卡技术应用。

课题研究取得了显著的成效，明确将"公共服务领域的应用"作为金融 IC 卡应用推进工作重点，确立了"政府引导、市场运作"的推广原则，为下一步深入开展金融 IC 卡应用推进工作奠定了扎实的基础。

公共服务领域金融 IC 卡应用的全面开展，也使电子货币创新应用得以蓬勃发展，其中，尤以电子现金广受社会各界欢迎，成为电子货币创新产品的翘楚。为此，相关理论研究也在社会上和学术界引起重视。一些专家学者纷纷拟文研究电子现金与货币体系的关系、我国电子现金的发展模式及应用，以及电子现金在现代经济生活中的作用，提出了推进我国电子现金应用的策略，从而促进了我国货币银行学理论的研究，也使银行业信息化工作成为现代金融理论研究的主要方向之一。

第二章　顶层设计

　　所谓"顶层设计",是指运用系统论的方法,从全局的角度,对某项任务或者某个项目的各方面、各层次、各要素统筹规划,以集中有效资源,高效快捷地实现目标。金融 IC 卡应用推进工作是一项复杂的社会性系统工程,涉及面广,实施难度大,一方面,从金融 IC 卡发卡及受理环境建设角度出发,需要制定统一的技术标准,统一部署,充分调动商业银行、银行卡组织及产业各方的积极性,使其发挥各自优势,各司其职;另一方面,从国家经济社会发展全局出发,要开展部委之间的战略性合作,积极引导和培育金融 IC 卡应用市场,实现金融 IC 卡在公共服务领域应用的资源共享与协调发展。因此,开展金融 IC 卡应用推进工作,要深入贯彻"顶层设计"这一重要的方法论,站在国家战略高度,集中各方之力共同实现。

　　近十年间,我国银行卡实现了跨越式发展,联网通用工作不断深化,应用环境得到根本改善,银行卡持卡消费额在社会消费品零售总额中的比重从 2006 年的 17% 增长到 2012 年的 45%。银行卡产业的高速发展,对银行卡的应用安全以及社会功能拓展提出了更高的要求。为顺应当前国际金融 IC 卡发展形势,推动银行卡产业在"十二五"期间更好更快地发展,带动银行业机构创新性地开展现代金融服务和民生金融服务,促进信息消费,实现信息惠民,进而推动产业结构调整,人民银行站在国家战略高度,制定了"十二五"期间推进金融 IC 卡应用的总体目标,绘制出金融IC 卡迁移工程的宏伟蓝图,明确了金融 IC 卡应用推进工作的路线图和时间表,并通过深入开展行部合作,积极争取相关部委的支持,形成了合力推进金融 IC 卡的局面,保障了金融 IC 卡应用推进工作快速开展。

一、全面部署金融 IC 卡迁移工作

中国人民银行作为国家金融服务和金融稳定的主管部门，将推广金融IC卡作为重大金融战略，把金融 IC 卡在公共服务领域的应用提高到战略高度，提出以服务民生为着眼点，以行业多应用为落脚点，以产业发展为支撑点，不遗余力地推广金融 IC 卡。2011 年 3 月 15 日，一个注定被中国银行卡发展史铭记的日子，《中国人民银行关于推进金融 IC 卡应用工作的意见》（以下简称《意见》）正式发布，决定在全国范围内正式启动银行卡芯片迁移工作，"十二五"期间将全面推进金融 IC 卡应用，以促进我国银行卡的产业升级和可持续发展。《意见》的出台，对于整个金融 IC 卡市场具有划时代的里程碑式意义，标志着我国银行磁条卡向 IC 卡应用迁移工作正式启动，将有力推动我国金融 IC 卡应用驶入快车道，为进一步保障我国金融信息安全、促进金融服务民生、提升我国金融支付服务水平起到积极推动作用。

伴随着《意见》的出台，"十二五"期间推进金融 IC 卡应用的总体目标，以及金融 IC 卡受理环境改造、商业银行发行金融 IC 卡的时间要求得到进一步明确。在"十二五"期间，加快银行卡芯片化进程，形成增量发行的银行卡以金融 IC 卡为主的应用局面；推动金融 IC 卡与公共服务应用的结合，促进金融 IC 卡应用与国际支付体系的融合，实现金融 IC 卡应用与互联网支付、移动支付等创新型应用的整合。在受理环境改造方面，在 2011 年 6 月底前直联 POS（销售点终端）能够受理金融 IC 卡，全国性商业银行布放的间联 POS、ATM（自动柜员机）受理金融 IC 卡时间分别为 2011 年底、2012 年底前，2013 年起实现所有受理银行卡的联网通用终端都能够受理金融 IC 卡。在商业银行发行金融 IC 卡方面，2011 年 6 月底前工行、农行、中行、建行、交行和招商银行、邮储银行应开始发行金融IC卡，2013 年 1 月 1 日起全国性商业银行均应开始发行金融 IC 卡，2015

年1月1日起在经济发达地区和重点合作行业领域，商业银行发行的、以人民币为结算账户的银行卡均应为金融IC卡。

预计"十二五"末期，我国金融IC卡发卡量将超过10亿张，成为全球金融IC卡发行量最大的国家；可受理金融IC卡的银行销售点（POS）终端超过1000万台，自助柜员机超过100万台，伪卡欺诈风险将大幅度降低，并可有效阻止其他国家或地区芯片卡迁移后伪卡犯罪活动向我国渗透的趋势。特别是在网上支付和移动支付领域引入金融IC卡"鉴权"机制后，将有效实现支付交易的"不可否认"和使用者的"身份识别"，从而夯实支付交易安全的基础。

金融IC卡应用推进工作是一项复杂的社会性系统工程，只有充分发挥政府部门的统筹、协调和引导作用，才能又好又快地推进金融IC卡在公共服务领域应用的整体水平，因此，推进金融IC卡应坚持"政府引导、市场运作、统一标准、鼓励创新"的原则。"政府引导"是指在人民银行和相关政府部门的引导下，对金融IC卡全面推广进行政策指导和协调。"市场运作"是指金融IC卡迁移各实施主体根据自身经营状况，按市场原则进行运作。"统一标准"是指迁移中严格执行银行卡国家标准与金融行业标准，推动跨行业支付应用的IC卡使用金融IC卡标准。"鼓励创新"是指鼓励金融IC卡应用的创新发展，不断探索满足金融业改革创新、社会服务应用新模式带来的发展需要。

国务院一直高度重视银行卡在改善金融服务中的作用。2013年7月12日，李克强总理主持召开国务院常务会议，会议确定将"推进金融IC卡在公共服务领域应用"作为"促进信息消费"和"实施信息惠民工程"的重要举措。2013年8月8日，国务院发布了《关于促进信息消费扩大内需的若干意见》（国发〔2013〕32号），将"大力发展移动支付等跨行业业务"、"大力推进金融集成电路卡（IC卡）在公共服务领域的一卡多应用"、"建设移动金融安全可信公共服务平台"列入促进信息消费、扩大内需的重要工作。这标志着今后一段时期，加快银行卡芯片化迁移战略实施，积极拓展金融 IC 卡在公共服务领域的应用、提升金融信息化服务水平将成为国家重要战略举措。

信息惠民工程

2013 年 8 月 8 日，国务院发布了《关于促进信息消费扩大内需的若干意见》（国发〔2013〕32 号，以下简称《意见》），将信息消费提升到了国家战略高度。具体而言，《意见》中明确要求提升民生领域信息服务水平，加快实施"信息惠民"工程，提升公共服务均等普惠水平。这是我国在一个特殊历史阶段做出的战略选择，是信息社会的时代产物，而广大民众正是历史的见证者和时代的受益者。

全球范围内信息技术的不断创新发展，催生了很多新的消费热点。我国正处在居民消费升级和金融信息化加快融合发展的阶段，信息消费无疑是适应这个阶段发展的正确道路，具有巨大的发展潜力。但基于我国金融基础设施支撑能力有待提升、金融创新能力较弱的现状，实施"信息惠民工程"就成为《意见》实施的具体路径和保障措施。"信息惠民工程"不仅对教育、医疗、社保、广播电视等公共服务建设进行了具体规定，还着重提出了"大力推进金融集成电路卡（IC 卡）在公共服务领域的一卡多应用"的具体要求。显然，国务院的政策更注重公共性和服务性，强调公共服务的均等普惠，彰显了金融基础设施对促进消费升级、提高公共服务水平的重要作用，体现了金融 IC 卡对促进银行业和信息产业转型升级、促进金融创新和城市信息化服务有机结合的现实意义，也为公共服务领域的民生应用提供了成熟载体。

在社会各方的努力推动下，银行业按照"2011 年打开局面，2012 年扩大应用，2013 年规模发卡"的阶段性目标大力推进银行卡芯片化迁移工作，取得了阶段性成果。截至 2014 年第二季度末，全国金融 IC 卡累计发卡 8.77 亿张，占银行卡发卡总量的 19%，单季新增金融 IC 卡 1.54 亿张，占新增银行卡比例为 91.9%。其中，带电子现金功能的共计 7.6

亿张，支持非接触受理的共计 6.51 亿张；POS 和 ATM 终端总量分别为 1108.6 万台和 59.4 万台，总体改造率继续保持较高水平，分别达到 99.6% 和 99.5%。在已完成改造的 POS 和 ATM 终端中，能够受理非接触式 IC 卡的占比分别达到 33% 和 23.5%；金融 IC 卡在 8 大类 28 个行业实现突破，覆盖公共交通、文化教育、医疗卫生、社会保障、城市管理、公益事业、生活服务、企业服务等多个领域，有效创新了公共服务手段，开创了金融 IC 卡服务民生的新局面，推动了金融信息化与城市信息化的结合。

2012 年 6 月 19 日，人民银行在成都召开 2012 年全国金融 IC 卡工作座谈会。

二、明确金融 IC 卡应用推广路线

按《中国人民银行关于推进金融 IC 卡应用工作的意见》（银发〔2011〕64 号）所提规划，人民银行决定从"选择部分城市开展金融 IC 卡在公共服务领域中应用工作"入手，以"部分城市"、"部分公共服务

领域"为突破口，先易后难，先局部后整体，先树立典型再全面推广，逐步深入地开展金融 IC 卡应用推广工作。为此，2011 年 5 月发布了《中国人民银行办公厅关于选择部分城市开展金融 IC 卡在公共服务领域中应用工作的通知》（银办发〔2011〕129 号，以下简称《通知》），同时配套发布了《金融 IC 卡发卡机构实施要点》、《金融 IC 卡收单机构实施要点》、《金融 IC 卡转接机构实施要点》，其主旨在于强调金融 IC 卡推广工作应以金融服务民生为着眼点，以行业应用为落脚点，加大金融 IC 卡在公共服务领域的应用推广工作。

我国各地经济环境差异较大，如何结合本地实际情况，因地制宜开展金融 IC 卡推广工作是方法论中的关键问题。人民银行在全国不同地域选择 110 个城市开展金融 IC 卡在公共服务领域应用试点，旨在借鉴宁波市民卡经验，配合城市信息化进程，结合地域经济、文化特征，大力推进试点城市金融 IC 卡在公共服务领域的更广泛应用以及与城市信息化的更深度融合。

"结合地方特色"。乌鲁木齐结合新疆资源丰富、天然气使用范围广、油气两用车数量大、潜在客户群体广的地域特色，针对车辆购气排队极度拥堵的现实困难，探索金融 IC 卡作为安全快捷支付工具在该行业应用的可行性，发行具有车用燃气购买功能的金融 IC 卡。广西桂林金融 IC 卡的电子现金功能广泛应用于大街小巷的米粉店，一方面结合当地特色，另一方面凸显金融 IC 卡便民惠民的优势。浙江舟山则充分发挥舟山群岛作为国家级新区的优势，联合舟山市旅游局推进舟山群岛旅游主题金融 IC 卡。

"小城市包围大城市"。某些行业经营壁垒森严、利益格局成型，对金融 IC 卡的介入存有抵触情绪，各商业银行避开这些行业，从企业园区、校园、菜市场、停车场等空白领域进行发掘。在湖北、湖南、广西等省区，当地人民银行分支机构采取"先易后难"、"小城市包围大城市"的实施策略，重点在各中小城市的一些尚未发行行业卡的公共领域拓展应用，以此树立行业合作典范，吸引越来越多其他城市或领域的公共行业与金融行业开展合作，逐步提高金融 IC 卡整合公共行业应用的影响力，待时机成熟后再整合难度较大的公共行业。在贵州、江西等省，当地人民银行分支机构结合当地经济发展实际情况，利用当地公共服务领域尚未建立起行业应用，行业进入壁垒相对较少的"后发优势"，引导协调地方政府牵头推动金融IC卡在各项公共服务领域中的应用。金融IC卡迅速成为了当地居民生活的重要支付工具和信息载体，不仅填补了之前相关领域的服务空白，还大幅提升了当地的城市信息化水平。

"大城市带动小城市"。大城市创新意识浓厚，民众接受新生事物快，金融知识普及，特别是对于信息化产品，不论是地方政府和当地百姓，都有着明显的热情，推广基于信息化特色的金融服务产品具有天然优势。因此，很多银行业机构将重要推广资源集中到一线大城市，通过与地方政府信息化工作成果结合形成了金融IC卡应用的大好局面。例如珠江三角洲、长株潭城市群、沈阳、天津、武汉等地将金融IC卡应用当作区域金融综合改革推进的一项举措，成都、长沙、太原、宁波等城市将金融IC卡应用与智慧城市的应用结合起来，贵州、湖南、河北等省份则将金融IC卡产业当成结构调整的手段，都产生了很好的效益。在大城市的带动下，许多行业的应用也形成了辐射效应，如交通领域的城际通用，将金融IC卡应用快速推广到了周边小城市。

"先理念培育后市场推动"。金融IC卡的高技术特性都封装在芯片内，普通持卡人并不会意识到其中的高性能、防风险以及多应用等百姓往日期盼的特性。各地金融机构从宣传工作入手，集中精力在某个行业、某个区域或某种人群进行推广，以此形成示范效应。这种示范是一种典型的逐级放大效应的做法，在自身人力资源有限的情况下，借助这些始发人群的言传身教，可以既生动又形象地传播金融IC卡的各种特性。有些地方还采用微博、微信等新颖传播工具，改变了传统的宣传路径，也使持卡人更容易接受。事实证明，许多地区在夯实理念基础后，推广工作就形成了共识，后劲也就充分显现出来。贵州省就是在公交行业应用取得成功后，由省政府总结经验，在全省多个公共服务领域推广金融IC卡应用，不断扩大应用覆盖面。

三、通过行部合作加大金融 IC 卡推进力度

（一）通过与人力资源和社会保障部合作，推动金融 IC 卡在社会保障领域的应用

社会保障卡加载金融功能是近年来人民银行以及各商业银行与人力资源和社会保障部共同研究探索的成果。2009 年 11 月，社会保障卡加载金融功能工作开始启动。人民银行会同各商业银行、中国银联以及其他相关企业，采取积极、开放的态度，从服务民生出发，以实现社保功能和金融功能的融合为目标，与人力资源和社会保障部展开密切合作，相继确定了社会保障卡加载金融功能的总体思路、过渡期安排、卡面规范、审核流程等，并共同研究和制定了芯片功能融合的总体方案及配套技术标准。

2011 年 7 月，人力资源和社会保障部与人民银行从国家经济社会发展全局出发，按照建设服务型政府要求进行了跨部门战略性合作，联合发布了《人力资源和社会保障部　中国人民银行关于印发社会保障卡加载金融功能相关规范的通知》。加载金融功能后的社会保障卡，作为持卡人享有社会保障和公共就业服务权益的电子凭证，在具有信息记录、信息查询、业务办理等社会保障卡基本功能的同时，还可作为银行卡使用，具有现金存取、转账、消费等金融功能，使参保人员便捷地享受社会保障和金融服务，使人民群众更好地享受政府提供的各项公共服务，对于实现社会保障精确管理，改善金融服务，实现便民、利民、惠民的目标，具有积极的推动作用。

（二）通过与发展改革委合作，推动金融 IC 卡在电子商务领域的应用

随着我国互联网的快速发展，电子商务在增强经济发展活力、提高资源配置效率、促进小微企业发展和带动就业等方面均发挥了重要作用。为进一步促进电子商务健康快速发展，充分发挥电子商务在经济和社会发展

中的战略性作用，发展改革委、商务部、人民银行、税务总局、工商总局决定联合开展"国家电子商务示范城市"创建活动，并于 2011 年 3 月，联合发布了《关于开展国家电子商务示范城市创建工作的指导意见》（以下简称《指导意见》）。《指导意见》指出电子支付是电子商务支撑体系的重要组成部分。电子商务示范城市的创建，对城市信息化发展提出了迫切需求，为金融 IC 卡与城市信息化的结合提供了宝贵契机。金融 IC 卡作为重要的电子支付工具，将有效支撑电子商务城市在电子支付领域的建设和发展，在服务"三农"、推进城乡一体化、满足民生核心需求等电子商务基础服务方面，提供更人性化的创新与服务模式。上海、成都、广州、青岛、宁波五个城市被确定为国家电子商务示范城市。

为了贯彻落实《国民经济和社会发展"十二五"规划纲要》关于积极发展电子商务的任务，深入开展国家电子商务示范城市创建工作，2012年 2 月 6 日，发展改革委、财政部、商务部、人民银行、海关总署、税务总局、工商总局、质检总局联合发布《关于促进电子商务健康快速发展有关工作的通知》（以下简称《通知》），重点推动试点城市电子商务有关工作。《通知》指出，人民银行要加强电子支付服务市场的制度建设，强化对电子支付机构的监督管理，制定在线支付、移动支付技术标准和安全规范，组织示范城市开展在线支付、移动支付等基础平台试点工作，推动电子支付互联互通与安全保障体系、金融 IC 卡检测认证服务体系建设，促进电子支付、金融 IC 卡的应用与推广。

国家电子商务示范城市创建工作对于推动我国金融 IC 卡和移动金融发展起到了良好的促进作用。第一批国家电子商务示范城市中上海、成都、广州、青岛、宁波等城市分别搭建金融 IC 卡多应用平台，拓展交通、社保、医疗等领域一卡多用以推动电子商务发展。同时，随着金融 IC 卡、移动金融的逐步推广，移动金融基础设施的完善也为我国电子商务的整体发展奠定了良好的基础，特别是在安全支付、信贷支持、信用体系等领域的基础支撑作用日益凸显。根据《国务院关于促进信息消费扩大内需的若干意见》（国发〔2013〕32 号）中关于加快推进电子商务示范城市建设的工作部署，2013 年 9 月，发展改革委、财政部、商务部、人民银行、海关总署、税务总局、工商总局、质检总局等八部门在总结前期经验的基础上，决定启动第二批国家电子商务示范城市创建工作，并于 9 月 13 日联合发布了《关于启动第二批国家电子商务示范城市创建工作有关事项的通知》。

第三章 系统推进

为加强对全国金融 IC 卡推进工作的领导、组织和协调，加大金融 IC 卡推进力度，2011 年，由人民银行、商业银行分管行领导及中国银联负责人组成了全国金融 IC 卡推进工作领导小组，在人民银行科技司下设了金融 IC 卡推进工作领导小组办公室（以下简称"卡办"），围绕组织、宣传、制度、标准、检查、审核、信息、统计、研究、督办等方面，开展了大量工作，及时解决芯片化迁移过程中遇到的问题，有效地推动了银行卡产业各方开展芯片化迁移工作，加快了全国金融 IC 卡工作进程。

一、组织管理

卡办的主要职责是在金融 IC 卡推进工作领导小组的领导下，制定金融 IC 卡应用推进工作相关政策，并跟踪总结政策执行情况；制定金融 IC 卡工作计划，并及时开展督导检查，确保工作计划的实施与落地；对热点和重要问题开展专题研究，组织召开全国金融 IC 卡工作会议等。此外，卡办还组织编写了大量的金融 IC 卡宣传培训材料，发送给人民银行分支机构、金融机构以及大众媒体，扩大宣传培训效果。

金融 IC 卡应用推进工作是一项复杂、艰巨、长期的系统工程，由于涉及政策、标准、技术、业务、风险等诸多因素，在金融 IC 卡发展进程中，势必遇到阻碍工作进展的问题。对于金融 IC 卡工作中的重大疑难问题，卡办成立课题组进行深入研究。例如"金融 IC 卡与城市信息化结合方针、金融 IC 卡对双标识卡的影响、金融 IC 卡电子现金发展规划、金融 IC 卡服务'三农'战略"等。卡办组织了来自商业银行、中国银联及相关产业界的专家和骨干对上述难题进行了深入的专题研究，形成了详尽的研究报告并提出了可行的解决方案。在各商业银行、中国银联及产业界各方的支持和配合下，金融 IC 卡应用推进工作领导小组集中研究处理了第一批金融 IC 卡重要问题，内容涉及政策、标准、业务、受理、实施等方面，为加快全国金融 IC 卡进程作出了重要贡献。

二、开展宣传培训，普及金融 IC 卡知识

2011 年 3 月 15 日，人民银行出台《关于推进金融 IC 卡应用工作的意见》，并就该意见的背景与意义、主要内容、时间要求、金融 IC 卡推广条件、推动 IC 卡基本原则、整体战略、技术标准、国际形势、对产业升级的促进作用、如何防范伪卡欺诈以及持卡人关注的成本负担等社会广泛关注的问题，召开了新闻通气会，解答了疑问，澄清了困惑。

2011 年 7 月，人民银行成立金融 IC 卡标准实施组，对金融 IC 卡标准实施提供咨询和技术支持，通过会议、培训等形式宣传、讲解金融 IC 卡技术标准。在全国金融 IC 卡工作会议、2011 年金融标准化培训班、金融 IC 卡在公共服务领域中应用座谈会、银行卡及电子支付业务培训班、人民银行分支机构及商业银行在不同省份召开的金融 IC 卡工作会议上，讲解相关标准并作政策解读。

2012 年 7 月 19 日，由各家银行和中国银联举办了"金融 IC 卡宣传月"启动仪式，李东荣副行长在启动仪式上指出：我国推广金融 IC 卡适应了全球银行卡芯片化迁移的发展趋势，从根本上提高了我国银行卡风险防控能力，拓展了银行卡在公共服务领域的应用，推动了"一卡多用"和"全国通用"的实现。随着全国金融 IC 卡推广工作的稳步推进，社会各界全方位了解金融 IC 卡的重要性和紧迫性凸显。此次以"金融服务民生，银行卡走进'芯'时代"为主题的金融 IC 卡宣传活动，将普及金融 IC 卡基础知识及用卡安全优势为出发点，推动金融从业人员、商户和持卡人正确了解和使用金融 IC 卡，让金融 IC 卡推广这项利国利民的工作真正惠及民生、服务百姓。在为期一个月的宣传活动中，人民银行组织转接清算机构并联合各地商业银行，开展了形式多样、内容丰富的金融 IC 卡主题宣

传活动，同时在上海、成都、广州、贵阳、长沙和宁波六个城市重点开展
"金融 IC 卡宣传周"活动。

2012 年 7 月 20 日，由人民银行主办、中国银联股份有限公司承办的 2012 年"金融
IC 卡宣传月"活动启动仪式在京举行。人民银行副行长李东荣、中国银联董事长苏
宁出席启动仪式并致辞。工商银行、农业银行、中国银行、建设银行和邮储银行相
关负责同志共同出席了启动仪式。

　　人民银行网站首页开辟了"金融服务民生，银行卡走进'芯'时代"
宣传专栏，及时向公众发布最新的政策信息、金融 IC 卡推广工作中取得
的进展和成绩、金融 IC 卡行业应用方面的突破以及金融 IC 卡相关的常见
问题的解答等。银行卡走进"芯"时代宣传专栏是广大群众了解掌握金融
IC 卡的动态权威平台和重要信息来源。金融 IC 卡推进工作简报是人民银
行发布信息的另外一个重要渠道，简报由金融 IC 卡工作领导小组办公室
负责编辑，旨在将各地、各商业银行在金融 IC 卡工作中的优秀做法、成
功经验以及行业应用的创新合作模式进行推广，简报对其他地区开展金融
IC 卡工作具有借鉴意义。人民银行还多次通过论坛、媒体采访等机会，
向社会各界宣传介绍金融 IC 卡的政策和工作进展情况，并解答媒体关注

的热点问题；组织出版发行了《中国金融集成电路 IC 卡规范解读》、《银行卡名词术语及标准规范》、《金融电子化杂志——金融 IC 卡专刊》等出版物。

三、风险转移

金融 IC 卡迁移是一项漫长和艰巨的工程，由于受到受理环境改造进度的影响，已发行的金融 IC 卡绝大部分是既有芯片又有磁条的"复合卡"。这种复合卡既可在完成芯片化改造的终端上通过芯片进行交易，也可在未完成改造的终端上通过磁条完成交易，后者称为"降级交易"，芯片卡的功能并没有完全启用。"降级交易"会带来信息盗取和伪造盗刷问题，但随着受理环境的不断完善和银行卡芯片化迁移进程的不断深入，这一问题将得到解决。一方面，通过技术手段关闭双介质卡磁条交易，使卡片的安全性提升到芯片级别；另一方面，通过"风险转移"等手段促进发卡机构和收单机构加快金融 IC 卡迁移进度，优先使用芯片交易。

参照国际惯例，风险转移政策规定：当发卡机构和收单机构有且只有一方未完成金融 IC 卡迁移时，未完成一方承担伪卡交易风险责任。都完成迁移时，若收单机构未正确处理复合卡的降级使用交易，由此产生的伪卡欺诈风险损失，由收单机构承担。人民银行借鉴国际经验，在部分地区开展了金融 IC 卡风险转移工作，将银行卡被复制的风险损失改由没有进行金融 IC 卡改造的一方承担，鼓励和促进金融 IC 卡的发卡银行和受理银行加快进行迁移改造。宁波和福建两个地区先后通过适度采取行政推动的方式开展了这方面的工作。

人民银行宁波市中心支行在全国率先启动伪卡风险责任转移试点，组织全市 35 家发卡机构、收单机构和中国银联宁波分公司共同签署《宁波市推进芯片化迁移伪卡风险责任转移公约》，将伪卡欺诈损失责任由发卡机构有条件地向收单机构转移。通过市场化风险转移导向，营造了发卡银行积极发行芯片卡、收单机构优先受理芯片卡的迁移氛围，有效促进了社会公众对金融 IC 卡认知不断提高，在全辖已初步形成金融 IC 卡推广使用的良好氛围。

人民银行福州中心支行以在社会公众中培育稳定、持久的用卡意识为目标，建立了发卡端和收单端相互博弈与制衡的规则，即《福建省推进芯片化迁移伪卡风险责任转移公约》（以下简称《公约》），得到了福建省内各商业银行的高度重视和积极响应，福建省已开办银行卡发卡和收单业务的29家商业银行、福建银联已全部成为《公约》成员机构。《公约》是各家银行推动金融IC卡科学发展、维护社会公众使用银行卡合法权益的重要一步。为了更好地履行《公约》，人民银行福州中心支行积极引导各成员机构从几个方面提升执行成效。首先，注重"三强化"。一是强化培训，使商户收银员自觉主动受理芯片卡。二是强化宣传，有针对性地提升金融IC卡的公众认知度，特别在业务开展过程中能对持卡人介绍正确、安全的用卡方式，如在POS上采用"插卡"或"闪付"方式。三是强化服务，提高受理服务质量和客户服务水平，对于使用过程中出现的故障投诉，实行首问负责制度和客服回访制度，确保"件件有回音，事事有落实"。其次，在过渡期内完善受理环境。从发卡、收单两个层面扭转磁条芯片复合卡被降级使用的局面。实现发卡端有效识别复合卡，并拒绝复合卡降级使用联机授权。ATM终端优先受理芯片，并关闭降级使用；尽快完成POS终端程序改造，构建起坚实的收单端"防线"。人民银行福州中心支行还计划根据金融IC卡推广工作进度，不断扩大《公约》的覆盖面、执行力和影响力。根据业务发展实际情况，适时扩大受理终端范围，及时将省内新增开办银行卡业务的商业银行纳入成员机构。通过《公约》的推行实施，逐步培养各成员机构的守约意识，并把外在规则转化为内在要求。

四、检查审核

2011年2月24日，人民银行印发《中国人民银行关于进一步规范和加强商业银行银行卡发卡技术管理工作的通知》（银发〔2011〕47号），明确了金融IC卡发卡技术管理的基本原则，要求商业银行发行金融IC卡遵循国家及金融行业技术标准规范，严格执行信息安全政策和金融IC卡联网通用政策，着手开展发卡技术标准符合性和系统安全性审核。

截至 2014 年第一季度末，已有 172 家商业银行发行金融 IC 卡，包含 18 家全国性商业银行、99 家城商行、21 家农商行、20 家省农信社、11 家村镇银行和 3 家外资银行。这些银行在组织领导、制度建设、统一标准、业务需求、系统建设、风险管理、应急响应等方面开展了大量准备工作，基本符合审核要求，为下一阶段重点推进金融 IC 卡在公共服务领域的应用打下了重要基础。

人民银行自 2011 年起开始进行全国银行卡联网通用检查工作，就将检查重点集中在金融 IC 卡的受理上。按照中国人民银行关于金融 IC 卡受理环境建设工作规划，2011 年重点检查了直联 POS 终端的金融 IC 卡受理情况，2012 年重点检查了间联 POS 终端的金融 IC 卡受理情况，2013 年检查了 ATM 终端的金融 IC 卡受理情况，2014 年又检查了电子现金跨行圈存情况。2014 年的电子现金跨行圈存专项检查表明，全国 92.8% 的 ATM 终端具备了电子现金跨行圈存功能。通过这些检查，掌握了终端机具的实际改造情况，为制定推动政策积累了第一手资料。

五、联网通用

为了切实保障金融 IC 卡联网通用，在技术规范方面，各商业银行和转接清算机构严格遵循《银行卡联网联合技术规范》，保证发卡、收单、转接系统，以及磁条卡、金融 IC 卡跨行交易处理、信息交换报文、文件接口、通信接口、数据安全传输控制等方面符合规范要求，从而保障联网通用及系统平稳运行的目标要求。在业务规则方面，对于包含磁条和芯片的复合卡发起的交易，各商业银行、转接清算机构根据"风险转移"业务规则要求，按照"芯片优先、无法处理芯片则处理磁条"的顺序，选择一种介质类型进行受理。在清算方面，转接清算机构对磁条卡和芯片卡交易进行集中清算，并按照统一规则和模式进行集中处理。

通过各商业银行、转接清算机构在上述技术、业务和清算方面的共同配合和努力，金融 IC 卡联网通用工作进展顺利，我国金融 IC 卡联网通用政策得到了深入贯彻执行。

六、跨行圈存

在金融 IC 卡日益普及、电子现金交易快速增长的同时，其受理圈存环境薄弱的问题逐步显现。虽然部分商业银行开通针对本行金融 IC 卡的电子现金圈存业务，但难以满足持卡人便利圈存的实际需求，已投入使用的银行卡基础设施也未得到充分利用。随着金融 IC 卡在公共服务领域应用的进一步开展，电子现金的应用范围进一步得到拓展，金融 IC 卡跨行圈存环境建设成为银行卡业务发展道路上亟须解决的重要问题。为此，人民银行将电子现金跨行圈存工作纳入 2013 年重点工作范畴。

什么是 "圈存"？

圈存是指对电子现金账户充值的过程。业务规则定义了四种圈存模式：指定账户圈存、非指定账户圈存、现金圈存以及自动圈存，都通过联机方式实现。前三者是单独定义的圈存交易，而自动圈存是带电子现金的借记/贷记卡在进行联机交易时，发卡行通过返回脚本的方式对卡片电子现金的账户余额进行自动更新的过程，发卡行与持卡人自行约定电子现金卡的自动圈存触发额度，以及每次自动圈存的金额。

业务规则对发卡机构、收单机构以及终端需要支持的圈存交易类型分别作了规定：电子现金发卡机构必须支持指定账户跨行圈存；收单机构必须同时支持指定账户跨行圈存和非指定账户跨行圈存；圈存终端必须同时支持指定账户跨行圈存、非指定账户跨行圈存以及自动圈存，现金圈存终端还需同时支持现金圈存。

电子现金跨行充值网络建设，目前正在分步实施，即终端先打好基础—银行实现本行充值—银行系统支持跨行充值—跨行充值范围进一步扩大。首先，推动电子现金发卡行本行的 ATM 圈存渠道建设，形成最为基础、普及和实惠的初级圈存网络；其次，在打通发卡行圈存网的基础上，同步推动收单机构开通 ATM 跨行圈存，借用收单机构渠道，实现以指定账户圈存为主的跨行圈存，打造更为便利、覆盖面更广的圈存网络，同时借用已建成的银行收单网络撬动发卡端开通支持跨行圈存；再次，在上述基础上，借助第三方的自助设备，打造含非指定账户跨行圈存、现金圈存等进一步深化的圈存网络；最后，研究各种创新圈存模式的可行性，如借助互联网终端，或脱机圈存、电子现金透支额度等创新模式，不断丰富圈存产品和渠道，满足机构诉求，方便持卡人。

跨行圈存涉及的技术和业务问题众多，同时需要发卡机构、收单机构、转接清算机构等各参与方的通力配合，项目实施难度较大。开展跨行圈存业务不可能一蹴而就，人民银行遵循由易到难、分步实施的原则，即先开通市场需求迫切的、相对容易实现的业务，在这些业务得以开通的基础上，再逐步开通实现难度相对较大的或市场需求相对不迫切的业务。

2013 年 7 月 31 日，人民银行印发了《中国人民银行办公厅关于组织开展金融 IC 卡电子现金跨行圈存试点工作的通知》。试点工作按急用先行的原则，首先选择在上海、成都、长沙、贵阳、宁波等五个金融 IC 卡电子现金使用较普遍的城市开展，同时遵照先易后难、循序渐进的思路，先期在 ATM 等自助终端实现接触式电子现金跨行圈存，后续将逐步扩大终端范围，并计划于 2013 年 9 月开始在全国推广。

2013 年 9 月 25 日，金融 IC 卡电子现金跨行圈存全国推广发布会在京举行，同时正式启用"金融 IC 卡信息惠民工程"标识。此次全国推广意味着随着此项工作的不断深入，商业银行之间电子现金跨行充值路径将被全面打通，持卡人可以方便地持金融 IC 卡在不同银行自助终端上安全充值，从而更加方便地享受到基于金融 IC 卡的各项金融服务。

2013 年 9 月 29 日，人民银行印发了《中国人民银行办公厅关于组织开展金融集成电路卡电子现金跨行圈存全国推广工作的通知》。要求商业银行于 2013 年 10 月底完成系统升级及开通，2013 年底完成终端设备改造任务。

2013 年 9 月 25 日，金融 IC 卡电子现金跨行圈存全国推广发布会在北京召开，"金融 IC 卡信息惠民工程"标识同日发布。

电子现金跨行圈存工作的完成，有效带动了电子现金应用的发展。数据显示，截止到 2014 年 4 月底，电子现金跨行圈存交易笔数共计 644125 笔，交易金额共计 8102.17 万元，其中电子现金跨行圈存交易笔数排名前十位的分别是四川、广东、江苏、浙江、湖北、上海、福建、山东、安徽、广西，占全国的 60.41%；交易金额排名前十位的地区分别是湖北、广东、湖南、上海、云南、江苏、陕西、广西、浙江、四川，占全国的 57.95%。

什么是 "金融 IC 卡信息惠民工程" 标识？

"金融 IC 卡信息惠民工程"标识（以下简称标识）是根据国务院《关于促进信息消费、扩大内需的若干意见》（国发〔2013〕32 号）的精神，为使银行自助设备支持公共服务信息化及加快实施信息惠民工程，大力推进金融IC卡在公共服务领域应用的要求而设定的服务标识。标识主要用于帮助金融IC卡持卡人识别自助受理终端的惠民服务相关信息，以获取更好的服务。

标识采用非接触IC卡制作，通过在标识中记录有关信息，不仅可以方便持卡人了解终端的相关信息，而且可以帮助相关单位对终端进行管理。凡贴有标识的终端可以为持卡人提供与金融IC卡相关的各类优质服务，如跨行圈存等。今后持卡人也可以通过在带有非接触功能的手机下载相关应用后，查询标识中的相关电子信息。"金融IC卡信息惠民工程"标识的设计图案如下：

七、终端策略

从持卡人角度分析，金融IC卡日常应用的主要窗口是操作终端，其中ATM和POS是主要组成部分。因此，操作终端对芯片的支持率就成为金融IC卡发挥高技术作用的第一道关卡。经过数年努力，目前，99%以上的ATM和POS在硬件上已经支持芯片应用。但是，为了兼顾巨大的存量磁条卡用户群，使得各种文化层次、各个年龄阶段、不同应用环境的持卡人能够自愿地、习惯性地使用芯片进行交易，银行业采取了一种平滑过渡的策略，即在操作终端的应用软件层面兼容了磁条卡的使用，使得在金融 IC 卡推广的较长一段时期内，操作终端能够支持各种需要。

不少持卡人和收银员已经发现，虽然硬件已经支持芯片，但真正要找到金融 IC 卡的专门应用非常难，因为终端操作主要菜单上几乎找不到芯片应用入口。实际上，芯片应用入口基本上配置在二级菜单上，由此造成了用户和持卡人使用不便，也使得芯片利用率被人为降低，诱发了不少降级交易。这种情况的产生有其客观因素，其中时机是关键原因。当前使用的终端操作主要菜单都是围绕磁条应用开展的，在金融 IC 卡试点时期，芯片卡持卡人为数不多，也不可能为了照顾少数持卡人而改变大多数民众的习惯，因此，在二级菜单上配置芯片应用入口是上策，这样做，既不影响大量人群的习惯，又可充分验证芯片应用。

至于 ATM，芯片功能被忽视主要是受设备传统设计流程的影响。因为 ATM 的读卡模块是设备的主要元器件，插入铁片或者其他物体将会严重损坏设施。为了保护读卡模块，ATM 操作系统支持了一种特殊判定功能，即在插入卡片时，设施首先判断卡片上是否有符合标准的磁条，否则视做非银行卡。这种功能设计，很大程度上助长了磁条在设备中的主流地位，也使得银行在芯片卡推广初期，大量发行了芯片磁条复合卡，其中的磁条，意向上仅仅当做 ATM 判定标识。在芯片卡推广初期，这种意向也被用于 ATM 处理流程，但由于 ATM 大多处于无人值守状态，伪卡盗用的风险更大，另一方面，ATM 应用系统远程管理更新技术已经非常成熟，因此，银行业及时将 ATM 操作系统进行了升级。目前，我国银行业部署在本土的绝大部分 ATM 已从操作系统到硬件模块实现了面向芯片的全面支持。

终端并不能完全准确地判定卡片介质属性，主要是因为 "201" 卡的缘故。这种卡是特殊时期下的一种银行卡。说它特殊，是因为这种磁条卡的卡号被赋予了芯片卡的码段，因此，一般的终端设施不能依赖常用的规则判定卡片介质属性。所以，从准确性角度而言，从后台主机侧关闭芯片磁条复合卡的磁条交易是最合理的做法，因为主机侧记录了每一张卡片的详细属性，如果终端将芯片磁条复合卡的交易以磁条方式上送后台，发卡行就认为是降级交易，这样就彻底避开了终端判断卡片介质属性的弱点。有了这样的策略，人民银行开始大力组织银行业，开展关闭降级交易工作。2014 年 5 月 14 日，人民银行印发《关于逐步关闭金融 IC 卡降级交易有关事项的通知》，决定在全国范围内统一部署逐步关闭金融 IC 卡降级交易工作，同时就各商业银行关闭线下渠道金融 IC 卡降级交易提出了时间表。自 6 月起，将在上海、广州、成都、北京、贵阳、宁波等城市启动 ATM 关闭金融 IC 卡降级交易试点；自 8 月起，在湖北省、山西省、重庆市、福建省、安徽省、湖南省等省市启动 POS 终端关闭金融 IC 卡降级交易试点；8 月底前全国 ATM 关闭金融 IC 卡降级交易；10 月底前全国 POS 终端关闭金融 IC 卡降级交易，年底前关闭在其他线下渠道终端上的金融 IC 卡降级交易。对在移动金融和互联网支付等线上交易渠道推动基于金融 IC 卡芯片的交易方式、保障线上渠道交易安全也作出了部署。复合卡磁条交易的关闭，使得金融 IC 卡的芯片作用真正得到了发挥，也将促进我国银行卡安全性的提升。

八、产业协作

为调动卡片生产商积极性，努力降低卡片成本，促进芯片国产化，转接清算机构本着"产业协商，降低升级成本，促进金融 IC 卡相关产业链发展，逐步降低卡片和相关设备成本"的原则，联合商业银行、产业界相关单位等成立了卡片价格联盟；针对金融 IC 卡价格偏高问题，从产业链源头积极寻找解决方案。此举已使得卡片成本降低了 60% 以上，随着国产芯片的逐步成熟与量产，将进一步带动卡片成本的降低。

与此同时，为推动金融 IC 卡发展，提升国家金融信息安全水平，并以银行卡芯片化迁移带动国内产业发展，人民银行积极协调发展改革委、工业和信息化部开展国家金融 IC 卡安全检测中心的建设。国家金融 IC 卡安全检测中心的建立有效带动了我国芯片产业研发水平的同步提高，提升了金融信息安全水平，带动了芯片产业的发展。

九、商圈建设

2013 年，人民银行启动了非接触小额支付商圈建设工作，旨在打造一批满足金融 IC 卡非接受理要求，体现金融 IC 卡电子现金小额支付优势和便利的示范商圈。非接触小额支付商圈是支持金融 IC 卡非接受理功能、在地理位置上分布较为集中的特约商户的统称，这些商户的受理终端具备受理"闪付"功能，收银员能够熟练掌握金融 IC 卡及电子现金受理基础知识和流程，主要分布在生活服务、公共交通（公交、出租、地铁等）等小额快速支付领域。

人民银行通过推动商业银行将商圈内金融 IC 卡在 POS 上非正常降级使用交易笔数比例、商圈内非接触受理机具比例、金融 IC 卡非接触小额支付商圈建设数量等指标作为小额支付商圈建设考核项目，切实发挥了非接触小额支付商圈的功效，扩大了金融 IC 卡应用成果和社会影响力。

标准引导篇

第一章　金融 IC 卡标准建设历程

一、金融 IC 卡标准的演变

俗话说，没有规矩，不成方圆。这里的规矩，从现代人的角度来看就是标准。其实人们对"标准"并不陌生，它贯穿了日常生活的方方面面。例如，交通规则规定，"红灯停，绿灯行，黄灯前后看分明"；食品行业规定"豆浆中维生素 A 的含量应在 600～1400 毫克/千克"（引自 GB 14880—2012《食品安全国家标准食品营养强化剂使用标准》）……诸如此类，各行各业的标准随处可见。有了标准的引导，人们的生产、生活、工作、学习就有了统一的秩序。坚持正确的标准，并不断地对标准进行维护和完善，可以让现代生活质量得到持续的改善和提高。

银行卡也是这样，它的发展同样离不开标准规范的引导。自 1951 年美国纽约富兰克林国民银行发行了第一张真正意义上的银行卡以来，银行卡迅速在全球范围内得到了应用和普及。目前，使用银行卡不但可以刷卡消费、存款取款、住房按揭、投资股票、购买保险，还可以交水、电、煤气、宽带、电话费等，这些金融活动，几乎每天都在发生，银行卡几乎变得无所不能。毫无疑问，银行卡的产生是世界金融史上的一次飞跃，而银行卡相关标准的建立则是银行卡得以普及并快速发展的主要原因之一。

然而，随着全球银行卡的迅速普及，各国不法分子也将视线瞄准了银行卡。如何保障银行卡的资金安全成为了全球银行卡产业和持卡人所共同关注的问题。

针对上述问题，国际银行卡组织 VISA、MasterCard 和 Europay（2002年被 MasterCard 公司并购），于 1996 年联合制定了一套以三家公司英文名称首字母命名的标准规范——EMV 标准。这套标准创新地在银行卡上使用了芯片技术，它给银行卡装入了一颗只有纸片一般厚薄、筷子截面见方的"芯"。

当这种新型的银行卡插入银行的 ATM 或商户的 POS 终端时，芯片立刻通电，通电后的芯片俨然是一台开机后高速运转的微型计算机。这台微型计算机按照 EMV 最新标准规定的方式，在每次交易前，通过仅当次有效的"接头暗号"与 ATM 或 POS 机进行安全认证，并在此基础上完成金融交易。即便有一次"接头暗号"被截获并破译，犯罪分子也无法利用该"暗号"，在下一次交易中完成伪冒交易。这样一来，这种带有芯片的全新银行卡，不仅具有传统的密码保护，还新增了一套更加难以破解的保护机制，银行卡的安全性得到大大提高。

事实证明，这套全新的 EMV 标准，不仅解决了传统磁条卡因技术相对简单而产生的容易被克隆、盗刷等安全性问题，并且其特有的多应用能力为银行卡进入相关行业中发挥了重要的作用，EMV 标准规范成为引领国际银行卡产业从磁条卡向芯片卡升级的重要推动力量，从此银行卡芯片化升级的浪潮开始逐渐席卷全球。

在境内，人民银行也时刻跟踪国际银行卡产业的发展趋势，在借鉴了 EMV 标准规范的基础上，结合国内应用实际，开始着手建立中国自主知识产权的金融 IC 卡标准。我国的金融 IC 卡标准，经历了如下几个主要的标志性演变阶段。

第一阶段：PBOC1.0 标准的首次确立与应用。

1997 年，《中国金融集成电路（IC）卡规范（1.0 版）》（以下简称 PBOC1.0 标准）发布，意味着我国金融 IC 卡标准第一次正式确立。PBOC1.0 标准发布后，人民银行于 1999 年到 2000 年组织商业银行在北京、上海、长沙等地启动了 PBOC1.0 标准的应用试点工作，这对于当时摸着石头过河，探索发展自有特色路线的银行卡产业具有非同寻常的意义，PBOC1.0 标准的发布，开创了国内银行 IC 卡的应用先河，切实促进了我国行业支付卡的兴起和芯片化进程。

PBOC1.0 标准包含了卡片规范和应用规范两部分。其中，第一部分是对卡片本身技术指标的定义，主要描述卡片的一些物理技术特性；第二部分是对与应用相关的交易流程的描述，主要介绍卡片如何与终端交互完成金融电子钱包交易的全部过程。

在应用方面，PBOC1.0 标准主要定义了电子钱包（Electronic Purse）/电子存折（Electronic Deposit）应用和磁条卡功能（Easy Entry）应用。其中磁条卡功能是利用金融 IC 卡实现传统磁条卡功能的简单应用，以保持对传统磁条卡交易的兼容。而电子钱包/电子存折应用则是 PBOC1.0 标准的重要创新，该应用突破传统磁条卡必须通过与后台联机完成交易的方式，实现了在脱机情况下跨行、跨地区的支付功能，创新了银行卡支付手段，特别适用在一些不具备与后台联机通信条件的地区，一方面降低了交易通信成本，另一方面也实现了对传统磁条卡应用的有效补充。在交易种类上，电子钱包支持脱机消费、圈存（即充值）、查询余额和查询明细（可选）等交易。电子存折除了支持电子钱包的交易类型外，还支持取现、圈提（即小额账户取现）和修改透支限额等三种交易。

为了保障交易安全，电子钱包/电子存折的脱机消费交易必须通过受理终端的安全认证模块（物理上是以 PSAM 卡的方式来实现）与卡片进行双向安全认证，以保证交易中的卡片、终端和持卡人的合法有效。而圈存（即对电子钱包/电子存折账户充值）、圈提（即把电子存折账户余额转回主账户中）和修改透支限额三种交易，必须以联机方式进行，并提交个人密码。为了支持全国范围的脱机消费交易，电子钱包/电子存折采用全国统一的消费密钥，并采用按地区代码和银行代码分散后下发的三级密钥管理体系，所有的安全认证均采用对称密码算法。

PBOC1.0 规范的正式发布对我国的金融 IC 卡产业有着非常重要的意义。对处于起步阶段的中国金融 IC 卡产业，电子钱包/电子存折应用为当时的跨行和跨地区脱机支付需求提供了解决方案，标志着我国银行系统在金融 IC 卡方面开始有了属于自己的统一规范，并为今后建立一个全国统一的金融 IC 卡交易系统、形成真正的电子货币提供了必要的基础。

但由于当时银行卡业务受理环境欠佳、社会对金融支付需求不旺盛等因素影响，加之卡片终端国产化率底、IC 卡价格居高不下等原因，金融

IC 卡未能在全国范围实现大规模应用。但 PBOC1.0 标准的发布与实践，对金融机构初步认识、了解和学习金融 IC 卡业务技术标准起到了重要作用，逐步培养了一批专业化的人才队伍，同时拉动了国产卡片、终端企业的发展壮大。

从今天 IC 卡发展的情况来看，当时的 PBOC1.0 标准并非完美，由于采用了对称密码算法，使得电子钱包/电子存折在后续推广时遇到两个主要的问题：第一，对称密钥的传输和更新很困难；第二，保存着全国消费总密钥的 PSAM 卡安装在终端机具中，一旦遭到恶意攻击且密钥泄露，容易造成安全隐患。这也使得电子钱包/电子存折的发展受到了很大的制约。

正是考虑到了电子钱包难以在全国范围内大规模推广，人民银行提出了电子钱包退出的方案，平稳地向借记/贷记进行过渡。

第二阶段：PBOC2.0 标准的诞生及 IC 卡迁移大规模启动。

2000 年，一场至今仍在席卷全球的银行卡产业升级悄然启动。为了防止日益增长的卡片欺诈，应对金融支付面临的各种挑战，VISA、MasterCard 等国际卡公司开始在各国大力推广借记/贷记银行卡的芯片化，即 EMV 迁移。全球银行卡产业即将进入崭新的"芯"时代。

而此时，国内银行卡产业正处于大规模爆发的前期，磁条卡仍是商业银行当时首要发行的银行卡产品，面对国际银行卡 EMV 迁移进程的加快和我国对外开放交流的新形势，以人民银行为代表的我国银行卡产业缔造者们未雨绸缪，开始探索研究国内金融 IC 卡未来的发展方向，以及金融 IC 卡标准的升级工作。

2003 年，人民银行牵头组织银行业金融机构以及银行卡转接清算组织对《中国金融集成电路（IC）卡规范》（1.0 版）进行了修订，补充完善了电子钱包/电子存折的应用功能，增加了电子钱包扩展应用指南、借记/贷记卡应用功能、个人化应用指南和非接触式 IC 卡通信接口标准，并于 2005 年 3 月正式颁布实施（即 PBOC2.0 规范）。在 PBOC2.0 中新增的标准借记/贷记应用，不再是磁条卡借记/贷记功能的简单再现，而是基于金融 IC 卡的安全特性，增加了大量的业务、风险管理机制，全面实现了传统银行卡的借记/贷记功能，是一种全新的、安全性高的支付手段，可以完全取代磁条卡，并可结合智能卡片的特点开展类似网上银行、公共服务等多应用。在技术安全方面，PBOC2.0 规范定义的借记/贷记应用，提供了脱机数据认证和联机数据认证双重安全机制。同时引入了非对称的加密算法，解决 PBOC1.0 对称加密算法遇到的问题，为 IC 卡的大规模应用扫清了障碍。

2007 年，人民银行再次组织对《中国金融集成电路（IC）卡规范》进行增补，主要增加基于借记/贷记标准的小额支付（电子现金）和非接触式 IC 卡支付规范等方面内容。新增补的内容，完善和丰富了 PBOC2.0 产品，涵盖了国际上主流金融 IC 卡应用，为发卡银行提供了更为全面的银行卡业务品种，满足了小额、快速支付市场的迫切需求。该部分增补规范于 2010 年 4 月正式颁布（即 PBOC2.0 规范 2010 年版）。

下图展示了从 PBOC1.0 规范到 PBOC2.0 规范的升级演变过程：

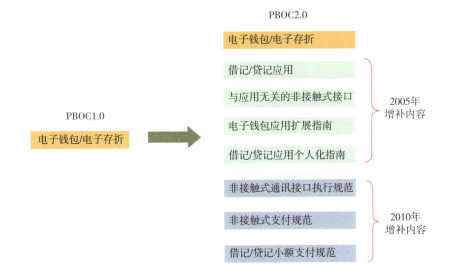

演变过程图

PBOC2.0 标准功能齐全、内涵丰富，为我国的银行卡健康发展奠定了基础，大大提高了我国银行卡的国际竞争力，也为行业合作提供了良好的基础架构。PBOC2.0 标准具有以下几个显著特点：

首先，PBOC2.0 标准功能齐全。PBOC2.0 标准内容丰富，涵盖了国际上主流的金融 IC 卡应用，可以为银行提供全面的银行卡业务品种，不仅包括传统银行卡的借记和贷记应用，而且包括可以脱机交易的小额支付应用，还包括快速非接触式支付应用。在实现形式上，不仅可以从普通金融 IC 卡发起交易，而且可以通过手机甚至任何随身介质发起交易。这些丰富的功能可以很好地满足银行卡在实际运用过程中出现的各类需求。

其次，PBOC2.0 标准安全性高。PBOC2.0 标准定义的借记/贷记应用，提供了脱机数据认证和联机数据认证双重安全机制。其中，脱机数据认证通过非对称密码算法实现，终端只需下载根 CA 的公钥即可实现对卡片的认证，实现方便；联机数据认证通过对称密码算法实现，完成卡片和发卡行的双向认证，确保联机交易的安全。双重的保护机制可有效防止伪卡欺诈的发生。

最后，PBOC2.0 标准成为相关行业的重要参考依据。PBOC2.0 标准一经颁布，立即成为了相关行业广泛关注的焦点。从目前国内行业卡规范来看，各行各业大力推进以智能卡为载体的信息化进程，人力资源和社会保障部、住房和城乡建设部、教育部等部委推出了本行业的 IC 卡规范。这些规范定义了行业自身的管理应用，但在支付方面不同程度地参考了 PBOC 标准。可以说，行业 IC 卡的技术标准更多定义的是行业信息管理，而 PBOC 标准则全面地提供了各种支付的解决方案。因此，行业规范与 PBOC 技术标准可以很好地结合起来共同为持卡人提供完善的信息化服务。

经过这一阶段的完善发展，金融 IC 卡规范体系基本完善成熟，可以涵盖联机、脱机不同的应用场合，达到国际一流的水平，已具备规模化推广的条件。因此，摆在人民银行面前的问题是如何实现我国银行卡产业的标准升级以及怎样找到我国银行卡产业升级的突破口，让金融 IC 卡快速走进亿万百姓家庭。

经过长期的市场调研和深入的论证分析，在充分考虑了我国当时社会经济发展现状的情况下，人民银行制定了"大力推进金融 IC 卡在公共服务领域中应用"的金融 IC 卡发展战略。我国银行卡产业升级，要打一场具有中国特色的"全民战争"，只有老百姓满意了，中国的大事才能办好。

经过实践的检验，这一战略为接下来十几年的银行卡产业升级指明了正确的方向，产、学、研、用及社会各界对此表示了高度的认可和肯定。在这一时期，PBOC 规范开始在银行卡产业的各个层面得到广泛应用。

此外，为支持配合 PBOC2.0 标准规范的制订和推广，促进国内金融 IC 卡迁移进程，我国卡组织先后制订了多个与 PBOC2.0 配套的企业规范，为发卡行、收单行实施 PBOC 迁移提供一个整体引导。PBOC2.0 规范与这些规范相互配合，加速了国内金融 IC 卡的迁移，提高了我国银行卡的国际竞争力，为我国金融 IC 卡健康发展提供了良好的保障和指导作用，也为与其他行业合作提供了较好的基础。随着 PBOC2.0 标准的广泛应用，在满足基础支付应用的同时，产业各方也提出了拓展金融 IC 卡应用功能，满足创新和公共服务领域应用的新需求。PBOC 标准再一次迎来了升级的契机。

第三阶段：PBOC3.0 标准的发布，银行卡产业正式步入"芯"时代。

为进一步满足金融 IC 卡在公共服务领域应用的需要和创新金融服务的需要，2013 年 2 月 5 日，人民银行正式发布并实施了《中国金融集成电路（IC）卡规范》（3.0 版，即 PBOC3.0 标准）。

与 PBOC2.0 标准相比，PBOC3.0 标准规范在原借贷记/小额支付功能的基础上增补了非接触式 IC 卡小额支付扩展应用、IC 卡互联网终端、电子现金双币支付、安全增强算法等四个部分。PBOC3.0 标准使金融 IC 卡的应用更加安全和实用，并开始正式走向境外，实现境外的发卡和受理。PBOC3.0 标准的发布，标志着中国银行卡产业在世界舞台的真正崛起，预示着拥有十几亿人口的泱泱大国将充分展现其后发优势，成为国际舞台上重要的银行卡大国。在 PBOC3.0 标准的带动下，商业银行主动开展发卡系统及终端设备升级工作，进一步丰富金融 IC 卡相关产品，推动 PBOC3.0 标准在公交、地铁等公共服务领域应用迅速扩展。

此外，移动支付的发展离不开金融 IC 卡的发展。我国的移动支付标准体系充分兼容 PBOC 标准，并进行了一定的补充和完善，因此走上了一条与金融 IC 卡相辅相成的发展道路。

二、金融 IC 卡相关配套支持标准

（一）实现各种银行卡互通的联网联合标准

人们或许已经习惯了拿着中国银行的工资卡在农业银行的 ATM 上取钱，也习惯了拿着工商银行发行的"闪酷"卡在贴有"Quick Pass"标记的 POS 机上潇洒一挥。事实上，在金融 IC 卡标准的背后，还有一系列配套的技术支撑进行着保障。其中为银行卡实现互联互通的联网联合规范就是贯穿其中的一个重要因素。

自 20 世纪 90 年代起，银行卡在我国开始出现，但早期各家银行的卡和受理终端使用着各自的企业标准，不能联通使用，就好像国内用的电器插头，跑到欧洲去就无法使用一样。所以在当时的环境下，持卡人付款时，收银员每次都需要从柜台上摆放的多台 POS 机中，找到合适的终端才能刷卡。

随着发卡银行越来越多，不可能在收银台为了每一个发卡银行都安装一台 POS 机，这样既增加商户受理的复杂度，在投资上又存在严重的重复建设。为了解决这个问题，首要的办法就是实现标准的统一，为此联网联合规范应运而生。联网联合规范全称是"银行卡联网联合技术规范"。从规范的名字可以看出，联网联合规范首要目的就是银行卡的互通互用，这是银行卡跨行使用的基础。它有机地将前台受理终端、收单行和后台发卡主机系统接续起来，依靠统一的规范，为银行卡业务开展、技术实施、风险跟踪提供强有力的技术支持。可以说，联网联合规范在磁条卡联网通用时代发挥了极其重要的作用。

银行卡的收单行，简单地说就是帮助商户受理银行卡、提供相关资金清算服务的银行。银行卡的发卡行，就是某种银行卡的发行银行。在中间提供信息转接服务的就是银行卡转接清算组织，目前有中国银联、VISA 和 MasterCard 等。银行与银行之间的信息传递通过所谓的"报文"方式来实现，联网联合规范就是对这些报文的约定。

随着银行卡介质从磁条向芯片的迁移，为了有效地支持过渡，除了卡片、终端需要改造之外，发卡行主机系统、收单行主机系统、转接系统都需要进行相应改造。在这个过程中，改造标准就是联网联合技术规范。因为从终端受理 IC 卡到终端将交易信息转发给收单行，收单行再通过银行卡跨行转接系统发给发卡行主机系统的过程中，只有按照统一的联网联合规范实施，才能够保证报文的信息要求是一致的。为了支持 IC 卡交易，联网联合规范在报文信息中特别使用了一个数据域（55 域）存放 IC 卡交易相关数据，用于区分和验证 IC 卡交易。

在这个 IC 卡交易数据域中，除了会携带 IC 卡交易相关数据之外，还包括卡片和终端本次交易的一些特殊信息，就是上文提到的"接头暗号"。发卡行通过验证该"接头暗号"来确定当次交易的真伪。与磁条卡交易携带的信息不同，这些"暗号"由存放在卡片安全区域内的密钥根据每笔交易的信息，比如由交易日期、时间、交易的金额计算生成，不重复且无法破解。所以即便不法分子可以得到 IC 卡甚至截取"暗号"，也无法复制或者篡改交易的信息用于非法牟利。另外，在发卡行返回的报文里，发卡行也生成了新的一个"暗号"，同样通过这 55 域送回给卡片，卡片验证这个"暗号"后才能完成当次交易。因此，通过报文中的 55 域，完成了卡片和发卡行的双向认证，极大程度地保障了 IC 卡交易的安全。

同时，联网联合技术规范对 IC 卡的交易信息传输方式进行了灵活设计，使用标签—长度—值（Tag－Length－Valued，TLV）格式，对于信息域的内容进行自由的扩展和使用，这种方式就像公路和车一样，联网联合筑造了一条高速公路，至于里面通行轿车还是货车则可以由发卡银行自行定义，非常灵活。

联网联合规范还使用了不同的子数据域，将终端能力信息、交易介质等信息告诉发卡行，让发卡行可以了解到更多 IC 卡交易信息。比如可以通过终端读取能力（域 60.2.2），来判断在交易中终端是磁条卡终端还是 IC 卡终端；通过 IC 卡条件代码（域 60.2.3），来判断在 IC 卡终端上使用 IC 卡的磁条信息时，终端的 IC 卡读写能力是否可用。根据该域的值可以判断卡片或终端有无损坏，同时也可判断是否是伪卡交易。正是有了这些详细的 IC 卡交易信息，才为发卡过程中各种业务、技术、风险规范提供了有力保障。

此外，金融 IC 卡发行之后，小额电子现金的充值始终是人们关心的问题。因为如果不能有效地解决充值问题，持卡人在电子现金余额用完之后，就无法继续使用电子现金进行快捷消费。如果金融 IC 卡需要前往银行柜台或者专业的圈存机进行充值，而不能做到像消费、取现一样可以在任意的 ATM 或 POS 上成功进行交易，将给持卡人使用 IC 卡进行脱机消费带来不便。因此，早在联网联合规范改造支持 IC 卡交易的时候，已经提前进行了全局规划，银行完全有能力利用联网联合规范，在现有银行卡设备上实现 IC 卡跨行圈存交易。目前的联网联合技术规范，已在银行卡领域进行了广泛的应用，不仅可以支持跨行消费、取款交易，而且可以有效地支持跨行圈存交易。技术上的支持为业务开展扫清了障碍，2013 年起开通的跨行圈存功能，就是各家银行借助标准推进业务开展的代表作。

（二）方便自助存取款机操作的 ATM 标准

ATM 是商业银行为广大百姓提供金融服务的重要工具，长期以来已经成为百姓日常生活的一个重要部分。其实银行卡自动柜员机（ATM）的概念诞生于 1939 年，早期仅将其设计为实现自助金融服务的自动化机具，直到 20 世纪 60 年代末才成为应用研究的热点。随着支付网络的建设，ATM 迅速成熟和推广，与银行卡的大规模使用一起成为 20 世纪七八十年代金融电子化浪潮的标志。我国现行的 ATM 技术标准中核心的就是金融行业标准《银行卡自动柜员机（ATM）终端规范》。其中规定了银行卡自动柜员机终端的基本硬件要求、软件要求、安全要求、应用功能、用户界面、交易处理流程、报文格式及凭证要素等，适用于我国境内各种类型的银行卡自动柜员机终端设备。21 世纪初以来，该标准几经修订和完善，硬件上规定了读卡器设备性能，软件上明确了磁条、芯片的读卡处理逻辑，明确了复合卡优先读取芯片信息，为 ATM 受理 IC 卡提供了完整、明确的规范支持，直接指引了大规模 ATM 改造。ATM 规范对受理 IC 卡的支持主要体现在以下方面。

硬件标准：从硬件上定义 ATM 终端的吞吐式读卡器如何对 IC 卡进行读取。集合了磁条及芯片读取方式，可以自适应读取芯片信息。这部分的定义与螺母和螺帽的尺寸需要一致才能通用的道理相同。

处理流程：ATM 同时支持 IC 卡和磁条卡，但在用户插卡后，为了发挥 IC 卡安全性高的特点，应优先使用 IC 卡进行交易。ATM 先判断是否是 IC 卡，如果是 IC 卡则应按 PBOC 系列标准的 IC 卡读卡规范开始处理，否则直接进入磁条卡处理过程。如判断为 IC 卡，但在读卡或应用选择期间发生错误，目前也允许交易继续完成，因为卡片上的磁条信息还是有效的，只是在传送的报文中打了个特别的标记告诉发卡行。

数据规范：在数据传输方面，ATM 受理银行卡应遵守刚才提到的联网联合规范对于交易流程和数据报文接口的规定；在交易凭证上，ATM 需获取 IC 卡的一些特别数据，比如卡片序列号，以便打印在凭条上以供查询。

（三）支持各种场合消费支付的 POS 标准

金融 IC 卡的发展，当然也离不开 POS 的升级换代。"POS"的学名叫"销售点终端"，顾名思义，就是安放在商品或服务交易地点，用于完成电子货币支付的机器。刚推出来的时候，收银员都称它为"收钱的盒子"。现在 POS 机上受理银行卡（包括磁条和 IC 卡）已经成为收银员必须掌握的基本技能，每年全国总工会和中国银联还定期举办全国收银员大赛，以提高收银员的专业能力。

与 ATM 相比，POS 真正摆脱了实体货币，背靠银行卡全网络的安全和信誉，面对商品交易的买卖双方，是连接电子支付与商品交换的重要一环。从诞生伊始，POS 就以其良好的安全性和便捷性，迅速成为购物场所的"必备角色"。IC 卡要走进人们的生活，自然少不了这些形态各异的 POS 支持。

POS 受理 IC 卡，需要在硬件上具备读芯片的能力，软件上具备 IC 卡交易功能，因此涉及 POS 全方位的改变，这也是 POS 问世以来其规范体系的一次大变化。21 世纪初以来，在 POS 受理 IC 卡方面的创新，特别是对国内终端实施的大规模改造工作，是今天能够广泛使用 IC 卡的重要基础。

终端要能"读懂"卡片，首先要与卡片成功"交流"，因此终端必须具备"交流"的平台——读卡器。

接触式读卡器依靠读卡器与芯片通过触点接触形成回路来传递交易信息；非接触式读卡器则依靠读卡器与芯片通过射频感应实现电磁信号搬运来传递交易信息。人们对"读卡设备"的要求无外乎一个"稳"字，即信号接收要稳定，数据发送要稳定，异常情况能够稳定应对。

磁条卡是"刷"出来的，IC 卡是"插"或"放"上去的，正确刷磁条需要收银员的好手艺，平稳读 IC 卡就依赖于读卡器的性能。首先，非接触式 IC 卡，特别是手机内置卡，不能全靠消费者或收银员手持卡片纹丝不动的"禅功"，如果稍稍晃动，交易就断了，这种设施就无法进入实用。因此非接触式读卡设备要和卡片做到很好的适配，在一定范围内（通常是 1~3 厘米）能稳定、快速的"交流"，这就是规范要明确的内容。另外就是要为卡片提供平坦不易滑落的卡座、感应台。随着近年来手机支付的兴起，很多终端产品还配备了专门放置手机的支架。

除了性能良好的终端内部电路，接触式 IC 卡的触点电气性能、非接触式 IC 卡恰到好处的感应强度都是重要的因素。感应强度太低，不易于辨识卡片；感应强度太高，可能影响路过的卡片。常见的感应强度标准有两类，一般购物场所感应区较近（1~3 厘米），而闸机验票、ETC 通道的最大感应距离可达米级。

为了避免各种异常情况对交易造成影响，终端还要具备防拔卡、防跌落、防一般电磁干扰等功能。

POS 上实现的应用功能是由其"软件"来实现的。在共同遵守业务规章的基础上，收单机构对 POS 应用功能和交互界面的开发是有很大自主权的。经过多年的探索，以收单行和银联企业标准为代表的业内主流方案已经基本稳定下来。

POS 应用规范规定了终端需实现的交易、相关的管理功能，以及每项具体功能对应的流程、步骤、交互界面、数据格式和打印信息。持卡人看到的"请刷卡/插卡/挥卡"、"请输入密码"、"交易成功"等标语，签名的交易凭证以及选菜单、确认卡号、输入金额等活动，都是 POS 应用规范规定的内容。应用规范与 IC 卡相关的部分主要包括：

IC 卡基本交易功能。只要是磁条卡能做的，消费、预授权、查询、退货……IC 卡都能做。

IC 卡特有功能。IC 卡的诞生，带来了闪付、充值这些崭新的交易功能，还催生了支持 IC 卡交易的特别管理功能，比如 IC 卡公钥下载、相关参数下载等。这些管理功能需要对 IC 卡数据的格式和含义作出定义，终端规范就是确定这些数据"搬运"的规矩，包括数据传输要求、数据验证要求、数据显示和打印要求。一张签购单上包含了很多信息，很多重要信息都是交易查询、撤销时必须原样提供的。同样不能小看打印凭条上最后这几行字母和数字（比如 AID、ARQC 等），虽然用户平时都看不懂，但这些信息是定位 IC 卡交易具体内容和风险情况的坐标，虽然默默无闻，在发生伪卡交易时，这些信息却能在有效保护持卡人利益的工作中发挥巨大的作用。

优先使用芯片卡的机制。在日常用卡的过程中，用户对"本卡是 IC 卡，请重新插卡"的提醒也许并不陌生。和 ATM 一样，安全是推广使用 IC 卡的首要之义，在磁条芯片复合卡的情况下，POS 设有"优先使用 IC 卡"的功能。当以磁道方式读到磁条—芯片复合卡，交易就不会进入磁条卡处理环节，系统会提示重新插卡，引导收银员使用芯片完成交易。

POS 作为一种专业性很强的产品，其生产资质、入网许可是非常严格的。对卡片准入质量把关的专业检测机构，也负责对 POS 开展机具安全检测和入网检测。自 2006 年第一批具备 IC 卡交易功能的 POS 获得入网许可以来，各终端制造商按照 IC 卡业务要求和行业规范进行软硬件设计和生产，与收单机构配合共同实现了丰富的 IC 卡功能。目前持有 POS 入网许可证的上百款销售点终端机具，均完整支持接触式 IC 卡功能，并可通过选配的方式配置非接触式读卡器。对于 POS 的应用功能，各收单机构除了委托专业检测机构进行检测，也有自管或委托检测的准入机制。总之，要安全使用金融 IC 卡，就应认准标准检测认证标识。

（四）与移动互联网相结合的中国金融移动支付标准

随着智能手机的普及，手机不仅仅为广大百姓提供电话、短信等基本的通信功能，还逐步成为集娱乐、电子商务、社交网络等多样化功能的智能设备。与支付的结合是互联网时代发展的必然。为推动中国移动支付产业化发展进程，营造安全可信的产业生态环境，人民银行自 2011 年 10 月起便组织商业银行、中国银联、通信运营商、支付机构等单位对移动支付标准化需求进行了深入分析，同时对国际和国内移动支付应用从关键技术、系统架构、信息安全等维度进行了全面梳理和深入研究，完成了中国金融移动支付技术标准体系规划。2012 年 4 月，中国人民银行在标准体系规划的基础上，组织产业界 40 多家单位的 80 余名专家经过充分调研、技术攻关、标准研制、专家评审、广泛征求意见等环节，完成了 5 大类 35 项中国金融移动支付技术标准的研制工作，并于 2012 年 12 月正式发布实施。

中国金融移动支付技术标准体系共包括设备层、安全技术层、应用基础层、联网通用层、应用层、安全保障层等六个方面，覆盖了目前较成熟的关键性、基础性内容。标准主要规定与移动支付相关的术语、非接触式接口、安全载体、多应用管理、交易处理流程、报文接口、业务运营的相关要求。标准从产品形态、业务模式、联网通用、安全保障等方面明确了系统化的技术要求，覆盖金融移动支付各个环节的基础要素、安全要求和实现方案，包括非接触通信频率、安全载体形态、可信服务管理、电子认证等关键技术方案的选型和技术路线。

移动支付以手机等移动通信设备的安全模块作为用户账户、身份认证等敏感数据的存储载体，利用线上移动通信网络或线下 POS、ATM 等受理终端，实现不同账户之间的资金转移或支付行为。其中，银行账户是移动支付体系的基础，非金融支付账户是移动支付体系的补充。因此，中国金融移动支付技术标准将移动支付定位为"联网通用、安全可信"的金融创新业务。

中国金融移动支付技术标准最大限度地保持了与 PBOC 规范的衔接，

在充分继承现有金融 IC 卡标准应用的基础上，丰富和拓展了金融 IC 卡的受理渠道和应用领域，促进了金融 IC 卡与移动支付的和谐发展。

移动支付产业的发展在一定程度上依赖于移动通信网络、移动终端、安全芯片、电子认证等技术的发展，因此中国金融移动支付技术标准充分吸收了国内外成熟的、先进的主流技术，与国际标准化组织（ISO）的移动支付标准化工作进行有效衔接，确保了标准的前瞻性、通用性和先进性，能够满足未来一段时间内标准对移动支付业务的支持和助推作用。同时，对于尚未成熟且达不到联网通用要求的新技术，中国金融移动支付技术标准采取开放态度，待通过市场检验、技术成熟后再纳入标准体系。

三、国内外相关 IC 卡标准

（一）用于全球各行各业通用的 ISO/IEC 规范

在日常生活中，经常能看到很多产品通过了 ISO 9000 质量管理体系认证。其实 ISO 是国际标准化组织的简称，其所定义的规范已经广泛运用于各行各业。

国际标准化组织（International Organization for Standardization，ISO）成立于 1947 年 2 月 23 日，是制作全世界工商业国际标准的国际机构，总部设于瑞士日内瓦，成员包括 162 个会员国。该组织自我定义为非政府组织，官方语言是英语、法语和俄语。参加者包括各会员国的国家标准机构和主要公司。

国际电工委员会（International Electrotechnical Commission，IEC）是世界上最早的国际标准化组织，于 1906 年成立，主要负责有关电气工程和电子工程领域中的国际标准化工作。

ISO 组织与负责电子设备标准的 IEC 组织密切合作，共同编制完成的 ISO/IEC 7816 和 ISO/IEC 14443 更是 IC 卡规范的基础。

ISO/IEC 7816 是国际标准集成电路卡规范，一共有 15 部分，其中第 1~6 部分被引用在 EMV 规范之中，也是其他卡组织 IC 卡规范的基础。分别是第一部分：接触式卡片的物理特性，规定了卡片的"硬件"要求；第二部分：接触式卡片尺寸与触点位置规范，规定了 IC 卡所要求标准尺寸和触点位置，只有定义好了大小，卡片和 POS、ATM 终端才能吻合；第三部分：接触式卡片电气接口及通信协议，电气接口就像日常生活中电器的电压和电流要求，通信协议就是定义卡片和终端之间语言的语法；第四部分：接触式卡片的卡片结构、安全与交互命令，定义了卡片内部的组织结构，就像 Windows 操作系统中的文件一样，卡片中也有对应的文件结构来存储相应的信息；第五部分：接触式卡片应用提供商注册服务，规定了 IC 卡上应用提供商注册方式，主要用于标识卡片是谁发行的以及所发出卡片的主要用途；第六部分：接触式卡片交互数据元，定义了交互过程中卡片所使用的具体数据单元，用于终端对卡片的交流。

ISO/IEC 14443 协议是非接触式 IC 卡标准（Contactless integrated circuit cards）协议，规定了非接触式卡片所应当具备的物理特性，使用的信号接口以及通信协议，卡片初始化以及多张卡片情况下防冲突算法等内容，分别是第一部分：非接触式 IC 卡的物理特性，规定了邻近卡（PICCs）的物理特性，也就是"硬件"要求；第二部分：频谱功率和信号接口，规定了需要供给能量的场的性质与特征，以及非接触式终端和卡片之间的双向通信的"基本语言"；第三部分：初始化和防冲突算法，规定了卡片进入终端的磁场后终端如何"隔空"找到这张卡片，找到之后卡片和终端之间如何"认识"，相互之间要能相互握手；第四部分：通信协议，卡片和终端之间"认识"之后定义双方交流的语言，明确双方是说英语还是说中文。

（二）用于全球银行卡领域的 EMV 规范

ISO/IEC 的国际标准是一个通用的 IC 卡标准，也就是指通信领域、交通领域、军事领域用到的 IC 卡都要遵循的基础标准。从 1993 年开始，应用于金融业的 EMV 标准不断演化和完善，已成为全球银行卡由磁条卡向智能 IC 卡升级的公认统一标准。其目的是在金融 IC 卡支付系统中建立卡片和终端接口的统一标准，使得在此体系下所有的卡片和终端能够互通互用，并且该技术的采用将大大提高银行卡支付的安全性，减少伪卡欺诈行为。EMV 标准发展历程主要经历了以下几个阶段。

EMV96 版。EMV96 作为第一个发布的 EMV 标准（即 EMV3.1.1 版）于 1996 年颁布，提出采用 IC 卡来实现银行贷记卡和借记卡应用的框架，确定了全球 EMV 系统的基本应用特点，该版本对金融 IC 卡的后续发展影响深远。在 EMV96 的底层接口基础上，国际卡组织和部分公司同时也制订了私有的电子钱包应用标准，如 VISA 推出了跨地区电子钱包应用品牌 VISA Cash，MasterCard 开发了 MasterCard 卡电子钱包应用品牌 Mondex，比利时 Proton 公司推出了 Proton 电子钱包应用等。1998 年，由人民银行牵头制定的金融 IC 卡标准则包括电子钱包和电子存折应用等，即 PBOC1.0 标准。

EMV2000（4.0 版）。1999 年，Europay、MasterCard 和 VISA 专门成立了 EMVCo 组织，用来管理、维护和完善 EMV 智能（芯片）卡的标准规范。2000 年 12 月，EMVCo 组织在 EMV96 基础上推出 EMV4.0 版（即 EMV2000），将 IC 卡脱机交易认证升级为非对称算法，并发布了《与应用无关的 IC 卡与终端接口需求》、《安全与密钥管理》、《应用规范》和《持卡人、收银员和收单行接口需求》等文件。各银行卡国际组织也纷纷在 EMV2000 的底层和应用层的基础上，根据各自风险控制等具体要求制订出自己的标准，如 MasterCard 的 MasterCard M/Chip、VISA 的 VISA VIS、JCB 卡的 JCB J/Smart 和美国运通卡的 AMEX AEIPS 等。

EMV2000（4.1 版）。2004 年 6 月，EMVCo 发布了 EMV4.1 版，其中包括 EMV2000 版规范的全部更新内容和全部核心定义，特别增加了通用核心定义（Common Core Definition – CCD）部分，定义卡片与发卡行之间一套完成 EMV 交易的卡应用数据元素、功能和应用执行选项等，以增强 EMV 卡的全球互操作性和不同卡品牌互通性。2005 年 3 月，人民银行颁布《中国金融集成电路（IC）卡规范》（2.0 版），即 PBOC2.0 标准，完全兼容 EMV4.1 版相关规定，同时参考了 VISA 的 VIS 标准、MasterCard 的 M/CHIP 标准。

EMV2000（4.2 版）。2008 年 6 月，EMVCo 发布了 EMV4.2 版标准。

EMV4.2 版更新了 EMV4.1 版应用和规范最新升级内容，还陆续发布通用支付应用规范（CPA，Common Payment Application Specification）、EMV 卡个人化规范（CPS，EMV Card Personalisation Specification）和 EMV 非接触式通信协议规范（EMV Contactless Communication Protocol Specification）、手机支付白皮书和相关测试规范等辅助规范文件。

EMV 标准定义金融交易中 IC 卡和终端之间物理、电气、数据和应用层次的交互特性，即所谓的"硬件层"和"软件层"。包括 Level 1 规范（硬件层）以及 Level 2 规范（软件层）。

Level 1 规范分接触式与非接触式两种接触界面。接触式标准基于 ISO/IEC 7816，用于接触式卡片，而非接触式标准则基于 ISO/IEC 14443 协议，用于非接触式卡片（比如 VISA 的 PayWave，MasterCard 的 PayPass，美国运通的 ExpressPay，在国内有银联的闪付 Quick Pass）。Level 2 应用规范为 IC 卡与终端之间实现的功能，同样分为接触式规范与非接触式规范，分别在 EMV4.3 与 EMV 非接触规范中进行描述。为了实际应用需要，VISA、MasterCard 和中国银联等银行卡组织在 EMV 规范的基础上做了延伸和扩展，形成了既符合 EMV 标准又具备自身特色的 IC 卡规范体系。

目前的 EMV 规范由五大部分组成，包括 EMV 基础规范 4.3 版本、EMV 的通用支付规范 CPA1.0、个人化规范 CPS1.1、EMV 非接规范 Contactless、EMV 移动支付规范 Mobile。

EMV 规范 4.3。EMV 基础规范是全球 IC 卡支付规范基础，VISA、MasterCard 以及 PBOC 的规范都是基于 EMV 规范演化而来。目前的 EMV 基础规范在 2011 年已经更新到 4.3 版本，一共包含四本规范，涵盖了卡片和终端之间的通信语言、电器电压、文件结构、安全认证措施、所实现的银行卡借记/贷记功能等内容。

EMV CPA 规范 1.0。EMV 作为非营利性的组织，本身只制定规范而不发行卡片，但在一些国际卡组织不涉及的国家和地区，一旦有发行 IC 卡的需求，EMV 也给出了一套可行方案，当地银行可以在不需要借助于卡组织的情况下采用 EMV CPA 规范来进行发卡，发行的卡片也可以在 EMV 规范的终端受理使用。CPA 规范又叫通用支付规范，符合 EMV4.3

规范的内容。

EMV CPS 规范 1.1。IC 卡的特点就是安全性高和多应用，但是为了达到这些特性，IC 卡上必须设置大量的应用参数。这些参数写入卡片，就叫做卡片的个人化。为了更快速、高效、经济地进行卡片的个人化工作，EMV 给出了一套个人化的规范作为商业银行发行卡片时的参考。

EMV 非接触式规范。IC 卡交易中有两种通信方式，接触式与非接触式。EMV 基础规范只定义了接触式部分的规范内容，因此，要对非接触式定义一整套非接触式的规范，用于各家卡组织发行的非接触式 IC 卡的全球通用。

EMV 移动支付规范。为了实现移动支付设备在 EMV 标准终端上的成功受理，EMV 定义了移动支付规范来规定移动支付设备如何进行交易。

第二章 PBOC3.0 标准主要内容

在全球金融 IC 卡迁移的浪潮中，PBOC3.0 标准由于既兼容国际先进 IC 卡标准又适应境内外最新 IC 卡市场需求，既能在公共服务领域服务民生又能与当今最先进的互联网技术、移动支付技术相结合，其变化格外引人注目。2011 年，为进一步拓展金融 IC 卡的应用范围，强化金融 IC 卡在安全方面的优势，提高支付效率，人民银行在广泛征求意见和认真分析论证的基础上，再一次组织对中国金融集成电路（IC）卡规范进行了修订。2013 年 2 月，人民银行正式颁布《中国金融集成电路（IC）卡规范》（3.0 版），业内简称 PBOC3.0。

一、PBOC3.0 规范的主要内容

《中国金融集成电路（IC）卡规范》（3.0 版）总共包括 14 个部分，主要包括：接触式的硬件要求、非接触式的硬件要求、借记/贷记功能、借记/贷记个人化方面的建议、非接触式功能、小额支付功能、小额支付扩展功能、双币小额支付功能、安全增强规范等内容，涉及面广，内容丰富。

（一）接触式的硬件要求

规范的第 3 部分包含了接触式的硬件要求：与应用无关的接触式接口规范，即不管卡片实现什么应用，什么功能，其底层的硬件和协议都应该遵循统一的规定，也就是说与应用无关。该规范面向的读者主要是卡片、终端的生产企业和检测企业以及发卡和受理银行。

硬件对于用户都不陌生，接触最多的就是日常用的电脑硬件，包括主板，CPU、内存、显卡等。CPU、内存、显卡插入主板后之所以能正常工作是因为它们在主板上都有对应的插口，都在自己的额定电压和电流范围内，这些就是电气和机械特性。IC 卡和终端也是一样，在硬件要求里，PBOC 规范定义了 IC 卡的电压要求、触点要求，这样能保证卡片插入终端后，终端能通过触点和 IC 卡通讯，IC 卡在额定的电压里正常工作。当然，有了这些还不够，还要定义 IC 卡和终端在建立通讯时的握手机制，也就是双方要相互认识。认识以后，牵上手了，就要定义双方交流的"语法"，即传输协议，包括字符传输协议（T = 0）和块传输协议（T = 1）。有了语法还要有"语言"，IC 卡和终端之间交流都靠一种称之为 APDU 的指令。比如终端想读取卡片中的数据，那么终端就会通过"Read Record"命令发送给卡片，卡片根据终端的指令找到相应的数据并返回给终端，这样就完成一次卡片和终端的交流。其实 IC 卡就像一台小电脑一样，里面一样有文件结构，所有的信息都是存储在文件里的，PBOC 就对这些文件结构进行定义和规范。

（二）非接触式的硬件要求

在接触式的模式下，卡片必须插入终端，通过触点来进行交流，而在非接触式模式下，顾名思义，卡片和终端不用亲密接触，就可以交流，就像原来必须通过一根网线插到网卡中才能上网，而现在可以通过 WIFI 无线的方式接入互联网，只是 IC 卡和终端的无线距离一般被限定在 0 ~ 3 厘米中。同样，在非接触式的硬件要求中也包括物理特性、射频功率和信号接口的内容，双方交流的"语法"即传输协议，"语言"即指令等内容。特别是，在非接触式模式下可能存在同一磁场中具有多张卡的情况，终端如何选择卡片进行交易，这就是规范关于防冲突要求所定义的内容。

（三）银行卡借记/贷记应用

所谓借记/贷记应用也就是以芯片为载体实现人们所熟悉的银行卡储

蓄卡功能和信用卡功能。芯片卡实现了这些功能后，磁条卡今后就可以退出历史舞台了。

芯片卡的借记/贷记应用相对磁条卡来说，业务功能上有很大的增强，安全性又得到提升，其交易流程也自然会复杂很多，里面包括诸多的认证步骤，当然这些复杂交互认证隐藏在从收银员"插卡"到终端机具提示"交易成功"这短短几秒钟之间，在不影响客户感受的情况下，又保护了交易的安全。

首先，卡片插入到终端，按照硬件层面的要求双方相互握手认识后开始交流。第一个认证环节就是终端来认证卡片，这个时候卡片对本次交易的数据包括交易金额、交易时间等用自身的密码计算出第一个"接头暗号"，这个"暗号"终端可以进行验证。如果验证不成功，则说明卡片可能是伪卡，终端后续会采取措施，来防止伪卡交易的发生。

其次，卡片脱机验证成功后，交易需要验证持卡人，也就是要确认该持卡人是否是这张卡片的真正主人，以免卡片被偷或者遗失后被别人盗用。终端会根据交易的场所，比如本次交易是发生在 ATM 上还是在普通的消费 POS 上，会根据交易的金额，是大额交易还是小额支付确定采取何种方式来验证持卡人。一般情况下，现阶段常见的验证方法包括联机密码，也就是持卡人输入的密码要送到发卡行，让发卡行来验证，以及脱机密码，也即将此密码直接送到卡片中，由卡片来验证。当然，信息技术飞速发展的今天，在不久的将来还会看到诸如指纹验证、虹膜验证、声波验证等多种方法来确认持卡人的身份。

最后，持卡人验证完成后，卡片会用另外一套方法生成第二个"暗号"。终端在联机交易的报文里（此报文即上文提到的联网联合规范所定义的内容）将这个"暗号"发送给发卡行，发卡行会根据这个"暗号"来验证卡片的真伪，同时再生成第三个"暗号"，在交易的返回报文中回送给卡片。卡片也会根据第三个"暗号"来验证发卡行的真伪，防止交易被重定向到伪冒的发卡行。除了发卡行对卡片的验证之外，发卡行还要根据这张卡片留存在发卡行的账户信息进行验证，如果是借记卡会核对账户里有没有足够的余额，如果是信用卡，会核对额度够不够，最终给出本次交易是批准还是拒绝的结果。

当然，以上只是把卡片、终端、发卡行、持卡人之间的交互进行了概要描述，事实上过程中涉及非常多的细节。为了清楚地描述各个环节的交互细节，PBOC 规范分别从应用规范、卡片规范、终端规范和安全规范四个角度来描述借记/贷记应用。发卡银行、收单银行、银行卡转接清算组织、卡片厂商、终端厂商、检测机构以及相关科研机构可以根据自身的需要选择不同的规范进行阅读。

（四）借记/贷记应用个人化

借记/贷记需要卡片内部众多的数据来支持，比如说生成"接头暗号"的"密钥"、用于标识该卡是借记卡还是贷记卡的"应用标识符"、用于验证持卡人身份的"脱机密码"、用于判断该卡片在什么情况下应该发起联机交易，什么情况下直接脱机拒绝的"发卡行行为代码"等，这些数据元可达数百个。发卡行将这些数据写入到卡片中的过程就是卡片个人化的过程。发卡行如何规范地、安全地对一张卡实施个人化是一门很有讲究的学问。PBOC 规范为了帮助发卡行开展个人化工作专门给出了一些建议，这就是借记/贷记应用个人化指南。它定义了一套用于写卡的个人化指令，并将有共性的数据进行分组和归类，对每类数据写入卡片都定义了不同的过程和安全要求。发卡行可以根据这些建议来建设本行的个人化和密钥管理系统，从而高效、安全地完成金融 IC 卡的制作。

（五）非接触式支付功能

非接触式与接触式支付其实从业务角度而言都是一样的，只是通信接口不同而已，两者都能完成银行卡的借记、贷记和小额支付功能。然而，很多人都使用过公交卡，用公交卡刷卡进站的时候，卡片只要轻轻一挥就可以通过闸机，快速进站。这时，交易时间长短就成为一个关键问题。

在接触式的模式下，卡片和终端之间可以允许通过多次的交互，包括终端读取卡片的数据、卡片生成"接头暗号"、终端验证"接头暗号"等一系列步骤，但在非接触式模式下，交易时间的快速要求就不能满足这些步骤的需要。因此，非接触式支付规范对原来的交易流程进行了调整和优化，形成了快速借记/贷记（qPBOC）形式，使得交易时间控制在 500 毫秒之内，这样就可以实现卡片一挥即可完成交易的需求。

（六）实现脱机消费的小额支付功能

用银行卡支付的时候 POS 终端屏幕上会提示"正在拨号，请稍等……"这个过程是终端正在进行联机交易的过程，这是因为借记卡或信用卡的存款或者额度都是存放在发卡银行后台账户中，所以在进行消费的时候，POS 终端必须联线到发卡行，核对账户里的钱或者额度还够不够。但是很多交易场合是无法联机的，比如公交车、出租车、地铁闸机等。另外，在一些小额支付的情况下，交易金额十分小，如果要进行联机的话，POS 拨号所消耗的通信成本就相对很高。这就对银行卡的脱机支付功能提出了需求。PBOC 规范定义了如何在一张借记卡或者贷记卡上实现脱机小额支付功能（即电子现金），包括卡片内部的处理流程、终端的处理流程以及发卡行系统关于电子现金的账务处理流程。

（七）用于分段、分时计费的非接触式 IC 卡小额支付扩展功能

虽然在 PBOC 规范中已经定义了非接触式小额支付规范，但传统的支付流程还不能完全满足生活中的某些需要：比如很多城市的地铁采取的是阶梯票价的模式，即乘客在进站时终端并不知道该乘客将于哪一站下车，无法确定票价，只有在乘客出站时才能确定票价。因此，规范的第 14 部分针对分段扣费、脱机预授权、单次扣款优惠等特定的小额支付环境定义了特别的交易流程，使得银行卡具备了进入更多公共服务领域的业务和技术条件。

2012 年，人民银行副行长李东荣在成都对使用金融 IC 卡乘坐地铁情况进行实地调研。

（八）用于跨地区跨币种脱机支付的双币电子现金应用

规范第 15 部分双币电子现金应用定义了在一张金融 IC 卡中同时支持两个币种的电子现金的实现方式，主要描述了借记/贷记流程和 qPBOC 流程下双币电子现金与标准电子现金交易流程的差异，另外还定义了如何对双币电子现金的余额进行查询。

（九）用于互联网有卡支付的 IC 卡互联网终端

规范第 16 部分描述了利用金融 IC 卡实现在互联网渠道上有卡安全支付的相关要求，包括 IC 卡互联网终端在硬件要求、接口协议、命令集、个人化以及安全体系方面的相关规定。

（十）支持自主算法的借记/贷记应用安全增强规范

根据国家关于安全密码算法的要求，规范第 17 部分描述了基于 SM2、SM3、SM4 算法应用于芯片借记/贷记应用安全功能方面的要求以及为实现这些安全功能所涉及的安全机制，包括：基于 SM2、SM3 的 IC 卡脱机数据认证方法，基于 SM4 的 IC 卡和发卡行之间的通讯安全以及为实现这些安全功能所涉及的安全机制。

二、PBOC3.0 规范的新特征

PBOC3.0 规范的变更体现在很多方面，主要表现为在 PBOC2.0 基础上废止了电子钱包/电子存折规范相关部分，删除了磁条数据模式（Magnetic Stripe Data，MSD）相关内容，同时根据金融 IC 卡发展中新的市场需求增补了非接触式 IC 卡小额支付扩展应用、电子现金双币支付应用规范、IC 卡互联网终端规范以及借记/贷记应用安全增强规范等四个部分。新增补的内容，进一步完善和优化了非接电子现金的交易流程，丰富了金融 IC 卡的功能，拓展了金融 IC 卡的使用范围和应用领域，创新了金融 IC 卡在互联网上的使用方式，并增加了对具有我国自主知识产权的 SM 算法的支持。PBOC3.0 规范的修订和增补情况如下图所示：

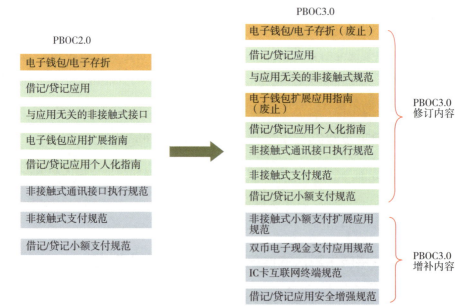

PBOC 3.0 规范修订增补情况图

（一）丰富金融 IC 卡产品功能

1. 新增非接触式小额支付扩展功能

PBOC2.0 的电子现金可以支持标准流程的小额支付，但无法满足具有分时、分段计费需求的支付环境。PBOC3.0 新增的非接触小额支付扩展应用规范，为满足银行卡分时、分段计费和脱机预授权等行业需求铺平了道路。

在分时、分段扣费的模式下，持卡人预先并不知道该次消费的金额，在消费动作结束时，终端根据卡片中存放的时间、距离等相关信息计算出消费金额，再进行扣款。典型的应用场合是公交（分段计费）、地铁（分段计费）、高速公路（分段计费）和停车场（分时计费）等。

在分时分段计费的基础上，相关行业提出了对交易资金的安全需要，比如在分段计费时，终端和卡片的第一次交互是不进行扣款的，仅仅记录交易的环境信息。为了保证持卡人在享受了相关的服务后能正确完成脱机扣款，规范借鉴了原来磁条卡预授权的思路，提供了芯片卡脱机预授权的模式，允许终端在脱机的环境中预先冻结卡片中的部分金额以确保商户在提供完相关服务后能对持卡人完成支付，再根据实际消费情况对金额进行扣除并解冻剩余金额，典型的应用场合如高铁、咪表停车等。

此外，扩展应用还提供了押金抵扣功能，在卡片允许的金额范围内，当卡片扣款余额不足时，允许持卡人正常离开，后续再充值时将首先补入差额，再增加卡片余额。

2. 新增 IC 卡应用于互联网的功能

PBOC3.0 中定义的互联网终端规范，在保证安全性的基础上，支持持卡人在互联网上使用金融 IC 卡和互联网终端实现购物消费、电子现金充值、账户查询等功能。除此之外，还可以利用互联网终端和金融 IC 卡，实现更多的增值功能，如基于互联网的安全认证、对行业卡充值、电子优惠票券的下载等。

利用互联网终端，可以将线上交易和线下交易结合起来，充分利用 IC 卡高安全性的特点，为持卡人提供更加安全的互联网支付方式，也为发卡机构提供了一个全新的、对相关产品和服务进行整合与创新的平台。

3. 新增电子现金双币功能

PBOC2.0 中定义的电子现金产品仅定义了人民币的单一币种应用，不能同时支持两个币种，这对于经常来往于多个地区的持卡人，如经常来往于内地和港澳地区的持卡人，会造成一定的不便。PBOC3.0 中定义的双币电子现金产品可以在一张金融 IC 卡中同时支持两个币种的电子现金，解决了脱机小额支付时汇率不能实时转换的问题，满足了持卡人在不同地区使用不同币种进行小额支付的需求。目前双币电子现金在珠海、澳门等地区得到了广泛应用。

（二）废止电子钱包相关内容

随着银行卡领域密钥技术和业务应用需求的不断发展，电子钱包应用在安全性等方面逐渐显现出一定不足。同时，电子现金应用日趋完善，已具备替代电子钱包应用的条件。2012 年，人民银行多次召集上海总部、福州中心支行、主要商业银行及转接清算机构讨论研究电子钱包应用退出方案。经过详细调研，人民银行根据电子钱包应用的实际情况研究制定了妥善的退出方案并发布《中国人民银行办公厅关于进一步提升银行卡支付密钥体系安全性的通知》，全面部署了电子钱包应用的退出工作。

在规范层面，PBOC3.0 标准规范中也废止了 PBOC2.0 中的《第 1 部分：电子钱包/电子存折应用卡片规范》、《第 2 部分：电子钱包/电子存折应用规范》和《第 9 部分：电子钱包扩展应用指南》三个与电子钱包/电子存折有关的部分。

三、PBOC3.0 规范的现实意义

（一）为行业应用铺路

PBOC 规范所定义的银行卡除了具备高安全的特点外，还具有多应用的功能，体现在能广泛应用于公共交通、文化教育、医疗卫生、社会保障、城市管理、公益事业、生活服务、企业服务等几乎涵盖所有与百姓日常生活相关的公共服务领域。

PBOC 所定义的应用将为这些行业提供安全、可靠的支付工具，扩大银行卡联网通用的范围和内涵。由于磁条卡无法支持脱机交易的原因，使得其在快餐、自动售卖、地铁、公交等小额快速支付领域的推广一直比较困难。PBOC 规范定义的非接触式支付功能则克服了传统磁条卡的这些缺点，降低了交易时间和交易成本，有效满足了小额快速支付领域的应用需求，拓展了银行卡应用领域的广度和深度，有力地促进了银行卡升级工作的开展。

金融 IC 卡的另一个明显优势是储存容量大，可以加载丰富的行业信息。将行业管理功能与金融支付功能相结合，实现"一卡通用、一卡多用"的资源共享，是行业应用发展的趋势。

（二）为产品创新铺垫

PBOC 规范具有灵活的扩展性，能方便地与智能移动设备、互联网技术相结合，为商业银行基于 IC 卡的创新产品研发进行很好的铺垫。

1. 移动支付

最近几年来，随着通讯技术的迅速发展、智能移动设备的日益普及，通过手机购买商品和服务的消费者越来越多。如何方便、快捷、安全地在手机端完成支付的问题就摆在了面前。移动支付作为一种新兴的支付方式，以传统的银行卡为账户基础，以通讯技术为手段，依托智能安全芯片，实现货币流通和支付的功能，具有随时、随地、随身的特点。移动支付经历了短信、WAP 模式等发展阶段，而 PBOC 标准的确立又为移动支付业务的发展奠定了坚实的基础。

发展阶段一：通过手机短信完成支付。人们在每个月拿到水、电、煤气、话费账单后，可以及时通过手机短信的方式实现支付，不用分别跑去各个营业网点缴纳费用，省时省力。但也存在一定的局限性，例如无法进行复杂的商品浏览等，只能对固定的账单进行支付，并且需要人们预先绑定银行卡，完成业务的开通与定制。

发展阶段二：通过客户端完成支付。这个阶段中，在手机 WAP 技术发展的基础上，交互性和信息传递的及时性有了改进，人们可以通过客户端进行更为复杂的远程购买行为，例如航空机票订购、酒店预订、保险购买等。

发展阶段三：以智能安全芯片为基础的移动支付。通过将智能安全芯片集成在手机的 SIM 卡、SD 卡或其本身的存储空间中，利用近场通讯技术，将移动设备模拟成一张金融 IC 卡，在支持客户端远程购物的基础上，方便用户开展小额的近场支付，大大提高了安全性。出门的时候，人们不再需要携带塞满银行卡的钱包，而只需携带一部智能手机即可，走在路上就可以支付各类账单，购买电影票、团购；走进商场、超市购买商品只要轻松一贴就能拿走商品；甚至回到家门口，也能用手机刷一下就进门。

可以说，移动支付的产生是支付工具史上的一次重大飞跃，金融 IC 卡将不再以单一的卡片形式存在。移动支付与金融 IC 卡一脉相承、相得益彰，在继承金融 IC 卡非接触支付、安全性等优点的基础上，还拥有存储空间大、计算能力强、线上和线下融合的特点，是对金融 IC 卡的进一步创新。利用存储空间大的特点，移动支付可以在一部手机上加载多张银行卡，持卡人可以任意选择某张银行卡来支付。利用计算能力强的特点，移动支付可以为人们提供多种增值服务，例如优惠券的推送、附近商家的推荐等。此外，与金融 IC 卡相比，移动支付还具有线上线下融合的特点，人们不仅可以便捷地进行线下支付，还可以通过手机客户端完成丰富多样的远程支付。

近场支付产品方面，银行卡产业推出了一系列基于 NFC 技术的移动支付解决方案，包括 NFC－SD、NFC－SIM 和 NFC 全手机模式，在智能 SD 卡、SIM 卡等安全介质中嵌入金融级的安全芯片之后，形成的新型支付工具，可在近场支付时模拟成一张金融 IC 卡，用户持有此类移动支付产品，可以方便地在标有"闪付"标识的受理终端上开展小额非接触交易。2013 年在全国范围内已建成逾百个非接示范商圈，累计改造非接 POS 机具达到 120 万台，如上海地区的全家便利店、屈臣氏连锁、家乐福超市以及麦当劳等将均可使用移动支付方式进行消费。

远程支付产品方面，依托各类智能安全芯片，多家银行构建了客户端产品体系。人们可以使用相应的客户端进行信用卡还款、机票预订、话费充值、水电煤缴费等支付应用，无须手工输入卡号、有效期等敏感信息，只要选择某一张加载到手机中的银行卡就能实现支付，安全性和便捷性大大提高。

2. 互联网支付

基于 PBOC 技术标准，部分商业银行和中国银联推出了金融 IC 卡互联网支付终端，目的是打造个人和家庭的网上支付平台，它开创了金融 IC 卡应用于互联网的新模式，扩大了金融 IC 卡使用范围，并有力地支持了金融 IC 卡多应用的实现。

互联网支付终端可基于互联网渠道受理 PBOC 标准金融 IC 卡，支持基于互联网渠道的借记/贷记主账户联机余额查询、消费，指定账户联机充值、电子现金脱机余额查询交易等功能。未来还将结合金融 IC 卡的运算、存储等特性，实现多种互联网身份认证、电子票券下载、行业卡充值等增值应用功能。

（三）标准应用的收益

PBOC 系列标准是银行卡产业整体升级的重要基础和基本保障。该系列标准不仅涵盖了借/贷记应用规范等与国际 EMV 标准兼容的应用以支持我国银行卡在国际用卡环境中的通行使用，同时也自行设计了基于借贷记的小额支付业务规范和非接触式支付规范，整体推进了金融 IC 卡在公共服务领域的应用，形成了独特的各城市统一的多应用平台，可整合多行业信息化资源，具有较强自主创新性。

该系列标准社会效益显著。一方面，该系列标准已成为规范产业行为的重要依据，促进了银行卡受理范围拓展到企业园区、校园、菜市场、便利店、地铁、加油站等民生领域，满足了人民群众安全、方便、快速支付的信息消费需求。另一方面，基于该项标准的金融 IC 卡在社会保障、医疗、公交、铁路、市民卡的广泛应用，也提高了政府的社会管理水平。

不仅如此，PBOC 系列标准还将带来显著的经济效益。根据国外实践和我国银行卡当前发展实际来看，金融 IC 卡迁移的实现有望创造数千亿元规模的信息产业市场，在芯片研发与生产、IC 卡封装与个人化、金融 IC 卡受理机具改造等环节将产生巨大的经济效益。国家发展改革委支持建设了我国金融 IC 卡安全检测中心，工业和信息化部正在领导产业界攻关支持自主研发国产芯片的金融 IC 卡，密码局正在指导产业界实施金融 IC 卡的国产密码算法升级，形成了促进我国产业升级的合力。

由于金融 IC 卡标准和国际 EMV 标准具有高度兼容性，这两个标准的底层架构完全一致，唯一不同之处就是应用层的应用参数略有区别。正是由于我国金融 IC 卡高度的标准化，从而大大降低了金融 IC 卡在境外项目实施的周期和论证费用。因此进行芯片卡迁移涉及终端论证的时候，只需要审核 EMV 证书中的相关参数设置，即可以确认终端是否可以进行金融 IC 卡受理。

PBOC 系列标准已成为我国金融 IC 卡迁移的奠基石，成为我国自主芯片等相关产业升级的助推器，成为金融 IC 卡行业应用的催化剂。从标准化工作来看，该系列标准经过商业银行、转接清算机构以及产业部门和多行业专家多次研讨、持续修订完善而成，标准需求明晰，参与者广泛，制、修订过程科学严谨，实施效果显著，是标准化推动形成显著经济效益和社会效益的典范。

金融标准化

随着全球经济一体化的迅速发展，标准已成为现代国际经济竞争和沟通合作的重要手段和技术纽带，成为一国提高整体竞争力的重要战略工具。标准化是为在一定范围内获得最佳秩序，对现实问题或潜在问题制定共同使用和重复使用的条款的活动，是人类在长期生产实践过程中逐渐摸索和创立的一门科学，也是一门重要的应用技术。金融作为现代经济的核心，标准化水平是衡量其对外竞争力的重要标志之一。

我国金融标准化工作起步于1991年，伴随着我国金融业改革与发展，金融标准化工作经历了起步、发展、提高的过程。2008年8月，国务院首次赋予中国人民银行对金融标准化的组织管理协调职责，金融标准化进入新的发展阶段。2011年初人民银行正式提出金融标准化战略，把实施标准化战略作为提高金融行业整体竞争力的一项重要举措。

人民银行在推进金融IC卡应用过程中实践金融标准化战略，于2013年正式发布并实施PBOC3.0标准，推动银行卡产业正式步入"芯"时代。实践证明，金融标准化工作对于促进金融业健康发展发挥了积极作用，社会经济效益不断显现，已经和社会民生紧密相关并产生越来越大的影响。

协作推进篇

金融IC卡应用推进工作是一项社会性的系统工程，需要集中各方之力共同实现。政府部门的引导和协调是确保金融IC卡应用推进工作滚动式发展、可持续运行的基本保障。人民银行在金融IC卡应用推进工作方面，切实履行了电子支付和银行卡管理的职责，将推广金融IC卡作为防范支付风险、服务民生与推动银行卡产业发展的重大金融战略；人力资源和社会保障部等部委与人民银行一起从国家经济社会发展全局出发，按照服务型政府建设的要求，顺应人民群众方便、快捷服务的呼声，进行了跨部门战略性合作，对金融IC卡拓展行业应用发挥了重要作用；发展改革委对人民银行推广金融IC卡工作给予了多方面的大力支持；工业和信息化部作为信息化产品产业化主管部门，一方面制定政策推动金融IC卡产业健康有序发展，另一方面推动我国电子信息企业开展技术研发，为金融IC卡提供产品支撑。

当然，金融IC卡应用推进工作也离不开国内商业银行、银行卡组织的协同努力。国内商业银行和银行卡组织以金融IC卡迁移为契机，顺应形势，积极探索战略转型，运用市场化手段实现资源配置，通过挖掘客户需求来拉动整个产业的发展，在金融IC卡应用推进工作中发挥了重要作用。

第一章 深入开展行业协作

我国作为一个迅速崛起的发展中人口大国，公共服务中的金融应用潜力巨大，在公共服务领域推进金融 IC 卡应用是经济与社会发展的客观需求，同时也是一项非常艰巨的工作任务，需要集中方方面面的资源，一鼓作气，高效快捷地实现"服务民生"的目标。因此，开展金融 IC 卡应用推进工作，要运用"顶层合作"的方法，站在国家战略高度，集中相关部委之力，加强政策协调，保障金融 IC 卡应用推进工作滚动式发展、可持续运行。

人民银行与相关部委密切协作，认真分析产业发展主要矛盾和发展规律，充分调动和发挥金融 IC 卡产业链市场主体的作用，制定并落实金融 IC 卡在公共服务领域应用的相关产业扶持政策，不断加大金融 IC 卡对公共服务应用的协调、指导和支持，实现了金融 IC 卡在公共服务领域应用的资源共享与协调发展。

一、与人力资源和社会保障部合作发行加载金融功能的社保卡

2011 年 8 月 30 日，一个注定被历史铭记的日子。上午 10 时，人民银行、人力资源和社会保障部在国务院新闻办公室联合召开了社会保障卡加载金融功能的新闻发布会。人民银行李东荣行长助理、人力资源和社会保障部胡晓义副部长分别就全面推进民生金融服务和社会保障工作的总体规划部署回答了媒体记者的提问。此次新闻发布会不仅标志着人民银行与人力资源和社会保障部双方在金融 IC 卡应用工作上正式开始合作，也为社

会大众揭开了金融社保卡神秘的面纱。

顾名思义，社会保障卡加载金融功能，就是在由人力资源和社会保障部发行的社会保障卡中融入银行卡的相关应用，使得持卡人在享受个人社会保障业务的同时，还可以应用该卡进行现金存取、转账等银行业务，从而实现金融工作更好地服务社会保障。在这看似简单的技术实现背后，却倾注了以人民银行与人力资源和社会保障部为代表的金融、社会保障行业工作者大量的心血。

（一）"芯"系百姓，服务社保

随着我国社会保障制度的不断完善，社会保障工作呈现出许多新的特点，社会化管理的普及、灵活就业人员的增多，都对社会保障卡的功能拓展提出了越来越迫切的需求。无论是养老保险金、失业保险金、再就业补助、就业培训补助等待遇的社会化发放，还是灵活就业人群社会保险费的缴纳、小额贷款的还款，以及医疗保险中医保自费部分的支付等，都需要在社会保障卡上实现金融功能。社会保障卡具备了金融功能，不仅可以方便持卡人查询账户信息、简化办理医疗保险结算程序、获取各项社会保障待遇，还便于将社会保障卡的功能扩展到其他公共服务领域，方便人民群众更好地享受政府提供的各项公共服务。我国是历史悠久的文明古国，早在两千多年前，著名思想家孟子就提出"民为贵，社稷次之"为立国之本，以民为本对于民生服务与政府治理的重要意义不言而喻。人民银行与人力资源和社会保障部正是将这些美好愿望凝聚在了这一张张小小的芯片卡中。

进入新世纪，党中央、国务院高度重视社会保障建设。2009 年，时任中共中央总书记、国家主席胡锦涛同志指出："要加快推进公共服务设施和服务网络建设，早日实现社会保障一卡通。"同时，党的十七届五中全会明确提出"加强社会保障信息网络建设，推进社会保障卡应用，实现精确管理"的要求。而早在 2003 年，我国银行卡业务已经实现了联网通用，持卡人可在全国所有银行卡受理终端实现个人金融业务的跨行通用。因此，人力资源和社会保障部与人民银行的联合可以充分利用银行系统和社保部门现有的基础设施和发卡能力，早日实现"一卡多用"的目标。同时，社会保障与金融信息化系统的有效结合可以促进资源的集约化管理，避免由于重复建设而产生的社会资源浪费，并在一定程度上解决地方社会保障项目由于资金问题而拖延社会保障卡的发放等问题。

社会保障卡开始加载金融功能，源于 21 世纪初我国全面启动实施"金保工程"建设。"金保工程"是 2003 年经国务院批准的一项重要的电子政务工程，其目标是建设覆盖全国、统一的劳动和社会保障网络系统。社会保障卡作为劳动者开启与电子政务系统联络之门的钥匙，正是"金保工程"的关键之处。随着"金保工程"建设的深入，部分地区为方便市民生活，结合地方特色，由当地社保局与商业银行合作，在发行的社会保障卡中融入持卡人公共服务应用支付消费功能。

（二）初试合作，立足现实

自 2009 年起，根据社保工作金融服务的有关需求，人民银行科技司与人力资源和社会保障部信息中心在北京专题进行了研究。双方就全国各地社保金融服务的现状、人民大众的普遍需求以及地方先行先试的经验进行了深入讨论，一致认为银行卡与社会保障卡"二卡合一"是金融信息化与社保信息化的有效结合，是为广大人民提供更便捷服务的有益尝试。双方均表示可以采取进一步合作，将范围扩大至全国。各地人力资源和社会保障部门已经与商业银行联名发行的带有银行磁条的社会保障卡将作为未来双方合作发卡的过渡形式。同时，人民银行与人力资源和社会保障部决定全方位启动合作，尽快研究确定统一的卡片样式、技术标准和实施方案。至此，社会保障卡加载金融功能工作拉开了序幕。

经过了近半年的时间，通过不断地研究和反复验证，人民银行科技司与人力资源和社会保障部信息中心就金融社保卡卡面基本设计元素达成了一致，决定着力研究隐蔽磁条技术在社保卡上应用。同时，在中国金融电子化公司、银行卡检测中心等技术支撑单位的努力下，金融社保卡相关标准制订事宜也进展顺利。

（三）深入合作，面向未来

随着金融 IC 卡试点的逐步开展，各地逐渐开始 IC 卡受理终端的改造，金融与社保卡使用单一芯片合作的计划也提上了日程。

2011 年 3 月，人民银行正式启动银行卡芯片化迁移工程，在全国范围内推行使用金融 IC 卡，金融社保卡的推广工作因此正式向单一芯片合作（芯片中同时含有社会保障和金融功能）的最终目标迈进。在对社会保障卡加载金融功能总体方案和技术标准广泛征求意见的基础上，为切实保证"芯片级"金融社保卡实际应用效果，2011 年 4 月，人民银行与人力资源和社会保障部同意先行在重庆市进行试点应用，试点成功后再进行全国推广。

重庆市作为试点存在三方面的优势。其一，重庆作为我国的直辖市，机构配置齐全，试点代表性强，典型性突出。其二，实施环境良好。重庆市由于在行政上直接接受中央的垂直管理，避免了大部分地区由于属地化管理而在实施过程中难免产生问题的诸多不便。同时，由于地域范围相对较小，方便了各参与机构的沟通协作，进而能加快金融社保卡推广工作的进程。其三，硬件设施过硬。在人民银行重庆营业管理部的积极推动下，截至 2011 年 3 月末，重庆市全辖区 97.9% 的 POS 已经完成升级改造，可以受理接触式金融 IC 卡。其中，工商银行重庆分行、邮储银行重庆分行已完成了 IC 卡系统改造和主城区 POS、ATM 及网点柜面设备受理 IC 卡的改造。这些成果在当时领先于国内其他地区。同时，重庆市社保卡服务中心系统改造工作也即将于 2011 年上半年完成。基于以上因素，又加之重庆市政府对于金融社保卡推广工作的大力支持，最终促成人民银行与人力资源和社会保障部确定重庆市作为"芯片级"金融社保卡应用试点。2011

年 11 月 12 日，我国第一张"芯片级"金融社保卡在重庆市顺利实现首发，重庆市民对于金融社保卡反响热烈，试点应用工作获得圆满成功。

2011 年 7 月 26 日，在综合试点成功经验的基础上，双方部委联合发布《关于社会保障卡加载金融功能的通知》（人社部发〔2011〕83 号），正式实施社会保障卡加载金融功能总体方案和技术标准。这标志着社会保障卡加载金融功能工作全国性推广的开始，也标志着银行业与社会保障事业在携手践行"以人为本、执政为民"理念和推进"一卡多用、全国通用"目标的实现方面迈出了关键性步伐。随后，人民银行与人力资源和社会保障部不失时机地召开新闻发布会，社会保障卡加载金融功能工作进入新的阶段。

社会保障卡加载金融功能工作是我国银行业启动金融 IC 卡迁移战略过程中，人民银行与人力资源和社会保障部在国家部委层面协调推进的一项重大举措。这不仅有力地支持了我国社会保障事业的快速发展，也进一步深化拓展了金融服务，体现了金融业对国家经济发展和社会进步的支撑和促进作用。

党中央、国务院关于新农保、新医改等一系列惠民政策对社会保障卡具备金融功能提出了要求，社会保障卡加载金融功能已经成为落实这些惠民政策的重要举措。社会保障卡加载金融功能工作以"关系民生"为出发点，以"产业可持续发展"为长远目标，以"部委合作"为理念，是一项按照服务型政府建设要求进行的跨部门战略性合作，实现了金融服务与人力资源和社会保障工作的双赢，有力地推动了"惠民、利民"目标的实现。

人力资源和社会保障事业的发展，对社会保障卡加载金融功能提出了业务需求。当前，社会保障工作呈现出许多新的特点，社会化管理日益普及，灵活就业人员逐步增多，管理服务对象向农村扩展，在参保缴费、待遇领取、医疗费用实时结算等方面，都需要金融服务支持。将社保服务和金融服务集成到一张卡上，扩大了服务领域，丰富了服务手段，极大地方便了人民群众，也有利于社会保障卡的功能向其他公共服务领域扩展。

从金融系统来看,社会保障卡加载金融功能工作是金融行业的一项重要行业合作与应用拓展,是人民银行推广金融 IC 卡的重要战略。发行金融社保卡,在单一芯片上同时实现社保功能和金融功能,可以有效支持国产芯片推广,加速推进受理终端改造,进一步完善产业链管理,从而有力推动银行磁条卡向芯片卡迁移进程,为持卡人提供更加安全、优质的金融服务。

从人力资源和社会保障系统来看,社会保障卡加载金融功能后,不仅能够用银行的网点资源拓展社保服务渠道,还通过反洗钱、征信等系统确保了社会保障卡信息的完善性和准确性,更重要的是能通过与金融系统合作加快社会保障信息化建设进程。

金融社保卡的诞生

社会保障卡全称"中华人民共和国社会保障卡",是由中国人民银行与人力资源和社会保障部从服务民生出发,为使社会保障卡同时具备金融功能,同时使人人享有社会保障权益和公共就业权益而推动发行的重要信息载体。社会保障卡采用全国统一标准,卡面印有国徽和蓝色底纹图案。社会保障号码按照《社会保险法》的有关规定,采用公民身份证号。

党中央、国务院一直高度重视社会保障卡工作,出台了一系列惠及民生的政策,积极推行社会保障一卡通。2011 年 8 月,中国人民银行与人力资源和社会保障部联合发布了《关于社会保障卡加载金融功能的通知》(人社部发〔2011〕83 号),决定在社会保障卡上加载金融功能,明确了具有金融功能的社会保障卡的意义和定位,对具有金融功能的社会保障卡的推广应用、管理分工、组织实施等提出具体要求,并确定了技术实现方式、应用领域和发行管理模式等。随后,两部门还于 8 月 30 日在国务院新闻办公室共同召开了新闻发布会,对这项工作进行了广泛宣传和深入解读。自此,金融社保卡开始正式登上历史舞台,并被广为传颂。

> 按照社会保障卡加载金融功能工作的推广安排，2011 年至 2012 年为试点阶段，人民银行与人力资源和社会保障部共同制定社会保障卡加载金融功能的总体方案、标准规范，确定应用模式和管理机制，并在具备条件的地区进行单芯片卡应用试点。2013 年起开始全面推广，所有地区新发卡均采用单一芯片卡。

二、与发展改革委合作开展电子商务示范系列项目建设

发展改革委对人民银行推广金融 IC 卡工作给予了多方面的大力支持。从开展国家电子商务示范城市建设到推广安全性更高的国产密码算法[1]，再到建设国家金融 IC 卡安全检测中心，发展改革委在政策引导、项目试点和资金支持等层面都为金融 IC 卡的推广应用与产业发展提供了重要动力。人民银行也将金融 IC 卡推广工作与电子商务行业发展、国家芯片产业发展相结合，与发展改革委紧密协作，开展了多项卓有成效、影响深远的工作。

（一）开展电子商务示范城市金融 IC 卡多应用试点项目工作

现阶段，电子商务在我国正处于蓬勃发展的时期。统计数据显示，2012 年中国电子商务市场整体交易规模为 8.1 万亿元，同比增长 27.9%；2012 年中国支付行业互联网支付业务交易规模达 36589 亿元，同比增长 66%。这也为金融 IC 卡在电子商务行业的应用提供了契机。电子支付是电子商务支撑体系的重要组成部分。金融 IC 卡承载着用户证书的载体以

---

[1] 国产密码算法又称商用密码算法，是由国家密码管理局编制和认定，用于对不涉及国家秘密但又具有敏感性的内部信息、行政事务信息、经济信息等进行加密保护的密码算法。国产密码算法应用领域十分广泛，可用于企业内部的各类敏感信息的传输加密、存储加密，防止非法第三方获取信息内容；也可用于各种安全认证、网上银行、数字签名等。

及电子签名，具有突出的"3S"特点，即 Standard（国际标准化）、Smart（灵巧智能化）、Security（安全性），可在电子商务中用于身份认证、信息验证等领域，作为最前端、最安全和最直接的支付工具，将有效支撑电子商务在电子支付领域的建设和发展。

早在 2010 年，发展改革委就计划针对电子商务的发展进行扶持，开展相关政策试点以促进电子商务行业健康发展。2012 年，为贯彻落实《国民经济和社会发展"十二五"规划纲要》关于积极发展电子商务的任务，促进电子商务行业快速健康发展，发展改革委组织开展了创建国家电子商务示范城市试点工作。开展电子商务示范城市建设试点，体现了国家对于电子商务行业的重视，是国家从战略层面对与民生相关行业进行的专项支持。

人民银行对电子商务行业支付方式的创新与发展一直持积极推动的态度。金融 IC 卡作为重要的电子支付工具，其一卡多用、小额支付的特点非常适合应用于电子商务行业。人民银行以金融 IC 卡的推广促进电子商务行业快速健康发展，努力实现金融业务与电子商务互利双赢的举措十分符合我国经济社会发展的大趋势。

结合发展改革委创建国家电子商务示范城市试点工作，人民银行组织相关城市申报了电子商务示范城市金融 IC 卡多应用试点项目，最终上海、成都、广州、青岛、宁波五个城市列入试点。目前，试点项目正在有条不紊地开展。通过试点，促进了金融 IC 卡在电子商务及相关领域的应用，总结了一系列行之有效的工作经验，为其他城市推广金融 IC 卡树立了典范。

目前试点工作进展顺利，试点城市人民银行分支机构积极协调相关政府部门、承建单位等，成立了电子商务示范城市建设工作组，制订了详细的实施计划，并积极开展前期项目调研、系统设计、方案实施等工作，定期上报实施进展，为试点项目的顺利进行打下了良好的基础。

2013 年 4 月 15 日，发展改革委办公厅、财政部办公厅、农业部办公厅、商务部办公厅、人民银行办公厅、海关总署办公厅、税务总局办公厅、工商总局办公厅、质检总局办公厅、林业局办公室、旅游局办公室、邮政局办公室、国家标准委办公室联合印发《关于进一步促进电子商务健康快速发展有关工作的通知》，提出推动移动电子商务支付创新发展：人民银行负责研究制定金融移动支付发展政策，推进金融移动支付安全可信服务管理体系建设，建立移动支付信息安全保障体系；引导商业银行、支付机构实施移动支付金融行业标准，推动移动支付联网通用、业务规范发展；以金融 IC 卡应用为基础，开展移动支付技术创新应用试点工作，探索符合市场要求的移动支付技术方案、商业模式和产品形态，为产业发展提供示范效应，促进移动电子商务支付创新发展。

在前期选择上海、成都、广州、青岛、宁波开展国家电子商务示范城市金融 IC 卡多应用试点项目的基础上，人民银行在国家发展改革委的支持下，继续开展国家电子商务示范城市建设项目。2013 年 9 月 13 日，发展改革委、财政部、商务部、人民银行、海关总署、税务总局、工商总局、质监总局等八部委联合下发《关于启动第二批国家电子商务示范城市创建工作有关事项的通知》（发改高技〔2013〕1772 号），提出结合金融 IC 卡推广情况、第三方支付企业在本区域业务开展情况、城市一卡通应用情况等制定本区域电子支付促进政策，推动金融 IC 卡在社会各领域的一卡多应用，重点发展移动支付、跨境支付和多种支付手段集成等城市电子支付的创新应用，积极推动移动金融可信服务管理设施（TSM）建设。2014 年 5 月 19 日，发展改革委、人民银行联合发布了《关于组织开展移动电子商务金融科技服务创新试点工作的通知》（发改办高技〔2014〕1100 号），明确加快移动金融可信服务管理设施建设，构建移动电子商务可信交易环境，探索创新符合电子商务企业和消费者多元化需求的移动金融服务，切实提升移动电子商务应用的安全性和便捷度，通过试点工作研究完善移动金融相关标准和政策，为移动电子商务健康快速发展提供有效支撑。

（二）建立我国独立自主的金融 IC 卡安全检测体系工作

商业银行在发行金融 IC 卡时，为确保所采用的芯片产品的安全性，通常要求芯片产品具备某一权威的安全认证。以前，由于国内整个 IC 卡安全检测体系尚未建立，金融 IC 卡芯片安全检测主要由国外相关机构开展，主要包括 CC 认证和 EMVCo 认证两个体系。受限于客观的技术差距、国外机构的技术壁垒等因素，我国芯片获得相关检测认证的道路并不平坦。向国外机构申请检测增加了企业的检测成本和技术泄露风险，提高了我国芯片企业进入国际市场参与国际竞争的门槛，不利于我国芯片产业的长远健康发展。为了维护我国芯片产业和金融体系安全，有必要建立我国自主可控的金融 IC 卡芯片安全检测体系。

为此，人民银行牵头建设国家金融 IC 卡安全检测体系，同时组织中国银联、银行卡检测中心等单位，申报建设国家金融 IC 卡安全检测中心。这一项目得到了发展改革委的大力支持。

2012 年 5 月 30 日，发展改革委函复人民银行，同意建设国家金融 IC 卡安全检测中心，提出人民银行会同有关部门依托国家金融 IC 卡安全检测中心和国家金融 IC 卡芯片安全检测中心等检测机构，抓紧研究完善我国金融 IC 卡认证检测体系。项目建设期为两年，项目建成后，应形成不低于 CC EAL4 + 水平的专业化 IC 卡芯片安全检测能力，为我国金融 IC 卡的推广应用提供检测技术服务。该项目的主要建设任务包括：在现有基础上，研究金融 IC 卡芯片的安全检测技术，完善嵌入式软件相关安全检测技术；建设完善侵入式、非侵入和半侵入式金融 IC 卡安全测试系统，以及相关配套环境。

作为建立我国金融 IC 卡芯片安全检测体系的重要基础性工程，国家金融 IC 卡安全检测中心承担着维护我国金融 IC 卡芯片安全、促进金融 IC 卡芯片技术发展的重要使命。

（三）推广我国具有自主知识产权的金融 IC 卡密码算法工作

推广我国具有自主知识产权的商用密码算法是金融 IC 卡国产化的重要内容之一，2012 年，人民银行组织中国银联、商业银行、卡片和终端厂商等单位对《中国金融集成电路（IC）卡规范》（2010 年版）进行增补和修订。在修订过程中，标准工作组多次与国家密码管理局进行沟通，就金融 IC 卡标准采用具有自主知识产权密码算法的相关事宜进行讨论，并在《中国金融集成电路（IC）卡规范》（3.0 版）的第 17 部分《借记/贷记应用安全增强规范》支持我国具有自主知识产权的商用密码算法（SM 算法）应用于金融 IC 卡，为我国金融 IC 卡的发展奠定了坚实的基础。

为加强金融领域信息安全，发展改革委决定组织开展 2012 年金融领域安全 IC 卡和密码应用专项，以加快推进金融领域安全 IC 卡和密码相关关键产品的产业化。2012 年 11 月，发展改革委印发《发展改革委办公厅关于组织实施 2012 年金融领域安全 IC 卡和密码应用专项有关事项的通知》（发改办高技〔2012〕3096 号），提出专项重点支持以下领域：金融领域安全 IC 卡和密码关键产品产业化、金融领域密码关键产品检测服务、金融领域相关安全标准制修订、金融领域安全 IC 卡和密码应用试点等内容。发展改革委给予了这些项目一定的资金支持。这些工作对具有我国自主知识产权的商用密码算法应用于金融 IC 卡起到了重要的促进作用。

三、与工业和信息化部合力推动芯片产业发展

（一）芯片产业发展推进工作

2012 年 2 月 24 日，工业和信息化部发布《集成电路产业"十二五"发展规划》（以下简称"IC 产业'十二五'发展规划"），描绘了"十二五"期间集成电路产业规模，即产量超过 1500 亿块，销售收入达 3300 亿元，年均增长 18%，占世界集成电路市场份额的 15% 左右，满足国内近 30% 的市场需求。IC 产业"十二五"发展规划中强调发展重点包括金融 IC 卡/RFID 芯片，要求 IC 产业"顺应银行卡从磁条卡向 IC 卡迁移的趋势，开发满足符合银行业务可靠性和安全性等要求的，具有自主创新、符合相关技术标准和应用标准、支持多应用的金融 IC 卡芯片，推进金融 IC 卡芯片检测和认证中心建设。开发超高频 RFID 芯片，满足物联网发展需要。"

2011 年，工业和信息化部在"2011 年度电子信息产业发展基金项目"

申报工作中针对集成电路开发工作提出"金融 IC 卡芯片研发及产业化招标项目",鼓励各地工业和信息化主管部门及大型企业集团进行申报。

2012 年,工业和信息化部在"2012 年度集成电路产业研究与开发专项资金申报"工作中在"双界面金融 IC 卡产业化"方面给予了企业资金支持。

2013 年,工业和信息化部在"核高基项目"申报中,确定"课题 7－1 双界面金融卡 SoC 芯片研发与产业化"和"课题 7－2 双界面 POS 机 SoC 芯片研发与产业化"以支持国产芯片企业在双界面金融 IC 卡、双界面 POS 的 SoC 芯片方面开展研发与实施产业化工作。

工业和信息化部作为芯片产业的主管部门,一直积极推动我国芯片产业的发展。为推动金融 IC 卡芯片国产化进程,工业和信息化部与人民银行建立了联合工作机制,通过设立专项等方式,支持骨干企业提升芯片的安全设计、低功耗制造、封装等能力,健全芯片安全检测体系,推动芯片安全检测技术的完善以及密码算法攻防技术的提升,并依托中国半导体行业协会,成立了由芯片企业、检测机构、应用单位等组织的"金融 IC 卡芯片迁移产业促进联盟",在加强共性技术开发,推动产品应用,共建良好产业生态环境等方面发挥了重要作用。

经过产业主管部门与产业各方的共同努力,国内芯片的性能和安全水平有了大幅提升。截至 2014 年 5 月,在芯片设计环节已有 6 家企业的 11 款芯片,通过 31 项芯片安全检测,初步具备了商业银行试点应用的条件。在芯片制造环节,截至 2013 年 9 月,国内已具备成熟的 0.18/0.13 微米 EEPROM 制造工艺,可初步满足金融 IC 卡芯片设计企业的制造需求,90 纳米制造工艺也正在研发中,芯片工艺平台向着高集成、高性能、低功耗方向发展。在模块封装和制卡环节,规模生产供应能力基本完备,国内卡商基于国外芯片已生产了大量产品。同时,相关检测机构已具备所有芯片安全检测能力,加上前期已经具备的 COS 和卡片检测能力,我国金融 IC 卡检测体系已基本建立。截至 2014 年第一季度末,我国发行的金融 IC 卡中已有 2.37 亿张拥有了中国"芯",第一季度新增发行 1.31 亿张金融 IC 卡,第一季度国产芯片占比已达 38.9%。

什么是 JAVA 卡？

目前，智能卡按芯片操作系统平台主要分为 Native 卡和 Java 卡。

Java 卡是 Oracle（原 SUN）公司推出的具有 Java 体系结构的一种智能卡，利用 Java 卡可以加快应用开发的进度，避免开发者苦苦钻研具体的智能卡芯片底层结构，能够以更灵活的方式支持卡片多应用以及卡片发行后的应用添加和删除。不同应用之间具有防火墙，可以通过安全通道的方式实现卡片和终端之间的保密通讯。

Native 卡的 COS 和硬件平台紧密相关，卡片不具有通用性和二次开发的 API 接口，应用的开发和底层 COS 密不可分，而且多数的 Native 卡仅支持单一应用，即便是支持多应用也是事先固化在芯片里的多应用，不能够像 Java 卡那样支持多应用的动态下载。

什么是 SM2/3/4 算法？

SM2/3/4 算法是我国商用密码体系中的三种算法。其中，SM2 算法是一种椭圆曲线公钥密码算法，其密钥长度为 256 比特。SM2 算法作为公钥算法，可以完成签名、密钥交换以及加密应用。SM3 算法是一种密码杂凑算法，其输出为 256 比特。SM3 算法适用于商用密码应用中的数字签名和验证、消息认证码的生成和验证，以及随机数的生成，可满足多种密码应用的安全需求。SM4 算法是一种分组密码算法，分组长度为 128 比特，密钥长度为 128 比特。SM4 算法是对称加密算法，可使用软件实现。

什么是 0.18/0.13 微米 EEPROM 制造工艺？

通常我们所说的芯片"制作工艺"是指在生产芯片过程中，加工各种电路和电子元件，制造导线连接各个元器件的技术。通常其生产的精度以微米（长度单位，1 微米等于千分之一毫米）来表示，未来有向纳米（1 纳米等于千分之一微米）发展的趋势，精度越高，生产工艺越先进，在同样的材料中就可以制造更多的电子元件，元件间的连接线也越细，这样就能提高芯片的集成度，而且芯片的功耗也能变小。

制造工艺的微米是指 IC 内电路与电路之间的距离。制造工艺的趋势是向密集度高的方向发展。密度愈高的 IC 电路设计，意味着在同样大小面积的 IC 中，可以拥有功能更复杂的电路设计。微电子技术的发展与进步，主要是靠工艺技术的不断改进，使得器件的特征尺寸不断缩小，集成度不断提高，功耗降低，从而使器件性能得到提高。芯片制造工艺在 1995 年以后，从 0.5 微米、0.35 微米、0.25 微米、0.18 微米、0.15 微米、0.13 微米、90 纳米一直发展到目前最新的 65 纳米，而 45 纳米和 30 纳米的制造工艺将是下一代芯片的发展目标。提高处理器的制造工艺具有重大的意义，因为更先进的制造工艺会在芯片内部集成更多的晶体管，使处理器实现更多的功能和更高的性能；更先进的制造工艺会使处理器的核心面积进一步减小，也就是说在相同面积的晶圆上可以制造出更多的芯片产品，直接降低了芯片的产品成本；更先进的制造工艺还会减少处理器的功耗，从而减少其发热量，消除处理器性能提升的障碍。

（二）移动支付标准制定工作

从 2010 年 10 月开始，人民银行与工业和信息化部、国家标准化管理委员会进行了多次沟通，拟筹备成立移动支付标准制定工作领导小组。2010 年 11 月，人民银行与工业和信息化部、国家标准化管理委员会联合组织召开会议。会议听取了中国银联和三大电信运营商对移动支付工作整体进展、试点情况及标准研制情况的汇报，形成了"凝聚共识、谋求合作、统一标准、共同发展"的工作思路。2011 年 5 月，人民银行、工业和信息化部在北京召开会议，专题讨论移动通信和金融支付技术标准联合工作组成立相关事宜。

2012 年 12 月 14 日，人民银行颁布实施了 35 项移动支付金融行业标准，对移动支付业务应用基础、安全保障、联网通用等进行了规范。为配合移动支付金融行业标准，工业和信息化部已制定完成了支持手机支付功能的移动终端技术要求和安全要求等 6 项通信行业标准。这些技术标准的发布实施填补了该领域的空白，有利于增强我国移动支付安全管理水平和技术风险防范能力，构建和谐的移动支付产业生态环境。

第二章 积极结合
各地公共服务需求

通过金融 IC 卡为群众提供安全便利的金融服务，既是银行卡芯片化迁移工程的出发点和落脚点之一，也是政府实现管理方式转变的重要路径。我国各地经济环境差异较大，如何结合本地实际情况，因地制宜开展金融 IC 卡应用推广工作，是方法论中的关键问题。只有通过不断探索和总结，才能找到与各地实际情况相符合的最佳金融 IC 卡应用推广路线，为金融 IC 卡的全面推广奠定基础。

人民银行在金融 IC 卡推广工作中不断探索，积极地尝试将地方政府开展优质公共服务的愿望和银行业服务社会的意愿相结合，充分发挥金融 IC 卡技术含量高、安全、便捷的优势，调动地方政府的积极性。在总结前期宁波市民卡推广经验的基础上，人民银行结合各试点城市的地域经济、文化特征，大力推进金融 IC 卡在公共服务领域应用，推进金融 IC 卡与城市信息化实现更深度的融合，取得了显著成效。

一、第一批金融 IC 卡多应用城市全面开展工作

自 2011 年启动银行卡芯片化迁移工程以来，人民银行按照"条块结合"的原则，加大与相关部委、地方政府的沟通和协调，先后在全国范围选择 47 个应用城市（含国家电子商务示范城市），推动金融 IC 卡在公共交通、文化教育、医疗卫生、社会保障、城市管理、公益事业、生活服务、企业服务等领域的一卡多用，创新公共服务手段，节约社会资源，开创了金融 IC 卡服务民生的新局面。

2011 年 5 月 30 日，上海、广州、重庆、成都、长沙、贵阳、合肥、

新余等47个城市被人民银行确定为首批开展金融IC卡在公共服务领域应用城市。人民银行要求这些应用城市在2012年底前开展金融IC卡与公共服务领域的应用合作，提升当地的公共服务水平及信息化发展水平，借助金融IC卡提高人民群众对金融服务的满意度，并切实改善百姓的日常生活。

应用城市方案的提出源于2009年人民银行"金融IC卡在公共服务领域应用"的课题研究成果。

2009年12月30日，人民银行组织召开了"金融IC卡在公共服务领域应用"课题研究启动大会，邀请了人民银行上海总部、人民银行宁波市中心支行、工商银行、建设银行、交通银行、中国金融电子化公司、中国银联、国家金卡工程领导小组办公室及人力资源和社会保障部、工业和信息化部等有关部门共同参与课题的研究。课题组成员前往多地开展了大量的调研工作，对各地正在进行中的金融IC卡行业应用合作进行了深入的了解和分析，并在此基础上探索可行的合作模式以及解决方案。经过近一年时间的努力，课题组完成了"金融IC卡在公共服务领域应用"的研究报告，并在此基础上提炼出了《大力推广安全标准的金融IC卡　为社会提供便捷的公共金融服务》的金融专报上报国务院。

研究报告的完成为我国拓展金融IC卡在公共服务、民生领域的应用指出了工作目标，列举了解决方案，打下了坚实的基础，特别是提出了在公共服务和民生领域需求集中的区域通过与城市信息化结合首先开展工作，尽快将多应用成果惠及民众的策略为后续选择47个应用城市开展应用实践试点工作提供了理论依据。

研究成果形成后，人民银行向全国各地的分支机构发出通知，要求有意愿成为试点的城市上报工作规划，得到了各地分支机构的积极响应。各地人民银行分支机构向地方政府报告关于选择应用城市的工作时，地方政府部门也表现出了极大的兴趣，并认为这是推进城市信息化建设、改善民生服务的重要突破口。各地政府纷纷表示要争取成为应用城市并与人民银行分支机构共同制定了金融 IC 卡在公共服务领域的工作规划，提出了很多创新的、跨行业的金融 IC 卡应用实践方案。最终，人民银行总行根据各地上报的工作计划的可行性以及地域、经济发展现状等因素确定了覆盖我国各地区、不同城市规模的 47 个城市作为金融 IC 卡在公共服务领域的首批应用城市。

上海作为全国经济金融最发达的地区，为了实现构建国际金融中心的宏伟目标，将始终保持银行卡产业领先作为一项基本的措施，金融 IC 卡的迁移和发展是促进银行卡产业升级的一次难得机遇，因此加快发展金融 IC 卡工作已成为上海经济金融和信息化产业界的一项共识。为了申报试点，人民银行上海总部就金融 IC 卡服务民生问题与上海市政府

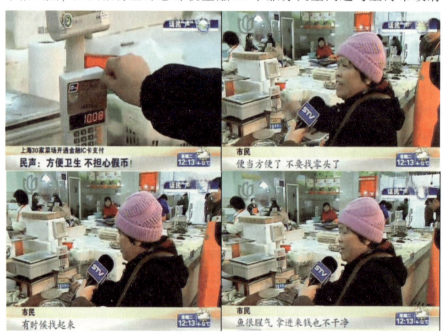

某电视台采访截图：2011 年 12 月，上海。周阿姨在广元路菜市场买了几条小黄鱼，结账时拿出金融 IC 卡，对着与电子秤连在一起的读卡器一挥，交易就完成了。"便当方便了，不要找零头了，有时候找起来，鱼很腥气，拿进来钱也不干净"，周阿姨说。

进行了沟通，并与上海市商委、上海市经信委、上海市金融服务办等政府部门开展多渠道、多层次、多形式的交流。上海市政府提出了将标准化菜场、停车场、地铁沿线的自动售卖机、连锁快餐店等贴近百姓生活的设施作为切入点来推动全面应用的设想。随后，在上海市商委的大力支持下，确定了在通信、交通、交警、高铁、金融社保卡、手机支付以及企业内部管理等多个领域的项目推进策略，为此上海如愿入选为应用城市。

在广东省政府的支持下，广州市巧妙地将推进"羊城通"、"岭南通"、"广州大学城一卡通"、社保 IC 卡等工作与金融 IC 卡试点工作结合，以求实现金融 IC 卡在公共交通、大学城区域以及社保领域的应用。此外，广东省还计划运用金融 IC 卡多应用借机在多个地市打破跨行业合作的壁垒，发行符合金融标准的市民卡。为此，广州、梅州、清远、茂名、湛江成为了广东省金融 IC 卡在公共服务领域首批应用城市。同时，利用广东在地理位置上紧邻港澳的优势，还计划通过应用城市带动广东省与港澳地区在金融 IC 卡应用互联互通和金融创新上的合作。

在深圳，当地市民已经习惯了使用深圳通作为日常生活出行的重要支付工具，但深圳通在安全性和通用性上又不如金融 IC 卡。为此人民银行深圳市中心支行联合深圳市政府将金融 IC 卡与深圳通相融合，计划把深圳通的主要功能都加载到金融 IC 卡上，使持卡人能够在社保、菜市场、停车场、火车站、长途客运站、公交、地铁和出租车上使用。同时旅游部门还将发行集旅游优惠、金融服务、信息咨询为一体的旅游卡，提升深圳城市形象。在深圳市卫生部门的推动下，还计划实现金融 IC 卡与健康卡融合，为市民就医提供挂号、就诊、付费等全流程便捷服务，并通过金融 IC 卡为市民建立健康档案。同时，深圳还将加强与其他机构合作，发行具备多种功能的主题卡或联名卡，不断丰富卡产品功能，同时通盘考虑合作方（如广电集团、地铁公司等）的利益，通过合理的分润模式，鼓励内容提供方积极参加支付行业，不断完善长效发展机制。为此，深圳肩负多项开拓任务入选应用城市。

天津是全国较早发行金融社保卡的城市，天津市交管局与工商银行合作实现了金融IC卡在交通领域应用的"津通卡"。为了推进金融信息化与城市信息化结合，完成金融IC卡在多个公共服务领域的拓展工作，天津市将进一步完善"津通卡"的多应用管理模式，借试点机遇规范实现金融IC卡在公共服务领域的全面应用。

成都市和自贡市政府分别于2010年初、2011年初开始着手规划市民卡建设，人民银行成都分行及自贡市中心支行抓住时机，积极参与市民卡设计，在试点要求的启发下，最终促成了成都市和自贡市政府采纳以金融IC卡建设城市"一卡通"或市民卡的模式，为金融IC卡在两地的发展找到了突破口。

新余市政府十分重视城市信息化建设，并且利用"后发优势"掌握了整合城市各项公共服务的先机。在人民银行新余市中心支行的建议下，新余市政府从2009年就开始酝酿城市公众一卡通项目的建设，并于2009年和2010年两次将其写入政府工作报告。2011年，金融IC卡被列入新余市重点民生工程。2011年7月，新余市政府召开常务工作会议，专题研究并通过了《新余市城市公众一卡通（金融IC卡）实施方案》，牵头成立了新余市城市公众一卡通（金融IC卡）工作领导小组，形成了"政府主导、人民银行牵头"的工作机制。

湖南省的金融IC卡工作布局较早，省政府与人民银行长沙中心支行密切合作设计了试点方案，其中长沙、常德、株洲、湘潭入选了应用城市名单。

贵州省政府对金融IC卡在公共服务领域应用的前景进行了充分的研究论证，同时以金融IC卡电子现金功能在公共交通领域全面运用为基础，发布了《贵州省人民政府办公厅关于推动金融IC卡在贵州省公共服务领域应用的实施意见》（黔府办发〔2013〕43号），制定了"内五通、外二通"（即交通通、旅游通、缴费通、民生通、购物通、出省通、来黔通）的计划，这些计划的实施，为贵州规避地理条件劣势做了有效的铺垫。

2013 年 8 月 14 日，人民银行副行长李东荣在贵阳对使用金融 IC 卡乘坐出租车情况进行实地调研。

宜昌市是湖北省第一批中唯一一个应用城市。宜昌计划采取"政府主导、人行协调、统一标准、资源共享、有偿使用、鼓励投入"的原则，结合当地各商业银行自身经营特点和优势，鼓励各商业银行拓展行业应用，分步实施，重点突破，全面推动宜昌市金融 IC 卡跨行业应用。

二、深化成果进一步扩大应用范围

2013 年，为进一步落实国务院关于"推进金融 IC 卡在公共服务领域应用，促进信息消费"的要求，人民银行组织各地在总结前期试点工作中成功经验、做法和商业模式的基础上，深化试点成果，扩大试点范围，新增 63 个城市开展扩试工作，全国金融 IC 卡在公共服务领域的应用试点城市数量达到 110 个。新增的试点城市以中西部地区城市为主，并新增北京、南京、福州、太原等大中城市，整体分布均匀。新增试点城市根据自身情况，制订了实施方案和工作计划。从应用拓展领域上看，大中城市根据自身特点在公交、出租车、停车场、小区卡等方面，以项目发卡为主以点带面推进金融 IC 卡应用；中小城市则在市民卡、城市一卡通、医疗卫生、校园一卡通以及非接商圈建设等多方面联动予以推进。

金融 IC 卡试点范围的扩大有利于提高金融信息化的受惠范围，使得更多有条件的地区享受到我国金融信息化高速发展的红利。此次推广除了前期政策时间表的刚性要求之外，另一方面也受到了大环境促进的影响。2013 年以来，国务院出台了支持信息消费的宏观政策，从多领域多维度促进信息消费产业的发展。支付领域在信息消费中处于重要的地位，是信息消费的基础性工程，试点范围的扩大，有利于发挥协同优势，为金融 IC 卡生态圈构筑良好环境。

第三章　商业银行加速战略转型

　　金融 IC 卡可以承载公共交通、文化教育、医疗卫生、社会保障、城市管理、公益事业、生活服务、企业服务等多种行业应用，将金融服务范围扩展到传统银行磁条卡覆盖不到的众多民生领域，是银行改善用户体验、再造业务流程、服务民生的重要手段和载体。我国银行业当前正面临战略转型期，挖掘金融 IC 卡在资源整合、业务创新、流程再造、服务提升方面的能力恰逢其时。国内各家主要商业银行通过调整和优化银行卡产品功能配置，以适应复杂、快速、多变、新兴的市场发展趋势，满足不同客户的支付需求，通过实现广大群众在跨业务、跨市场、跨行业，特别是在公共服务领域的交叉式支付服务需求，促进了金融业"规模、速度、结构、效益、质量"的协调发展。

一、顺应变化，转型势在必行

　　进入"十二五"时期，商业银行经营环境发生深刻变化，具体体现在以下三个方面。

　　第一，随着社会经济的发展，人民群众对改善支付环境，提供安全、便利、标准、多用途的支付工具具有更加普遍和更加迫切的需求。尤其是当前广泛使用的磁条卡，社会上"使用磁条信息盗录装置复制银行卡磁道信息"、"通过网上银行等电子渠道窃取持卡人敏感信息"、"通过针孔摄像机在 ATM 终端上偷录持卡人密码"等案件时有发生，特别是近年来，这种现象更为明显，对持卡人、银行机构均造成了一定的损失，影响了我国银行业的整体声誉。党中央、国务院领导同志对此高度关注，多次要求重视银行支付安全、保护人民群众合法权益。从国际经验看，许多国家和地区在银行磁条卡犯罪泛滥之后，均注意加快向芯片卡的迁移，使此类犯罪活动得到明显的遏制。反观我国，虽然近几年来银行卡伪卡欺诈比例较低，但增长率却很高，据中国银联统计，2010年至2012年，国内信用卡伪卡损失金额分别为2691万元、7028万元和8304万元，分别占全部信用卡欺诈损失金额的23%、47%和59%，伪卡风险比重逐年增高。这种现象，如果仍然听之任之，不切实采取有效手段进行治理，我国也难以避免遭遇伪卡欺诈的高发期，从而对金融稳定运行带来不利影响。因此，为人民群众提供安全放心的支付手段，保障人民群众资金安全，既是商业银行义不容辞的社会责任，也是商业银行加强管理的内在要求。

第二，近年来互联网金融创新发展提速，资金供给绕开商业银行体系，直接通过非金融支付机构输送给需求方，完成资金的"体外循环"。商业银行作为主要结算媒介的地位正在降低，"金融脱媒"不仅分流商业银行客户资源，还使商业银行与非金融支付机构的竞合关系从传统收单业务向信贷等重要领域延伸，致使商业银行的外部竞争日益加剧。

第三，2012年9月国务院发布的《金融业发展和改革"十二五"规划》除了要求金融业"把防范风险贯穿金融创新全过程"、"着力促进金融产品创新"，还要求金融业"基本实现金融服务全覆盖"，即向"普惠制金融服务"（Inclusive Financial System，也称"包容性金融"）转型。

总之，无论从内因、外因还是宏观政策要求来看，传统金融业的粗放型经营方式已经无法满足复杂多样的经济社会和市场竞争发展需要。商业银行实施战略转型势在必行。

二、高度重视，商业银行将金融IC卡应用作为全行战略

金融IC卡的出现，通过技术创新实现了金融业务创新，将银行卡业务范围延伸到了众多民生应用领域，整体提升了银行卡安全水平，有效满足了商业银行转型发展的需要。

第一，金融IC卡可以承载公共交通、社会保障、医疗卫生、文化教

育、城市管理、公益事业、生活服务、企业服务、小微企业循环贷款等多种行业应用，通过行业应用，金融 IC 卡可以延伸到传统银行磁条卡覆盖不到的众多民生领域，从而为广大人民群众均等提供享受现代金融服务的机会。商业银行通过发行加载行业多应用的金融 IC 卡，可以"基本实现金融服务的全覆盖"。

第二，金融 IC 卡的安全性较传统磁条卡显著提升，在保护人民群众，特别是中小企业主、农村地区以及低收入或风险防范意识欠缺人群的资金安全方面，可以有效遏制伪卡盗刷等风险案件的发生。商业银行开展金融 IC 卡迁移，可以从整体上提升银行卡业务的安全水平，将"风险防范切实贯穿于金融创新全过程"。

第三，金融 IC 卡还可以为商业银行提供全新的金融创新平台，特别是带动移动金融服务进入民生领域，有重点地探索手机信贷等端到端业务，缓解互联网金融带来的"脱媒"压力。

由此可见，金融 IC 卡迁移并不是简单的银行卡产品迭代，也不仅仅是通常意义上的产业升级，而是一项以点带面、可以增强转型发展内生动力、降低外部竞争压力的战略性举措。商业银行高度重视，不约而同地将"推进金融 IC 卡在公共服务领域应用"确定为全行战略，就此开展了大量深入细致的工作。

三、商业银行金融 IC 卡应用推进战略

（一）工商银行全面布局，赢得先发优势

工商银行及早准备，在组织架构、应用推广、产品研发、受理环境建设、风险管理等方面全面布局，有效地推动"工行之芯"芯片卡升级和相关业务发展。

在组织架构方面，早在 2009 年，工商银行就成立了芯片卡业务实施工作小组，由主管行长担任组长，行内各业务部室负责人作为小组成员，并设立了领导小组办公室，负责落实各项具体工作。为进一步推动金融 IC

卡工作，工商银行在业务和技术领域建立了完备的开发和支持团队，组织金融 IC 卡相关领域的专题研究，对各分行金融 IC 卡推广项目进行支持和培训，引导各地合作单位采用 PBOC 规范和多应用实施方案推进金融 IC 卡多应用项目，并建立了全行金融 IC 卡应用技术交流园地，组织专题讨论并解答疑问。为保证各分行金融 IC 卡推广工作的扎实有序开展，各分行也设立了金融 IC 卡支持小组，负责推动本地区金融 IC 卡项目的研发、推广和培训工作。

在应用推广方面，为满足芯片卡发卡工作要求，工商银行建成了全行统一的集中制卡管理系统，支持全行各个区域的芯片卡集中个人化。芯片卡个人化系统可实现制卡数据集中存储、集中管理、集中处理。截至 2012 年底，各分行共计投入芯片卡制卡设备近百台。目前，制卡中心可达到每日 40 万张芯片卡的制卡能力，满足了工商银行日益增长的芯片卡制卡需要。

在产品研发方面，工商银行加大了金融 IC 卡的研发投入，不断创新芯片卡产品。多年来，工商银行高度关注国内外芯片卡技术的发展及运用，研发了手机支付银行卡应用、ETC 不停车收费应用以及满足个人便捷消费贷款需求的逸贷信用卡等特色创新产品；在芯片卡应用功能拓展上，全面开发完善了芯片卡借记与贷记支付、小额脱机支付、非接触式支付等金融支付功能，并建立了芯片卡多应用平台，实现了各行业应用的全行统一管理和技术平台的分行共享复用。

此外，工商银行还积极主动参与人民银行组织的 PBOC 标准制定和完善工作。并作为金融行业代表承担了"移动终端近场支付技术标准体系"的研究和制定工作。同时，工商银行投入大量科技资源开展了标准体系下的技术平台研发，将芯片卡研发作为全行的重点项目给予资源倾斜。

在受理环境建设方面，工商银行较早地对全行各类自助机具设备的技术规范进行调整，要求新采购的设备必须支持受理芯片卡，并启动了对部分存量自助机具设备的改造。目前，对各类 ATM 设备、普通 POS 设备和商户 MIS 系统金融手柄支持接触式金融 IC 卡的改造工作已经基本完成。

在强化风险管理方面，虽然芯片卡本身具有防范欺诈风险的功能，但工商银行在加强对芯片卡授信管理的同时，持续加强了风险防范的"硬控制"能力建设。针对风险因素形式多变、手法升级的特征，不断优化系统功能，增加风险防控的技术含量，打造审核作业系统、贷后管理系统、风险实时监控系统、风险自动预警系统四位一体的风险管理平台，建立了银行卡业务的全面风险管理体系，通过信息系统的硬控制确保银行卡业务健康、有序发展。

专题：工商银行交通万里行
便利惠全民——工商银行牡丹交通卡发展历程

据公安交通管理部门的公开信息显示，截至 2012 年末，国内机动车保有量为 2.4 亿辆，其中汽车 1.2 亿辆，年增长 1510 万辆；全国机动车驾驶人约为 2.47 亿人。庞大的机动车保有量及驾驶人群，带来的是更多的机动车违章案件及更大的执法压力。为协助配合公安交管部门建立便捷、通畅、高效、安全的交通管理体系，着力提升社会交通服务水平。多年来，中国工商银行总分行上下积极联动，深入贯彻并协助落实公安部关于全国公安系统开展执法规范化建设的相关要求，扎实推进牡丹交通卡业务，开创了工商银行与公安交管部门的良好合作局面。

在早期，交警执法时都是现场处罚、收取现金。但这种执法方式存在诸多不便：一是现金的收取、转移和存储非常繁琐，交警收了罚款后需要上交现金，财务人员收到现金后需要入库，每当入库的现金量较大时，还得当天及时将现金存到银行；二是容易产生执法不规范、执行不严肃等问题。为解决这些问题，1995 年，财政部、公安部、人民银行总行联合发文，对公安交通管理局收缴违章罚款作出规定，应由银行代收交通违章罚款。为落实上述规定，工商银行北京分行积极与北京市公安交通管理局开展合作，承担起了代收交通违章罚款的相关工作。为此工商银行投入资金进行系统扩容与改造，与北京公安交通管理局建立联网系统，由工商银行北京分行联网储蓄所免费开办代收交通违章罚款业务，实现了交管执法与缴罚的分离。这是交管部门的一项基础性的流程创新和制度创新，从流程和制度上实现了交管部门与银行的专业化分工，交管部门负责执法，银行做好代收和清算业务；同时，还有效杜绝了乱罚、乱收以及罚没款未应收尽收等问题。

然而，交通处罚与缴纳罚款的不便呼唤市场上出现一种能够简化公安交管部门和驾驶人处罚操作手续的产品。实际上，这些需求都是我国交通管理这一公共领域中存在的问题。工商银行借助先进强大的科技实力和银行卡产品，承担起了解决这些问题的社会责任，牡丹交通卡作为一种协助规范公安交管执法行为和向驾驶人提供便利的多种缴罚渠道的产品就这样应运而生了。1998 年，工商银行北京分行向北京公安交通管理局提出了通过管理卡来管理驾驶员的相关建议，可进一步规范违章缴罚，提高执法的严肃性。北京市交管局于 1998 年下半年向市政府提出工商银行北京分行与其合作办理北京市驾驶员管理（IC）卡的报告。1998 年 12 月，市政府批复同意。经审批后，工商银行北京分行于 1999 年 3 月 28 日举行了发行"牡丹交通卡"的发布会，1999 年 4 月 8 日开始向社会发卡，1999 年 7 月 1 日，工商银行推出的第一张借记卡性质的牡丹交通卡正式用于北京市交通管理，将双方的合作从"现金收付"提升到了"卡片结算"的层次。牡丹交通卡上成功镶嵌了工商银行标准芯片，实现了驾驶人信息的简单加载和初步管理。交警对违章驾驶员进行刷卡操作，记录其违章信息及罚款金额，并于班后将当日数据上传到处理中心。违章驾驶员持记录有违章信息及罚款金额的牡丹交通卡到工商银行任一联网储蓄所，即可缴纳罚款。短期内，牡丹交通卡便发行了将近 200 万张，占当时北京市驾驶人数的 90%。

2002 年，随着国内芯片标准的实施推广，工商银行北京分行将牡丹交通卡升级至人民银行 PBOC 芯片卡标准，进一步提高了芯片内驾驶人信息的加载能力及管理能力，并获得了北京市驾驶人的大力拥护，实现了驾驶人一人一卡的管理目标。

2007 年，工商银行再次将牡丹交通卡从 PBOC1.0 标准升级至 PBOC2.0 标准，并将卡片性质由借记卡升级为信用卡。升级后的芯片上，可加载详细的驾驶人信息（比如姓名、性别、年龄、居住地等）、交通管理信息（比如驾照号码、车辆信息、交通违法计分情况、驾照年审信息等），实现了驾驶人身份信息的电子化。驾驶人无论走到哪里都随身携带了记载个人详细交管信息的电子载体，如同电子驾照一般，比纸质记载更详尽准确、更便于读取和更新；交管部门在执法时，将交通卡插入移动警务通设备，就可以迅速读取相关信息、识别该驾驶人身份，实现"电子介质"与"科技设备"的有效对接。此外，交通卡智能芯片中的相关信息，还可以方便地与交管部门其他管理信息系统实现信息共享和信息交换。随着国内交通业高速发展的大洪流及牡丹交通卡品质功能的全面提升，工商银行于 2007 年 10 月开始在全国范围内推广这一产品。

经过近十四年的规模化发展，牡丹交通卡取得了良好的社会反响和广泛的群众支持。当前，工商银行已经在全国 25 个省、市和当地交管部门开展了深入合作。截至 2013 年 3 月末，牡丹交通卡累计发卡量达 1372 万张。

"十二五"时期是全面建设小康社会的关键时期，是深化改革开放、加快转变经济发展方式的攻坚时期。工商银行坚持把保障和改善民生作为加快转变经济发展方式的根本出发点和落脚点，以牡丹交通卡为切入点，满足交管部门公共管理创新需求，为公安交管部门推行便民、利民服务提供了重要的介质。

完善执法手段，协助提升交通执法水平。协助交管部门以电子化方式进行交通缴罚管理，完善执法手段，有效解决了社会车辆日益增多、交通管理难度增加和交通服务多样化的问题，实现了执法效率和执法透明度的"双提高"。

简化缴款流程，便捷社会交通各参与主体。牡丹交通卡支持现场缴款以及非现场缴款的多渠道应用，借助移动警务通及银行渠道（ATM、多媒体自助终端等）简化缴款操作流程，节省交管部门人力物力；牡丹交通卡为驾驶人提供自助认可执法结果、便捷缴纳罚款等服务，免除了驾驶人在警队与银行间来回奔波以及耗时排队等待，大大缩减了驾驶人完成缴罚所需时间，提高了驾驶人的缴罚效率。

提供更多增值服务，一卡多用惠群众。牡丹交通卡提供了完整的信用卡服务，避免了驾驶人卡中无存款时无法缴罚的尴尬情景。这一服务非但使驾驶人无须提前在卡中存款，免除了资金的长期闲置，更是提供了免息还款期服务，为驾驶人垫付资金，使驾驶人资金支配更加宽松。同时，作为一张可用于日常消费的交通卡，驾驶人出行时无须携带额外的银行卡，减少了出行负担。

扩大产品功能，塑造品质便民惠民。工商银行通过为牡丹交通卡附加优质、特惠的产品功能引导持卡人接受先进的交通卡管理模式，不仅为便捷交通管理提供了有力支持，满足交管部门公共管理创新需求，也为驾驶人提供了更加丰富的产品功能，基本涵盖了各类日常生活费用的缴纳，为驾驶人的日常生活提供了更大的便利。

（二）农业银行立体布局，储备后发力量

为确保金融 IC 卡迁移顺利开展，农业银行通过开展立体化布局，集中行内多个条线部门的优势资源，建立了自上而下的组织架构及公私联动的营销机制，为金融 IC 卡业务的高效推进提供了有力保障。

在组织领导方面，农业银行总行成立了以行长任组长、零售业务主管行长任副组长的金融 IC 卡领导小组，成员包括零售、对公、财会、人力、运营、科技等多部门。各分行依照总行机制成立了专项工作组，研究、协调解决金融 IC 卡应用与推广工作中出现的重大问题。自上而下成立了由对公、零售、科技等部门业务骨干组成的专业营销团队，全力支持行业应用项目的拓展，机动、灵活地为基层行提供业务和技术支持服务，及时解决应用推广过程中遇到的问题。建立健全了总分行间及部门间纵横结合的立体化信息沟通交流机制。一方面通过金融 IC 卡月度例会制度，集中解决当前项目实施中遇到的问题，建立限时办结制和重点任务督办制，另一方面在总行实行集中办公制度，及时解决分行在金融 IC 卡推广过程中的问题，确保了业务、技术各项工作高效推进，打造了一支高素质专业化队伍。金融 IC 卡产品功能丰富、技术性强、涉及面广，对业务管理及营销人员的素质要求较高。农业银行不断加强金融 IC 卡业务管理、营销人员

及科技人员培训，建立了一支作风踏实、技能娴熟的金融 IC 卡专职团队，确保了金融 IC 卡业务长期、稳定地发展。

在工作规范方面，农业银行制定发布了关于金融 IC 卡相关的政策文件 150 余份，内容涵盖了总分行金融 IC 卡产品、受理环境改造、金融 IC 卡电子现金应用平台技术实施、IC 卡制卡设备及相关服务项目采购、金融 IC 卡密钥管理、业务培训、费用优惠、应急预案、营销指引等相关内容。2010 年至今，行内先后制定发布了《中国农业银行 2012—2015 年金融 IC 卡业务发展的指导意见》《中国农业银行金穗 IC 借记卡业务操作规程（试行）》《金穗 IC 借记卡附则》《中国农业银行金融社保卡业务发展的指导意见》《中国农业银行金融 IC 卡行业应用营销指引（试行）》《关于进一步开展金融 IC 卡行业应用专项营销工作的通知》《金穗 IC 借记卡业务操作规程（试行）》《信用卡柜台业务操作规程》《金穗 IC 贷记卡业务管理规定（试行）》《金融 IC 卡密钥管理规程（试行）》《金穗卡外包制卡操作规程》《银行卡行内差错争议业务管理办法》等相关制度，为金融 IC 卡的推广应用奠定了坚实基础，同时指明了方向。

在应用推广方面，农业银行高度重视，将其作为全行战略性任务纳入全行业务经营体系。自 2010 年初启动金融 IC 卡工作以来，全行不断夯实基础建设，先后完成金融 IC 卡发卡系统建设和受理渠道改造，在此基础上着力加强卡片发行。截至 2013 年 10 月 18 日，农业银行金融 IC 卡发卡量突破 1 亿张，存量、增量及借记 IC 卡发卡量均居同业第一。其中，广东分行发卡量突破 1000 万张，河北、重庆、江苏等 3 家分行发卡量超过 500 万张。

农业银行不断丰富卡产品体系，金融 IC 卡产品等级涵盖钻石卡、白金卡、金卡和普卡，合作项目涵盖公共交通、社会保障、医疗卫生、城市管理、生活服务、移动支付等领域。农业银行的东南亚旅游卡、网购卡、金穗 QQ 卡等产品深受市场欢迎。

在基础设施建设方面，农业银行完成了个人化系统、密钥系统、电子现金平台等金融 IC 卡专用系统建设，同时完成了后台账务系统的升级改造，建立了符合国际、国内规范的密钥安全体系及支持标准借、贷记应用的金融 IC 卡发卡、受理、清算体系。

在受理环境建设方面，根据《中国人民银行关于推进金融 IC 卡应用工作的意见》要求，农业银行的所有 POS、ATM 及自助服务终端均已完成了金融 IC 卡接触式受理改造，部分 POS 终端具备非接触式受理功能，所有网点均配有支持金融 IC 卡模块的集成键盘。同时，农业银行完成了银行卡交换系统的程序升级，可全面受理金融 IC 卡跨行交易。另外，转账电话金融 IC 卡受理改造工作正在全国推广实施。

在非接触式受理改造方面，根据《中国人民银行办公厅关于做好 2013 年金融 IC 卡工作的通知》（银办发〔2013〕49 号）要求，农业银行首先选取北京、上海等全国电子商务试点城市先行启动非接触式受理改造，随后以点带面在全国逐步完善非接触式受理环境。

同时，农业银行以受理环境改造为契机，集中力量实现了自助设备监控集中化、服务标准化和平台自动化，破解了金融 IC 卡受理应用缺失、设备管理效率较低、业务流程缺乏统一、用户感受差异较大等难题，取得显著收效。第一，农业银行在线运行的 ATM 设备总量接近全国总量的五分之一，规模居同业首位，ATM 的标准化管理和改造为金融 IC 卡业务的健康发展奠定了坚实基础；第二，通过自助设备管理与监控系统的结合，实现了自助设备的集中状态监控、集中运维调度、集中工单处理和集中数据处理，自助设备运营管理方式得到全面升级；第三，促进农业银行风险防范水平进一步提高。通过规范客户操作流程和设备维护流程，有效遏制了银行卡欺诈风险，降低了设备运营过程中的操作风险；第四，客户服务水平进一步提升。通过统一全行 ATM 交易流程和视觉形象，使客户在不同时间、不同地点能够获得标准化的服务。农业银行还聘请中央电视台著名主持人，推出真人语音播报，在操作屏幕上新增快捷菜单和显示设备编码等内容，使客户使用 ATM 设备更加简单方便。

在培训方面，农业银行强化宣传教育，加强金融 IC 卡知识普及，组织了多次金融 IC 卡业务培训班，并紧密结合"春天行动"综合营销活动和"普及金融知识万里行"等活动，通过集中培训与分散培训、视频培训与网点导入、内部员工培训与外部知识普及相结合的方式，广泛开展金融

IC 卡业务的宣传教育。还借助"百县千镇"零售产品宣讲活动，通过集中培训、上门授课等形式，加大对内培训和对外宣传的力度。

农业银行于 2011 年举办全行首期金融 IC 卡业务培训班，培训对象为一级分行个人金融部、机构业务部、信用卡中心、电子银行部业务骨干，内容涉及金融 IC 卡基础知识、项目情况、业务知识、操作规程、系统建设、电子现金应用平台、信用卡产品、手机支付业务、金融社保卡等。同年 10 月，总行分别在武汉培训学院和长春培训学院连续举办了四期自助银行"四大工程"暨金融 IC 卡自助设备受理环境改造工程推广培训班。此次培训共有 37 家一级分行和 513 家二级分行及直属支行的自助银行业务管理人员参加，培训内容广泛，包括对"四大工程"及金融 IC 卡自助设备受理环境改造工程相关内容的讲解和系统介绍，并组织学员对相关系统上机演练。通过对自助银行业务管理人员开展"面对面"的穿透式培训，极大地提高了各级行自助银行业务管理人员对业务和系统的理解。2013 年 5 月，农业银行组织金融 IC 卡电子现金业务培训班，培训对象包括总分行相关条线业务骨干，内容涵盖电子现金业务知识、电子现金平台系统架构及处理流程等，并聘请中国银联、IC 卡厂商介绍国内外金融 IC 卡行业应用情况。2013 年 8 月，农业银行组织金融 IC 卡激励型培训，共 19 家分行派员参加，内容涉及 PBOC3.0 规则解读、业务前沿知识讲座及内部培训课程等。

在品牌营销方面，农业银行制定了以"金融服务民生　银行卡走进'芯'时代"为主题的金融 IC 卡营销宣传方案，统一设计并下发了金融 IC 卡普卡、金卡、白金卡、钻石卡的海报、折页、宣传片及客户宣传手册、行内员工培训手册，编写了《金融 IC 卡知识问答》，在《旅游地理》、《金钥匙理财》、分众传媒等媒体投放金融 IC 卡宣传海报等广告，还制作了电视广告片，充分利用营业网点、平面媒体、电视广播、分众传媒等宣传阵地，全方位、立体式地推广金融 IC 卡。

2011 年 4 月，农业银行举办了"中国农业银行金融 IC 卡首发仪式"，此后，各分行陆续开展了行业应用联名卡的发卡仪式、贵客推荐活动等。

为积极响应金融 IC 卡推广政策，农业银行于 2012 年 11 月推出了全行第一张联名类 IC 信用卡——金穗 QQ 联名 IC 信用卡（简称"QQ 卡"）。2012 年 11 月 16 日，产品发布仪式在深圳举行，中国农业银行副行长蔡华相、腾讯集团相关业务负责人出席发布仪式。

为大力做好金融 IC 卡营销宣传工作，2013 年初，农业银行各地分行大力开展金融 IC 卡"进校园、进社区"营销宣传活动，均取得了良好效果。

（三）中国银行前瞻布局，筹划创新发展

为能更好地结合自身实际情况，最大限度地规避交易风险、实现金融 IC 卡项目迁移成本最小化和商业应用价值最大化，中国银行遵循"积极推进、分步实施、选择地区、试点推进"的策略，遵照人民银行"审慎应对，积极准备，重点突破"的指导思想，及早组织，精心准备，以提高银行卡发卡收单业务核心竞争力为导向，以满足新形势下金融 IC 卡的各种应用需要为核心，稳步推进金融 IC 卡项目的实施。

一是机制保障。中国银行早在 2005 年就成立了由个人金融总部、信息科技部、IT 蓝图办、电子银行部和软件中心等部门共同组成的"中国银行金融 IC 卡项目工作小组"，各分行同时成立了 IC 卡项目领导小组，由分管行长牵头，相关团队主管及骨干成员参加，共同负责行内金融 IC 卡项目规划方案的研究与制订，确定金融 IC 卡项目迫切需要解决的问题。2010 年，中国银行专门致力于推动金融 IC 卡发展的智能卡团队应运而生。智能卡团队隶属于总行个人金融总部银行卡模块，负责统筹协调中国银行金融 IC 卡整体业务发展、金融 IC 卡产品线发展规划及产品体系的建设，推动金融 IC 卡前中后台平台建设、研发手机支付、信用卡移动生活助手等多应用创新，同时，研究国内外金融 IC 卡的市场同业状况、发展趋势以及监管政策等，并对发展战略提出建议。2013 年，中国银行进一步成立了由总行个人金融总部银行卡模块总经理担任组长的金融 IC 卡多应用工作组，负责研究制定金融 IC 卡工作规划、细化实施方案、研发创新应用与特色产品、丰富产品功能及提升服务、分阶段有针对地开展金融 IC 卡营销宣传，同时关注监管及市场动态、组织工作组研讨、探索可持续的

金融 IC 卡发展业务模式。

二是技术支持。在中国银行信息科技部、软件中心等部门的推动下，为支持金融 IC 卡发卡和受理，中国银行对包含借记卡/信用卡核心付款系统、交换系统、清算账务系统、受理系统等一整套系统进行了大量改造。同时，中国银行积极开展 POS、ATM、自助终端等金融 IC 卡受理机具改造。截至 2013 年 6 月，中国银行间联 POS 终端累计完成金融 IC 卡受理改造 40.3 万台，非接触式受理改造 6.5 万台，多功能自助终端改造完成率达到 100%。

三是业务推动。中国银行调动全行资源，通过业务、运营、营销、系统等全方位的筹备，全面布局、积极开拓，形成前中后台分工协作共同遵守标准化管理要求的工作格局，快速实现了产品、服务、运营及系统等方面的准备，并在较短时间内实现了金融 IC 卡规模增长。2011 年 4 月，中国银行总行面向全辖分行发布《关于发送 IC 卡行业应用解决方案的通知》，从手机支付、企业园区、居家支付、金融社保等角度帮助分行借鉴前期项目经验，快速开展金融 IC 卡业务推广；2011 年 5 月，发布《关于发送 2011 年全辖 IC 卡业务发展工作指引的通知》，就行内金融 IC 卡业务发展规划、2011 年经营目标与工作措施向分行进行传导与部署；2011 年 7 月，发布《关于发送 2011 年金融 IC 卡渠道受理工作指引的通知》，要求分行优先做好金融 IC 卡规范受理工作；2012 年 8 月，发布《关于落实央行要求做好 2012 年下半年金融 IC 卡工作的通知》，要求分行强化标准的落实、加快非接受理环境建设。中国银行总行推出全辖性金融 IC 卡产品时，均通过发布业务手册、分行操作指引、分行客户经理应答口径、分行客户经理营销 PPT 等标准化文档，形成一揽子产品解决方案辅助分行进行内部培训及后续业务推广。将经过实践检验的宝贵经验通过标准化的理念形成操作共识，提高了管理效率。

四是人才支撑。大力发展金融 IC 卡的前提是须有一批懂业务会技术的人才，中国银行紧锣密鼓地开展全辖金融 IC 卡培训，先后在宁夏、广西、四川、云南、湖南、北京、吉林等地针对全辖分行银行卡部总经理室成员及分行业务骨干举办金融 IC 卡业务培训班、分行银行卡管理层业务研讨会、行业应用专题研讨会、企业 IC 信用卡专题培训等，对金融 IC 卡政策解读及发展趋势、业务发展工作指引、分行金融 IC 卡科技规划及推广指引、金融 IC 卡行业应用规划及业务部署、行业应用解决方案等进行了解读，展开了研讨，逐步建立起了一支高效的金融 IC 卡人才队伍。

同时，为宣传金融 IC 卡的基础知识及其在用卡安全、一卡多用、便民惠民等方面的优势，增强社会公众对金融 IC 卡的认识，2012 年 5 月，中国银行总行面向全辖发布《关于落实央行要求做好金融 IC 卡推广宣传工作的通知》，对分行开展金融 IC 卡应用宣传工作进行部署，要求分行充分调动、整合资源，广泛利用各种宣传渠道，内外宣传相结合，对内向员工普及金融 IC 卡相关知识及业务，对外加强面向社会公众的宣传，全方位、多角度地开展金融 IC 卡应用推广工作。

人才基础的建立为业务发展夯实了基础，有了这个基础，市场需求才会高效转化为服务能力。中国银行以"中国银行金融 IC 卡"为业务名称，以"'芯'时代，用安心卡"和"全'芯'时代，全心为你"为宣传口号，充分挖掘金融 IC 卡自身的功能特点，通过内、外部渠道沟通和适度的促销活动，加强对潜在客户的精准宣传，打造中国银行金融 IC 卡的品牌形象，同时利用金融 IC 卡平台化的特色不断创新产品，形成中国银行创新发展的高速通道。

前瞻性的布局带来了持续发展的成效。早在 20 世纪 90 年代初，中国银行就着手开始智能卡的研究，汇集国内几大研究所专门研制银行支付领域的智能卡系统。1994 年 4 月，中国银行推出了境内第一个银行金融 IC 卡系统，支持中国银行海南分行与海南省政府联合推出中国银行第一张金融 IC 卡。

1996 年 5 月，中国银行北京分行与北京市石油产品销售总公司达成项目合作意向，联合开发以智能卡为支付工具的长城 IC 加油卡。2003 年，中国银行软件中心设计开发了一套符合 PBOC1.0 标准的金融 IC 卡系统，并在浙江省分行试点应用。在功能上，对外提供 PBOC1.0 规范的电子存折和电子钱包功能，对内提供分支机构管理、分级核算等管理模式。

2004 年 7 月，中国银行成为 2008 年北京奥运会合作伙伴，根据以往奥运会的金融服务标准，举办国需要提供金融 IC 卡的受理服务。2006 年中国银行成立了 EMV 迁移项目工作组，按照人民银行制定的"先标准、后试点，先收单、后发卡，先外卡、后内卡"的实施策略推进 EMV 迁移工作。同年，中国银行开始奥运城市及外卡收单重点地区分行银行卡外卡收单业务的 EMV 迁移试点工作；到 2007 年完成全行银行卡外卡收单业务的 EMV 迁移和改造工作；2008 年北京奥运会召开前，完成了全辖商户收单 EMV 迁移改造工作，同时也完成了 PBOC2.0 标准金融 IC 卡商户收单系统及 POS 的改造工作，圆满完成了奥运城市和重点外卡收单地区 EMV 外卡无障碍受理和使用的奥运服务任务。

2009 年初，中国银行宁波市分行积极参与了人民银行与当地政府联合推进的宁波市民卡工程。中国银行将该项目列为总行 2009 年重点项目，由总行统一组织立项、开发，在宁波分行试点实施，并总结宁波试点经验，将该系统作为全行统一的金融 IC 卡发卡平台的基础。2009 年 12 月初，中国银行通过了人民银行的相关系统验收，在宁波推出了符合 PBOC2.0 标准的宁波市民卡。该卡既可以用于公共交通、小额支付、政府服务等领域，也可以在机关、企业单位内部应用，实现了在公共服务领域多应用的目标。

2010 年初，通过业务、运营、营销、系统等全方位的筹备，中国银行正式启动了集中平台金融 IC 卡系统的建设工作，以宁波金融 IC 卡系统作为基础，发行符合 EMV 规范和 PBOC2.0 标准的金融 IC 卡，覆盖全行范围内的借记卡、准贷记卡、贷记卡各项卡产品。另外，中国银行还积极尝试将传统银行卡与交通、社保、加油、医疗、电信等行业应用结合，支持银行卡与各项行业应用 IC 卡的互动和联合。

2010 年 10 月，中国银行联合中国电信、中国银联等机构，率先在国内推出基于手机支付应用的金融 IC 卡产品——天翼长城卡，实现了非接触式消费。

2011 年 4 月，中国银行金融 IC 卡基础平台搭建完成，实现全面支持全辖范围发行借贷记 IC 卡和纯电子现金卡产品。2011 年 6 月，中国银行通过 PBOC 金融 IC 卡标准符合性和安全性审核，并获得人民银行正式批复，具备了发卡资质。

2011 年 8 月，中国银行在天津地区推出国内首款符合金融标准的社保芯片卡，之后陆续发布长城环球通 IC 信用卡、中银理财 IC 卡等重点产品。其中包括与中国银联合作推出国内第一张符合 PBOC2.0 标准的白金尊尚 IC 信用卡，为中高端客户提供了更安全、更便捷的金融支付服务。

（四）建设银行高效布局，提升服务能力

建设银行以金融 IC 卡应用推进工作为契机，不等不靠，高效布局，集中多个条线部门及分支机构的优势力量，开展了系统建设、受理环境改造、产品开发等大量工作，实现了全卡种、全功能、全渠道对金融 IC 卡的支持，极大地提升了金融服务能力。

在组织领导方面，建设银行于 2011 年成立了由行长挂帅的金融 IC 卡工作领导小组。个人存款与投资部、信用卡中心、信息技术管理部、资产与负债管理部、营运管理部等多个部门负责人担任工作组成员，负责组织制定推进建设银行金融 IC 卡业务发展及行业应用的相关配套政策和文件，受理各分行的金融 IC 卡立项申报并组织评审，推动建设银行金融 IC 卡业务总分联动开展。建设银行各地分支机构也都根据建设银行总行及当地主管部门的要求，设立了以分行"一把手"为领导小组组长、分管行长为领导小组副组长、各业务相关部门负责人为工作组成员的金融 IC 卡业务发展及行业应用领导小组，还根据不同的行业应用项目分别成立了由分行业务专家为主要成员的项目小组，加强对金融 IC 卡项目的管理。

在系统建设方面，建设银行将金融 IC 卡应用项目作为全行战略项目之一，全力以赴促成项目于 2010 年 8 月投产上线。通过对行内原有银行卡发行和受理系统的全面改造和扩展，实现了借贷记金融 IC 卡的首发和各渠道的全面受理。在此基础上，建设银行分别对核心业务系统（CCBS）、信用卡系统（CCS）、龙卡网络（LCNS）、柜面前端系统和销售整合平台（TOP、PBCS）、自助业务系统（ATMS）、一体化收单系统（IABS）、网银（EBS）以及各中转系统近 20 个系统进行改造扩展，六个开发中心同步攻关，取得了丰硕成果。同时，项目完成了湖南和宁波分行

试点系统的上收，总计 20 家分行全程参与了项目的模拟演练。

2011 年 8 月 27 日，建设银行金融 IC 卡发卡与受理体系整体投产上线。2011 年 9 月，总行借记/贷记发卡试运行成功，生产受理环境一次性通过测试，同时将宁波、湖南分行金融 IC 卡迁移整合至总行金融 IC 卡系统。

与此同时，项目还经历了范围变更的困难。因综合前置推广计划延迟，在实施过程中增加了分行前置和龙网 SPOT 系统的开发工作，相应地增加了各个受理渠道的测试工作。面对诸多困难，一方面，信息技术管理部各相关单位积极参与项目管理，落实项目实施细节；另一方面，项目组加强项目跟踪监控，制定和实施严密的风险和问题管理计划、集成计划和测试方案，定期收集和发布项目进展情况，随时召开问题沟通会，最大限度地实现了各项行动的协调统一。

在整个项目实施过程中，信息技术管理部各条线、各中心上下齐心、紧密协作、并肩作战，以高度的团队合作精神、责任心和使命感，渡过了一个又一个难关，实现了项目高效率成功上线。

项目上线后，湖南、宁波分行率先运用总行系统成功地开展了地方金融 IC 卡业务。2011 年 9 月 28 日，建设银行联合中国银联共同召开"中国建设银行移动支付启动仪式新闻发布会"，标志着建设银行金融 IC 卡移动支付业务正式推向市场，也意味着未来基于金融 IC 卡的行业应用将成为进一步增加客户黏性的重要发展方向。

在受理改造方面，建设银行并行组织八家 ATM 终端厂商，25 款 ATM 终端机型；四家 POS 终端厂商，17 款 POS 终端机型参加入网认证和银联联网测试，克服了测试资源紧张、沟通协调及测试任务繁重等困难，全面完成建设银行终端设备的 PBOC2.0 迁移改造与认证。

协同努力攻关带来了丰硕成果，建设银行实现了金融 IC 卡全卡种、全功能、全渠道覆盖磁条卡，形成了磁条卡同卡号换 IC 卡能力，陆港通卡、结算通卡等各卡种全面升级，实现全卡种支持金融 IC 卡；通过 2013 年 2 月、5 月、8 月三个时点逐步完成对网点排队机、自助发卡机、电话 POS 终端等全系列终端机具的改造，实现全渠道支持金融 IC 卡。

（五）邮政储蓄银行长远布局，有序推进发展

作为拥有 6 亿个人客户和 6 亿银行卡账户的大型商业银行，邮政储蓄银行一贯以"根植城乡，服务大众"为己任。在当前金融 IC 卡发展的重要战略时机，邮政储蓄银行立足当下，放眼长远，将"科学规划、有序推进金融 IC 卡应用"列为该行"十二五"发展规划的重要指导方针。为加快金融 IC 卡业务发展步伐，邮政储蓄银行突破常规，以重点项目推进的方式成立了专项工作组，积极开展金融 IC 卡发卡系统建设、受理环境改造、联网通用接入、行业合作拓展等工作。

由于认识到位、组织到位、措施到位，邮政储蓄银行从金融 IC 卡发卡系统建设、受理环境改造、IC 卡发卡入手，走出了一条具有自身特色的道路。邮政储蓄银行金融 IC 卡系统的建设大致分为以下五个阶段：

第一阶段：工程建设准备（2010 年 7 月—2010 年 9 月）

2010 年 5 月，邮政储蓄银行相关人员在参加了人民银行组织的金融 IC 卡工作座谈会后，立即向行领导汇报了人民银行对金融 IC 卡建设工作的相关要求，行领导高度重视，要求全行上下积极参与，按照人民银行要求，按时、保质完成金融 IC 卡系统建设工作。

随后，全行业务、技术人员立即行动，于 2010 年 7 月初成立了由总行和各省分行业务骨干组成的业务需求和技术方案编写小组。小组成员克服了对金融 IC 卡业务功能和相关技术不熟悉的困难，边学习、边工作，经过近一个月时间的攻坚，终于完成了邮政储蓄银行金融 IC 卡业务需求和技术方案的编写，并通过了评审，从而为邮政储蓄银行金融 IC 卡系统建设打下了坚实基础。

第二阶段：金融 IC 卡系统建设（2010 年 9 月—2011 年 4 月）

邮政储蓄银行金融 IC 卡系统涉及的建设和改造内容较多，其中新建设的金融 IC 卡发卡系统包括金融 IC 卡前置子系统、安全管理中心子系统、数据准备子系统、管理终端服务子系统和个人化发卡子系统五部分。配套改造系统包括储蓄核心系统、网点前置系统、ATM 前置系统、POS 业务系统、电话银行、网上银行等六个系统。除此之外，邮政储蓄银行还要

完成 10 个品牌、20 个型号的 ATM 改造，以及 8 个品牌、30 个型号的 POS 改造。

尽管存在诸多困难，但是邮政储蓄银行全行上下认识到位、重点明确，努力克服困难，夜以继日开展工作，2010 年 9 月 1 日系统建设正式启动。在完成需求分析、软件设计、软件编码、业务模拟测试和技术性能测试等工作后，2010 年 12 月底，邮政储蓄银行金融 IC 卡发卡系统具备了试点上线的条件。2011 年 1 月，邮政储蓄银行先后在重庆和湖南进行了金融 IC 卡项目试点工作。通过试点，进一步检验了邮政储蓄银行金融 IC 卡系统的功能和性能，为系统在全国推广做好了准备。2011 年 3 月初，邮政储蓄银行在重庆召开了金融 IC 卡系统推广上线会议，要求各分行按照中国人民银行的要求，全力以赴做好金融 IC 卡系统推广上线工作。从 2011 年 3 月 10 日到 4 月 10 日，在一个月的时间里，邮政储蓄银行完成了除重庆、湖南外的 34 个分行金融 IC 卡系统推广上线工作，使邮政储蓄银行发卡系统全面具备了金融 IC 卡发卡能力。

第三阶段：受理环境改造（2011 年 4 月—2011 年 7 月）

早在系统开发阶段，邮政储蓄银行就明确提出，在做好发卡系统建设的同时，要同步完成受理环境的改造工作。在金融 IC 卡系统全国推广上线工作完成后，邮政储蓄银行立即着手组织 ATM、POS 等受理机具的升级改造工作。由于邮政储蓄银行 ATM 和 POS 品牌多、型号复杂、分布广泛，为了如期完成受理环境改造，全行业务和技术人员采用集中攻关战术，仅用四个月的时间，就完成了全国大部分受理终端的升级工作，使之不仅能够支持金融 IC 卡行内交易，也能够成功受理跨行交易。至此，邮政储蓄银行金融 IC 卡系统建设改造任务圆满完成。

在综合分析现有银行卡产业发展环境、金融 IC 卡的业务特征和邮储银行卡业务发展实际的情况下，邮政储蓄银行采取了"以项目带动发卡、在重点城市或区域逐步推进"的方略，积极、稳步地推进金融 IC 卡的发卡工作，同时不断加大业务创新的力度，拓展行业应用，重点加强与社保、公交、石化、电力、高速公路等公共服务领域的合作，除在重点城市试点发行标准绿卡通 IC 借记卡外，还以金融社保卡、市民卡等一系列行业合作应用为推广重点，并于 2011 年 6 月在重庆发行了金融社保卡，这是邮政储蓄银行发行的第一张金融 IC 卡。

第四阶段：受理环境完善（2011 年 11 月—2012 年 1 月）

为检验邮政储蓄银行终端机具金融 IC 卡受理能力，进一步完善邮政储蓄银行金融 IC 受理环境建设工作，邮政储蓄银行在全国范围内组织了三轮金融 IC 卡受理环境建设自查自测工作。通过自查自测，极大地提升了全行 ATM、POS 受理金融 IC 卡的能力，除部分老旧需要更换的设备外，所有 3.5 万余台 POS 和 3.5 万余台 ATM 均能正常受理金融 IC 卡交易。

从 2010 年 7 月 1 日金融 IC 卡系统建设启动到目前为止，邮政储蓄银行通过不懈努力，已经建成了覆盖全国 3.9 万多个网点、4 万余台 ATM、5 万余台 POS 的金融 IC 卡发卡和受理系统，邮政储蓄银行金融 IC 卡建设工作已经取得了阶段性成果。

第五阶段：精耕细作阶段（2012 年以来）

为提升金融 IC 卡客户使用满意度，拓展金融 IC 卡行业应用功能，邮政储蓄银行从系统上线至今进行了多次系统升级和改造。特别是为了保障各省金融社保卡的顺利发行，合理利用资源，邮政储蓄银行自建了专门的金融社保卡系统，该系统替代了原金融 IC 卡前置系统的社保卡功能，能够独立实现金融社保卡制卡和发卡。各省分行通过转换程序将社保系统、卡商的交互报文转换为统一格式，整个制卡流程可根据行内和社保业务需求进行模块化配置，能够以最快速度满足不同金融社保卡的差异化需求。

邮政储蓄银行还制定了"475"方案。2012 年，为规范邮政储蓄银行金融 IC 借记卡的发行和受理，做好邮政储蓄 IC 借记卡业务管理工作，根据中国人民银行《银行卡业务管理办法》等相关规章制度，邮政储蓄银行制定了《邮政储蓄银行银行金融 IC 借记卡业务管理办法》，进一步明确了对金融 IC 借记卡的业务规范和管理。邮政储蓄银行认真学习人民银行关于推进金融 IC 卡工作的政策指导意见，广泛研究同业金融 IC 卡业务发展情况。在深入调研优秀金融 IC 卡业务推广项目的基础上，结合全行银行卡业务实际，先后编写了《邮政储蓄银行业务发展指导意见》和《邮政储蓄银行金融 IC 卡业务发展研究报告》，确定了全行金融 IC 卡业务发展的四大基本原则、七大重点领域、五大发展建议（即"475"方案），为全行金融 IC 卡业务发展提供了切实有效的指导。

与此同时，为提高金融 IC 卡的业务水平，邮政储蓄银行举办了多期全国金融 IC 卡业务发展培训和座谈会，就金融 IC 卡业务知识、社保应用、行业合作、快速支付等开展专题培训和研讨，促进了全行金融 IC 卡业务的发展。

为拓展金融 IC 卡服务领域向纵深发展，增强全行金融 IC 卡服务能力，满足"一卡多用"目标，更好地推进金融 IC 卡业务发展，邮政储蓄银行金融 IC 卡工作领导小组将金融 IC 卡业务发展专项调研纳入常规性工作，关注重点领域合作机会，促使金融 IC 卡产品功能不断完善。

（六）民生银行全程布局，注重成果应用

继人民银行组织成立全国金融 IC 卡推进工作领导小组后，民生银行于 2011 年 10 月成立了金融 IC 卡业务及行业应用工作领导小组，负责全行金融 IC 卡发展战略、目标和实施计划的制定、审核与修订，对全行金融 IC 卡工作进行全程指导、监督和评价，逐步将成果推广至前台，取得了显著成效。

工作领导小组由行长任组长，相关分管副行长任副组长，零售银行部、科技开发部、公司银行部、机构金融部、电子银行部、信用卡部、财务会计部、资产负债部、运营管理部等多个部门负责人担任工作组成员。领导小组下设办公室，负责组织制定推进全行金融 IC 卡业务发展及行业应用的相关配套政策和文件，受理各分行的金融 IC 卡立项申报并组织评审，全程推动金融 IC 卡业务总分行联动机制建设，指导各分行建立完善的工作机制。

2011 年 5 月，民生银行启动了金融 IC 卡系统建设，针对自身要素特点，建设团队首先着力于金融 IC 卡的发卡和受理终端的系统改造工作。2011 年 12 月完成了金融 IC 卡发卡和受理基础环境的改造，并通过了中国金融电子化公司对系统的检测和银行卡检测中心对卡片的检测。2012 年 8 月完成了收单系统与银联系统的联网测试，具备受理本行和他行金融 IC

卡的能力。目前，民生银行系统已全面支持全系列金融 IC 卡的发行，且可通过接触、非接触两种方式在 ATM、POS、自助终端等渠道及网点柜台完成交易，实现了芯片卡业务的全面支持。

在进行发卡系统的改造时，民生银行建立了对金融 IC 卡提供安全保障的技术管理平台，用于整个金融 IC 卡密钥体系的管理，还建立了对小额账户进行管理的 IC 卡业务处理系统，用于对电子现金小额支付功能的后台支持。通过与行业的合作，建立了行业应用平台，发行带有行业应用的金融 IC 卡，以实现真正的一卡多用。目前已经成功发行昆明肉菜流通追溯卡、物流卡等行业应用卡。

自 2012 年起，金融 IC 卡在物流运输行业实现应用，图为山东临沂某物流市场通过金融 IC 卡记录信息。

此外，在受理终端改造方面，民生银行于 2011 年底完成了间联 POS 受理金融 IC 卡的改造，2012 年底完成了 ATM 受理金融 IC 卡的改造。民生银行 POS、ATM、自助终端等自助渠道已完全支持以接触、非接触两种方式受理芯片卡，前后台应用系统已全面完成芯片化改造。

民生银行还将成果推广至前台，针对金融 IC 卡特点，制定了一系列有针对性的业务管理办法和用户手册，包括《民生银行金融 IC 卡业务管理办法》《民生银行金融 IC 卡用卡规定》《民生银行金融 IC 卡使用指引》等，不仅实现了业务在行内的规范、有序开展，明确了银行和持卡人的权利和义务，同时也为持卡人如何正确、安全便捷地使用金融 IC 卡提供了温馨的指导，有效地将内部管理理念递送到外部客户，提升了用户认同感。

第四章　发挥银行卡组织的作用

在人民银行的指导和商业银行的需求推动下，中国银联高度重视产业升级契机，认真履行银行卡组织职能，从转接清算系统建设、金融 IC 卡受理环境改造、风险转移政策推广等方面入手，切实保障金融 IC 卡联网通用工作的稳步推进，为社会公众营造了良好的用卡环境，并通过积极开展自主创新，丰富了产品体系，满足了广大消费者多层次的用卡需求，自身竞争力得到不断提升。

一、全球统一部署，明确基本原则

中国银联全面投入金融 IC 卡迁移工作，既是金融形势的要求，也是把握支付市场发展新机遇，充分利用创新技术，全面提高支付安全性，推进支付全方位、多功能、便捷化发展的迫切需要。中国银联以此为契机，把产品设计、市场拓展、品牌营销、系统支持、客户服务能力提高到了国际卡公司和国内优秀支付组织的先进水平，使银联标准卡特别是银联标准信用卡的发卡量和交易量稳居国内市场主导地位。

立足于银行卡组织的职责定位，中国银联把高效开展金融 IC 卡创新服务体系的建设作为首要服务，提出了四项基本原则作为金融 IC 卡迁移工作的基础。一是全面布局、重点突破，从发卡、收单、产品、行业等方面全面推进金融 IC 卡创新服务工作，下大力气解决影响金融 IC 卡迁移的关键问题，确保业务持续快速发展。二是主动实施、争取支持，积极支持配合人民银行开展金融 IC 卡工作，主动争取人民银行和各级政府的支持，联合产业各方大力推进银联卡升级换代。三是以市场为主、服务为先，充分利用 PBOC 标准的发展契机，立足市场化运作，确保多方共赢。四是效果导向、确保重点，优先推进民生领域银行卡的芯片化迁移工作，采取新增发卡和存量换卡并重的策略，结合行业应用、小额非接快速支付等特色拓展应用领域，提升银联标准卡市场份额。力争到 2015 年底，实现金融 IC 卡业务为主流，全面服务中国银行卡产业升级换代的竞争优势。

为了实现这一目标，中国银联明确了境内外金融 IC 卡相关工作要求，并将要求细化到每一个工作环节，全面覆盖了金融 IC 卡的研发生产、发卡受理、行业应用、产品体系、业务规则、市场营销、国际拓展、创新应用、服务体系、财务支持、业务培训等方面，同时成立了银联 IC 卡工作领导小组及其秘书处，领导小组负责重大问题的决策、资源配置及协调。秘书处负责组织制定金融 IC 卡规划计划、督办落实领导小组的决策、日常工作协调、信息收集、建设共享平台、建立通报机制，保障金融 IC 卡迁移工作的平稳、有序、按计划进行。

二、优先受理改造，确保插卡挥卡

自 2009 年起，中国银联联合各收单机构，按照人民银行关于金融 IC 卡受理环境建设工作规划"先受理，再发卡"的路径，启动了金融 IC 卡受理环境的建设工作。

首先开展的是 POS 的金融 IC 卡受理改造。其中，当以 2009 年开展的"POS 标准化改造"工作为重要里程碑。通过开展"POS 标准化改造"工作，除实现"一柜一机"、"一机一密"等 10 余个风险、技术相关升级改造外，最重要的是实现了 POS 的接触式金融 IC 卡受理功能。使得 POS 除了具备刷卡功能外，还具备了插卡受理的能力，为金融 IC 卡的应用推广奠定了坚实基础。

终端改造是一件非常庞杂的高成本工作。一方面，当时国内已经有超过 240 万台 POS，机具维护人员需要对所有终端进行上门升级改造，改造工作量之大可想而知；另一方面，后台的处理系统还需要进行全面的升级调整，一百多家商业银行都要逐个完成行内的系统升级改造。为了能够推动改造工作顺利进行，同时能够分担部分机具改造及人工成本，中国银联投入了 40 元/台的 POS 终端改造补贴费用，累计投入超过 4000 万元人民币。在各方的全力配合下，2011 年末 POS 的金融 IC 卡受理升级工作基本完成，国内超过 90% 的 POS 已经具备了金融 IC 卡受理功能。

在开展终端及系统升级改造的同时，为了确保金融 IC 卡的顺利受理，中国银联还联合主要商业银行，开展了金融 IC 卡受理软环境建设，着重对商户和收银员开展金融 IC 卡受理知识和技能培训。通过组织重点收单机构开展针对金融 IC 卡受理的收银员师资培训，近 2 年累计考核并认证 600 余名收银员为培训师；通过培训师开展商户收银员的转培训工作，重点推广金融 IC 卡受理知识。2012 年收银员受训人数超过 40 余万名，培训场次超过 800 场。2012 年还举办了第五届银联杯全国商业服务业收银员职业技能竞赛，重点考核了收银员对于金融 IC 卡的受理技能，共有 3.8 万名收银员报名参加了大赛，收银员技能得到明显提高。金融 IC 卡受理推广以来，除了实现 POS 和 ATM 受理接触式插卡受理以外，中国银联还联合产业各方，共同在小额快速支付领域开展了"闪付"业务推广和"闪付"受理环境建设。

自 2009 年起，中国银联先后在宁波、上海、广东等九个地区启动了"闪付"受理环境建设试点，在这些地区，尝试对具有小额、快速支付需求的商户推广"闪付"应用，取得了较好的效果。在此基础上，中国银联自 2010 年起在全国约 20 个省市展开了"闪付"应用的推广，主要集中在超市、便利店、快餐店、药店等。自 2011 年起，中国银联重点针对银行卡受理空白行业及领域，如交通、旅游、菜市场等，开展"闪付"业务推广。由于"闪付"业务推广涉及终端、系统等多环节的升级改造，为保证"闪付"应用的顺利推广，中国银联在提供技术支持的基础上，先后对超过 70 万台非接受理改造终端提供了部分补贴支持，总投入超过 2 亿元人民币。

现阶段，"闪付"受理环境建设已初见成效。截至 2014 年 6 月底，全国已累计改造非接受理终端 378.5 万台，受理商户主要分布在超市、百货、零售、交通，以及具有快速支付、小额支付需求的一般类商户，包括国内家乐福超市、屈臣氏便利店等，已全部实现对"闪付"应用的受理。地区分布已覆盖全国所有省、直辖市及计划单列市，2013 年全年，"闪付"交易笔数超过 14953 万笔，同比增长 584.6%，交易金额超过 8.8 亿元，同比增长 487.2%。"闪付"交易笔数排名靠前的商户主要集中在交通运输类，占比约为 64.0%；交易金额排名靠前的商户主要集中在超市加油类、一般类、公益类、交通运输类商户，其中超市加油类占比最高约为 47.2%，一般类占比为21.4%，公益类占比为 13.1%，交通运输类占比为 10.9%。

三、丰富产品体系，加强产品创新

功能强、服务好、有特色的金融 IC 卡产品是银行大规模发卡的基础。中国银联在不断实践中逐渐形成了金融 IC 卡产品体系建设的思路，并在此基础上，研发了一系列金融 IC 卡创新产品。

一方面，中国银联加快了 IC 信用卡和 IC 借记卡产品系列的设计，形成了白金卡、金卡、普卡产品系列和商旅卡、公务卡、商务卡、福农卡、旅游卡等针对特定偏好人群的特色金融 IC 卡产品系列。

另一方面，中国银联还针对与银行存款、理财产品挂钩的卡产品进行了深入研究，设计了具有电子现金功能的双界面卡，包括在 IC 信用卡或IC 借记卡中附加电子现金功能，以及作为 IC 信用卡或 IC 借记卡附属卡的IC 电子现金卡，同时设计了具有一卡多应用功能的 IC 信用卡、IC 借记卡、IC 电子现金卡、芯片磁条复合卡和国际旅行储值 IC 卡等产品。

2012 年以来，中国银联 IC 卡产品体系进一步完善。2012 年 9 月，中国银联发布了基于互联网有卡支付模式的"银联迷你付"产品。交通银行、宁夏银行、东亚银行三家机构已参与试点，包括上述三家银行以及中国银行、建设银行、邮政储蓄银行、招商银行、鄞州银行等共八家机构已开通"银联迷你付"产品指定账户圈存交易。

此外，金融 IC 卡多应用服务平台也实现投产运行；金融 IC 可视卡于2013 年 9 月实现发卡；具有非接支付功能的多接口金融 IC 卡已由交通银行深圳分行在当地"空港柒号"项目中正式试点发行。

四、风险责任转移，损失先行赔付

为维护已完成金融 IC 卡迁移方的相关权益，中国银联联合各家商业银行,通过风险管理委员会发布了《银联 PBOC 标准 IC 卡伪卡风险责任转移规则》,明确了"当发卡机构或收单机构有且只有一方未完成 PBOC 标准 IC 卡迁移时,未完成迁移方承担伪卡交易风险责任"。同时,为了激励持卡人采用金融 IC 卡进行交易,中国银联发布了《银联 PBOC 标准 IC 卡伪卡风险先行赔付管理办法》,"在发卡机构和收单机构均正确处理 PBOC 标准金融 IC 卡交易的前提下,对使用金融 IC 卡芯片完成联机交易所产生的伪卡欺诈损失,中国银联将对发卡机构先行赔付",以此进一步调动发卡机构的积极性,增强金融 IC 卡持卡人的用卡信心。

五、完善业务管理,建立规则体系

中国银联在人民银行颁布的《中国金融集成电路(IC)卡规范》等文件基础上,充分掌握市场需求,并参考国际金融 IC 卡业务成熟规范,建立了银联金融 IC 卡业务规则体系,以指导各家商业银行开展金融 IC 卡业务。

2005 年 12 月,中国银联发布了《IC 卡(借贷记应用)业务规则(试行)》和《IC 卡(电子钱包)业务规则(试行)》,初步完成了金融 IC 卡业务规则体系的建立,为商业银行开办 IC 借记卡、信用卡及电子钱包业务提供指导规范。

鉴于电子钱包业务在产品功能、安全性等方面均存在诸多缺陷,在人民银行的大力推动下,市场上逐渐开始用电子现金应用取代电子钱包应用。为此,中国银联积极响应人民银行的号召,于 2008 年 8 月在金融 IC 卡业务规则体系中增加《IC 卡(电子现金)业务规则(试行)》,进一步充实、丰富了原有的规则体系,同时开始指导商业银行开办电子现金业务。

2010 年 6 月,结合宁波、广东等金融 IC 卡业务开办较早地区反馈的需求,为了更好地推动国内金融 IC 卡业务发展,中国银联对《IC 卡(借贷记应用)业务规则(试行)》进行修订,明确 ATM 必须首先读取芯片卡相关要求、降级使用交易的责任界定、金融 IC 卡吞没卡领卡时限,并增加基于芯片的联机预授权完成交易相关内容，指导各家商业银行开办 IC 借记卡、贷记卡业务。

2011 年 1 月，中国银联修订《IC 卡（电子现金）业务规则（试行)》，明确了商业银行应支持的圈存交易类型，以及应支持电子现金退货交易、电子现金脱机消费交易不屏蔽卡号等要求，并延长电子现金脱机消费交易流水丢失的交易处理时限，为促进电子现金业务的进一步发展作出了积极贡献。

2012 年 6 月，在充分调研了解市场需求的基础上，中国银联修订《IC 卡（借贷记应用）业务规则（试行)》及《IC 卡（电子现金）业务规则（试行)》，从规则层面解除了商业银行发行纯芯片借记/贷记卡的限制，并调整了电子现金记名方面的条款，与人民银行相关要求保持了一致。

2013 年 1 月，中国银联再次调整金融 IC 卡相关业务规则内容，增补了关于异形芯片卡发行、受理、业务处理等内容，进一步满足商业银行金融 IC 卡业务创新的需求。

2013 年 4 月，中国银联又一次启动金融 IC 卡业务规则的修订工作，删除电子钱包应用规则，并进一步完善金融 IC 卡吞没后处置操作要求、电子现金卡号规则、电子现金收单机构交易支持等方面的内容，保持了与 PBOC3.0 规范内容的一致性，更好地满足了市场需求。

此外，中国银联联合商业银行与通信运营商，重点研究了小额非接支付定价分润模式及金融 IC 卡在电子现金空白行业应用的促进措施，制定了金融 IC 卡非接小额支付应用的行业性激励政策。同时，中国银联还全程参与了人民银行 PBOC3.0 标准的增补及修订，协助将非接小额扩展应用规范、互联网终端规范和双币电子现金规范上升为行业规范，为金融 IC 卡进入分段、分时以及互联网支付等领域创造了有利的前提条件。

六、建立产业联盟，促进信息沟通

为降低金融 IC 卡迁移给商业银行带来的成本压力，中国银联牵头成立了金融 IC 卡产业联盟工作组。工作组为广大商业银行和卡片、芯片企业建立了"共同协商、集体议价"的机制。目前该机制运转顺畅，基本达到了"产业协商，降低升级成本"的目标。从 2011 年成立至今，已经有超过 50 家全国性和地区性商业银行及 20 多家知名卡片、芯片供应商加入工作组。与此同时，主流金融 IC 卡产品价格较工作组成立前降幅达到 60% 以上。未来，工作组将进一步鼓励金融 IC 卡产品创新，丰富金融 IC 卡产品类型，积极推动工作组成员将"民生领域"作为金融 IC 卡的重要服务和发展方向，为金融 IC 卡产业发展形成持久的推动力。

七、升级核心系统，确保平稳运营

目前，金融 IC 卡核心和创新业务已贯穿中国银联整个银行卡跨行信息交换系统的各环节。在经历了多年的规划、布局和发展后，中国银联的银行卡跨行信息交换系统经过了从分散到集中的发展过程，形成了"核心系统双活，外围系统集中，运营管理统一，数据整合共享"的系统架构，从收单、转接、清算、差错、风险、数据分析、国际业务等多个层面全面支持形成了闭环的银行卡联网通用网络，逐步构建了基于开放性的银联技术系统架构，形成了一体化的研发运营体系，促进了中国银联银行卡跨行信息交换系统交易成功率稳步提高。同时，中国银联也认识到，在提高系统对金融 IC 卡核心业务处理能力的同时，创新业务的不断涌现和技术标准的不断提升，也对银行卡跨行信息交换系统在业务支持和可扩展性支持方面提出了更高的要求，因此，还需要不断为衍生的金融 IC 卡业务、产品支付解决方案提供强有力的技术保障。

金融 IC 卡核心业务，主要是指对金融 IC 卡的借记/贷记和电子现金应用的支撑，可分为传统业务、代授权业务、多渠道业务、国际业务、外卡收单业务等。在对传统业务的支撑方面，中国银联各系统采用集中式架构、模块化结构和参数化设计理念，已经建成了功能完善、管理先进的转接清算网络，完全适应境内和国际业务的发展，能为持卡人提供安全便捷的支付手段，为商户提供较高附加值的支付行为分析服务，为成员机构提供丰富的业务管理和高效的业务处理功能。整体系统具有高度的稳定性和可扩展性，具备了对金融 IC 卡业务快速发展的多维度技术支持。

在代授权业务的支撑方面，系统可代理发卡银行提供金融 IC 卡境内、跨境、境外交易的代检验和承兑服务，并提供单卡单笔和累计交易限额控制等增值功能，完全具备了管理机关对金融 IC 卡认证的要求。

在多渠道业务的支撑方面，系统整个体系包含用户、支付工具、支付终端、交互方式、通讯网络、第三方及商户平台、多渠道交易接入等七个层次。作为交易传输的途径，多渠道体系的各个环节相互作用，用户使用支付工具的交易需求衍生出与之配套的支付终端类型以及所采用的交互方式，交易经由通讯网络传输至处于体系顶端的交易系统，系统针对不同渠道发起的交易进行处理。作为一个各环节互动的体系，交易既可从终端自下而上发起，也可经商户平台或多渠道交易接入平台自上而下发起。

在国际业务支撑方面，系统立足于金融 IC 卡国际支付品牌的发展需要，充分考虑未来国际业务发展可能出现的各种新业务，在与核心系统保持相对独立性的同时，与其他业务平台充分融合，发挥整体优势，为境内发卡境外受理、境外发卡境外受理、境外发卡境内受理以及各项新业务的发展提供灵活的系统支持平台，同时为国际业务的营销、数据挖掘、风险监控等功能的实现提供支持。

在外卡收单业务支撑方面，系统已经具备了可持续的业务发展模式，能充分利用现有的外卡接口和业务处理平台、网络架构，形成外卡处理系统与人民币业务系统分开部署，通过提供统一接口的专业化外卡处理服务，完善了直联 POS 终端本外币一体的交易处理功能。

中国银联在现有的系统架构上实施了高度模块化的扩展，结合系统间统一智能调度、云计算等新技术，推出了金融 IC 卡多应用平台、行业密钥管理系统等，使金融 IC 卡不仅可以应用在传统的金融支付领域，还能在其他行业得到广泛应用。

为了更好地推进 PBOC 标准的升级，适应金融 IC 卡多应用发展的趋势，中国银联在金融 IC 卡多应用系统建设方面进行了积极的创新和准备。一是加大了在"一卡多应用"方面的研发力度，研究制定了先进的技术解决方案以配合业务的开展，从而可以为成员机构和持卡人提供更好的服务；二是构建了与硬件无关、应用独立、供应商中立的 IC 卡多应用系统规范，为金融 IC 卡提供了通用的安全与卡片管理模板；三是为成员机构提供了卡片端完善的金融 IC 卡多应用平台管理机制，包括应用管理、权限设置、数据存储和安全服务；四是金融 IC 卡多应用平台的应用开发采用了开放、统一的技术开发工具，实现了一种应用在具有多应用功能的不同卡片厂商金融 IC 卡上的通用；五是实现了金融 IC 卡应用真正意义上端到端的安全交易要求，即实现金融 IC 卡与后台系统间的应用交互，而不是建立终端与后台间的安全交互通道。

八、开展专业培训，提升专业技能

为了促进一卡多应用在全国范围的大规模普及，中国银联为银行卡产业提供了大量的技术、业务、产品培训。编写了针对不同金融 IC 卡从业人员的培训教材，制作了网上培训课件，有针对性地组织了面向银联体系、商业银行、收单机构的金融 IC 卡业务培训和收银员培训。此外，金融 IC 卡网上课程成功上线，员工可以通过下载手机客户端应用程序，随时随地了解、学习和掌握金融 IC 卡知识。目前，银行业员工学 IC 卡、懂 IC 卡、讲 IC 卡、用 IC 卡的工作和学习氛围空前高涨。

走进生活篇

自 20 世纪 80 年代中期我国发行第一张银行卡以来，银行卡逐渐应用于社会经济活动和百姓生活的多个方面，成为我国社会公众熟知的支付工具。然而，随着国家科技进步与社会生活的日渐丰富，人民群众对支付工具的安全性、便捷性、通用性都提出了更高的要求。

为满足我国广大群众在支付领域新的需求，顺应国际银行卡发展趋势，我国适时启动了银行卡芯片化迁移战略，技术先进、功能丰富的金融 IC 卡作为传统银行卡（磁条卡）的升级产品，逐渐走进社会公众的视野。金融 IC 卡作为现代信息技术和金融服务融合的产物，具备标准性、安全性、便利性、经济性、广泛性和创新性等多方面优势，相比传统银行卡（磁条卡）更加适应社会发展与金融创新的需要，在社会经济活动中具有重要意义。与金融 IC 卡相比，近年来兴起的各类行业 IC 卡仅能满足特定地区和特定行业的支付需求，携带使用不便；发卡行业单独建设受理环境成本高昂且重复建设，造成社会资源浪费；行业 IC 卡游离于银行支付结算体系外，监管缺失，存在风险隐患。因此，推广金融 IC 卡将更好服务社会民生。然而，我国幅员辽阔，人口众多，城乡经济发展水平不均，银行卡普及程度差异较大，加上中国市场银行卡参与方众多，大小商业银行数百家，金融 IC 卡的推广应用注定是一个艰难曲折的过程。

人民银行高度重视金融 IC 卡的推广应用，在宁波开展了各种方式的金融 IC 卡多应用验证工作，并于 2011 年发布了《中国人民银行关于推进金融 IC 卡应用工作的意见》、《中国人民银行办公厅关于选择部分城市开展金融 IC 卡在公共服务领域中应用工作的通知》两个在我国银行卡发展史上具有划时代意义的文件，全面拉开了我国金融 IC 卡在社会生活全面应用的帷幕。

第一章　金融 IC 卡
走进城市公共服务

一、城市公共服务领域对金融 IC 卡的需求

在现代城市生活中，不断增加的各类卡片成为日常生活中人们获取各种公共服务必不可少的工具。翻开一个普通城市居民的钱包，我们可以看到琳琅满目的社保卡、医疗卡、公交卡、水卡、电卡、燃气卡、公园卡、会员卡等，当然还少不了最为重要的银行卡。如何妥善使用和保管众多卡片给城市居民带来了不少困扰，在生活中因忘记携带某张卡片不得不耗费大量时间和精力往返奔波，因某张卡片不具备金融功能不得不折返排队等现象时有发生。鉴于各种单功能卡只能提供一种服务，使用一张卡片就可方便获取各种服务已成为群众的普遍期盼。

作为城市的管理者——地方政府逐渐关注到百姓生活中的这种需求，积极探索寻求解决方案。早在金融 IC 卡出现之前，全国有多个城市在政府的主导下就开始推行市民卡项目，通过先进的信息科技手段来整合城市公共服务以方便市民生活、优化商务环境。在各地市民卡探索尝试过程中，人们发现不管是公共服务还是日常生活，都离不开安全、快速、便捷的金融服务，只有真正把金融服务的问题解决好，才有可能从根本上提升百姓生活的便利程度。

1. 什么是电子现金？

电子现金是基于金融 IC 卡借记和贷记应用实现的一种小额支付功能。持卡人可以根据实际需要在限额内将资金存放在电子现金中方便小额支付。在小额支付时，无须刷卡、签名和输入密码，只要在销售终端（如银行 POS 机）上轻轻一挥或简单插入卡片，便能完成快捷支付。

电子现金是一种脱机小额账户，与我们日常生活中使用的现金一样，其在脱机扣款时，销售终端通常不进行联机操作，只是在卡上扣减交易金额，因此卡上电子现金余额不一定与银行后台记载一致，在无法确定丢失卡上的余额时，丢失后常无法挂失。为降低持卡人资金损失风险，目前设定电子现金最高上限为 1000 元，持卡人可根据自身情况在此限额内存储资金。

2. 如何识别电子现金功能？

金融 IC 卡是否支持电子现金功能可以通过卡面标识来判断，例如银联的 UPCash 标识，具备该标识的卡片即具备电子现金功能，持卡人可在已完成金融 IC 卡受理改造的终端上插卡使用。若卡片同时还具有"Quick Pass 闪付"标识，则表明该卡支持非接触式交易，可在具有"Quick Pass 闪付"标识的终端上或已经完成金融 IC 卡受理改造的公交、地铁等终端设备上挥卡快速完成支付。

2005 年人民银行颁布了《中国金融集成电路（IC）卡规范（2.0版)》，该标准下的金融 IC 卡有着安全性、便利性、经济性、广泛性和创新性等众多优点，同时可具备电子现金这种方便、快捷的小额非接触支付功能，适合作为"一卡多应用"市民卡的载体。采用金融 IC 卡作为市民卡的载体，可以在"一卡多应用"基础上，充分发挥金融 IC 卡优势来满足安全和方便两大核心需求。

在安全性需求上，金融 IC 卡运用先进的芯片技术结合非对称密钥认证体系，采取个人密码、卡与读写器双向认证的方法，使得市民卡不仅难以被复制伪造，也不存在传统磁条卡易消磁的隐患；在方便性需求上，金融 IC 卡利用芯片大容量、易管理的性能，可以同时整合公共交通、文化教育、医疗卫生、社会保障、城市管理、公益事业、生活服务、企业服务等多行业领域的应用。此外，金融 IC 卡可以采用脱机消费和批量结算功能，省去了受理成本，简化了设备配置，适应了大量商业、服务领域小型、微型机构的受理需求，更加贴近社会大众生活。

二、金融 IC 卡在城市公共服务领域的应用（以宁波为例）

2008 年 12 月 22 日，全国首张具有市民卡应用功能的金融 IC 卡在宁波正式发行，宁波市民按照一定程序可以方便办理具有市民卡功能的金融 IC 卡。弹指一挥间，五年多的时间过去了，全国已经有 30 多个城市推行市民卡项目，市民卡逐步成为市民享受信息消费的工具和日常生活的助手。

（一）宁波市民卡（金融 IC 卡）的发行与应用准备

天时，地利，人和。金融 IC 卡在宁波最早落地生根，并不是偶然的。宁波的金融生态良好，银行卡发展迅速，用卡环境非常优越。截至 2004 年底，宁波市总计发行各类银行卡 760 多万张，全市可受理银行卡的联网商户 1506 家，拥有 POS 机 2943 台，ATM 922 台，全年银行卡跨行交易金额达 66 亿元。同时，宁波市民消费意识浓厚，市场基础扎实，潜力巨大。更难能可贵的是，当地政府创新意愿强、相关部门积极性高。政府有关部门已将市民卡项目列入"数字宁波"建设的重要内容。随着 2005 年《中国金融集成电路（IC）卡规范（2.0 版）》的发布，在宁波建设一个以支付为基本功能、整合城市管理和市民日常生活信息的市民公共服务卡的条件基本成熟。

为保障金融 IC 卡多应用试点工作的顺利实施，宁波市成立了市民卡工程建设领导小组、金融 IC 卡多应用试点工作领导小组及相应的办事机构，人民银行宁波市中心支行提出了以金融 IC 卡多应用方式承载市民卡功能的创新思路，同时积极开展以市场化方式整合各有关机关企事业单位、公共管理与服务部门及商务机构的资源，拓展金融 IC 卡应用领域的实验，牵头商业银行等各相关单位参与项目建设，认真研究业务、技术方案和项目运作机制，组织相关厂商进行技术攻关。经过不断探索，2008 年，人民银行批复同意宁波市上报的试点业务、技术和工程实施方案。

金融 IC 卡与磁条卡技术标准完全不同，而非接触式小额交易技术更是一项全新技术，缺乏成熟的规范条例。为此，人民银行宁波市中心支行在人民银行总行的指导下，联合当地发卡银行、转接清算机构、POS 机具服务商、相关技术开发厂商共同组成技术推广组，合作研究先进技术的落地实用方案，形成了"总行引领攻关、地方积极推广、各自发挥优势"的攻坚模式。

在将金融 IC 卡与城市信息化工作相结合时，宁波市政府给予了大力支持，专门出台市民卡工程建设实施意见，规定了政府提供的政务服务电子介质必须采用以金融 IC 卡为载体的宁波市民卡来实现，明确以市场手段为主、行政手段为辅的建设方式，制定了服务提供者获取相应回报、享受便利者支付相应对价的市场规则。

（二）破解金融 IC 卡与市民卡结合的四大难题

作为国内首个采用非接触式非对称密钥小额支付技术的金融 IC 卡多应用试点，宁波面临着技术、业务以及由此带来的协调等方面的困难。

一是市民卡与行业卡的整合问题。试点前，宁波市已发行公交卡 120 万张，另有数量众多的行业卡和会员卡，如社保卡、医保卡、就诊卡、学生卡、公用事业付费卡、停车卡、洗衣卡、美容卡、健身卡、洗车卡、门禁卡，以及各主要商场、酒店发行的消费卡等。这些行业卡功能单一，在资金管理方面存在风险，是市民卡整合的目标，但涉及行业数量大，功能种类多，又存在既得利益，整合难度较大。

二是利益分配机制问题。与传统银行卡的收益模式不同，宁波金融 IC 卡多应用的分润方除了发卡银行、转接清算机构、机具方、结算银行外，还增加了出让行业发卡利益的宁波市民卡服务中心。利益分配机制是项目建设的核心内容之一，利益分配机制不明确，各方的积极性难免受到影响。因此，如何设计一套各方能接受的相对合理的利益分配机制是一大难题。

三是技术风险问题。金融 IC 卡与传统银行磁条卡的技术标准完全不同，而非接触式非对称密钥小额支付技术更是一项全新技术，有关标准和规范尚未正式发布，在金融之外领域更无应用，银行、转接清算机构、卡商、机具厂商等参与各方均没有经验，特别是几家从未接触过金融行业的公交、出租车 IC 卡终端厂商。如何在较短时间内组织各方完成技术攻关，是宁波金融 IC 卡多应用的又一任务难点。

四是成本控制问题。磁条卡成本一般不超过 1 元钱，而当时金融 IC 卡技术工艺复杂，研发成本尚未完全消化，普遍在 20 元左右，而采用非接触技术的 IC 卡成本更高达近 30 元，具有明显的高投入性。当时宁波的 POS 机和公交、出租车、医院、学校等行业终端均需要经过改造才能受理金融 IC 卡，而收益则相对不明朗。因此，如何合理控制成本，节省投资是摆在各方面前的一个现实难题。

面对金融 IC 卡与市民卡结合的四大难题，宁波积极探索金融 IC 卡多应用试点的运作模式，形成三大特色：

第一个特色是"市场化"。宁波金融 IC 卡多应用试点采取市场手段为主、行政手段为辅的方式建设，意在通过利益捆绑降低行业卡的整合难度。具体而言，由政府牵头，协调广电、公交、教育等相关行业应用部门共同出资参股宁波市民卡服务中心，使这些行业部门的利益与宁波市民卡服务中心密切相关，从而大大降低了行业卡的整合难度。在操作层面，以收购、合作等方式整合现有的相关行业发卡机构，以维护相关单位的既得利益，消除可能带来的推广障碍。通过采取以上措施，一方面，借助政府引导确保政策落实并推动项目顺利进展，另一方面，通过市场化运作给企业带来一定的利润回报，为项目的持续健康发展奠定了基础。

第二个特色是"开放性"。本着合作互利的原则，宁波市金融IC卡多应用试点不对商业银行设置市场准入门槛，任何一家完成系统改造、符合发卡条件的商业银行均可申请发卡。同时，宁波现有的银行卡网络、POS机、行业终端、交易清算网络等经改造后均可受理金融IC卡，以节省投资，共享资源，摊薄成本。

第三个特色是"先进性"。宁波金融IC卡多应用完全摒弃了行业发卡的概念，所有支付完全采用金融IC卡标准，不仅方便市民用卡支付，而且统一整合了宁波支付环境，为后续实现国内、国际通用打下了基础。

围绕以上三个特色，宁波开展了多项创新，打破行业壁垒"坚冰"：

首先解决的是利益分配机制。通过科学确定费率与分成模式，理顺利益分配机制，充分调动各方积极性。在确定费率和分成政策时把握四个原则：坚持"获利者付费，服务者收费"；坚持"参照现有政策、确保平稳发展"；坚持"在新支付领域有所创新和突破"；坚持"利益激励、调动各方"。

具体而言，对于金融IC卡借贷记应用，采用继承的方法，削减创新阻力，在利益分配时参照当时银行磁条卡标准执行；对于金融IC卡电子现金应用，允许宁波市民卡服务中心参与交易手续费分成，同时由参与各方按责、权、利对等原则协商确定；在公交、出租车等非传统应用领域，参照现有做法并由各方协商确定。考虑到宁波市民卡服务中心协助银行发展客户，发卡银行还根据电子现金沉淀资金情况支付宁波市民卡服务中心一定的服务费。此外，为了提高商户受理金融IC卡的积极性，在项目初期实行电子现金交易手续费优惠政策。

可圈可点的是，非接触式非对称密钥小额支付技术在宁波率先得到了应用。在宁波市民卡项目之前，国内所有金融IC卡小额支付应用都采用《中国金融集成电路（IC）卡规范》电子钱包/电子存折规范，使用对称密钥管理体系，而宁波金融IC卡多应用小额支付采用国内新一代专业技术——基于非接触非对称密钥小额支付，且在所有行业支付中全部采用PBOC2.0标准，技术先进，安全性高，拉开了我国新一代金融IC卡小额支付技术实际应用的帷幕，形成了当前广泛使用的电子现金产品。

(三) 宁波金融 IC 卡应用稳步推进

通过推广金融 IC 卡的一些关键工作和标志性事件，可以发现金融 IC 卡推广应用的最重要策略，就是紧扣民生服务来进行，而且必须一步一个脚印稳步推进。

公共服务信息化和一卡多应用需求首先来自地方政府。2005 年 6 月，宁波市召开 47 次市政府常务会议，听取了市民卡项目规划和建设情况的汇报，会议决定宁波市民卡采用新版金融 IC 卡标准（即 PBOC2.0 标准），从而确立了金融 IC 卡作为市民卡载体的地位。同时，会议决定组建宁波市市民卡运营管理有限公司，按照政府推动、市场化运作模式分步实施市民卡建设。2007 年 1 月 16 日，宁波市政府办公厅印发《关于宁波市市民卡工程建设的实施意见》。文件明确宁波市民卡是以金融 IC 卡为基础的银行联名卡，并规定了市民卡的基本功能、发放对象、市民卡的支付流程、市民卡的规范管理等关键内容。

其次，这些需求还来自人民群众的日常生活需求，公交、菜市场开始出现刷卡交易。在地方政府和银行业机构的共同努力下，2010 年 4 月 1 日，金融 IC 卡（宁波市民卡）在市公交总公司所属 125 条线路 1650 辆公交车上全面应用；2010 年 10 月 30 日，中国银行、中国电信和中国银联在宁波联合举行仪式，正式向公众发行手机金融 IC 卡（市民卡）——天翼长城卡；2011 年 4 月 2 日，宁波南苑菜市场成为首个可刷银行卡买菜的菜市场。

这些关键工作和标志性事件真实地勾画出宁波金融 IC 卡在城市公共服务领域应用的历史进程，也体现出了宁波市政府有关部门和金融业同气连枝，共同推进金融 IC 卡多应用试点而作出的不懈努力。

宁波金融 IC 卡多应用以金融支付应用为基础，先期整合公交、出租车客运、教育、交警、数字电视、通讯等行业资源，将市民购物、出行、就学、通讯和日常小额消费等支付应用作为切入点进行建设，以确保市民卡工程快速启动和顺利实施。在此基础上，逐步将政府提供的公共服务，包括劳动与社会保障、卫生、文化、旅游、城管等纳入多应用试点体系，通过金融 IC 卡实现支付结算、信息查询和其他增值服务，使金融 IC 卡在就诊、医保、门票、水、电、煤气等公用事业支付领域广泛应用，达到一卡多用。

宁波金融 IC 卡具有信息服务和交易支付等基本功能。其中信息服务包括机关、企事业单位内部信息服务和社会公共信息服务；交易支付是指可在市民卡内设置银行电子现金、银行卡借贷记功能，并实现机关、企事业单位内部以及商业、社会公共领域的定额和非定额小额支付。宁波金融 IC 卡在市民卡应用中分为 A 卡和 B 卡，其中 A 卡具有政府服务功能和金融支付功能；B 卡具有金融支付功能及个性化服务功能，不具备政府服务功能。为满足不同场合的应用需求，宁波金融 IC 卡支持接触式或非接触式使用。

如今，随着金融 IC 卡的推广，一卡多应用、用卡安全、便民生活服务等多项功能正一步步在宁波变为现实：

有了以金融 IC 卡技术标准为支撑的宁波市民卡，公交卡、超市卡、停车卡，卡卡合一，坐公交、逛超市、停车场，处处方便，就连早上买菜都不用带一堆零钱了……

宁波市民卡的发行改变了人均持卡量过多，现金使用频繁等宁波市民日常生活不便之处。宁波市民卡发卡前，大部分宁波市民随身携带至少一张公交卡和一张银行卡，同时在超市、菜市场消费或停车场停车时经常需要准备足够零钱用于支付相关消费账单。

市民卡发行后，实现了多卡合一，钱包体积缩小但功能得以扩充。有了一张市民卡，市民到菜市场买菜可以不用携带零钱，挥一挥手中的宁波市民卡，就可以在单位签到，中午既可以使用市民卡在单位食堂吃饭，也可以到附近快餐店使用市民卡就餐，回家后还可以使用市民卡打开小区车库门禁，到商场停车可以用市民卡支付停车费，连在超市采购时也免去了输入密码签字付款的麻烦。简单的使用方式还培养了大量用卡一族，使得银行卡的使用率大大提高，上班族原本一个月不到一次的刷卡率上升为一天数次。不仅如此，宁波市民卡使用金融 IC 卡作为交易介质后，伪卡案件数量和金额大大降低。

截至 2014 年 6 月底，宁波市共发行金融 IC 卡 1042 万张，应用领域已覆盖到公共交通、文化教育、医疗卫生、社会保障、城市管理、公益事业、生活服务、企业服务等方面。此外，共发行加载了金融应用的社会保障卡 428 万张，发卡量和受理环境建设在全国同类城市中均处于领先水平。

各地金融 IC 卡上加载的市民卡应用是否有所不同？

各地市民卡项目因为增加了当地的个性化应用，因此在某些可选域有不同设置，商业银行在当地发卡时，除需遵守金融 IC 卡相关规范和基本规定外，还需要遵照当地人民银行或主管机构的要求发行。个性化的域因为不是交易的基本域，在识别的时候需要终端的特别支持，因此在其他地区无法使用，但不会影响卡片跨地区的常规支付使用。

第二章 金融 IC 卡走进公共交通

一、城市公共交通金融 IC 卡

（一）城市公共交通对金融 IC 卡的需求

城市公共交通是城市经济发展的"动脉"，是联系社会生产、流通和人民生活的纽带，是城市功能正常运转的基础支撑和提升城市综合竞争力的关键。20 世纪 90 年代中期以来，城市公共交通业取得了显著的发展和进步，公共汽车、出租车的运力、客运量明显增加，车辆和服务设施大大改善，快速轨道交通建设的速度也明显加快。到 2011 年，全国城市公共交通系统客运量达 787 亿人次，相当于将全国城市居民每年运送 100 多次。面对如此巨大的城市客运流量，传统现金购票显然不能满足群众快捷出行的需求，科技含量相对较高的 IC 卡的推广应用，无疑是城市公共交通支付改革的最佳选择和必然趋势。

二十年前的珠海，当一辆辆安装新型电子收费系统的公交车开上街头的时候，很多人没有意识到，一场公交系统的革命正式拉开了序幕，IC 卡开始逐步走进公交收费领域，从此这种改变传统收费模式的技术在公交系统得到了快速的发展，逐渐改变了人们传统的上车购票、投币乘车的习惯。经过 20 年的发展，据不完全统计，全国已有超过 200 个城市使用公交 IC 卡，持卡人数过亿。

随着 IC 卡在各城市的应用推广，也带来了不少问题。由于各个城市的公交卡发展水平不一，发卡形式和管理方式也各有特色，甚至一个城市内的公交卡应用也不统一，既浪费资源又不便民。同时，IC 卡用途单一，不具备金融服务功能等。这些都与城市经济社会快速发展、群众生活水平不断提高的要求有相当大的差距。

金融 IC 卡作为采用 IC 芯片技术和金融行业标准的支付工具，在公交领域的应用将有助于解决以上问题。与传统的现金缴费或 IC 卡刷卡消费相比，公交金融 IC 卡具有诸多优势。一是金融 IC 卡遵循统一的标准，通用性强，可以跨越行业和地区的限制，具有集约、便捷的优势。二是金融 IC 卡具备金融功能，特别是电子现金使用更加便捷，在操作上，只需轻轻一挥便实现了支付。而随着金融 IC 卡逐步扩大到停车场、高速公路、出租车、商场等领域，将会带来更多的便捷服务。三是安全性更高，金融 IC 卡采用金融信息安全标准，相比公交 IC 卡安全管理更加严格。

金融 IC 卡的这些特点，决定了其在城市交通支付领域具有得天独厚的优势，将为人民群众出行提供更加方便快捷的支付服务。

持卡人在公交行业选用非接触
金融 IC 卡与普通公交 IC 卡，哪个更安全？

普通公交 IC 卡大多采用 Mifare One 技术或以 PBOC1.0 电子钱包技术标准为核心的行业标准。Mifare One 技术已被证实存在安全漏洞；PBOC1.0 采用基于对称密钥体系的 DES 算法，终端需要安装存放消费主密钥的 PSAM 卡，存在较大的安全风险隐患。金融 IC 卡技术标准采用非对称安全认证体系与对称密钥体系相结合的模式，安全性远高于普通公交 IC 卡。

（二）金融 IC 卡在公共交通领域的应用

当前，金融 IC 卡已在公共交通行业得到广泛应用，截至 2014 年第一季度，已覆盖 121 个城市，包括 5 个省会城市、3 个计划单列市、54 个地级市和 59 个县级市。

成都是我国西南部宜居的城市之一，随着金融 IC 卡迅速走进这座城市的地铁、公交和出租车领域，安全、便捷的公交支付让该城市的出行支付更加轻松，也让成都这个西南古城进一步增添了宜居的氛围。

天府之国的成都市是西南地区的科技中心、商贸中心、金融中心和交通、通讯枢纽，也是四川省政治、经济、文教中心。成都有常住人口1200余万，公交车1万余辆，出租车1万余台，除了四通八达的地面公共交通，成都还拥有两条地铁线路，贯穿东西南北。

1. 蓉城卡的诞生

2012年3月，对成都而言既是一个平常的春天，又具有极不平常的意义。3月14日，成都市人民政府和人民银行成都分行联合发布《关于推进金融IC卡应用工作安排意见》，成立了成都市金融IC卡公共服务领域应用推广工作领导小组，对推进成都市金融IC卡在全市政务服务、公用事业、金融服务、旅游娱乐、商业服务5个领域中应用的工作进行了周密部署。

2012年6月13日，以"金融服务民生，蓉城走进'芯'时代"为主题的蓉城金融IC卡发卡仪式暨集中宣传活动在宽窄巷子举行，成都市正式向市民发出第一张蓉城卡。相对于传统的磁条卡，蓉城卡内置CPU芯片，具备运算能力强、存储容量大、安全性高等特点，它在包含普通的银行借记账户（或贷记账户）外，还新增了电子现金账户（资金余额存储在卡上），可脱机使用。相比联机使用模式，大大缩短了交易时间。它既可以插入受理设备使用，也可轻靠受理设备实现非接触式方式的无线使用，快速完成挥卡交易。相对于传统公交卡，蓉城卡具备无法比拟的金融功能，可充分利用银行业金融机构大量的金融基础设施（ATM、POS机、自助终端等），以及遍布城乡的网点，为老百姓提供便利的金融服务，还能实现全国联网通用。此外，蓉城卡应用于地铁，减少了乘坐地铁时现金及零钞、硬币的使用，降低了地铁公司的现金管理成本。

2. 蓉城卡进入地铁领域

成都市推动金融IC卡进入地铁领域属于全国首例，没有可供借鉴的成功经验。为了解决应用技术难题，也为后来的多行业应用铺平道路，人民银行成都分行牵头各方组成技术攻关小组，本着高处着眼、低处着手的原则，发扬不畏艰难、创新开拓的苦干实干精神，一一搬开了"拦路石"，于 2011 年 12 月，将金融 IC 卡电子现金复合应用规范应用于成都地铁，从而完成了金融 IC 卡成功亮相地铁的表演。在全国地铁行业率先使用电子现金复合应用规范，既解决了金融 IC 卡行业应用问题，又为标准升级做出了有益的探索。

"蓉城卡"的使用非常便捷。其功能与普通的公交卡相同，只需要在"蓉城卡"通道的闸机刷卡处轻轻一刷，便能进入地铁站。出站时，再刷卡一次，便完成应用。"蓉城卡"的申办也非常简单。申请人持本人有效身份证件到各发卡银行指定网点，首先填写开户资料，完成各发卡银行柜面审验资料、输入密码等开卡操作，然后各发卡银行柜面完成行业应用个人化，最后，申请人在各发卡银行柜面或多媒体自动机具上完成电子现金圈存，用户就可在特约商户缴费终端上使用了。

3. 蓉城卡进入出租车领域

成都市出租车行业具有一定的特殊性，表现为经营较为分散，有多家承包经营商，除国有公司外，其余都是私营、个体经营商，此外，运输设备也千差万别，使得出租车受理金融 IC 卡的改造工作相对于地铁行业难度更大。

在成都市政府的支持下，天府通公司研制出了适合于出租车的刷卡模块，并确定了整个交易流程以及资金清算方案。在运营模式上，建立了天府通公司、出租车公司、出租车司机和收单机构的四方合作模式，明确各方责任和权利；在技术安全上，利用移动互联网络即时上传交易数据，确保交易数据精准、安全。同时，对司机开展了一系列培训，使其熟练掌握受理金融 IC 卡的技巧，并以"刷卡有'礼'"等营销活动为宣传促销手段，提高出租车司机受理金融 IC 卡的积极性。

经过多方共同努力，2012 年 10 月，成都完成 1.2 万台出租车包含金融 IC 卡受理功能的新型计价器的安装工作；2013 年 2 月，首批 1200 台出租车开始受理金融 IC 卡；2013 年 3 月，全市出租车全部完成签约并正式受理金融 IC 卡，成为全国规模最大的出租车受理金融 IC 卡的城市。

4. 刷卡乘公交车

成都"蓉城卡"选择地铁进入公交领域，而后出租，再后公交，与其说是顺序，不如说是趋势。成都继 2013 年 3 月 28 日在全国省会城市中率先实现金融 IC 卡在出租车行业应用之后，5 月初，顺利完成了公交车载终端受理金融 IC 卡研发工作，为成都市二环路"双快"工程实现快速公交系统公交受理金融 IC 卡提供了技术保障。

2013 年 5 月 16 日，成都市人民政府和人民银行成都分行联合举办"金融服务民生、交通用'芯'先行"金融 IC 卡在成都公共交通领域应用暨宣传仪式。2013 年 5 月 31 日，实现了金融 IC 卡在二环路快速公交的应用，2013 年内实现全市 8000 余辆公交车全面受理金融 IC 卡。

金融 IC 卡在成都市公共交通领域的成功应用，促进了金融信息化与城市智能化建设的紧密结合，广大成都市民真切享受到现代金融创新成果所带来的优质便捷的交通出行服务。同时，通过不断完善金融 IC 卡受理环境，优化夯实地方公共服务基础，金融 IC 卡将逐步拓展到公用事业缴

自 2008 年起，多地市民可陆续持金融 IC 卡乘坐公交车，图为成都市民用金融 IC 卡支付公交车费。

费、餐饮娱乐、购物消费、医疗卫生等民生领域，最终实现多领域、跨行业一卡多用、一卡通用的目标。

二、铁路交通金融 IC 卡

（一）铁路交通对金融 IC 卡的需求

铁路是国家旅客运输的大动脉，但铁路购票难、乘车难问题却一直是困扰社会公众出行的首要问题。尤其是春节、黄金周等节假日期间，旅客集中出行，铁路客流呈现高度集中的特点，单日旅客发送量屡创新高。节假日一票难求、检票排长龙、进出站不便捷已成为当前铁路交通的"软肋"，引起社会各界的关注。

目前，我国列车售票已由传统的销售点购票发展为凭身份证件到指定售票点或网上购买。窗口购票模式，需要到指定售票点排队等候，浪费出行者的大量时间，而且往往不如网上"抢"票效果好。网络购票模式虽然不用去售票点，节省了出行和购票的排队时间，但在进站前依然需要取票。特别是在进出站检票环节，许多车票因没有采用电子介质，需要注意保存且需人工检票，效率较低，乘客往往在候车大厅排成长龙，倍感劳顿。对车站管理来讲，一方面需要专门安排检票员检票，浪费人力资源，另一方面，长时间的排队等候容易造成候车大厅的秩序混乱，不利于管理和提供优质服务。

以上两种购票模式，大量使用普通纸质车票，距离真正的客票电子化还有很大差距。而金融 IC 卡的电子现金功能恰好能解决这些问题，特别是公交化的线路，不用提前买票，只需在入口闸机上拍卡进站、出口闸机上拍卡出站就能完成购票、检票等一系列过程，方便快捷，在铁路交通的应用前景广阔。

（二）金融 IC 卡在铁路交通领域的应用

当前，金融 IC 卡已在一些距离较短、发车频率高的铁路线路得到应用。其中，广深高铁作为客流量较大的铁路干线，已实现通过金融 IC 卡拍卡乘车，成为热线铁路提高售检票效率的典范。

广深线高铁每年的旅客运输量约为数千万人次，是全国铁路运力最繁忙的线路之一。在原铁道部实行购票实名制后，旅客购票需出示身份证件且身份信息要打印在票面上，平均购票时间约为 20 分钟。在春节、"五一"等重要节假日高峰繁忙时段，售票大厅人满为患，旅客排队购票时间甚至要超过 1 小时。随着广深铁路公交化服务日趋明显，乘客流量也大为增长，铁路乘客在购票环节排队过长、等候时间过久的现象也愈发突出。

为了提高客户的出行效率，节约铁路运营成本，工商银行结合铁路部门实名乘车的要求和金融 IC 卡实名制的特点，与铁道部和广深铁路股份有限公司合作开展广深铁路金融 IC 卡的合作方案，努力整合金融应用和铁路应用，在广深铁路动车组线路上试点金融 IC 卡应用。

在多方的共同努力下，2011 年 3 月 30 日，广深铁路金融 IC 卡作为国内铁路系统首张银行 IC 卡在广深线"和谐号"动车组全线启用。持有广深铁路金融 IC 卡的旅客无须凭身份证件排队购买纸质火车票，只要持卡在广深铁路的入口闸机上采取非接触方式"拍卡"进站就可乘坐广深铁路"和谐号"列车。乘车时，闸机直接读取卡片信息，自动生成最近一个班次的列车席位，并在闸机另一端打印出席位凭条，旅客持此席位条即可上车乘坐相应席位，实现了购票、进站合二为一，免去了排队和验票环节，整个过程不到 1 分钟。下车后，持卡人在出口闸机上同样以"拍卡"方式即可出站。对比传统流程，广深铁路金融 IC 卡实现了全程自助服务，为提高乘车效率、优化票务管理提供了便捷手段。

广深铁路金融 IC 卡项目的推出，节省了旅客时间，也提高了铁路运输效率，减少了经营成本和人力资源投入，还节约了纸质火车票，将低碳环保落到实处。对银行而言，为客户提供金融增值服务，提升了银行品牌形象，提高了客户对银行的认可度和满意度，实现了名副其实的多赢。同时，该项目还为铁路运营管理改革带来积极影响，促进自助乘车逐步延伸到其他高速铁路、城际快车和城市轨道交通，而且为今后具备更加强大功能金融 IC 卡的发行以及在更广泛区域实现一卡通提供了良好的借鉴经验。

自 2011 年 3 月 30 日起，持卡人可无须事先购票、取票，直接刷金融 IC 卡过闸机进站乘广深铁路动车组列车。

三、高速公路金融 IC 卡

（一）高速公路对金融 IC 卡的需求

高速公路人工收费过程费时、手续烦琐，遇到节假日时此情况更为突出。车主接近道口时需减速、停车、等待才能完成缴费过程，与交费智能化、便捷化管理目标相去甚远，不利于道路资源的充分运用。提高高速公路通行效率、降低出行成本、减少现金使用率，既是解决高速公路拥堵、缴费排队等问题的现实需要，也是适应人民群众日益增长的信息消费需求，以及促进绿色交通、和谐交通的客观要求。

金融 IC 卡集金融服务、行业应用、身份认证、信息管理等功能与一身，是提高我国高速公路智能化和信息化水平，实现高速公路收费系统跨省域互联互通的重要载体。通过在高速公路收费领域的应用，将为高速公路管理部门和群众带来诸多便利。主要体现在：一是省时高效，车辆驶入高速公路收费站时可快速实现进站识别、抬杆放行，在从高速公路驶出时再次快速完成识别、扣费、放行，一系列过程不需要停车，大大缩短了通行时间，提高了通行效率，可使车道通行能力提升 3 至 5 倍，解决了高速公路的出口"瓶颈"问题。二是安全便利，实现了高速公路缴费电子化，避免了传统模式下驾驶员进站停车、开窗拿卡，出站准备零钱、停车、开窗、等候找赎、取发票、关窗等环节，提高了安全性，同时也减少了收费人员的简单重复性劳动。三是互联互通，借助银行系统全国联网通用的优势，实现了高速公路收费体系的互联互通，如京津冀、长三角、皖湘鄂赣等地区已实现了 ETC 跨省域互联，大大提高了跨省域高速交通运营部门的资金划拨效率。

（二）金融 IC 卡在高速公路收费领域的应用

近年来，人民银行组织商业银行加快完善公共交通领域的支付体系建设，积极探索和推动金融 IC 卡在高速公路收费领域的应用，目前已在江苏、辽宁、山东、陕西、江西等省份推广使用，深受交通部门和群众的欢迎。其中，辽宁的辽通龙卡就是一个成功案例。

辽通龙卡，是建设银行辽宁省分行与辽宁省交通厅高速公路管理局合作发行的金融 IC 卡。该卡融合了人民银行金融 IC 卡标准和交通运输部规范 IC 卡双重功能，实现金融 IC 卡在交通领域的合作应用，可以为持卡人提供高速公路通行缴费的便捷服务。辽通龙卡面向所有私家车主以及有高端高速公路通行需求的客户发行。该卡具有磁条和芯片双介质，支持脱机使用、非接触使用，支付更快捷，可实现高速公路通行费缴费功能，凭卡通行 ETC 车道时，免去持卡人在收费口停车、排队、等待、现金缴费带来的不便。

同时，该卡还包含金融主账户、电子现金账户以及行业应用功能，能享用银行卡的基本金融服务，如优惠商户折扣、灵活积分兑换、高额交通险保障、分期付款服务等。

第三章 金融 IC 卡走进社保、医疗

一、金融社保卡

（一）社会保障对金融社保卡的需求

在以往的社会保障体系里，一个人要对应多个专用存折或卡片。比如，领取养老金要用专用存折，看病要用专用医保卡，领取失业保险、享受工伤保险和生育保险也要用不同的专用凭证。为了有效整合资源，方便群众享受社会保障体系提供的福利，2008 年，我国多地先后发放了社会保障卡，常见的就是医疗保障专用的社会保障卡。

然而，随着近年我国经济发展和社会转型的逐步加快，城市中的人口流动日益频繁。例如，一部分人选择离开户籍所在地，退休后跟随儿女到外省、市居住生活；一部分人选择在外省、市创业、打工。庞大的流动人群，致使异地养老、就医的客观需求不断增长，而我国社会医疗保险系统仍然采取属地化管理的方法，异地就医、参保、用保缺乏全面统一的政策标准和管理办法，已远远无法满足人们的现实需求。

以社会医疗保险为例，假设参保人的户籍在辽宁，而现居地在北京。参保人在北京就医时，需要由辽宁省的医院开具转院证明，然后才能在北京就诊。在北京就诊时还需要参保人预先垫付费用，在治疗结束后，拿着发票、住院明细、病例、转诊单、身份证件到辽宁省内医保经办机构进行审核报销，审核材料完毕在 15 个工作日后才能把钱报销回来。如此计算，报销医疗费需要往返北京、辽宁两次。这样的方式不仅手续烦琐，而且需要付出大量的路费和时间。如果遇上大病、急病、手术，几万元甚至几十

万元的高额费用垫付会给很多普通收入家庭带来巨大的困难。

异地领取养老金也面临同样的问题。虽然社会保障卡的芯片记录了参保人的基本信息，但是养老金的发放依然要通过本人到原单位领取现金，或者通过与原单位签约的商业银行用存折或卡取现（异地折/卡取现还需付一定的手续费）。如果要办理养老金转移，手续更是十分复杂烦琐，需要参保人提供各种转移手续和各类证明，并且即使多次往返两个城市也不一定可以办妥，繁杂的管理机制给参保人造成了极大负担。老百姓对能够通过社保卡实现跨地区无障碍就医及领取养老金的需求越来越迫切。

（二）金融 IC 卡在社会保障领域的应用

金融社保卡采用单一芯片，芯片内置卡片操作系统（COS）。卡片操作系统同时支持社保应用与金融应用，两种应用通过防火墙技术隔离，分别具有独立的命令管理模块、文件管理模块和安全管理模块，互不影响。金融社保卡集成了社会保障领域的待遇发放、代扣代缴、医疗费用即时结算等功能，可以支持社会保障多种业务模式，实现了集约、高效。主要功能包括：

一是金融社保卡可以作为社保机构发放各类待遇、参保人领取待遇的重要介质和信息载体。涉及的待遇主要包括城镇养老保险、新型农村社会养老保险参保人的养老金、工伤保险伤残津贴、供养亲属抚恤金、失业保险金，个人职业介绍补贴、个人培训补贴、技能鉴定补贴、困难对象岗位补贴等就业援助待遇，以及申请小额贷款人员领取贷款等。

二是金融社保卡可用于就业人员、城乡居民缴纳养老保险费、医疗保险等缴费业务，还可用于就业服务业务中，申请小额贷款人员缴还贷款等代扣业务。

三是金融社保卡还可用于医疗费用结算。使用医保个人账户内资金进行参保人自付部分缴费，当医保个人账户金额不足以支付费用时，使用金融社保卡中金融账户进行费用缴纳，代替现金支付方式。

在医疗消费实时联网结算应用的基础上，部分地区在社会医疗保险方面还对金融社保卡进行了功能扩充。例如，采用金融社保卡作为统一的医院导诊卡，直接用于门诊挂号和住院登记。基于已经开展的网上或电话服务，利用金融社保卡进行门诊或住院预约登记。在医院端开设自助设备，指导参保人从金融社保卡的个人金融账户向指定账户进行自主划转和资金充值，实现医疗费用预交，当个人与医疗机构结算时，将余额从指定账户自动退还到个人金融账户，从而减轻了医院交费窗口排队压力，提高了医院的服务能力。利用金融社保卡的个人金融账户支付保健、健康费、辅助器具配置等费用的个人自付部分等。这些功能扩充都是基于社会保障卡自身社保功能辅以金融功能实现的。

目前，金融IC卡已在多个省市社会保障领域成功推进。其中，重庆作为首个在社保卡上加载金融功能的城市，有力地推动了该市的社会保障事业。新疆作为一个多民族地区，金融IC卡走进社保领域，基本覆盖新疆全辖城镇参保人员，使新疆各族人民群众充分感受到了党的惠民政策。

1. 金融社保卡在重庆成功试点

重庆是我国人口最密集的城市之一，拥有2936万人口，社保任务相当繁重。2011年5月，经中国人民银行、人力资源和社会保障部批准，全国首家在一张IC卡芯片上同时实现社保功能和金融功能的社会保障卡项目在重庆开始试点。在重庆市金融社保卡试点工作中，人民银行重庆营业管理部、重庆市人力资源和社会保障局、各试点商业银行克服了重重困难，开展了卓有成效的工作。

金融社保卡项目是一项复杂的系统工程，涉及面广、协调工作难度大。历经六个月的共同努力，2011年11月12日，重庆市金融社保卡成功实现首发。截至2014年3月，重庆市已有12家银行业金融机构累计发行金融社保卡超过3051万张。在受理环境方面，完成改造直联POS终端4.98万台，改造率达100%，改造ATM 1.26万台，改造率为99.6%；改造间联POS 8.34万台，改造率为99.8%。在应用方面，重庆市金融社保卡已实现养老、医疗、失业、工伤、生育"五险合一"，持卡人办理以上五类社会保险，不必再到不同部门往返奔波。目前，重庆市金融社保卡应用领域还在不断拓展，养老待遇领取、政府补贴发放等业务正逐步归集到金融社保卡银行账户中办理。

金融社保卡在重庆的成功试点，有力地支持了重庆市社会保障事业的快速发展，也进一步深化拓展了金融服务领域，对重庆市统筹城乡发展、金融服务民生发挥了积极促进作用。其成功经验也为金融社保卡在全国范围内的大规模推广奠定了坚实基础。

2. 金融社保卡在新疆实现多民族一"芯"

2003 年，新疆维吾尔自治区启动了社会保障金保工程一期系统建设，历经八年，2011 年全自治区建成了可以满足管理和业务经办需要的信息系统，部分统筹区还发行了社会保障卡或医保卡，方便了参保人办理各项社会保险业务。

针对新疆多民族的特点，新疆辖区金融社保卡卡面信息用汉语、维吾尔语同时展现。针对少数民族参保人员姓名较长的实际，在遵循金融社保卡卡面规范的基础上，对卡面设置作了特别许可。同时，积极开展业务人员培训和社会公众宣传，用维吾尔语、哈萨克语等少数民族文字印制金融社保卡经办须知、金融社保卡海报、金融社保卡常见问题解答等宣传材料，利用电视台、电台、报纸、论坛等渠道营造金融社保卡宣传氛围，将金融社保卡的使用常识普及到每一位参保人员，让各民族群众知悉、了解、会用金融社保卡。

在各方的共同努力之下，新疆辖区金融社保卡项目启动以来，取得了长足发展。截至 2013 年 6 月末，发行金融社保卡 376 万张，基本覆盖新疆城镇参保人员，实现了参保人员养老、医疗、失业、工伤、生育等五类社会保险费代扣代缴和社会保险待遇的支付，实现了持金融社保卡异地就医即时结算，使新疆各族人民群众充分感受到党的惠民政策。在新闻采访中，持卡群众用"不用往返跑路、不用等待报销、不垫付全部医疗费"等简洁的语言道出了金融社保卡给他们带来了实实在在的方便和好处。

二、医疗卫生应用

（一）医疗卫生对金融 IC 卡的需求

我国医疗卫生领域常常面临挂号难、缴费慢、跨地区看病手续复杂等问题。特别是在三级甲等综合性大医院和医疗专业技术水平高的专科医院经常人满为患，而去这些医院看病就医遇到的第一件烦心事就是"挂号难"，医院挂号窗口前总是排着长长的队伍，有些紧俏的专科医师、专家窗口从凌晨就开始排队了。

挂号难的原因是多样的，除了资源性短缺的原因外，还存在于管理手段上的缺失。主要体现在：一是重复办卡。由于现在的医院都需要先办理就诊卡才能挂号看病，手续复杂，对于需要经常在不同医院就诊的患者来说，往往持有多张就诊卡，很容易因带错卡而不得不重新补卡，很不方便；而对于平时身体较好、不经常上医院的患者，则常常因忘记带卡而不得不花钱补办。不断重复地办理就诊卡，既造成了资源浪费，也严重降低了挂号窗口的效率。二是人员和设施有限。通常而言，挂号渠道仅限医院门诊大厅挂号窗口，使得挂号窗口数量有限，而部分医院要求就诊卡内需存入一定的诊疗费，且只能在医院窗口排队办理，导致挂号窗口经常排长龙。此外，由于有的患者就诊卡内要记录相关信息，降低了窗口的服务效率，导致患者挂号平均等候时间长，甚至有的挂不上号。三是管理特殊。从及时开展救死扶伤工作的角度出发，医院难以要求患者必须实名挂号，结果一个人能同时挂多个号，导致以代人挂号获取利益的"挂号黄牛"的产生，使得有限的资源变得更加稀缺了。

在划价、缴费、取药阶段，患者同样面临种种不便。传统的缴费方式需要到缴费窗口使用银行卡或现金缴费。尤其是现金结算涉及钞票辨伪、金额核对和明细账单现场查对、找零等环节，耗时较长。窗口服务人员费时间、费口舌、费心力，客户往往还因为排队时间过长而埋怨，既影响医院整体形象，还可能恶化医患关系。此外，医院一般还分项目、分步骤开展缴费结算，患者在诊疗过程中需要多次缴费、频繁排队。为缓解挂号、缴费排队长的现象，医院不得已采取增加窗口、增加服务人员等方法，但受场地限制，增加窗口服务的潜力有限。此外，现金缴费现象的普遍存在，医院需要付出很大精力对收付的现金进行管理，财务成本较高。

如在一家医院没有治好病，患者往往会考虑到更大、更好的医院去看病。许多农村地区的患者，由于当地医疗条件差，一旦遇到较大病症，患者都需要走出大山去百里之外的省城看病。由于各地的卫生信息化程度差别较大，导致各地电子医疗信息不能匹配。患者想去异地就诊，还要重新进行检查，农村地区新农合的参保人连实时结算都无法进行。

以上这些烦恼总结起来就是："挂号难、缴费难以及异地就医结算难"，医疗卫生领域的服务矛盾在一些综合性、专业性强的大医院显得尤为突出。

（二）金融 IC 卡在医疗卫生领域的应用

针对卫生部门当前普遍存在的挂号难、就诊和缴费排队时间长等问题，各商业银行积极与医疗卫生机构合作，已在河南、辽宁、广东等 15 个省市开展了金融 IC 卡在医疗卫生领域应用工作。截至 2013 年 11 月底，试点地区已发行支持医疗卫生应用的金融 IC 卡 500 多万张。

金融 IC 卡加载医疗卫生应用后，部分地方持卡人一旦有就医需求时，即可以通过商业银行的网上银行或电话银行实现自助预约挂号，并在就医当天持卡在自助设备或预约窗口快速打印挂号凭证，省去就诊者起大早、排长队挂号的麻烦，可在一定程度上防治倒卖"黄牛号"的问题。就诊者有计划地出行也改善了医院周边的交通压力。

在就医过程中，医生通过与电脑连接的 IC 卡读卡器读取就诊者基础信息及最近就诊情况，以掌握就诊者身体情况，作为辅助检查和诊断的依据，提高诊疗质量与效率。在完成诊断、开好处方后，就诊者可在医生处的 IC 卡读卡器上直接完成划价和缴费。这一系列应用大大节省了就诊时间，改善了就医环境，提高了医院的诊疗效率，降低了因"就医难"而引发的医患矛盾概率，并且电子化的缴费方式也减少了医生和就诊者接触带菌纸钞、硬币的交叉感染机会。

此外，通过金融 IC 卡标准信息格式可实现医疗卫生部门跨机构、跨地域的信息共享和协同合作。根据湖南湘雅医院的统计，使用金融 IC 卡后，就诊者基础信息准确率从 70% 提高到 100%，平均挂号时间从原来的 50 秒降到 20 秒，划价排队和单次缴费平均等待时间也均从 20 分钟变为无须等待、直接刷卡完成。目前，该医院每次就诊人均等待时间从 180 分钟降为 100 分钟，门诊流量从每日 6000 人次提高为 12000 人次。

由于各个医院均有自己独立的医疗信息系统（HIS）和收费系统，为此，商业银行在开展合作时还需根据医院个性化要求实现特殊功能和流程，制订各具特色、行之有效的银医合作方案。

1. "先诊疗，后结算"的宁夏工行医疗 IC 卡

在工商银行宁夏分行与宁夏医科大学总医院合作实施工银医疗 IC 卡项目之前，宁夏医科大学总医院和众多三甲医院一样，面临非实名挂号、"三长一短"（即挂号时间长、候诊时间长、取药时间长、看病时间短）以及经营管理成本高等问题。

为有效解决"三长一短"的难题，宁夏医科大学总医院积极推进医院信息化建设，全面推动诊疗实名化、病历电子化改革，与工商银行宁夏分行合作开发了银医一卡通项目。双方经过多次深入沟通交流和研究探讨，确定合作开发银医一卡通项目，发行符合 PBOC2.0 标准的工银医疗 IC 卡。

工银医疗 IC 卡将银行卡的基本功能与医院门诊挂号、就诊、电子病历、住院结算、健康档案等应用有机结合，成为患者到医院诊疗结算和管理电子病历档案的服务介质。同时，工商银行宁夏分行还协助宁夏医科大学总医院发行院内就医 IC 卡（以下简称"医院就诊卡"）作为工银医疗 IC 卡的补充，有针对性地解决因未带身份证等原因不能办理工银医疗 IC 卡但又急需就医的问题，实现了工银医疗 IC 卡和医院就诊卡在宁夏医科大学总医院内的无障碍通用。

目前，工商银行宁夏分行发行的工银医疗 IC 卡已实现自助挂号、诊疗费用自助缴纳及缴费记录查询、电子病历建档及维护等功能。患者可持工银医疗 IC 卡在宁夏医科大学总医院的专用自助终端、工商银行宁夏地区网上银行、自助终端上自助办理挂号，并通过安装在护士站、诊疗室、检查室和建卡中心等地的计算机及 IC 卡读写器直接支付就诊费用或通过医院专用自助终端实现自助缴费，还可通过医院专用自助终端，查询缴费历史交易明细，了解历史消费记录。医生可通过安装在医生站的 IC 卡读写器，读取工银医疗 IC 卡、医院就诊卡信息，更新患者电子病历。

此外，工商银行宁夏分行与院方还将继续拓展工银医疗 IC 卡功能，实现工银医疗 IC 卡在住院部的使用和健康档案的建立，并将预约挂号渠道扩展至工商银行网上银行、电话银行、手机银行、自助终端等自助渠道，将医院停车、就餐等后勤保障服务的小额收费全部通过工银医疗 IC 卡或医院就诊卡实现。

金融 IC 卡将银行卡金融服务功能与医疗服务功能应用有机结合，为实现实名就诊，优化就诊服务流程奠定了基础。目前，工商银行北京、湖北、上海、四川、湖南、吉林、浙江、黑龙江等多家分行正在实施与当地医院的银医一卡通项目，与多家医院建立了银医合作，不久还将推出各具特色的银医一卡通产品和服务。

2. 可提供区域协同医疗服务的绿卡通华西健康卡

2006 年，经卫生部、科技部组织论证的国家"十一五"科技支撑计划重点项目"区域协同医疗服务示范工程"正式立项。这是卫生部、科技部落实中央构建"和谐社会"和"城乡统筹"战略目标确定的"十一五"科技支撑计划现代服务业应用示范重大项目。邮储银行四川省分行坚持以服务地方经济发展为己任，在融入地方经济建设中推进业务发展。经过多方调研，与四川大学华西医院确定开展"区域协同医疗服务示范工程"合作。该项目旨在通过搭建区域医疗信息共享平台，实现区域内医疗卫生信息资源共享和医疗协同服务，积极促进以社区电子健康档案、电子病历、远程医疗会诊、数字医学影像、数字医学检验等为重点的信息技术应用，创造全新的现代医疗服务模式，提高医疗服务质量。

2010 年初，邮储银行四川省分行与四川大学华西医院签订了战略合作协议，标志着邮政金融与医疗服务合作的开始。2012 年 3 月项目正式上线。邮储银行四川省分行在认真调研市场环境、客户接受度后，与华西医院商定将原磁条卡改为磁条、芯片复合卡，即带有小额支付账户的双界面芯片卡，确保绿卡通华西健康卡具有更高的安全性和便捷性。

通过区域医疗信息共享打破传统的条块分割，为医疗资源共享开辟一条新路，使得经过授权的各医院及卫生机构可以从统一平台提取、更新、保存信息。这种"区域政府主导、第三方平台共享式"的医疗协同模式的好处是以区域为中心，减少了重复投资和建设成本，有助于解决看病难和看病贵的问题。

对市民来说，绿卡通华西健康卡能有效地进行健康档案管理与应用，为市民自我保健提供了有力支持，可有效避免重复检查治疗，从而有效缓解"贵"的问题，给双向转诊患者带来更多的便利和实惠，使医护人员有更多的时间服务病人。

该项目在技术业务上都有较大的突破和创新。绿卡通华西健康卡能够将医生排班信息通过外联前置输出到自助多媒体机上，同时该卡具有亲友预约挂号功能，同一家庭关系的持卡人可以通过自己的卡为家庭成员做预约挂号，挂号费从自己卡上扣除。这一功能极大地方便了家庭用户互助预约挂号，实现家庭共享医疗信息，可为研究家族病史提供有效的研究资料。

3. 可为城乡居民提供全面公共服务模式的淮安居民健康卡

江苏以金融 IC 卡为基础介质，在芯片上加载医疗卫生信息，发行了"居民健康卡"，其中以淮安市为试点城市。

江苏淮安市委、市政府自 2011 年起连续 3 年把居民健康卡工作列入为民办实事项目。目标是用三年时间为全市 500 多万城乡居民发放居民健康卡，其中 2013 年底前发放 230 万张。同时，建立起以居民电子健康档案和电子病历信息全面共享为核心的区域卫生信息平台，实现基于卫生信息平台的医疗卫生服务"一卡通"。

淮安居民健康卡是卫生部公布居民健康卡规范后全国第一张加载了金融功能的居民健康卡、全国第一张银行联名的居民健康卡，也是全国第一张采用单芯片双界面方案的居民健康卡，2012 年 6 月 16 日，淮安举行了居民健康卡江苏首发仪式。

淮安市居民健康卡卡片采用单芯片双界面 IC 卡，居民健康卡应用与金融应用共置于同一个芯片之中，应用分设，密钥管理体系相互独立，支持各自功能的实现。在同时支持居民健康卡应用和金融应用的全功能业务终端中，用于存储密钥等敏感信息的安全存取模块（PSAM 卡）只应用于居民健康卡应用，健康应用终端和卡片的通讯仅采用非接触方式，金融应用终端和卡片的通讯可以采用接触、非接触或磁条方式。银行主要负责卡片制作和读卡终端的投入，卫生部门协调新农合业务、医疗机构业务及卫生相关业务与银行信息系统的对接并负责制卡信息的采集和审核。

淮安居民健康卡上的应用主要分为两大块，即健康应用和金融应用。其中，该卡具有身份识别的应用，卡面上有姓名、身份证号、照片等信息，可用于就医和访问卫生信息平台以及获取个人健康信息时的个人身份验证，也可以用在其他需要识别身份的场合；该卡可作为统一的医院诊疗卡实现跨机构就医一卡通，继而逐步实现全国就医一卡通；在卡片自身空间中，存储了基础健康与主要诊疗信息，可在居民健康管理、日常就医、跨区域就医和特殊情况下的院前急救时读取使用；该卡作为标准的新农合卡，具有新农合费用结算功能；同时，该卡还具有健康扩展功能，可作为献血卡、孕产妇保健卡、儿童预防接种卡等；另外，还具有标准金融 IC卡（借记）、电子现金以及扩展行业应用。

淮安居民健康卡项目的最大创新之处在于一卡多应用。借助居民健康卡工程，银行业机构充分利用自身的技术优势和市场优势，和卫生部门共同努力，推进全市城乡多行业用卡。对卫生系统而言，可以全面使用健康卡管理就医、新农合结算以及健康服务，通过居民健康卡的身份识别和行业应用功能开发，实现与孕产妇保健、新生儿免疫接种、120 急救中心、血站（义务献血）、疾控、卫生监督、计生管理、药监等系统之间的对接。对政府部门而言，可以通过金融功能的拓展和行业应用的开发，将农业直补、各种保险、福利、补贴等款项直接发放到卡上。对公用事业部门而言，可实现涉及民生的水、电、气、有线电视、保费等费用的代缴或代扣。对农副产品采购而言，收购结算可由现金支付和凭证支付（打白条）方式改为直接向健康卡划款的方式。对教育行政部门而言，可以用作学生缴纳学费、在食堂就餐。对生活服务部门而言，利用健康卡的实名信息可以建设农委系统的农资产品溯源、工商部门的大宗商品溯源、药监部门的药品溯源系统等。这些内容丰富的多应用功能拓展将使淮安居民健康卡成为当地居民获取公共服务的重要工具和地方政府提供便民、利民、惠民措施的重要载体。

第四章　金融 IC 卡走进社会园区

一、社区金融 IC 卡

（一）社区生活对金融 IC 卡的需求

手持一张"IC 一卡通"，轻轻一刷，社区大门自动为住户敞开，出入门禁信息同时传送到小区的物联网管理平台；车辆进入地下车库，眼前的 LED 屏动态显示可停放的空闲车位，通往指定车位的照明灯自动逐一打开；点击小区的智能终端，文体活动、健康提示一一呈现……这些高科技的便民服务情景生动地描绘了当前各地正在积极建设的智慧城市、智慧社区的生活状态。

随着电子信息等先进技术逐渐平民化，人们的生活方式正在发生巨大的变革。特别是智慧城市、智慧社区以互联网、物联网为依托，使社区管理者、用户和智能系统、物联系统形成各种形式的信息交互，给居民带来了更加实在的数字化生活感受。而金融 IC 卡在生活服务领域的应用，为智能化社区建设提供了崭新手段。金融 IC 卡加载社区的服务功能，通过提供门禁出入、停车场泊车、会所消费、社区特约商户消费、积分优惠、各类代缴费等服务，不但便利了群众的生活，使群众感受到了智慧生活的现代化氛围，还有利于社区管理功能的扩展，提升政府的民生服务水平。

（二）金融 IC 卡在社区生活中的应用

2011 年 9 月，上海发布了《上海市推进智慧城市建设 2011—2013 年行动计划》，其中将金融 IC 卡作为推动"智慧城市"和"国际金融中心"

建设的重要载体。

为配合做好智慧城市建设工作，邮储银行将目光放在了建设智慧起居系统上，邮储银行上海分行与上置集团联合发行了上置居家联名卡，通过信息化产品在芯片卡上的集成，联合做好小区管理信息化建设工作，推动现代化生态新城镇的建设。为此，邮储银行与上置集团选择了上海罗店北欧新镇为"现代化电子支付小区"试点项目，期望通过该项目的实施，能够为小区业主提供先进性、安全性、综合性集于一体的居家生活服务，使金融服务、社会管理、现代生活服务能够叠加形成现代化小区生活环境。

上置居家联名卡具有信息存储、便捷支付、增值服务、配套优惠以及全面提升小区品质等多项功能。邮储银行作为金融服务的支持方，提供银行卡所具备的各类支付结算、投资理财等金融功能。上置集团则在商户拓展、营销活动开展、物业复合功能叠加等方面提供项目支持。

上置居家联名卡好似一把万能钥匙，包容了许多日常生活中必备的功能，集成了物业费扣收、业主身份识别、实名制门禁、车辆通行证、公共事业费查询与缴纳、特约合作商户消费优惠、财富管理等功能。这些功能，都是通过联名卡上的多应用芯片实现的。"居家卡"的芯片模块可划分为公共应用区和金融应用区。其中，公共应用区由上置集团管理，用于对业主进行信息维护以及提供各类社区增值服务，金融应用区由银行进行管理，用于为持卡人提供快速便捷的金融服务。

在罗店北欧新镇，持卡居民典型生活流程颇具现代感：住户开车回小区，进入停车场时，将社区金融 IC 卡在入口感应器掠过，读写器读卡，自动路闸起栏放行车辆，车辆通过后自动放下栏杆。停好车后，住户去小区超市买菜，出来时，用社区金融 IC 卡直接插卡，POS 终端读取卡片账号和余额，并显示出来，然后将本次消费金额扣除。之后，来到自家楼下，手持社区金融 IC 卡在门禁系统读卡器前一挥，卡内信息就通过读卡器读出，听到清脆的蜂鸣声，大门打开，进入楼内回到家里。此时，这张卡实时记录下了卡号、姓名、出入时间及出入门禁地点等信息，并可以根据需要进行查询。下午住户来到社区的羽毛球场，在球场入口处，挥卡进入，出去时，在出口处挥卡，系统根据进出时间及卡号，按时计费，对社区金融 IC 卡进行消费扣款。回家的路上，又顺便去交了水费，用卡在 POS 机上一挥，交费完成，本月的水费直接从 IC 卡账户中扣除。

上置居家联名卡因方便市民生活而广受欢迎，成为地方政府、金融机构、物业服务和小区住户建立相互协作平台的样板，合作各方也各自实现了预定目标。地方政府从中摸索出了智慧城市建设的新模式；上置集团利用金融资源提供了智慧化社区管理，从而在可控的投入下，实现物业管理的现代化；住户选择金融 IC 卡，是因为卡片提供了多种现代化服务；银行与小区开展合作，则可以充分利用现有资源实现业务的稳定拓展，提供民生服务。

"上置居家"联名卡可以促进社会治安管理，有效掌握社区租赁的动态信息，减少甚至杜绝小区群租房现象的产生，解决由此产生的治安和消防隐患，同时，打造出了政府、社区、业主三方信息互通的平台，为今后居民信息登记和物管行业的整理整顿提供了示范性的作用，形成了全新的社区管理理念。

"上置居家"联名卡还可以方便物业服务，有效减少物业费、停车费代收、催收方面的工作量，同时借助 IC 卡管理模块，动态掌握社区居民

自 2013 年起，金融 IC 卡实现在咪表上记录停车时间并支付停车费，图为持卡人在某停车场使用金融 IC 卡支付停车费。

的居住情况，及时提供优质服务。

"上置居家"联名卡可以保障住户权益，让居民能够实时了解物业维修资金的动向和使用情况，住户可凭"上置居家"联名卡享受物业费、停车费代扣代缴，短驳车支付，"E学通"，菜场"闪付"等日常支付服务，同时使用小区内的各类配套设施。

二、企业园区金融 IC 卡

（一）企业园区对金融 IC 卡的需求

企业作为推动国家经济社会发展的微观主体，其总体运行效率高低关乎整个社会生产力发展水平。企业园区既是生产作业的实施场所，又是员工的生活场所，其信息化水平直接影响员工的工作和生活效率，进而影响整个企业的运行效率，因而，加强企业园区信息化建设，对提升企业生产效率和方便员工工作生活具有双重意义。

但是，因企业的发展情况不同，企业园区的信息化水平也存在较大差异。对中小企业而言，由于技术力量较为薄弱，可投入资源匮乏，信息化管理水平相对落后，有的考勤仍然依靠手工记录，食堂就餐依然使用饭票，有的门禁开锁要用传统钥匙，等等。如果自行投入资金进行信息化建设，布放受理终端，采购制卡设备，不仅成本高、效率低，在短期内还可能形成效益倒挂的局面。对部分大型企业而言，由于早期缺乏有效规划，职工的信息化管理往往也存在一事一卡的情况。因此，企业界迫切需要一种快捷安全、成本较低、方便实用的用卡方式，实现员工的信息化管理。

企业园区金融 IC 卡是金融应用与企业管理应用结合在一起的智能管理载体，它将金融 IC 卡的基本功能与企业一卡通管理系统中诸如考勤管理子系统、门禁管理子系统、消费管理子系统等企业内部管理功能集成在一张卡上，通过内部网络来实现信息资源共享，利用银行设施来弥补投入缺口。因此，既能满足企业现代化管理的需要，又能满足员工日常生活的多种需求，在使员工享受"一卡在手，通行园区"便利的同时，也能使企业通过信息化实现高效管理，提高工作效率，因此，是现代企业管理的发展方向。

（二）金融 IC 卡在企业中的应用

近年来，银企合作共建信息化园区的成功案例不断涌现，金融 IC 卡已逐步走进企业园区，在提高企业信息化管理水平和工作效率等方面发挥了很大作用。华为公司总部设于深圳，总部员工近 5 万人，在东莞、北京、上海、南京、成都、西安、武汉、杭州、苏州和廊坊等十个城市设有国内分部，在美国、德国、瑞典、俄罗斯以及印度等国家和地区设有 22 个海外地区部以及 100 多个分支机构。为便于企业管理，方便职工生活，华为公司在所有园区内采用了既有企业内部通用管理功能又能在社会上广泛应用的园区金融 IC 卡，形成了现代化的管理效果。

现在，走进华为位于深圳总部的园区就如同走进了一所综合性大学，来来往往的大多是身着统一制服的年轻面孔，园区内各种设施一应俱全，包括食堂、超市、园区班车等。在园区内的超市购物，几乎所有的员工在结账时都会使用华为专属的园区金融 IC 卡，去食堂吃饭、乘坐园区班车，也是持卡一挥而过，十分方便快捷。这张卡还可以在全国其他地区的华为园区使用，为经常出差的华为员工提供了很大的便利。

这一切源于华为公司与中国银行合作发行的长城阳光金融 IC 卡。这张卡具备了齐全的金融功能，其中电子现金小额支付功能是华为员工初次接触，现在，这种新型金融工具已经替代了这些年轻员工的零钱包。同时，这张卡还将华为企业园区内各种综合服务应用加载到了芯片卡上，实现了银行卡与园区卡的整合。长城阳光金融 IC 卡支持在非接触式受理终端脱机消费，这种高效率的支付工具与华为快节奏的生活节拍形成了默契，同时卡内还添加了华为公司员工信息，便于员工持卡片与园区管理系统实现信息交互，十分符合企业高效率的管理理念。

在与银行合作之前，华为公司除了在员工管理上颇费精力外，还曾深受账务核对及资金结算之苦。此前，公司的后勤支付服务采取社会化服务形式，为此在园区内引入了大量外来供应商户，员工（包括深圳总部基地、国内分公司、海外分公司）消费时持工作证卡在各地的后勤供应商先行记账，每月由各地的后勤将消费数据上报公司行政管理部门进行统计与计算，再通过华为公司的财务部门与供应商进行资金结算。

随着华为公司的经营规模日益扩大，这种先记账后结算的方式给管理部门造成的工作压力也越来越大，公司每年要耗费大量的人力物力与各地供应商进行数据接收核对、账务处理和资金清算等工作，而且资金非实时清算，存在一定的财务风险。

以长城阳光金融 IC 卡替代原有的员工卡后，华为公司既实现了金融服务现代化，使得公司内部财务处理非现金化，减少了后勤结算服务的成本投入，也实现了员工生活服务现代化，形成了高效率的后勤支撑，还实现了员工生产行为管理现代化，成为大型企业集团借助金融资源实现高效管理的典范。

自 2010 年起，金融 IC 卡实现在企业园区内的应用，图为员工用金融 IC 卡在园区食堂消费。

三、校园金融 IC 卡

（一）校园对金融 IC 卡的需求

金融 IC 卡应用于校园之前，学校师生几乎每人手中都持有多张证卡，如学生证、出入证、工作证、借书证、就餐卡、上机证、体育卡、会员证，由于这些证件功能单一，具体应用中势必会形成多种证件共存的局面。结果可想而知，一方面，师生携带和使用很不方便，经常存在拿错卡、忘带卡等问题；另一方面，多种卡的存在，也不便于学校形成高效的管理体系，造成资源的极大浪费，增加管理成本。

随着银行卡 "芯片化" 进程的推进，金融 IC 卡的多应用性及非接触交互处理功能使得商业银行与学校合作共同开发校园一卡通项目成为可能。许多学校也看到了原来单一功能卡存在功能贫乏、使用不便、较难管理等问题，开始积极与银行合作探索在金融 IC 卡上加载校园管理功能，以便在整合原有各功能的同时增加金融支付功能，最终实现应用集中、数据集中、设备集中。

（二）金融 IC 卡在校园的应用

近年来，国家对教育信息化工作日益重视，学校信息管理系统得到了长足进步，校园卡逐渐成为学校实现管理能力提升的重要工具。经过十多年的发展，校园卡在技术、产品、性能等方面均有所优化，应用领域不断扩展。当然，校园卡的多功能也是逐步发展而来，其发展经历了 "单功能卡" 和 "一卡通" 两大阶段。

20 世纪 90 年代以来，许多大中专院校从食堂消费的后勤管理入手，引入了校园卡早期的雏形——食堂就餐卡，其技术实质就是光电卡或磁卡。因为技术的制约，最初的校园消费卡应用功能单一，卡片设计简单。在管理需求的促动下，逐渐在各种场合出现了不同用途的校园卡，但每种卡片也只局限于某一范围使用，如图书借阅卡、医疗卡等。这种 "单功能卡"虽然改进了学校的管理，但多种单一功能卡的平行应用也给学生管理卡片带来了很大的不便。当卡片多到一定程度时，学校的管理也会变得十分复杂。

21世纪初，基于开放系统和高速局域网的各大高校校园网逐步建成并投入使用，校园信息化基础设施基本完善，为建设"一卡通"系统提供了基础环境。同时，金融信息化也在开放系统的环境下迅速发展，学校与金融业系统互联成为可能。金融IC卡多应用功能的发展，为这种互联提供了合理的信息媒介。在内外因素的共同作用和银校双方的合作推动下，经过短短几年的发展，许多学校已经完成了借助金融IC卡实现校园卡多功能，替代原来各种证卡形成现代化管理能力的过程，身份识别、金融消费以及信息查询等重要功能在校园内得到广泛应用，成为数字化校园的应用前端，校园卡的内涵和外延发生了质的变化。

在湖南湘潭大学，学生们拿到一卡通的第一件事情就是到学校的某个办公室给一卡通充值。同样的情况几乎每个月都要出现，甚至有些开销大的同学每个礼拜都要去充一次值。

湘潭大学的同学回到宿舍楼前，将湘大校园IC卡往宿舍楼门禁上轻拍，门开了，门厅的电子屏上有时还显示邮件送达或充值提示等信息。

在大厅宿舍管理处领取邮件时，宿舍管理员验证校园卡，在读卡器上轻拍，电脑里即显示学生的基本信息和邮件信息。

回到宿舍，同学们打开电脑，登录大学一卡通系统，选择卡务系统的餐卡管理。就可以进行餐卡快速在线充值，输入金额、短信验证码后，即可确认充值。

在食堂，同学们在缴费终端上轻放卡片，不到十秒钟，就可完成圈存的补登。

晚上，同学们从图书馆回到宿舍，习惯性地打开电脑，许多私密信息通过校园卡认证便可读取。临近毕业时，学校还会在校园网上通知学生离校前去卡管处将校园卡功能取消，但卡片金融服务功能仍可保留，金融IC卡的概念也由此刻在了毕业生的意识中。

自 2012 年起，使用金融 IC 卡可在部分高校图书馆借阅图书，图为学生在广州大学城某图书馆使用金融 IC 卡借书。

第五章　金融 IC 卡走进日常消费

一、菜市场消费

（一）菜市场交易对金融 IC 卡的需求

长期以来，菜市场只能使用现金进行交易，现金往往沾满油污和病菌，容易被传递到所购买的蔬菜和肉类等食品上，同时，现金支付还面临着找零、假币等麻烦。因此，对菜市场摊主和顾客而言，现金支付既不卫生又不方便。

食品安全是与我们每个人都息息相关的基本社会问题，但是，我国食品安全现状并不令人满意，人们餐桌上的很多食材都无法得到从生产源到零售的全流程保障，特别是像肉类、蔬菜这种城乡居民重要的基本生活必需品，也常被报道有注水或农药残留现象。当然原因是复杂多样的，如我国肉类蔬菜生产和流通的组织化程度较低、技术水平相对落后、索证索票习惯未形成、购销台账制度欠缺、责任追溯技术未采用等问题都是造成管理难度大、质量安全隐患突出的主要因素。

（二）金融 IC 卡在菜市场的应用

随着金融 IC 卡的不断推广，菜市场也逐步实现了拍卡消费。使用金融 IC 卡买菜，不仅免去了持卡人和摊主找零钱的麻烦，也能避免假钞交易带来的损失，因而显著提高了菜市场管理水平，促使菜市场经营行为逐步实现规范化和信息化。同时，由于金融 IC 卡具有信息追溯功能，人们还可借此全程掌握食品的各流程环节，对保障食品安全和规范市场经营具有重要意义。目前,上海的"标准化菜市场"公益民生工程和昆明的"源卡"食品追溯工程已经成为金融 IC 卡在菜市场应用的两个典型案例。

1. 上海"标准化菜市场"

2009 年,上海市政府启动了全市标准化菜市场信息化管理建设工程,政府为每家标准化菜市场搭建了局域网、配置了电脑,为每个摊位配备了统一的电子秤和 IC 卡读卡器,同时实现了标准化菜市场对金融 IC 卡的受理,工程的顺利完成,在为市民提供快捷支付服务的同时,也进一步推动了标准化菜市场的信息化管理。

2011 年初,上海又对标准化菜市场的 IC 卡读卡器实施了 PBOC2.0 标准改造,使每个摊位的标准化电子秤都配有一个能受理非接触式金融 IC 卡的专用 POS 终端,电子秤与 POS 终端通过串口连接,卖菜摊主完成称重后,电子秤自动通过串口将消费金额传递至 POS 终端,顾客对着 POS 机挥卡即可完成支付。

由于实现了全流程信息化,金融 IC 卡支付的交易流程十分流畅。先是持卡人选好食品,放在电子秤上计价;计价完毕后,摊主在电子秤上选择银行卡支付按钮;此时电子秤将扣款信息传递给与其连接在一起的专用 POS 机,显示刷卡金额;随后持卡人将带有闪付功能的金融 IC 卡靠近 POS 机;扣款成功,电子秤打单,显示交易金额和余额,单据上包含了摊位号、菜品名称、菜品称重、交易日期等信息。

自 2011 年 6 月底首批开通了两家标准化菜市场的金融 IC 卡便民支付服务以来,上海市已有 51 家标准化菜市场开通了这一便民支付服务,涉及受理终端近 3400 台,根据每季度统计的交易数据,该便民支付业务交易量总体呈增长趋势,截至 2013 年第二季度末,共发生便民支付交易 15.2 万笔,交易金额 624.2 万元。相信在不久的将来,这一方式将在更多地区得到推广。

自 2011 年起，金融 IC 卡实现在菜市场的应用，图为持卡人在某菜市场使用金融 IC 卡电子现金功能进行闪付。

2. 带有食品流通追溯功能的"源卡"

金融 IC 卡的多应用、高安全、便捷性特色，使其成为肉类蔬菜流通追溯体系有效的信息载体，有望在提供便捷快速的金融结算服务的同时实现肉类蔬菜的全流程信息记载。

基于食品安全的紧迫需求，民生银行昆明分行与昆明市商务局合作开发了具有肉菜流通追溯功能以及金融功能的标准借记金融 IC 卡——"源卡"。

"源卡"项目于 2012 年 3 月启动，2012 年 9 月 19 日成功举行首发仪式并正式投入使用。源卡不仅具备存款、取款、消费等金融功能，同时也记录着肉类蔬菜流通经营者身份信息和交易过程信息，通过运用信息技术手段，实现了肉菜商品证、票、购销台账的电子化，从而形成了来源可追溯、去向可查证、责任可追究的质量安全追溯链条。

以猪肉为例，"源卡"发行后的追溯流程如下：

开户。并贩和肉贩都开户使用源卡，开户时录入相关信息，追溯系统生成经营者编码。在追溯系统中，每个客户分配一个卡号并与客户信息相关联。

生猪进场。进场时,在市场的 ERP 系统中录入生猪来源地的检疫信息以及井贩的井号信息,并写入井贩的卡片。

点猪。肉贩到井舍点猪,在市场布放的井贩的终端上输入所点猪的相关信息。

生猪屠宰过磅。井贩将卡片插入磅秤,过磅后市场方系统生成过磅号,并打印过磅单,过磅号与过磅的生猪信息对应。

结算。肉贩凭过磅单到市场结算中心进行刷卡结算,过磅号写入买方卡片。

结算完毕后,肉贩凭结算单和井贩出具的出门条出场。

肉贩到零售市场,将卡片插入追溯系统定制的电子秤,源卡上的信息通过电子秤,在每次交易时都会将交易信息传到追溯系统的后台。

消费者购买猪肉时,电子秤打印的小票上记录了重量、价格以及完整的追溯码信息。

从以上流程可以发现,系统在每一个环节,都将标的物主要信息进行了记载,这些信息将成为物品追溯的依据。

"源卡"发行的首家落地企业为昆明神龙肉业市场,民生银行向市场内的生猪批发商和猪肉批发商约 2000 人发行了卡片,该市场内的生猪批发商和猪肉批发商发生交易时都已采用"源卡"写入追溯信息并完成结算。另外,昆明市商务局的追溯系统、民生银行的银行卡系统、神龙肉业市场的内部系统还在紧张实施对接中,届时将以"源卡"作为交易、追溯及电子结算载体,实现市场内电子化流程全覆盖。随着"源卡"功能的不断扩大完善,今后,昆明市商务局计划将其运用到更多的市场和食品流通领域,以早日形成群众放心的食品安全控制链条。

二、餐饮零售消费

(一)餐饮零售对金融 IC 卡的需求

餐饮、零售是与人民群众日常生活密切相关的行业,涉及生活服务的多方面，是群众日常消费行为最为频繁发生的领域之一。餐饮零售的消费，往往以小额支付为主，在金融 IC 卡出现前，现金支付、储值卡、磁条银行卡是最为常见的消费结算方式。

餐饮零售如果采用现金消费，会与菜市场产生同样的结果，也存在找零、假币等麻烦。对顾客和卖家来说，现金支付既不卫生又不方便。而使用储值卡，往往只能在固定场所消费，不能取现、退款、挂失，存在办卡及使用的不规范问题。同时，顾客还担心存在卖家"消失"、难以维权的风险。

金融 IC 卡因具有较好的安全性，同时具备电子现金以及一卡多应用的功能，使用安全便捷，能有效满足餐饮零售行业小额支付、快速支付的需求。

（二）金融 IC 卡在餐饮零售领域的应用

随着金融 IC 卡在便利超市、快餐业、零售行业等小额支付和快速支付领域的推广应用，出门不带现金，只要一卡在手，就可随意消费也将不是梦想。桂林居民甚至可以运用金融 IC 卡在全市米粉等特色小吃行业进行支付。

米粉是桂林的传统美食，据有关资料，桂林市区人口约 80 万，分布着米粉店约 1000 家，大约 50% 的桂林人有以米粉为早餐的习惯。米粉味美且价廉，但找付零钞常常是店主和顾客头疼的事。为能更好地开展特色金融服务，桂林银行利用金融 IC 卡小额支付结算快捷的功能，选择家家户户不可或缺的米粉快餐店作为切入点，一面改造金融 IC 卡的受理环境，一面举办宣传营销活动让市民携家带口走进米粉店使用金融 IC 卡，切身体会实惠和方便。

在首次行业应用活动中，桂林银行选取市区 35 家知名米粉店布放 POS 机，推出"免费办 IC 卡、免零钞支付、一闪即付"的优惠政策。以知名米粉店为宣传阵地，通过在合作的米粉店设置墙面广告、桌牌广告、收银台广告、展架、宣传单等，将桂林银行 IC 卡宣传广告和商家宣传广告相结合，产生了很好的宣传效果。桂林银行还采取了只要在签约米粉联盟商家刷 IC 卡买米粉，市民"刷一碗"，桂林银行"送一碗"的宣传手段促进人们用卡吃米粉。同时为取得商家对桂林银行推广活动的支持，凡成为桂林银行首批金融 IC 卡刷卡米粉店的商家都可免除 POS 机的刷卡手续费和获取桂林银行提供的零钞兑换券。桂林银行还联系了《桂林晚报》等新闻媒体对此次活动进行广泛的宣传。短期内，通过金融 IC 卡付款吃米粉便成为桂林市民喜闻乐见的便民服务，桂林银行也由此名声大振。

自 2012 年起，在桂林大街小巷的米粉店可用金融 IC 卡实现快速消费。

三、旅游消费

（一）旅游消费对金融 IC 卡的需求

随着我国经济社会的繁荣发展，人民生活水平不断提高，旅游业也因此保持了快速健康发展。如今，在大部分地区，郊区游、境内游、境外游等已成为人民群众日常生活的一部分。

旅游实质上是一种综合消费服务，从出发的那一刻起，旅客时刻都离不开衣、食、住、行，而景区参观、购物则是旅途中的重要事项，一次旅行下来，往往花费不小，随身携带现金显然不便。同时，在黄金周等旅游旺季，向往已久的旅游热点往往是人山人海，排队买票、验票经常成为旅途中的小烦恼。

随着金融 IC 卡在旅游业的推广应用，以上问题将能得到有效缓解。金融 IC 卡加载旅游功能后，可支持景点门票、景点快速通关、住宿、餐饮购物等旅游消费。借助金融 IC 卡还可以实现会员识别、小额快速支付、交通管理、智能导游、电子门票、多点通信等功能。消费者在旅游景点无须排队购票，可以直接在景区闸机上刷金融 IC 卡快速通关，景区内也可以直接刷卡乘坐内部交通工具并且在区内的商铺购物支付。消费者也可以预先下载景点的优惠券至自己的金融 IC 卡，在进入景区时或在景区内消费时，拍卡或插卡享受相应的优惠。

（二）金融 IC 卡在旅游行业的应用

在金融 IC 卡多行业应用的环境感召下，商业银行积极推动金融 IC 卡在旅游业的应用，为游客提供了安全、便捷的支付服务。在多个著名景点应用中，张家界旅游卡就是一个成功案例。

张家界旅游卡是农业银行推出的首张芯片旅游主题卡，属于贷记卡产品，首发地在张家界，2012 年 7 月向全国推广发行。该卡具有电子现金功能，具有单独的产品标识。卡片采用磁条卡与芯片卡合一模式，其中，磁条卡具有标准贷记金融功能，芯片卡不具备标准贷记卡的金融功能，但具有符合人民银行 PBOC2.0 标准的电子现金功能，能够同时支持接触式与非接触式的快速支付应用，并加载旅游会员管理信息，预留了足够空间加载多个行业应用和合作单位信息。电子现金卡内余额可以现金的方式圈存，也可从贷记卡账户中圈存。

办理此卡后，持卡人凭卡在当地合作企业（"三英特"公司）的签约商户和农业银行特惠商户进行包括餐饮、住宿、交通、景区（点）门票、定点购物、娱乐等消费时，享受优惠政策。该卡自 2011 年 6 月 20 日正式发卡以来，截至 2013 年 3 月末，已发行 31933 张，卡片激活率达到 60.3%，景区通行效率得到大幅提升。

自 2011 年 1 月起，持卡人可在部分自动售货机上使用金融 IC 卡快速购买饮料、食品。

四、商场消费

（一）商场消费对金融 IC 卡的需求

随着收入水平的不断提高，人民群众的消费意愿和能力也不断增强。

特别是在一些大城市，每到节假日，超市、商场的人流量非常大，在收款处总是排着长龙，既浪费了顾客的时间，同时也降低了商场和超市的运行效率。

造成商场、超市支付排队的原因，除节假日顾客数量剧增、收款通道数量有限外，还有一个重要原因就是支付手段的效率不高。从当前我国支付的总体情况看，商场和超市的零售结算还是以现金支付、磁条卡支付为主。其中，现金支付存在找零问题，支付效率最低。磁条卡支付，因需要输入密码、打印、签名，需要等待的时间也不短。另外，磁条卡如密码泄露，还存在被复制的风险。

商场、超市排队付款，除了浪费顾客的时间，还增加了商场收银员收款、现金清点与管理等方面的工作量，同时，因付款等候时间长，也对商场服务质量、运行效率都带来一定负面影响。因此，安全、高效的支付工具，已成为商场和超市快捷付款的迫切需求。而金融 IC 卡因具备非接触式电子现金功能以及较好的安全性，能够基本满足商场和超市支付的需要。

（二）金融 IC 卡在商场消费中的应用

面对群众在商场、超市对安全、快捷支付的需求，各大商业银行纷纷推出了各自的金融 IC 卡，建设银行的"全城热购龙卡"就是其中之一。

为了更好地让银行卡体现"简单便利"的特性，2011 年，建设银行在深圳开展了市场调研，认真分析了不同行业的支付差异，进而提炼出了银行卡在不同行业进行支付时的共性。最终，"一卡多用、多卡合一"的旅游全城热购龙卡这一概念诞生。建设银行基于金融 IC 卡在民生应用领域可以作为主要支付工具的特点，与零售服务行业积极开展"一卡多用"的合作。

为此，建设银行逐家与目标商户开展商业和技术谈判，攻破了商家行业竞争的壁垒，清除了积分兑换的技术障碍及行业支付习惯不同的难题。技术上，建设银行还在同业中率先普及芯片信用卡，内置芯片存储容量巨大，多项数据加密，可有效防范复制和伪造，为持卡人提供了更高安全保障。

在多方的共同努力下，短短几个月内建设银行就与全深圳最知名的购物中心、超市百货、酒店药店等近 20 家联盟商户完成了签约，将各行业、各商家的消费卡综合到一张卡——深圳旅游全城热购龙卡上。

2012 年 4 月 26 日，建设银行在深圳发行了跨行业融合的全城热购龙卡金融 IC 卡。深圳全城热购卡一经发布，立即受到了广大消费者的追捧。现在，全城热购信用卡在联手深圳市大型优质商户的基础上，还与近千家中小商户共同推出了"吃、住、行、游、购、娱"六大特惠专属权，涵盖深圳、香港两地优质百货商场，还兼容深圳通快捷支付，实现方便乘坐地

自 2013 年起，多地市民可以用金融 IC 卡在连锁快餐店实现快速消费。

铁、公交等交通工具。深圳全市热购 IC 卡不仅涵盖了金融支付、商户会员管理等功能，还实现了一些客户喜闻乐见、方便快捷、具有深圳特色的生活服务功能。消费者如果想去香港游玩，还可以享受深港两地支付通用。

五、持有金融 IC 卡的"芯"生活

随着金融 IC 卡在公共服务领域的全面推进，将会有更多的行业和商户加入到金融 IC 卡以及"闪付"的阵营，支付受理环境也将得到充分优化，芯片银行卡将贯穿人们的社会活动过程，从而改变人们的生活方式。

忙碌的周一清晨，上班族们都纷纷踏上了前往公司的征程。对于大多数上班族来说，早餐早已外包给了早点摊位，他们和早点摊的老板早已熟识，于是熟练地点了最爱吃的几样早点，拿出卡片轻轻一挥拿起早餐便匆匆离开。从点餐到结账走人，整个过程也就短短几分钟，没有找钱的负担，很少有排队的等待。清晨的社区菜场一片繁忙景象，大爷大妈们挑选完毕之后直接通过金融 IC 卡挥卡支付，便捷快速，无须携带零钞也不用担心假币和细菌传染等问题；买完菜在周围便利店，使用金融 IC 卡完成水、电、燃气账单缴费；缴费完毕后，还能用金融 IC 卡中已经积攒的社区积分在社区保健室享受免费健康咨询；最后使用金融 IC 卡挥卡通过住宅楼门禁返回家中。

进入地铁站，尽管人潮拥挤，但闸机前人们都井井有条地刷卡进站，车站内看不到管理员也没有售票窗口，只有一排配备巨大触摸屏的自助设备。当乘客将手中的卡片贴在自助机的感应区，所有的信息便在屏幕上显示了出来，可以看到近期的乘车记录以及消费支出记录，同时还可以给卡上的交通账户充值。排队充值、买票早已成为历史。

来到公司楼下，员工拿出卡片在门禁系统上轻轻一挥，门禁系统显示出该员工的照片以及工作部门、职位、楼层等信息并记录进入的时间和图像证明，电梯与门禁系统相连可以根据员工要去的楼层和客流量智能分配，大大缩短了高峰期等待电梯的时间。

午餐时间，员工拿着这张卡便可以到公司食堂享用营养午餐，公司每月给员工的用餐补助都将直接写到卡片上，同时食堂餐厅将根据每个员工的级别和工作年限给予一定的透支额度，当卡上金额不足时便可透支。当然，食堂也设有自助充值机。此外，员工出差的差旅费用和补助等都将通过这张卡来发放。

晚上下班回到家，将卡片插入电脑，之前订制的各种信息都将自动更新并下载到卡片中，例如最喜欢吃的餐馆的优惠券将直接下载到卡片中，或者积分兑换电影票也将及时写入卡片中。此外，当在网站上浏览时，如果发现对哪个新推出的服务感兴趣，那么就可以实时将该功能加载到卡片中去。

周末，人们开车去购物的时候，同样可以只带一张卡就出门。商场的停车场可以直接刷卡，离开的时候只需要再刷一次卡，系统将自动计算停车时间扣除相应费用。进入购物中心，如果顾客是该商场的 VIP 会员，那么商场将自动识别卡上的个人信息，安排专人来接待并引导完成购物。同时，在购物中心的一层摆放着很多自助设备，顾客将卡片插入自助机便可查询商场内所有品牌商户的优惠信息并且可以免费下载优惠券。如果顾客是某家品牌店的老顾客，那么之前在该店消费的所有积分都能通过读取卡片来获取。

在医院，医生可直接读取病人金融 IC 卡中的健康档案等相关信息，查询病人以往的健康状况和就医记录；在学校，学生们最喜欢体验新兴事物，日常生活已经离不开金融 IC 卡和手机支付，很多学生每个月都通过自己的金融 IC 卡查询并管理自己的大学生生活补贴；学校教务处可通过金融 IC 卡查询学籍资料；在学校图书馆，使用金融 IC 卡可以借到感兴趣的图书；在学校食堂，通过金融 IC 卡可以就餐。

在出差的路上，通过金融 IC 卡直接挥卡乘坐高铁；乘坐出租车到达目的地后，挥金融 IC 卡完成出租车费的支付；如果发现自己的手机话费余额不足，可通过手机支付轻松完成话费充值。

自 2013 年起，多地市民可以用金融 IC 卡自助租用公共自行车。

第六章 金融 IC 卡
走进社会公益事业

一、志愿服务事业

（一）志愿服务事业对金融 IC 卡的需求

随着我国社会经济发展和精神文明程度的提高，社会公众积极参与社会公益事业的意识在不断增强。近年来，在扶贫开发、环境保护、大型赛会、应急救助等各种公益活动中都可以见到大量志愿者的身影，在 2008 年北京奥运会、2010 年上海世博会、2010 年广州亚运会以及 2011 年深圳世界大学生运动会（大运会）期间，都有超过百万社会各界群众主动参加志愿服务，服务领域涵盖礼宾接待、语言翻译、交通运输、安全保卫、医疗卫生、观众指引、物品分发、沟通联络、竞赛组织、场馆运行、新闻服务、文化活动等，为这些重大活动成功举办贡献了巨大力量。随着我国志愿服务的意识逐步深入人心，志愿者队伍快速壮大，志愿者统一组织管理的难度也不断加大，我国志愿服务事业对于能够有效辅助志愿者管理的工具需求日益迫切。

志愿者管理的核心需求是方便、准确地标识志愿者身份，并通过信息科技手段实现志愿者活动记录、保障记录、培训记录以及激励引导等。身份标识在志愿者服务中是必不可少的工具，一方面身份标识能够使公众需要帮助时及时发现志愿者，另一方面也是志愿服务中维持重要场所出入秩序、发放物资的凭证。及时可靠记录志愿者活动、保障、培训相关信息，对于增强志愿者对自身服务价值的认知，解决其后顾之忧，提升其服务能力和水平有着重要意义。

目前，志愿服务事业主要采用项目驱动方式来开展志愿者管理，如大型赛会、重要展会都会建立独立的管理信息系统以及简单的志愿者身份标识体系，但仅能满足单项活动短期需求，活动结束后将停止服务并不再保存相关信息。长期来看，这种方式既难以引导和激励志愿者持续形成志愿服务的意愿，也浪费了已投入的大量资源，不利于志愿服务事业的可持续发展。由于志愿服务事业总体经费有限，如何在尽可能节约成本的前提下建立一套长效的志愿服务管理工具体系是一个极具挑战的难题。金融 IC 卡的出现，使得解决志愿服务管理问题成为可能。

（二）金融 IC 卡在志愿服务事业的应用

针对志愿服务事业的管理需求，在人民银行的指导帮助下，中国银行、民生银行、中国银联等金融业机构与深圳、南京等地共青团组织、义工联协会紧密联系，开展了积极探索，先后实现了利用金融 IC 卡加载志愿者管理和服务相关功能，在深圳、南京等地发行了深圳志愿者（义工）证、南京青年志愿者卡等公益性金融 IC 卡产品，有力地支持了当地的志愿服务事业发展，取得了积极的社会效益。

深圳志愿者（义工）证作为我国第一张公益事业金融 IC 卡，在如何利用金融 IC 卡先进特性创新服务于志愿服务事业方面具有典型示范意义。

2011 年，深圳市成功举办了第 26 届世界大学生运动会，赛会期间有 127 万人参与了大运会志愿服务，向全国、全世界彰显了深圳"爱心之城"、"志愿之城"的良好形象。后大运时期，深圳于 2011 年 12 月在全国首个提出建设"志愿之城"的发展规划，目标是到 2015 年，志愿服务事业发展达到国际城市的先进水平，志愿者人数覆盖全市常住人口的 10%，即 110 万。面对逐渐壮大的志愿者队伍和相对有限的资源投入，深圳志愿者统一管理面临着巨大挑战。

2012 年，在人民银行深圳市中心支行的指导下，中国银行以积极承担社会责任为出发点，充分利用金融 IC 卡高安全性和多应用功能的特点，以金融 IC 卡产品创新为切入点，与深圳市团委、深圳义工联协会联合在全国率先发行了深圳志愿者（义工）证，形成了金融 IC 卡公益产品。深圳志愿者（义工）证实现了深圳志愿者服务事业的信息化和规范化管理，推动了深圳志愿服务事业逐步达到国际城市的先进水平。

作为我国第一款社会公益服务金融 IC 卡的建设者，在设计初期，中国银行就从银行的社会责任出发，充分考虑该产品的公益属性，在卡片设计上完全淡化了商业色彩。从卡片外观上看，深圳志愿者（义工）证与普通银行卡完全不同，卡片正面是志愿者证，包括志愿者照片、姓名、性别、义工号等个人信息以及义工联徽章、公章，便于深圳全市各志愿服务站确认持卡人的义工身份和在志愿活动中识别义工。金融服务等附加功能放在卡片背面，体现了"证卡分离"的公益设计理念。

深圳志愿者（义工）证在功能设计上，充分利用金融 IC 卡芯片强大的多应用加载功能，在芯片中实现了"一芯四用"。一是志愿者（义工）管理和服务应用。该产品芯片内预留了存储志愿者个人信息的空间，可以加载义工号，通过义工服务专用终端设备可读取芯片中的义工号码并记录义工服务时点和时长，该信息可以被传送到后台信息系统——"深圳志愿者信息服务平台"，方便实现义工活动的统计分析、积分入户、表彰激励等管理和服务。二是金融应用。该产品芯片中含有符合 PBOC2.0 标准的借记或贷记以及电子现金功能，可方便获取同普通金融 IC 卡一样的金融服务。三是医疗行业应用。该产品芯片加载了"深圳市民健康卡"功能，在芯片中存放了身份证号、个人健康档案等基本信息，通过芯片可调阅医学信息中心系统的个人健康完整档案。同时，利用金融应用可实现自助缴费功能，有效解决了看病排队难、就医时间长、重复排队缴费等问题。四是交通行业应用。该产品芯片还加载深圳通应用，实现深圳地区范围内搭乘公交、地铁的便利支付。

为了鼓励和引导志愿者参与义工服务，中国银行在深圳志愿者（义工）证中增加了保险服务功能，与中银保险公司合作向持卡志愿者提供义工服务意外伤害保险，丰富了深圳志愿者（义工）证产品的公益内涵。此外，志愿者持卡可享受深圳主要旅游景点的优惠政策，有利于进一步扩大深圳志愿者之城的影响力，优化深圳的社会文化风气。

依据深圳"志愿者之城"规划，到 2015 年深圳志愿者（义工）证发行将突破百万张，范围辐射至公务员、学生、社工、企业员工、普通群众等各阶层，成为深圳志愿服务的名片。深圳志愿者（义工）证以金融 IC 卡为载体，整合了志愿者管理、金融服务以及公交、医疗等应用，方便了志愿者身份验证、跨地区签到签退和计时统计，实现了深圳全市志愿服务管理信息化和标准化，同时系统地解决了志愿者交通支付、保险、医疗、餐饮、消费等保障问题，为深圳成功建设"志愿者之城"提供了有力支撑。

二、工会事业

（一）工会事业对金融 IC 卡的需求

工会事业是一项关乎每位职工切身利益的公共事业，主要包括维护职工群众的经济效益和民主权益，吸引和组织职工群众参加经济建设和改革，代表和组织职工参与国家和社会事务管理，以及帮助职工不断提高思想政治觉悟和文化素质等职能。随着我国经济社会的快速发展，我国企业规模和职工人数不断增长，同时，工会事业也得到了蓬勃发展。截至 2013 年 6 月底，全国工会会员总数达 2.8 亿人。全国各级地方及产业工会参与建立的协调劳动关系的三方机制达 2.4 万个，全国共签订集体合同 244.6 万份，覆盖企业 584.8 万家，覆盖职工 2.76 亿人。

随着工会事业的发展以及工会会员的不断壮大，通过传统方式实施各种资金发放，开展合法权益保障、就业援助等工作，已不能适应当前社会发展的形势，也不符合员工的期盼。特别是在一些保障性资金发放领域，如职工医疗互助保障给付资金、日常困难职工帮扶资金等，职工在生活中对资金的需求往往比较迫切，如采用传统的现金发放方式，不但效率低，还存在携带不便的问题，迫切需要采用现代化的资金划拨手段实现资金的快速到账。

在法律、就业援助方面，因我国职工数量庞大，企业人员流动性强，职工个人信息管理，以及问题的处理解决等方面的工作量快速增长，如不采用现代信息化手段，工作难度将越来越大。而金融 IC 卡具有的身份识别、数据存储以及金融支付功能，可较好地满足工会工作的相关需求。

（二）金融 IC 卡在工会事业的应用

为加快智慧型城市创建，深化服务型工会建设，促进金融 IC 卡在民生领域的应用，中国银行宁波市分行、宁波市总工会和市民卡服务中心于 2011 年 12 月合作推出以全市工会会员为持卡对象的工会"5·1 服务卡"。"5·1 服务卡"以宁波市民卡为基础，加载工会应用，符合金融 IC 卡标准，功能上集工会服务管理、金融以及市民卡应用功能于一体，既是金融 IC 卡和工会电子会员证，还是一张名副其实的服务卡，享有系列便民、惠民功能。

"5·1 服务卡"可以实现职工医疗互助保障给付资金、日常困难职工帮扶资金、"金秋助学"受助资金、职工突发性灾害或伤害的救助受理和救助资金划转到账，方便了受困群众的资金领取。持卡人凭卡可获得工会职工维权帮扶中心、工会律师、与工会协作的律师事务所、工会法律志愿者等提供的法律援助服务。持卡人还可在工会职业介绍所或工会与有关部门举办的职场、工会帮扶中心获得免费职业介绍和推荐服务。此外，持卡人还能在工会确定的特约商店、超市、影院、书店、美容美发、旅游景点等消费场所享受折扣优惠。

"5·1 服务卡"自首发以来，经过合作各方的共同努力，发卡工作进展顺利。截至 2013 年 5 月 31 日，"5·1 服务卡"已累计发行超过 119 万张，发卡对象覆盖宁波市所有区、县（市）职工。

为了让持卡人手中的卡不成为"死卡"，促使其变得活跃起来，中国银行宁波市分行还会同有关各方持续开展用卡优惠活动，从"10 元看电影"、"移动充值送话费"及"红五月"系列优惠活动，到"周一免费乘公交"、"自助售票优惠"及"圈存刷卡有礼"等，充分调动了持卡人的用卡积极性，促进了用卡习惯的形成。

"5·1 服务卡"的发行虽仅有一年半时间，其意义却十分深远。通过该卡的发行，构建了从市总工会到基层工会完整的工会会员管理架构，形成了系列便民、惠民措施与完备的服务网络，不仅增强了工会组织对全市工会会员的日常管理，而且有效拓展了工会组织对工会会员的服务领域、提升了对会员的服务功能，加强了工会组织凝聚力。工会会员不仅能通过"5·1服务卡"增进组织归属感，更能通过中国银行、工会、市民卡公司、市民服务平台和特约优惠商户所提供的各类便民服务措施，得到实实在在的便利和优惠。同时，通过各级基层工会统一组织批量发行，可以在短时间内将金融IC卡推向全市300多万在职人员，对于形成社会性的金融IC卡认识和使用理念有着重大的推动作用。

技术支持篇

功能强大的产品往往离不开先进的科学技术与完备的产业链条支撑。金融 IC 卡——一张精致小巧的卡片上汇集了金融服务、行业应用、网络通信、智能计算、身份认证等诸多强大功能，也凝聚了我国金融和信息产业的无数心血结晶。顾名思义，金融 IC 卡最核心、最尖端的科技体现在 "IC"（集成电路 Integrated Circuit，即业界俗称的芯片）之上，强大的 "芯" 隐藏在卡片内部，虽然仅有筷子截面大小、纸一样厚薄，却能像微型计算机一样处理、存储信息，是金融 IC 卡强大功能的根基。芯片设计制造是金融 IC 卡产业的核心，在国家有关部门的指导和推动下，我国 IC 产业攻坚克难，逐步进入世界领先行列。以制造工艺为例，我国芯片生产厂商已采用 130 纳米工艺，达到世界先进水平。

　　当然，先进的芯片转化为成熟金融 IC 卡产品还需要多方产业支持。我国银行卡机具和支持系统等相关产业充分利用和挖掘金融 IC 卡的优势和特色，结合社会公众的需求开展创新并加快产品升级换代，不断生产研制出全新功能的 POS、ATM 及互联网终端产品，有力地支持了金融 IC 卡广泛应用。检测认证是保障金融 IC 卡质量、维护百姓切身利益的关键环节，人民银行与工业和信息化部、发展改革委共同努力，推动我国逐步建立了较完备的金融 IC 卡检测认证体系。

第一章　金融 IC 卡的发展过程

一、金融 IC 卡的前身

在金融 IC 卡问世之前，银行卡的电子信息介质一直由磁条充当。时至今日，磁条卡仍然在银行卡日常交易中发挥主体作用。

世界上第一张银行磁条卡诞生于 1952 年，由美国加州富兰克林国民银行发行。此后，随着众多商业银行的加入，国际信用卡组织应运而生。国际信用卡组织制定了磁条卡的金融应用规范，使组织内的各成员银行发行的卡片具有互通性，从此，银行卡的使用不再局限于一国一地，相反，跨越国界，在国际上通用成为基本功能。

银行磁条卡的技术特点是背面带有磁条。磁条一般可以划分为三条磁道，记录了卡号、姓名及其他一些基本账户信息，我国银行磁条卡的详细磁条信息可参考 2010 年发布的《GB/T 19584 银行卡磁条信息格式和使用规范》。

磁条卡制造成本较低，在世界各国得到了极为广泛的应用。但是磁条卡存在安全等级相对较低、防护能力较弱的缺陷，时至今日，已远不能适应安全支付的需要。特别是近几年，不法分子利用磁条易复制的技术缺陷，侧录磁条信息，制造伪卡实施盗刷，严重扰乱了我国金融秩序，给人民群众的财产安全带来极大威胁。

二、金融 IC 卡的发展

随着电子信息科技水平的不断提高和银行卡应用的不断拓展，金融 IC

卡应运而生。

金融 IC 卡是由商业银行等金融机构发行，采用集成电路技术，在工业标准基础上，遵循国家金融行业应用标准，具有消费信用、转账结算、现金存取全部或部分功能，可以具有其他金融服务、商业服务和公共服务功能的金融工具。与普通磁条卡相比最大的区别是信息主要存储载体不再是磁条，而是采用集成电路芯片。

IC 卡的最初设想是由日本人提出来的。1969 年 12 月日本的有村国孝（Kunitaka Arimura）提出一种制造安全可靠信用卡的方法，并于 1970 年获得专利，那时叫 ID 卡（Identification Card）。

1974 年，法国的罗兰·莫雷诺（Roland Moreno）发明了带集成电路芯片的塑料卡片，他对这项技术的描述是镶嵌有可进行自我保护存储器的卡片，并取得了专利权，这就是早期的 IC 卡。罗兰·莫雷诺曾经和一个记者打赌，在巴黎大街上随便拦下一个人，身上至少带着三张他发明的智能卡。他把自己发明的卡片称做芯片卡，因为卡里面有一颗小小的芯片。说来可能有些奇怪，其实最初的时候莫雷诺是想把这颗芯片放置在他手指上戴的戒指里，用来作为身份的凭证。如果他当时成功了，也许我们现在就会戴着智能戒指到处走，而不是这张智能卡。

1976 年，法国布尔（Bull）公司研制出世界第一张 IC 卡。1983 年，这一发明受到法国政府的重视，由政府出面推动 IC 卡的实用化。

1984 年，法国的 PTT（Posts，Telegraphs and Telephones）将 IC 卡用于电话卡，由于 IC 卡良好的安全性和可靠性，获得了意想不到的成功。

随后，国际标准化组织（ISO）与国际电工委员会（IEC）的联合技术委员会为之制订了一系列的国际标准、规范，极大地推动了 IC 卡的研究、发展和应用。

1996 年，国际三大银行卡组织 Europay、MasterCard 和 Visa 联合制定了银行 IC 卡（借记/贷记）的统一技术标准，即 EMV 标准。2002 年，Europay 与 MasterCard 合并。日本 JCB 和美国运通（American Express）也分别在 2005 年和 2009 年加入 EMV 组织。中国银联也于 2013 年成为 EMV 组织成员。

我国从银行磁条卡到金融 IC 卡的发展大体经历了六个阶段。

萌芽起步阶段：1978 年至 1993 年，部分银行开始代理信用卡业务并逐步发行自己的银行卡。

初步发展阶段：1994 年至 1996 年，国有商业银行各分支机构在大中城市独立发展银行卡业务，股份制银行也纷纷加入发卡行列，全国金卡工程开始启动。

联网通用初级阶段：1997 年至 2001 年，12 个试点城市的区域银行卡跨行信息交换系统建成，各商业银行在短时间内建立了银行卡受理环境，银行卡发卡量激增，POS 和 ATM 受理网点的数量和覆盖范围也大大增加。其间，人民银行在北京、上海、长沙等地进行了 PBOC1.0 金融 IC 卡的试点工作。

全面联网通用阶段：2001 年底至 2004 年初，随着中国银联的成立和银行卡跨行转接系统的建成，银行业机构开发了 ATM 跨行转账、柜面通、网上转账支付等多项银行卡新业务，全面实现联网通用。

自主品牌创建阶段：2004 年至 2009 年，我国银行卡产业融入国际市场，更多外资机构通过各种形式进入国内银行卡市场，我国银行卡产业面临的国际竞争压力日益增强。为此，我国提出的创建自主银行卡品牌、坚持人民币银行卡自主知识产权的战略得到各商业银行的普遍响应，各商业银行开始大量发行"银联"标准卡。银行卡在社会经济生活中发挥了越来越重要的作用。

金融 IC 卡迁移阶段：2005 年以来，人民银行根据我国银行卡发展的实际需要，以及国际银行卡向 IC 卡迁移的背景，制定了我国金融 IC 卡 PBOC2.0 规范，部分银行卡业务发达地区开始研究推广应用方案；2007 年对 PBOC2.0 规范进行了增补和完善，并于 2008 年在宁波试点发行金融 IC 卡，拉开了全国范围内大力推进银行卡从磁条卡向芯片卡迁移的序幕。在宁波成功试点的基础上，人民银行进一步于 2010 年修订发布了 PBOC2.0 规范。

与此同时，建立健全金融 IC 卡检测规范等技术管理体系，完成金融 IC 卡非对称根 CA 密钥中心等基础设施建设，推动金融 IC 卡受理市场改造，开展金融 IC 卡重大课题研究等基础性工作稳步推进，为我国金融 IC

卡全面启动奠定了扎实基础。2011 年 3 月人民银行发布了《中国人民银行关于推进金融 IC 卡应用工作的意见》（银发〔2011〕64 号），决定在全国范围内正式启动银行卡从磁条卡向 IC 卡迁移的工作。2011 年也被业内称为金融 IC 卡元年。

三、金融 IC 卡的分类

金融 IC 卡是一个大家族，家族内成员丰富，都以芯片为基础，但也有不同的个性差异。

（一）按电子信息存储介质类型分为纯芯片卡和磁条芯片复合卡

纯芯片卡以芯片作为电子信息存储和交易实现的唯一介质，只能在具有芯片读取设备的受理点使用；磁条芯片复合卡可同时支持芯片和磁条两种介质，在可以受理芯片的受理点使用时读取芯片，在其他受理点则读取磁条。

（二）按与读写设备通讯方式的不同分为接触式 IC 卡、非接触式 IC 卡和双界面 IC 卡

接触式 IC 卡是通过读写设备的触点与 IC 卡的触点接触后进行数据的读写。

非接触式 IC 卡与读写设备无电路接触，而是通过非接触式的读写技术进行读写。

双界面 IC 卡是将接触式 IC 卡与非接触式 IC 卡组合到一张卡片中，共用 CPU 和存储空间。

（三）按现有银行卡产品类型分为纯电子现金卡、借记 + 电子现金卡、贷记 + 电子现金卡

1. 纯电子现金卡
采用实名制形式，申领时需提供身份证明，仅具备消费和充值功能，

不提供支取现金和转账等服务。交易时不需要进行密码验证和身份验证，消费后也不需要签字。电子现金的特性是不挂失、不计息。

2. 借记 + 电子现金卡

具备借记和电子现金双重账户功能，可选择其中一个账户消费交易。如果电子现金消费时金额不足，将自动转入借记账户支付。

3. 贷记 + 电子现金卡

具备信用卡和电子现金双重账户功能，可选择其中一个账户消费交易。如果电子现金消费时金额不足，将自动转入贷记账户支付。

第二章　金融 IC 卡的结构

金融 IC 卡卡片的正面和反面印刷了不同的图案和文字，它们每一个都代表不同的含义。另外，在卡面上还设计了防伪信息，便于应用各方辨别真伪。更为重要的是，金融 IC 卡还有一个大"芯"脏，它是金融 IC 卡生命和力量的载体。

一、金融 IC 卡的外形

金融 IC 卡不是一个孤立的产品，它需要与终端设备、银行计算机信息系统以及用卡环境相适应才能发挥作用，这就要求金融 IC 卡大量采用统一的标准。

（一）金融 IC 卡的外形

金融 IC 卡的标准长度为 85.60mm（合 3.370inch），宽度为 53.98mm（合 2.125inch），高度为 0.76mm（合 0.030inch），倒角为 3.18mm。从外观上看就是一张比手掌小一些的矩形塑料卡片。虽然金融 IC 卡的种类千差万别，但是它们的长宽及厚度却遵守同样的规范——ISO 7810，即身份识别卡（ID 卡）的物理特性要求。

金融 IC 卡的尺寸与 ATM 等终端设备关系紧密，尺寸过大有可能导致无法进入设备而造成交易的失败，尺寸过小也可能出现吞卡等现象。为了避免卡片与终端设备之间出现不匹配现象，生产中对卡的长宽尺寸要求标准非常高，其允许的公差只有 0.13mm，即仅仅只有一根头发的直径。

卡片尺寸（单位：mm）

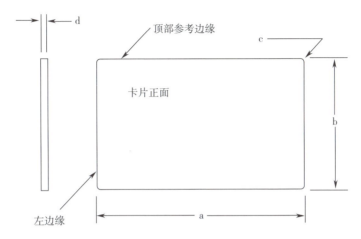

	长度（a）		宽度（b）		倒角（c）		厚度（d）	
	最大值	最小值	最大值	最小值	最大值	最小值	最大值	最小值
金融卡	85.90	85.47	54.18	53.92	3.48	2.88	0.84	0.68

金融 IC 卡的尺寸公差

当然并不是所有的卡片都是这种标识形状。为满足用户个性化需求，一些银行推出采用非标准的异型尺寸的银行卡，例如 Mini 卡。Mini 卡的长度只有 66mm，宽度为 40mm，比标准卡的尺寸缩小了 43%。用户拿到卡片后，沿线折下就可以使用 Mini 卡了。

Mini 卡

还有一种异形卡可以和卡面设计有机结合起来，就像下图所示，卡的边缘与牡丹花的轮廓相一致，可以产生一种别致的感觉。

异形卡

当然，异形卡的采用需要经过银行卡组织的审核和批准。异形卡的使用也有特殊要求，即异形卡只能用于 POS 机，而不能在 ATM 上使用。

（二）金融 IC 卡的电子信息载体

金融 IC 卡不仅仅只是一张塑料卡片，还包含用于记录电子信息的芯片，可以存储数据和应用程序。

芯片的体积很小，但其功能却非常强大，芯片内 CPU、存储空间、操作系统和应用程序一应俱全，事实上就是一台微型计算机，可以存储更多的数据，加载更多的应用，具备更高的安全性。其中，CPU 是芯片的大脑，具有高速的运算能力。存储空间相当于芯片的内存和硬盘。操作系统通常称为 COS，它负责管理芯片的资源，包含很多安全保护机制，保证数据安全。应用是用户程序，相当于个人电脑上各种应用软件。

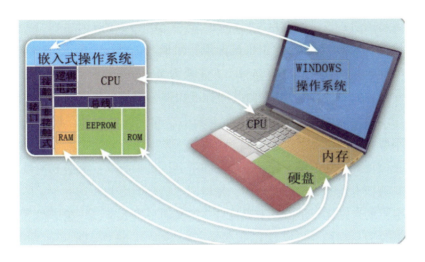

芯片——微型计算机对照图

（三）金融 IC 卡的卡号

银行卡号就相当于银行卡的身份证号，每张卡号都是唯一的一组数字组合。信用卡的银行卡号一般是 16 位的数字组合，分为 4 段，每段 4 个数字，借记卡的银行卡号一般是 13 位至 19 位的数字组合。

金融 IC 卡卡号

卡号的前六位是发卡行标识代码，简称 BIN 号，BIN 号由一位主要行业标识符（MII）和五位发卡机构标识符组成。主要行业标识符中 4 和 5 是金融业，其中 4 主要为 VISA 卡，5 主要为 MasterCard 卡。主要行业标识符中 6 是商业和金融业，9 是由各国标准团体分配的。我国的银行卡最初都采用以 9 开头的账号，银联标准卡采用以 6 开头的账号。根据发卡情况，银联会从银行卡组织的角度，为每一家发卡银行分配特定 BIN 号，并指明是借记卡还是信用卡，各银行之间不会重复。所以，根据 BIN 号，就可以知道该卡是哪家银行发行的，是借记卡还是信用卡。

卡号的自定义位是由发卡银行自主定义的一串数字，一般情况下为紧跟在 BIN 号后面的 9 位或者 12 位数字。

卡号最后一位数字为校验位，用于验证银行卡的有效性，是采用特定校验算法计算出来的。

（四）金融 IC 卡的卡面

金融 IC 卡的卡面千姿百态，正反两面都蕴含着丰富的信息，这些信息都与持卡人有着密切的关系。

在卡片的正面，以信用卡为例，主要分为 4 个区域，如下图所示。

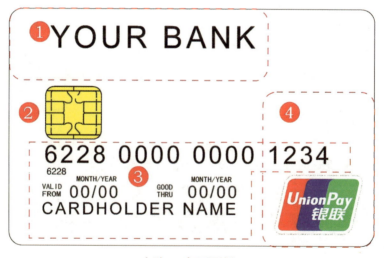

金融 IC 卡正面特征

区域 1 为发卡行标识区，这里标明了卡片的发行银行（简称发卡行）信息，印有发卡行的标志和银行名称以及卡名，如果是联名卡，那么在发卡行标志区的右边印制联名方的信息。

区域 2 为电子信息载体，即芯片及触点的放置区，因要与终端等设备进行交互，因此必须按照国际标准的要求放置，不能随便改变。

区域 3 为个人信息区，将银行卡号、失效日期、持卡人的姓名等信息通过凸印或者平印的方式打印在卡面上。银行卡号就是银行卡的身份证号，失效日期为 4 位数字，格式为月/年（MM/YY），标示出这张银行卡失效的具体日期为该月份的最后一天，持卡人姓名栏打印持卡人的英文姓名或拼音，如果是联名卡，需要时还会在持卡人姓名之下，再打印一行联名方的会员卡号。个人信息区域是与持卡人关系最为紧密的信息区，也正是这些信息，标识出了卡片的唯一性。

区域 4 为受理标识区，专门用于放置受理机构的信息，包括受理机构的标志和全息防伪标识，一般可以是银联、VISA、MasterCard、JCB、美国运通等银行卡组织的标识。

金融 IC 卡的背面也包含着许多重要信息，包括磁条、签名条、卡片验证码、发卡行背书、生产商批次号等信息。如下图所示。

金融 IC 卡背面特征

区域 5 为电子信息载体，即磁条区，磁条有两种规格，12.7mm 和 8.4mm 宽度。

区域 6 为签名条区，用于印制签名条。签名条是一种可以通过热烫印的方式贴附到卡上的材料，签名条上可以使用签字笔、圆珠笔或者钢笔等写下持卡人的签名，持卡人的签名是核对持卡人身份的重要依据，在国外的交易中，一般通过持卡人的签名来判断身份是否属实。签名条的右上方会打印卡片的确认码/安全码（CVN2 码），一般情况下为 3 位数字，有的时候也会在 CVN2 左边打印银行卡账号或者账号的后 4 位数字。这是银行卡在非面对面的场合，如网络支付等情况下交易时使用的，用于识别银行卡交易的在场性。确认码/安全码的英文简称各不相同，银联标准卡将其称为 CVN2，MasterCard 卡称为 CVC2，VISA 卡称为 CVV2，AE 运通卡则称为 CSC2。

区域 7 为发卡行背书区，发卡行会在这里指明本卡的用途和申领合约规定。

区域 8 为生产商批次号，批次号一般情况下由两部分组成，第一部分为生产厂商的代号，第二部分为产品批次号，标明了该银行卡的制造厂家和生产批次。

（五）金融 IC 卡的卡基防伪

作为一种金融支付工具，防伪的重要性不言而喻。提高金融 IC 卡的防伪特性，是防止伪卡欺诈的重要措施。

1. 凸印字符防伪

银行卡号通过凸印的方式印制在卡面上。为了增加安全性，银行卡组织或公司又采用专用凸印字符来防止伪卡，例如，VISA 专用飞翔"V"字符，MasterCard 组织专用变形的"M"字符。这种特有字符在手工压单支付过程中能够起到一定的防伪作用。随着科技的发展，电子信息技术越来越发达，手工压单的支付方式渐渐淡出历史舞台，因此在 2006 年各银行卡组织取消了专用字符打印的要求。

2. 印刷防伪

银行卡面印刷过程中，增加了许多防伪的特性，例如专用的图案和颜

色。银联的标识采用红绿蓝三色图案，每种颜色都设计了潘通（PANTONE
色）色号①和色差，厂商都要进行专色印刷的认证，确保符合标注要求。
中国银联对高端卡片颜色进行了指定，如白金卡颜色必须是亮银色和亮黑
色的组合，钻石卡必须为黑色系。任何不符合相关规定设计和制作的卡都
有可能是伪卡，需要进一步的验证。

3. 缩微文字防伪

缩微文字也是一项重要的防伪措施，早期的 VISA 标识和现在的银联
标识四周都有一圈缩微文字，缩微文字的内容为一连串的字符与数字的组
合，分别代表了卡片的发卡行代码、生产商代码，卡种代码等信息。下图
为银联标识的缩微文字。

银联缩微文字

4. 荧光防伪

荧光防伪是指在卡面上按照指定的方式印制专用的荧光图案实现防伪
功能的方法。荧光在日光下是肉眼看不到的，只有在紫外灯下才可以看
见，VISA 的荧光图案为一个"V"字符，MasterCard 荧光图案为字符
"MC"，银联的防伪图案为汉字"银联"。下图即为银联荧光示意。

---

① 美国 PANTONE 色号，是对颜色进行数字化描述的方法中，用于标识特殊颜色的号码。
如今，世界各国已广泛采用了美国 PANTONE 统一的专色标准，既方便了用户，也稳定了质量。

银联荧光效果图

5. 全息防伪标识

全息技术的防伪性能非常优越，从 20 世纪 40 年代末发明以来，经历了四十多年的发展，越来越成熟。20 世纪 80 年代 VISA 和 MasterCard 组织开始启用全息标识来增强信用卡的防伪性能。

银联全息防伪标识

银联卡自 2002 年开始采用银联全息防伪标识，银联全息防伪标识具有以下防伪特点：双色背景、立体天坛、全息放大镜、"银联"图章。

全息防伪标识制作技术要求高，复制难度大，直到今天，全息标识防伪依然是银行卡最有效的防伪技能之一。

一张小小的卡片，面积不大看似简单，事实上包含的特征要素非常丰富，也正是这些特性赋予了银行卡巨大的能量，让卡片的应用越来越广泛。

二、金融 IC 卡的"芯"脏

传说中，女娲按照自己的形象，用地上的尘土造出一个人，往他的鼻孔中吹了一口气，有了灵魂，人就活了，从此能够说话，能够行走。我们生活中看到的形形色色的电子设备（如计算机、手机）只有植入了芯片，才有了灵魂和生命，才开始踏上精彩纷呈的进化发展之路。同样，当金融 IC 卡有了"芯"之后，它便绽放出新的生命，开始高歌猛进地踏进"芯"时代。随着芯片技术的进步，银行卡也必将踏上高速发展之路。

芯片表面示意图

金融 IC 卡的正面镶有铜片，上面通常有 8 个触点，这是芯片用于和外部设备进行交流的接口，铜片表面的形状有不同的模样。每个触点都有不同定义。

C1 触点为电源电压信号（VCC）。C2 触点为复位信号（RST）。C3 触点为时钟信号（CLK）。C4 触点未定义，可保留使用。C5 触点为接地信号（GND）。C6 触点为电压峰值信号（VPP）。C7 触点为数据信号（I/O）。C8 触点未定义，可保留使用。

在过去的二十年里，智能卡芯片在灵活性、安全性、易用性等方面都有了大幅度的提升。

（一）灵活性

智能卡的功能越来越全面，可应用的领域越来越广泛，需要卡片的灵活性越来越好。

早期的集成电路卡是接触式存储器卡，常用的存储介质为 EEPROM。与磁条卡相比，存储器卡的存储容量更大，由于没有加密或解密功能，只可用来存储一些可公开的信息，但卡片本身没有文件系统，因此无法将存储器卡应用在安全要求高、数据复杂度高的领域。

随着市场对信息保密要求的提高，逻辑加密卡应运而生。逻辑加密卡的加密逻辑是固定的，但是从存储方面来看，由于逻辑加密卡没有 CPU，卡片上不能运行软件，实现文件系统功能，因此灵活性不是很好。

CPU 卡出现后，芯片上可以设置 CPU、RAM、ROM、FLASH、EEP-ROM 等电路，可以运行软件，例如通过软件访问卡片安全模块，实现一些复杂的安全功能，也可以使用卡片上的文件系统来保存数据，便于灵活地管理卡片上的数据。

（二）安全性

智能卡的高安全性主要通过微处理器和芯片的安全模块来实现。

随着技术的发展，智能卡中的微处理器也在不断地完善。早期的智能卡内的微处理器采用的是通用微处理器，现代智能卡的微处理器在可靠性方面已有了非常大的提高，通常体现在：

以硬件的方式生成满足质量要求的随机数，对芯片的输入电压进行检测。当供电电压低于或超过允许的电压范围时，电压检测单元将触发芯片的异常处理，保证芯片工作在其规定的供电电压范围之内。另外，对芯片的输入时钟进行检测。当外部时钟频率超过频率规定范围，时钟频率检测单元将触发芯片的异常处理，保证芯片在规定频率范围内工作。此外，采用数据加密存储方式，以对抗物理探测。如芯片采用了数据线扰乱的加密方法，在布局线路的时候采用混乱布局的方式，能够大大增加静态版图攻击的难度。

（三）易用性

从与读写机具的交互方式上，智能卡可分为接触式和非接触式卡，这也提供了个性化的使用方式。

接触卡接口由于采用有触点的物理接口，属于机械接触，需要插入接触式读卡器的插槽中才能工作。在实际应用中，接触卡的触点容易损坏。

另外在快速流通场合将卡片插入到读卡器的插槽中也不是很方便，无法应用在公交等对交易速度要求比较高的应用领域。

透明保护膜

PVC印刷层

天线Inlay层

PVC印刷层

透明保护膜

非接触智能卡

非接触卡能解决接触卡给用户带来的不便，例如，不需要把卡插入到读卡器的卡槽内，而且操作时对卡的方向性没有要求，因此使用起来更加方便。目前几乎所有的公交卡，一些新发行的银行卡都采用了非接触方式，非接触卡片正在被应用在越来越多的领域中。

双界面卡

另外一种形式是双界面卡（也叫复合卡），在一个卡内集成了接触式通信手段和非接触式通信手段。双界面卡可以在接触式读卡器上使用，也可以在非接触式读卡器上使用。

金融 IC 卡可同时支持接触、非接触以及两种形式的复合使用，相比磁条卡，具备了更好的易用性。

金融 IC 卡的芯片会不会像磁条卡一样出现消磁的状况？ 有其他容易受到损坏的地方吗？

金融 IC 卡的芯片不存在消磁的状况，但是应注意芯片所处位置不可弯折，尤其是支持非接触功能的金融 IC 卡，应注意天线所处位置不可过度弯折，否则会导致天线损坏无法进行非接触交易。

第三章　金融 IC 卡的生产过程

由于金融 IC 卡表面包含了诸多特征要素，涉及更高的制造技术和加工工艺水平，因此，其生产制造过程环节众多、安全控制复杂。要想了解各个生产制造环节，首先要清楚金融 IC 卡的制造原料和基本结构。

一、制造原料

制作金融 IC 卡的塑料片材称为卡基材料，目前使用最广泛的卡基材料为聚氯乙烯塑料，俗称 PVC。PVC 是一种稳定性较好的材料，不易被酸、碱腐蚀，具备一定的耐热能力，一般情况下能够在50℃的环境中保持不变形，具有较好的阻燃性和电绝缘性。正是由于这些特性，使得银行卡能够抵御在日常使用过程中碰到的溶液腐蚀，保证用卡的安全。

除 PVC 之外，还可以使用聚对苯二甲酸乙二醇酯（俗称 PET）、改良型聚对苯二甲酸乙二醇酯（俗称 PETG）、聚碳酸酯（俗称 PC）等新材料制造银行卡，新的材料更加环保并且使用寿命更长，但是成本也更高。

二、基本结构

金融 IC 卡一般情况下由多层材料组成，分别为正背面各一层透明保护膜、正背面各一层白色芯层和天线 Inlay 层。加工过程中会在背面的透明保护膜上裱贴磁条层，正背面的白色芯层上会分别印刷正面和背面的图案，如下图印刷层所示。

每一层的作用见下表。

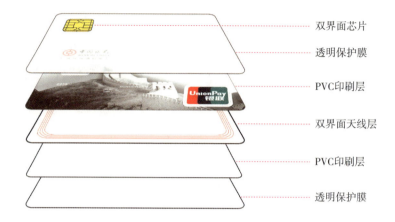

双界面芯片

透明保护膜

PVC印刷层

双界面天线层

PVC印刷层

透明保护膜

银行卡结构图

卡基结构	说　　明
正面 PVC 保护膜	保护正面印刷图案
正面 PVC 印刷层	可在上面印刷正面图案
天线 Inlay 层	磁条卡没有此层，金融 IC 卡有此天线层
背面 PVC 印刷层	可在上面印刷背面图案
背面 PVC 保护膜	加载磁条并保护背面印刷图案

　　在了解金融 IC 卡所用的材料和组成结构后，我们知道了原来卡片不止一层，它是通过多层组合而成的，卡面的印刷也是正面和背面分别印刷的。此外，为了提高生产效率，都采用拼版生产而后再分切的模式进行，分切后的卡片再进行其他卡面加工。

　　金融 IC 卡的生产过程分为三个部分，第一部分为卡基生产，主要是印刷层压以及后续加工，生产出空白卡基；第二部分为 IC 卡封装，主要是在卡基上封装 IC 芯片，制作金融 IC 卡；第三部分为个人化，主要是将银行卡的数据写入卡片的芯片里。

三、生产流程

　　金融 IC 卡卡基的生产环节较多，从设计开始到检查完成共包括 9 道工序，具体步骤见下图。

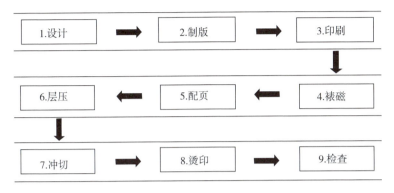

卡基生产流程示意图

1. 设计

卡面设计是金融 IC 卡诞生的第一步，由发卡银行根据业务发展需要，确定卡面的基本需求。设计师按照需求进行图案设计，卡面设计既包括正面也包括背面，同时按照卡片设计规范的要求放置相关的印刷标识和防伪标识，制作卡的效果图。

银行认可后还需请标准化机构审核设计是否符合规范要求，符合以后才可以进入生产环节，不符合规范要求的卡面不能进入实际生产环节。卡面设计文件属于保密文件，需妥善保管。

2. 制版

卡面设计得到审批后，即可进入生产环节，首先进入制版工序。即按照工艺要求完成图案的分色工作，并分别制作印版，每用一种颜色，就要制作一块印版。

印版根据印刷方式的不同，分为胶印版和丝印版两种。胶印版用于胶印机印刷，丝印版用于丝网印刷机印刷。

胶印版目前一般由 CTP 直接制版机一次性出版，丝网版则需要先用照排制作菲林软片，然后再晒制成丝网版。

菲林软片和印版属于保密物品，需要严格管理，用后的印版必须进行印版破坏处理后才能进行销毁。

3. 印刷

印刷是采用印版将卡面的图案印制在制卡材料 PVC 上的过程。由于

PVC 材料与纸张的印刷适性不同，因此印刷工艺也与传统的纸质印刷完全不同。印刷分为两种，一种是胶印印刷，另一种是丝网印刷。胶印印刷需要使用 UV 油墨进行 UV 干燥，适合印刷色彩鲜艳、图案精细的部分。丝网印刷一般采用溶剂型油墨，印刷各种特殊效果，例如金色、银色、珠光色、光变油墨等。

印刷时一般采用大张排版的方式，大张按照 6×7 或者 5×5 进行排列，一次就完成 42 张或 25 张卡片的印刷。

随着近年来数字印刷技术的成熟，数码印刷业成为一种新型的印刷方式，尤其在应对带有可变数据印刷时，更加方便可靠。

金融 IC 卡可以包含多次胶印和丝印印次，需要两种印刷方式相互配合完成。金融 IC 卡的印刷一般至少需要 5 个印次，最多的有 14 个印次。印刷过程中需要控制卡面标识的颜色是否符合标准的要求。印刷过程中材料的数量需要严格管理，必须做到绝对准确，即使作废也要登记在册，统一处理。

印刷完成后，需要对印刷的质量进行检验，剔除印刷效果有瑕疵的，保证进入后续加工的产品都是正品。

4. 裱磁

裱磁是指在背面保护膜上通过热转印的形式张贴磁条。磁条本身附着在一层薄的 PET 带基上，通过加热可将磁条与 PVC 保护膜黏在一起，随后磁条与 PET 带基分离。

裱磁的位置要与卡面的磁条标准位置一致，这样才能保证磁条位置的准确。

5. 配页

由于保护膜和印刷层都是分开加工的，在层压合层前要将它们先准确定位并固定起来，这个过程就是配页。配页要按照银行卡结构图所示的顺序进行，定位可以通过边角或印刷标识进行。

6. 层压

层压是指将准确定位并固定配页好的材料，使用层压机通过加热加压的方式合成为一层的过程。

PVC 材料有一个特性，在加热后会变软并且互相产生新的链接，层压过程就是为 PVC 合成提供一个持续的温度和压力，温度一般在 140 ~ 150℃，时间大约为 20 分钟。热压之后，再使用冷压（约 20℃）将其固定成型。通过这个过程，五层材料就合成为一层了。

层压过程是制卡的重要环节，层压参数对层压的效果有着很大影响。层压后，各层之间的黏结强度必须符合标准要求，至少要达到 4.5 牛顿的力。如果黏结强度不够，会导致卡片在使用过程中脱膜等问题，造成卡的功能丧失。

由于层压的效果和众多的因素相关，因此在层压环节需要从一开始就验证层压的效果，验证合格才可以进行批量加工。实际生产过程中只要生产条件发生改变就需要重新验证，即使同一个产品不同的批次也不例外。如果验证不符合要求，就要改变参数直到符合标准规定的要求。

7. 冲切

层压好的大张是以 6 行 7 列（42 张）、5 行 5 列（25 张）或者其他方式排列的。冲切工序就是将这些大张通过模切设备切成标准卡的大小。冲切的设备与大张的排列方式相匹配，通过读取定位光标，准确地将卡片冲切下来。

冲切设备模具的精度决定了卡片的外形尺寸，前面已经提到，卡片的尺寸要求很严格，因此模具需要定期检验并修整，确保尺寸合格。冲切的精确程度会影响卡片的质量，卡边的整齐程度要求毛刺长度不得超过 0.08mm，超过就不符合规范要求，会被判为不合格。

8. 烫印

通过烫印的方式可以在卡面上加工全息防伪标识和签名条，也可以印制客户个性化图案。

烫印的效果要求平整，不能有气泡或漏眼等现象，防止影响全息防伪效果；烫印的位置要精确，烫印允许公差为 0.3mm，只要任何一边超过 0.3mm 就会造成作废；烫印牢固度要高，因为烫印都是在保护膜外面进行加工的，牢固度不高会产生脱落的危险。生产过程中需要不断地抽查，一旦发现问题就需要立即重新调整设备参数。

烫印完成后的卡片，在功能上是完全一样的，没有顺序的区别，这时一般被人们称为"空白银行卡"或者叫做"空白卡基"。

9. 检查

主要完成金融 IC 卡的质量检查工作，相当于出厂的检测。银行卡的检查要对卡面外观、印刷的质量、表面光洁度、IC 芯片的功能等进行全面检查，对层压黏合的强度、磁条的性能进行抽样检测。

检查环节还要核发产品的出生证，只有各项检验均合格的产品才可以进入市场环节，存在缺陷的卡必须进行销毁处理。

检查还有一个重要作用是核对数量，即对生产过程中的每一个环节所使用的材料进行数字核对，不论正品废品必须确保处于安全控制流程内。

生产过程中，为了保证产品安全，需要在物理安全方面做许多保护措施。物理安全是围绕卡片生产场地、设施、存储地等具体物理结构提出的安全要求，主要目标是通过硬件防护措施来防止产品丢失被盗案件的发生。

金融 IC 卡生产线

四、芯片封装

经过上述生产流程，下一步工作就是进行芯片封装了，只有完成芯片封装，才能真正称为 IC 卡。

1. 接触式芯片封装

接触式芯片封装是指在卡基生产之后，将 IC 芯片通过热熔胶带粘贴在卡基上，从而制成 IC 卡的过程。

主要加工步骤包括：

第一步，铣槽，在卡上 IC 封装位置处铣槽，用来挑线和封装芯片。

第二步，背胶，把芯片和热熔胶带预压在一起。

第三步，热压，将卡进行热压，使芯片和卡片黏结牢固。

第四步，冷压，将卡进行冷压，使芯片和卡片黏结固化，可以使黏结效果加强。

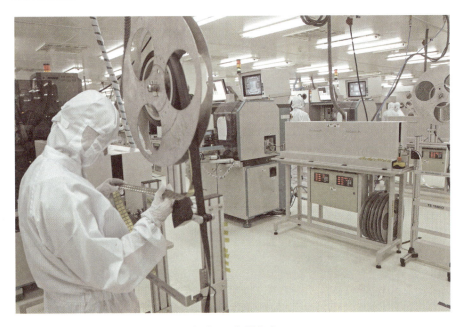

金融 IC 卡制作中

2. 双界面金融 IC 卡的芯片封装

双界面金融 IC 卡生产过程中最重要的环节就是将预埋在卡基中的天线与芯片触点的连接过程。双界面金融 IC 卡的封装过程比接触式要复杂得多。一般情况下共分为 5 个步骤：

第一步，铣槽，使线槽达到天线所在的深度。

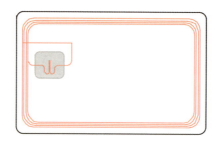

第二步，挑线，将天线的两个端头挑出。

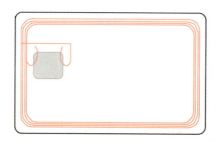

第三步，二次铣槽，铣出放置 IC 芯片的槽。

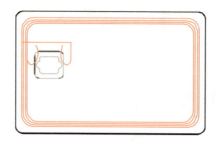

第四步，焊接芯片，将芯片和天线焊接。

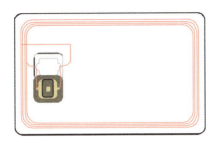

第五步，封装芯片，将芯片黏合固定在卡体上。

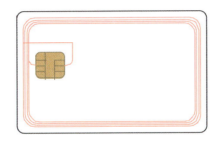

早期，以上步骤都需要操作人员手工完成，通常一条生产线需要20到30名员工操作，速度很慢，使得加工成本非常高，生产效率也很低。于是人们开始不断研发替代人工操作的设备和工艺。目前已经有多种双界面IC卡的加工工艺：

（1）弹性导电胶封装工艺是采用以银为主要成分的弹性导电材料充当芯片触点和天线导通的材料，实现芯片与天线连接的方法。

（2）互感耦合式封装工艺是采用在芯片载带上预置天线的方式与卡体内天线通过耦合方式实现芯片与天线连接的方法。

（3）INLAY式封装工艺是将双界面芯片采用非接触生产的模式，将芯片和天线连接后加工成一张INLAY，然后通过层压冲切等工序完成卡片生产的方法。

（4）锡片式封装工艺是采用在天线的两端各加装一个锡片，锡片用来充当芯片和天线连接的中转站，然后采用自动化设备实现芯片和天线导通的方法。

（5）挑线式全自动封装工艺是通过机器手来代替人工操作，自动拉起天线，将天线的两端与芯片触点焊接连通的方法。

在这些工艺中，锡片式封装工艺和挑线式全自动封装工艺目前已经开始批量应用于生产，互感耦合式封装工艺也是一种很有前景的封装方式。

五、个人化

一张卡片在卡基生产甚至芯片封装后都是没有任何数据的，银行在给个人办卡的时候都会提前将个人信息与银行卡进行一一对应。写入持卡人信息的环节就是个人化。

个人化过程是一个系统的工程，它主要包括数据处理和卡片个人化两个部分，因此需要建立一套完整的技术支持体系和管理流程来保证，尤其是在信息安全方面。

1. 数据处理

银行卡的持卡人数据是最为敏感的数据，在安全保护体系中级别最高，一旦泄露会造成不可估量的损失。数据处理的主要内容包括数据的传递接收、数据的保存、数据的使用、数据的销毁等，在安全方面最基本的要求有：

（1）数据的传递。通常情况下应使用专线方式、数据盘邮寄和人工递送方式传送数据信息，主要是为防止在各组织间传送的数据信息丢失、修改或被盗用。

（2）数据的保存。必须保存在高安全区域的存储介质中，同时必须对其进行加密，此外密钥和个人化数据必须分开保存。

（3）密钥管理。要求密钥分为两段，分别由2个人管理，只有2个人同时在场时才可以进行数据解密处理，且加解密过程必须在硬件加密系统中进行。

（4）数据的使用。要求使用不得修改的密文数据，个人化设备操作员不能看到个人化数据信息。

（5）机房的安全。建立完整的出入管控安全机制，安装安防监控报警，实行 24 小时监控。

（6）网络的安全。内部网络要采用防病毒软件来保护，内网与外网之间要配备防火墙，定期或不定期地检测整个内部网络的安全装备，防止恶意攻击。

（7）数据的销毁。必须采用粉碎的方式（反复擦写至少 7 次）销毁数据，以保证不能恢复。

2. 卡片个人化

个人化加工是指使用专用发卡设备，调取相应的数据，对金融 IC 卡进行打码、写磁、写入芯片等操作的过程。个人化的过程也是具体实施个人信息与卡片对应的过程。个人化的主要项目包括：

（1）OCR（Optical Character Recognition，光学字符识别）识别当前卡片，选定其在数据库中对应的数据。此步骤主要针对卡片带有彩照或其他个人信息的产品，例如 DIY 卡、社保卡等。

（2）磁条信息的写入，包括一磁道、二磁道和三磁道的数据写入。

（3）芯片信息的写入，包括创建文件结构、写入密钥、写入个人化数据。

（4）卡面的打印，包括持卡人彩照、卡号、有效期等的平码或者凸码、卡片 CVN2 凹码等。

（5）卡片的检测，检测卡片个人化是否成功。

个人化的过程是一个特殊的加工过程，每一张卡都不一样，一旦发生问题都会给银行和持卡用户带来很大的麻烦，因此生产过程中需要采用严格的管理体系。该体系主要内容包括：

（1）生产过程的数据使用、卡基使用都要建档管理，使用多少，作废多少必须按照要求控制。

（2）生产过程中补卡环节必须建立记录，以及准确地替换掉废卡。

（3）生产过程中作废的产品必须进行功能性破坏处理，包括将磁条剪掉一部分，将芯片打孔等。

（4）生产过程中还需要时时刻刻注意产品安全，认真核对产品数量和所用耗材的数量，一切和客户数据发生关系的耗材例如色带、烫金带等都必须进行安全控制并及时销毁。

（5）做完个人化的卡片就是可以使用的卡片，它的安全关系到每一位持卡用户，因此不论银行还是制卡商都会建立高安全的控制程序，保证用户金融 IC 卡的安全。

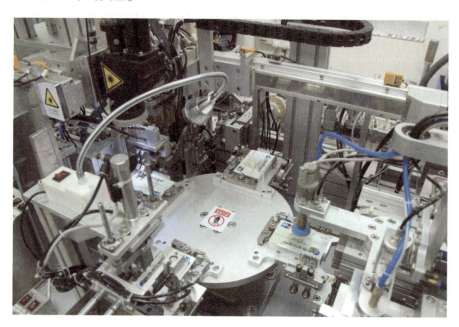

金融 IC 卡制作中

第四章　金融 IC 卡的强大功能

一、工作原理

金融 IC 卡是带有中央处理单元（CPU）的芯片卡，属于智能卡的一种，从技术上讲，是目前 IC 卡家族中生命力最强的品种。金融 IC 卡在硬件上由中央处理单元、存储器、通信接口和加解密运算单元构成，存储器又包含了只读存储器、可读可写的存储器等类型，金融 IC 卡的系统软件就存放在只读存储器里面，它的职责是管理卡片的行为。

与计算机上的操作系统类似，金融 IC 卡智能卡操作系统负责管理金融 IC 卡的硬件和软件资源，并在收到读卡器的请求时，执行相应的行为，比如加解密数据、返回加解密结果、读写数据及数据验证等工作，也就是通常技术上所说的金融 IC 卡与读卡器等设备间的信息交换。

按照金融 IC 卡操作系统（COS）的实现类型，可将金融 IC 卡划分为 Native 卡和 Java 卡两种。Native 卡是一种传统的文件系统型智能卡，可在芯片硬件平台上直接开发符合行业规范的卡片操作系统和应用，也就是说 Native 卡的操作系统和应用是混合在一起不加区分的一个程序。Java 卡是一种基于虚拟机技术的智能卡系统，它基于计算机高级语言开发，遵循一系列的国际标准和规范。这种基于虚拟机技术的卡片支持动态多应用，也就是技术上支持在卡片发行后向卡里下载新应用。

从金融 IC 卡操作系统及应用相关的各个方面对 Java 平台与 Native 平台进行比较，可以区分不同特性。

1. 对芯片资源的要求（Java 高，Native 低）

Native 应用与底层 COS 在设计上多采用紧耦合，属于量体裁衣型，甚

239

至可在评估应用需求后选择能符合要求的芯片在上面进行 COS 和应用的移植。所以对芯片本身的内存大小，时钟频率等要求不高。而 Java 应用是可后下载的，这就要求芯片提供更多的资源以应对应用本身对资源要求的多样性。

2. 应用执行性能比较（Java 低，Native 高）

Java 应用在运行时执行的是 Java 指令，而不是芯片本身对应的 CPU 指令集，这就需要 Java 平台上的虚拟机对每条 Java 指令进行解释后执行。例如，应用的某个逻辑在 Native 平台上运行时需要执行 n 条芯片 CPU 指令。而同样的逻辑在 Java 平台上要执行的是 n 条 Java 指令，但是每条 Java 指令又需要 m 条芯片 CPU 指令来解释执行它，因此共需要执行 n×m 条芯片 CPU 指令，复杂度与 Native 平台显然不在一个数量级上。可见，在同样的硬件配置下，Java 平台的应用运行性能会明显低于 Native 平台。

3. 安全性比较（Java 低，Native 高）

Java 平台作为一个特殊的 Native 平台应用天然地继承了所有 Native 平台可能遭遇的安全性问题，另外，由于 Java 平台本身的复杂性以及其可后下载应用的特性，容易导致更多的介入性问题产生。

4. 应用开发效率比较（Java 高，Native 低）

Java 应用在开放的 API 之上进行开发，与芯片底层硬件相关的各属性分离，可跨平台使用，开发者只需熟练掌握相关编程接口即可。Native 应用的开发与 Native 平台提供的接口相关，是非标准的，跨平台时需要做相应的移植工作。对有经验的编程人员来说，两者的开发难易程度区别不大，Java 平台只是更易上手。

5. 后下载应用的灵活性（Java 高，Native 低）

Java 平台提供以 Java Card Applet 形式应用的后下载功能，可通过卡上的 Installer 部件对后下载的应用进行安装，应用所需资源由 Java 平台负责分配。Native 平台实现应用后下载相对复杂，最常见的是采取打补丁的形式，这就要求应用开发者对底层 COS 有相当程度的了解，以避免在资源的使用上产生冲突。

不管是 Native 卡还是 Java 卡，它们的工作原理基本上是一致的，在内部都是由通信单元、命令处理单元、算法单元、安全单元和存储管理单元等组成。每个单元各司其职，协同工作，共同完成终端请求的任务，其中：

1. 通信单元主要在金融 IC 卡操作系统指挥硬件通信模块的基础上，完成与读卡器间的请求接收和响应反馈等操作。

2. 命令处理单元顾名思义就是在收到读卡器发送过来的请求时，将这个命令发给不同的处理模块，在这些模块上将请求处理完成后，再把处理后的信息发送给读卡器。

3. 算法单元提供各种金融 IC 卡支持的对称和非对称算法，供金融 IC 卡使用。

4. 安全单元负责金融 IC 卡的安全管理，包括管理卡片的生命周期和卡片状态等。

5. 存储管理单元管理金融 IC 卡内的存储空间，对这些存储空间进行申请、读写、删除和回收等操作。

各个模块在金融 IC 卡上的分布及关系如下图所示。

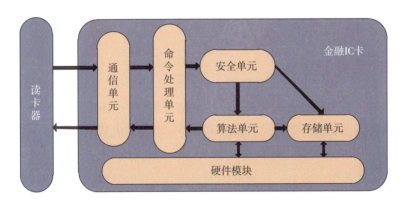

模块分布及关系示意图

二、技术特点

金融 IC 卡是 IC 智能卡在金融领域的应用。IC 卡分为两种类型，一种是不含有中央处理单元的 IC 数据卡；另一种是含有中央处理单元的 IC 智能卡。显然，由于金融 IC 卡都含有中央处理单元，因此它属于 IC 智能卡，拥有 IC 智能卡的一切优点，同时也具有金融的行业属性。

（一）信息存储容量得到提高

磁条卡以磁条为信息载体。磁条一般包含两个或者三个磁道，最多不过记录 200 多个字节，记录信息量很少。金融 IC 卡是以集成电路芯片作为信息存储介质的卡片，存储信息容量从 8K 至 512K 甚至更高，其容量达到了磁条的 30～2000 倍，因此可以存储密钥、数字证书、指纹等安全信息，并可以拥有更多的数据、更多的应用。

（二）安全性能大幅提升

金融 IC 卡具有中央处理单元，以及存储器、安全算法协处理器、通信模块等内部物理单元。中央处理器具有强大的运算能力，可以操作安全算法协处理器完成加解密功能，也能够操作存储器和通信模块等物理单元协同工作。在这些强大硬件单元支持的基础上，金融 IC 卡建立了一套保障体系，包括如下几个方面：

1. 保障通信的安全

金融 IC 卡具备了各种对称和非对称算法的功能，就能够使金融 IC 卡在与 POS、ATM 等设备间通信时，加解密待传输的原始数据或计算这些数据的消息摘要信息，使得交易数据传输的安全性大大提高。

金融 IC 卡在与读卡器的通信过程中，首先要求读卡器和卡片本身完成双向认证操作，这个过程被称为安全通信的建立过程。如果建立失败，则无法进行后续的通信，只有建立成功了，金融 IC 卡才允许进行后续的通信。这个过程类似两个陌生人的首次碰面，两个人都不信任对方，分别要求对方出示各自的身份证明信息，只有当两个人分别对对方的身份信息不再怀疑，他们之间的信任过程才可以正常建立。在此基础上，金融 IC 卡更进一步考虑到了通信过程的安全性，包括对通信内容的加密和采用计算通信内容消息摘要值的方式保证通信内容的正确性。

另外，金融 IC 卡为防止同一通信信息被多次记录所引起的通信内容的泄露，特意在通信内容中加入了记录通信次数的机理。

2. 保障读写数据的安全

金融 IC 卡在读取卡内数据时，将受到智能卡操作系统的数据流控制策略的控制，此控制策略将检查读取操作的权限是否满足，如果读取权限不满足，则不允许此次读取操作的执行。如果读取权限满足，则检查数据内容是否正确，这需要通过一定的方式来保证，原理就是将数据内容和校验信息建立一对一关系，以防止读取数据的错误。

金融 IC 卡在向卡内写入数据时，也将受到智能卡操作系统数据流控制策略的控制，在写入策略的权限检查和添加校验信息的基础上，还必须防止在写入数据时意外情况的发生（比如电源中断），以避免写入数据不正确。

3. 提供敏感数据的加密存储

金融 IC 卡在存储敏感数据信息时，将会先用卡内的加密密钥对敏感数据进行加密运算，然后将加密结果进行存储。存储过程中依然受到写入策略的保护。

4. 对非正常的操作发出报警信息

金融 IC 卡操作系统在保证正常功能的基础上，还将监控非正常操作及非正常操作的次数等信息，一旦检测到错误，将发出报警信息。

5. 多层次的安全机制

在上述金融 IC 卡操作系统层面安全机制的基础上，金融 IC 卡硬件平台也对安全特别重视，如为应对物理射线、高温、高磁场等攻击金融 IC 卡的手段，IC 卡硬件层提供了基本的安全防护手段，一旦检测到此类攻击，将启动自我销毁机制。

从以上五方面技术特点，可以看出金融 IC 卡比磁条卡安全强度有数量级的提高。

（三）支持多应用

金融 IC 卡也是一台小型计算机系统，具备支持多应用的能力。

智能卡对于多应用的支持，技术上的关键在于卡片操作系统的支持。

多应用智能卡系统包括智能卡 Java 系统、智能卡 Native 系统等。对于 Java 卡及一些 Native 系统，支持在一个物理通信接口上，分时实现多个应用的同时会话功能，称为多逻辑通道。多应用智能卡规范定义了多应用在不同逻辑通道上同时工作的情况，为智能卡开拓了新的应用领域。

（四）能实现快捷支付

快捷支付的兴起，很大程度上得益于智能卡的发展。而支持快捷支付的智能卡形式多样，包括手机 SIM 卡、公交卡、手机 SD 卡、金融 IC 卡等。这些快捷支付的核心技术主要体现在两个方面，即非接触通信和脱机验证交易。消费者在快捷消费时，无须插卡、刷卡、输密码、签名等过程，只要在 POS 上轻轻一"拍"，即能完成限额以下的线下支付，这是磁条卡所无法做到的。

（五）拥有安全算法体系

金融 IC 卡的强大功能，得益于芯片内的物理硬件的支持。但物理硬件无法独立完成对多应用的支持，因此还需要在智能卡内实现安全算法体系，才可以支撑起强大的智能卡功能。

现代信息技术中，实现安全的方式有很多种，常用的包括基于密码、指纹识别和基于密钥的加解密方式等。其中基于密钥的加解密方式是应用广泛且安全性很高的一种安全措施。金融 IC 卡的安全基本采用这种措施，可以说算法体系是 IC 卡安全的核心和灵魂所在。

根据数据的加解密是否采用同一密钥可将算法分为对称加密算法和非对称加密算法两种类型。在国际上常用的对称算法包括 DES、AES，国内的对称算法包括 SM4 等；在国际上普遍采用的非对称算法为 RSA 算法，国内则为 SM2 算法，以及计算消息摘要的 MD5 和 SM3 算法等。

金融 IC 卡由于加载了这些加密算法功能，可以进行数据的加密传输和保存，从而使原始数据隐藏了起来，达到了保护原始数据的目的。除此之外，金融 IC 卡还可以利用消息摘要算法计算数据的摘要值，以验证数据是否被修改过，更进一步保证了数据的安全性。

（六）与其他行业 IC 卡的异同

目前市场上有两种金融 IC 卡标准，一种是国际上应用较多的 EMV 标准，另一种是中国的 PBOC 标准。这两个标准都是基于金融行业的特点而设计的，具有较强的合规性和法定通用性。基于这两个标准实现的金融 IC 卡能够适应公共服务的各个领域和各个方面，因此，不但可以满足银行业需要，也可以满足其他行业特别是公共服务领域的金融和非金融要求，同时也带动了庞大、先进和日益完善的银行卡受理网络为公共服务领域提供更加广泛的应用环境。

其他行业 IC 智能卡都是智能卡技术在各自行业的应用，都具有智能卡技术的公共功能，比如加解密功能、接触/非接触通信功能等，不过在通信速率、实时性、安全性方面存在着行业差异，各自实现的算法也不尽相同。

三、安全特性

金融 IC 卡的安全性主要体现在三个方面：一是金融 IC 卡芯片本身的安全机制，前面章节已经详细介绍过；二是金融 IC 卡的采购、研发、生产、个人化、发卡等流程上的安全控制；三是金融 IC 卡完整的安全体系架构。

（一）IC 卡比磁条卡更安全

磁条卡用磁条记录银行卡信息，而磁条卡非常容易复制，一旦通过某种不正当方式获取持卡人密码，就可以实施冒用盗刷犯罪行为。与磁条银行卡相比，金融 IC 卡的安全性得到了非常大的提升。磁条卡与金融 IC 卡安全性方面的主要差别如下表所示。

卡片类型 对比内容	IC 卡	磁条卡
安全性	较安全，不易复制	容易复制
便捷性	可同时支持插卡和挥卡	仅支持刷卡
存储容量	存储容量大，可达 MB 级	存储容量小，数百字节
运算能力	具备运算能力	不具备运算能力

（二）控制流程上相对安全

除了上述卡片自身的安全特性之外，金融 IC 卡产品生命周期各个环节流程的控制也体现了其高度的安全性。金融 IC 卡产品的流程包括采购、研发、制卡、个人化、发卡等五个重要环节。

采购是保障安全的第一个环节，需要确定采购金融 IC 卡的硬件厂商信息、产品型号信息、所采购产品满足的技术指标和安全等级指标。在采购环节的产品运输上，要求负责产品运输的公司是安全可靠的，最好是长期合作、具有良好信誉度的企业。

研发是保障安全的第二个重要环节，包括金融 IC 卡产品的设计、编码实现、测试等内容，这个环节的安全质量控制，直接影响金融 IC 卡自身技术上的安全性。这个阶段的安全控制包括人员管理、设计开发安全管理、工作环境安全监测、文档代码版本控制管理等方面。

制卡是保障安全的第三个环节，卡片制作需要在一个安全环境下完成。包括实施全天候监控，采用门禁卡系统的出入登记制度，安全的 IT工作环境等。

个人化是第四个环节。在个人化阶段，需要在个人化部门完成，个人化部门可能设在某银行内部，也可能设在卡商，但个人化部门的环境安全是至关重要的，因为它将直接影响个人化后卡片的安全性。

发卡是第五个环节。发卡环节由银行负责，由于涉及资金和信息安全，发卡环节非常重要，银行内部必须建立起一套完整安全的发卡体系，对人员、卡片进行严格管理，如建立发卡环境的全天候监控以及发卡人员的权限管理等安全措施。

通过以上各个流程控制环节的安全措施，确保金融 IC 卡的安全。

（三）安全体系架构

PBOC1.0 金融 IC 卡仅采用对称密钥，PBOC2.0 和 PBOC3.0 金融 IC卡还采用了非对称密钥体系。从原理上讲，由于非对称密钥算法在线路上传送的都是公钥，因此传输和更新更方便；私钥是保密密钥，产生后不会在线路上传送，十分安全。此外，受理终端中存放的也是公钥，在相同安全性要求下对终端的安全模块要求较低。

1. 安全架构

PBOC3.0 安全体系的整体架构如下图所示，包括认证中心、发卡机构、转接机构、收单机构、受理终端以及金融 IC 卡等多个环节。

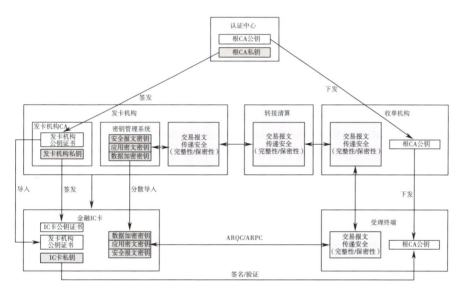

PBOC3.0 安全体系架构

（1）认证中心

认证中心为支付系统中的各参与方提供身份认证，具有权威性，是一个普遍可信的第三方。认证中心生成根 CA 公私钥对，其中，根 CA 私钥被安全隔离存储，用于签发发卡机构公钥证书；根 CA 公钥下发至收单机构。

（2）发卡机构

发卡机构（商业银行）系统中，包括发卡机构认证中心、密钥管理系统以及交易报文传输安全处理模块，功能如下。

发卡机构认证中心：从属于根 CA 的二级 CA，生成发卡机构公私钥对。其中，发卡机构私钥被安全隔离存储，用于签发卡片公钥证书；发卡机构公钥用于向根 CA 申请签发发卡机构公钥证书。

密钥管理系统：基于 PBOC3.0 的密钥管理系统主要存储、管理和使用三类对称密钥，即敏感数据加密密钥、应用密文密钥以及安全报文密钥。

交易报文传输安全处理模块：用于维护与转接系统之间交易报文传递过程中的敏感数据加解密以及保障数据完整性。

（3）金融 IC 卡

金融 IC 卡是应用的载体，卡片上安全存储了用于签名操作的卡片私钥，用于终端脱机数据认证的发卡机构公钥证书和卡片公钥证书，还有从发卡机构密钥管理系统中分散导出的分别用于敏感数据加密、计算应用密文以及验证安全报文的对称密钥。

存储在金融 IC 卡上的密钥不允许以任何方式导出，并且用于一种特定功能（如 AC 密钥）的加密/解密密钥不能被任何其他功能所使用，包括保存在 IC 卡中的密钥和用来产生、派生、传输这些密钥的密钥。

（4）受理终端

受理终端上存放了用于脱机数据认证的根 CA 公钥，同时还存储了用于维护与收单机构之间交易报文传递过程中的敏感数据加解密以及保障数据完整性的对称密钥。

终端敏感数据一般应存放在终端安全模块中。

安全模块是一种能够提供必要的安全机制以防止外界对终端所储存或处理的数据进行非法攻击的硬件加密模块，主要负责保存和处理所有的敏感数据，包括各种密钥和内部参数，另外该模块还提供必需的加密功能。

（5）收单机构

收单机构需要维护与受理终端以及转接系统之间交易报文传递过程中的敏感数据加解密以及保障数据完整性。同时，收单机构还担负着将根 CA 公钥下发至受理终端的职能。

（6）转接系统

转接系统需要维护与发卡机构以及收单机构之间交易报文传递过程中的敏感数据加解密以及保障数据完整性。

2. 管理体系

（1）认证中心管理体系

要实现 PBOC 规范中规定的脱机数据认证，需要建立起完善的非对称密钥管理体系。IC 卡认证中心体系结构采用 2 级架构，即根 CA 和发卡行 CA。

认证体系总体架构如下图所示。

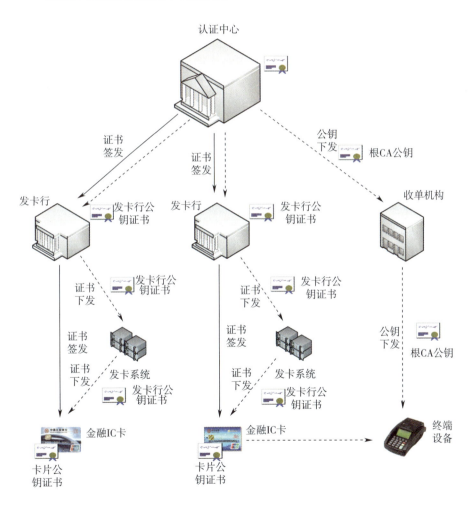

金融 IC 卡认证体系总体架构图

　　认证中心（根 CA）是我国金融 IC 卡安全认证体系的基础，负责生成和管理根 CA 证书，签发发卡行 CA 证书，是我国金融 IC 卡证书体系的信任根，具有非常重要的地位。

　　发卡银行认证中心（发卡行 CA）是根 CA 的子 CA，负责生成发卡行 CA 的公私钥对，向根 CA 申请并管理自己的证书。此外，发卡行 CA 与发卡系统交互，为持卡人签署静态应用数据以进行静态认证，或签发 IC 卡证书以进行动态认证，同时将自己的公钥证书也写入 IC 卡。

　　（2）认证中心公钥管理

　　在普通环境下的认证中心公钥生命周期可以被分为以下连续的阶段：计划、生成、分发、使用、回收。

　　（a）计划

　　在计划阶段，开始调查和研究被导入新认证中心的公钥需求。这些需求包括需要密钥的数量以及这些密钥的参数。

　　计划阶段一个重要的部分是评估非对称加密算法的安全性来决定已存在的或将要采用的新密钥的预期生命期。这样的评估引导了对新密钥的长度和失效日期的设置，潜在的对已存在密钥失效日期的修改，以及更换密钥的全面计划。

　　（b）生成

　　如果计划阶段的结果需要导入新的认证中心公钥，这些密钥必须由银行卡系统产生。更准确地说，认证中心（由银行卡系统运作的在物理和逻辑上都高度安全的组织）将以一种安全的方式来产生需要的认证中心公私钥对，以供将来使用。

　　在生成之后必须保证认证中心私钥的私密性，以及认证中心公钥与私钥的完整性。

　　（c）分发

　　在密钥分发阶段，银行卡系统认证中心将新产生的认证中心公钥发布给它的成员发卡行和收单行作以下用途：

　　1）对于发卡行，用于在使用阶段校验由认证中心提供的发卡行公钥证书。

　　2）对于收单行，用于将认证中心公钥安全地导入商户终端。

为了防止导入假的认证中心公钥，银行卡系统认证中心、发卡行和收单行之间的接口必须保证认证中心公钥分发的完整性。

（d）使用

认证中心公钥被商户终端用于完成静态或动态数据认证。认证中心私钥被银行卡系统认证中心用于生成发卡行公钥证书。

1）发卡行生成自己的发卡行公钥并发送给银行卡系统认证中心。

2）银行卡系统认证中心用认证中心私钥对发卡行公钥签名以生成发卡行公钥证书并将其发还给发卡行。

3）发卡行用认证中心公钥校验收到的发卡行公钥证书是否正确。如果正确，发卡行就可以将其作为 IC 卡的个人化数据的一部分。

4）为了防止导入假的发卡行公钥，银行卡系统认证中心和发卡行之间的接口必须保证提交的发卡行公钥的完整性。

（e）回收

一旦某一对认证中心公钥到了计划阶段已设置好的失效日期，必须从服务中被删除。实际上这意味着：

1）在失效日期之后，由认证中心私钥生成的发卡行公钥证书就不再有效了。因此发卡行必须保证用这样的发卡行公钥证书个人化的 IC 卡在认证中心公钥的失效日期前中止使用。

2）在失效日期前的适当时候，银行卡系统认证中心应该停止用对应的认证中心私钥对发卡行公钥签名。

在失效日期之后，收单行应该在规定的期限内将认证中心公钥从终端中删除。

（3）发卡行公钥管理

发卡行公钥管理策略是参照认证中心公钥管理策略来制定的。

在向认证中心申请公钥证书之前，发卡行需要对密钥管理作一系列决策，它们包括：

（a）需要产生的发卡行公钥数量。

（b）产生的密钥长度，发卡行的公钥长度不能大于认证中心的最长密钥长度。

（c）每个密钥的失效期，密钥的失效期必须不迟于认证中心用来签发证书的公钥的失效期。

（d）密钥的指数，发卡行制定好它们的密钥管理策略，并已经产生一对公私钥对后，将发卡行公钥提交到认证中心。当从认证中心收到多个发卡行公钥证书时，选择合适的证书加载到卡片中。

（4）发卡行对称密钥管理体系

密钥管理系统具有用户安全管理、设备安全管理、密钥安全管理以及审计管理功能：

（a）用户安全管理，用于对系统操作员的权限进行控制和管理，防止系统被非法使用和越权使用。

（b）设备安全管理，用于对系统中加密机等密码设备进行安全管理，密码设备必须具备相应的防止硬件攻击能力，并保证存储在密码设备上的密钥不能被非法读取或获得。

（c）密钥安全管理，采用合理的安全性设计，确保密钥在存储、传输、使用等环节的安全。

（d）审计管理，用来进行系统操作日志及其他相关信息的安全审计与管理。

（5）密钥类型

发卡行主密钥可以分散出 IC 卡子密钥，在交易过程中从子密钥派生出相应的过程密钥，其中 MAC 密钥用来产生报文的鉴别码（MAC），用于安全报文命令，如数据安全更新、发卡行脚本等；加密密钥用来加密安全报文；AC 密钥用来对 TC、ARQC、AAC、ARPC 进行加密计算。

（6）密钥管理

系统实现如下密钥管理功能：

（a）密钥产生功能，根据用户以不同方式输入的密钥生成因子，采用特定的密钥生成算法，产生密钥系统所需要的密钥。密钥产生可以采用种子码单方式，也可以采用随机生成的方式。

（b）密钥传输功能，将系统密钥安全传输到交易认证设备或发卡加密设备中。

（c）密钥备份、恢复功能，提供系统密钥的备份和恢复功能，以便于在系统崩溃时对系统密钥进行灾难性恢复。

（d）密钥更新和回收。

3. 安全认证

（1）脱机认证过程

PBOC3.0 脱机认证过程包括静态数据认证和动态数据认证，以动态数据认证为例，如下图所示。

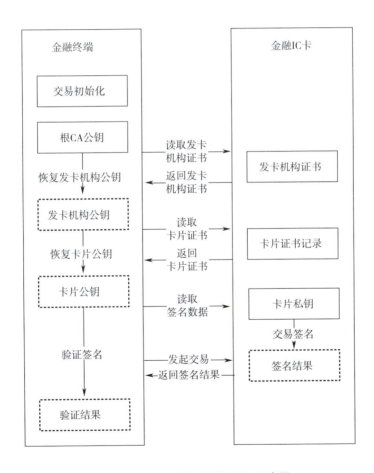

脱机认证过程（动态数据认证）示意图

在 PBOC3.0 标准卡支付系统中，IC 卡存放 IC 卡证书（或静态数据）、根 CA 公钥标识和发卡行证书；受理终端存放根 CA 证书、RID 和根 CA 公钥标识。在应用过程中，受理终端通过验证 IC 卡的应用数据或证书进行身份认证。

这种方式在卡片行为分析前执行。在这种方式下，IC 卡将来自卡片的动态数据以及由动态数据认证数据对象列表（DDOL）所标识的终端数据生成一个数字签名。

IC 卡进行脱机交易动态数据认证的过程如下。

1）终端从卡片取出发卡行公钥证书及 IC 卡公钥证书。

2）终端使用根 CA 公钥从发卡行公钥证书中恢复发卡行公钥。

3）终端使用发卡行公钥从 IC 卡公钥证书中恢复 IC 卡公钥。

4）终端向 IC 卡发送内部认证命令（Internal Authenticate）请求一个动态签名。

5）卡片连接内部认证命令中的终端数据和在 IC 卡动态数据中指定的卡片数据，由卡片私钥对该数据进行数字签名并返回给终端。

6）终端使用 IC 卡公钥对数字签名进行验证。

（2）联机认证过程

联机认证过程如下图所示。

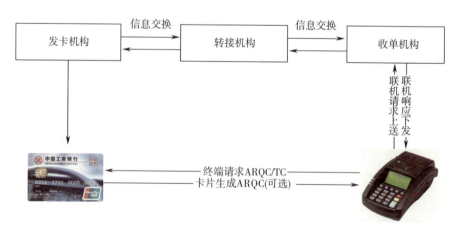

联机认证过程示意图

254

IC 卡进行联机交易动态数据认证的过程如下：

1）终端向卡片发起生成应用密文（Generate AC）命令请求 ARQC。

2）卡片使用应用密文密钥计算 ARQC 并返回至终端。

3）终端将 ARQC 打包在联机请求报文中，通过收单机构、转接机构上送至发卡机构。

4）发卡机构根据 IC 卡相关信息分散得出卡片应用密文密钥，并进一步验证 ARQC。

5）发卡机构生成 ARPC（可选）。

6）发卡机构完成交易授权，通过转接机构、收单机构下发至受理终端。

7）终端向 IC 卡发送外部认证命令（External Authenticate）请求卡片验证 ARPC（可选）。

8）卡片验证 ARPC 并将验证结果返回至终端。

2005 年 4 月，中国金融 IC 卡借记/贷记应用的根 CA 系统建成运行，相应的技术规范、业务规范、业务声明、服务管理办法等工作也已经相继完成。中国金融 IC 卡借记/贷记应用的根 CA 系统已经为国内外银行提供了多年的发卡行公钥证书服务和中国金融 IC 卡借记/贷记应用根 CA 公钥分发服务，积累了丰富的经验。需要发行符合 PBOC 规范要求的金融 IC 卡的银行在提出签发公钥证书申请，完成简便的注册流程之后就可以获得公钥证书；拥有符合 PBOC 规范要求终端的金融机构，也只需要完成简便的注册流程，就可以将根 CA 的公钥植入终端中，使终端具备符合 PBOC 规范要求的金融 IC 卡收单能力。

第五章 金融 IC 卡的合作伙伴

在使用金融 IC 卡办理业务和消费的过程中，我们通常能够比较直观地看到各种各样的受理读写设备，事实上，还有很多看不到的信息处理系统部署在银行后端，这些都是支撑金融 IC 卡完成整个业务流程的合作伙伴。

一、受理终端

在日常生活中经常看到这样的一幕，某位顾客购物完毕在收银台进行支付，只需把金融 IC 卡在收款设备前一挥，"嘟"的一声，快速完成付款，这就是银行卡芯片化后带来的支付新方式。这种发出"嘟"声的设备就是 POS 机终端的一种，卡和终端两相配合，让支付变得非常方便，也使金融 IC 卡的应用更加广泛。

金融 IC 卡的受理终端有很多种，常见的有商场收银台布放的 POS 机，银行布放的 ATM，以及在社区等便民场所布放的便民缴费机等，近几年又出现了自动挥卡售货机器、个人支付终端、电话支付终端等，可以想象以后还会出现其他形式的各式各样的终端，这些都属于银行卡终端机具。

（一）生活因终端而多彩

"挥卡时代"让人们的生活更加轻松，这其中多样化的金融 IC 卡终端也作出了贡献。相对于外形比较固定的金融 IC 卡，受理终端的样式却非常丰富，功能也多种多样，甚至有些终端我们大多数人都未曾接触过。

1. 应"运"而生的多种终端

随着技术的进步和用户需求的不断发展，银行卡终端家族越来越庞大，功能也越来越多。从刷卡方式上，可分为接触式和非接触式；从联网特征上，可分为有线和无线；从功能上，又可分为自助发卡机、打卡机、ATM、金融 POS、圈存机、自助服务终端等。时至今日，固定电话、手机和互联网应用等均可嵌入相应的终端设备或程序来实现银行卡终端的功能。

将银行卡受理功能与其他设备相结合，还可以形成多种类型的终端设备。例如与收银机相结合，可以形成能完成金融交易并且能存储商品信息的多功能收银机；与税控功能相结合，则可形成金融税控收款机等。而从其核心功能及应用规模出发，我们使用的银行卡终端主要可分为三种：ATM、金融 POS、自助服务终端。

2. 人机对话的代表 ATM

ATM 又叫自动柜员机，这个不拿工资的银行"铁职员"人们已经司空见惯，它的出现，让人们不用再忍受银行柜台前冗长的排队等候。有一种观点认为，正是由于这种最初的人机对话模式获得成功，才使得后来的相关行业鼓足勇气发展人机对话项目，否则像 IBM、微软乃至今天赖以生存的互联网可能都尚未出现。

（1）ATM 的诞生

第一款现代意义上的自动取款机要从 20 世纪 60 年代说起。英国人谢泼德·巴伦通过借鉴巧克力售卖机的工作原理，经一年时间的改装、设计，成功研制出 ATM 机。1967 年 6 月 27 日，世界上第一台自动取款机在伦敦附近的巴克莱银行分行亮相。客户可以从银行的出纳员那里购买价值 10 英镑的代金券，拿到银行外的电子箱兑现。但是这种机器有个缺点，每次交易后，它都会把卡收走。

新的一页在 1968 年一天的中午翻开。在美国 Docutel 的自动化包裹处理公司担任产品规划主管的唐·韦策尔，正在银行排队等候兑现支票，突然间，他灵光一闪——我们为何不做一台机器解决这些事情？韦策尔如愿以偿。新机器与旧机器之间的一个重要差别是，顾客可以用带有磁条的卡片激活它，而且在交易结束后，磁片还能再度使用！

20世纪70年代末，时任花旗银行掌门人的沃斯通独具慧眼，看到了ATM的未来，投入1.6亿美元使花旗银行的ATM遍布纽约的大街小巷，从此ATM的使用深入人心。

（2）ATM在中国

"这是一台电子计算机？"当ATM出现在中国时，不少人对它感到好奇。1987年，中国银行首先在珠海布放了中国第一台ATM。1988年，工商银行首次在上海布放ATM，时任上海市市长的朱镕基是第一位使用者。

中国第一代 ATM

20世纪90年代后，在ATM基础上发展起来的现金存取款机（即CDM）首次出现在深圳的建设银行内，当时这台机器只支持单张的存款功能。随着技术的进步，支持成叠钞票的CDM也陆续投入使用。

就像其他信息产品发展的速度一样，ATM融入社会的速度也远远超乎我们的想象。特别在进入21世纪后，国内ATM数量迅猛发展，复合增长量年均超过20%。

如今的 ATM 不仅能够进行查询、转账、取款、存款等常规业务，还能实现存折补登、改密、充值、移动支付等业务。从设备形态上来区分，ATM 分为取款机、存取款一体机、存款机等。其中取款机的布放数量约占 88%。从设备的安装位置来区分，ATM 分为在行式（On – Premises）和离行式（Off – Premises）。在行式 ATM 指设置在银行网点的 ATM，离行式 ATM 指设置在银行网点以外的 ATM。

ATM 的发明意义深远，它提高了银行的工作效率，缩短了客户办理业务的时间，减少了人工处理的差错，实现了 24 小时的自助服务。特别是离行式 ATM 的使用，在满足客户金融业务需求的情况下，扩展了银行网点的覆盖范围，降低了银行的交易成本。

ATM 组装中

3. 支付的革命——金融 POS

金融 POS 的出现掀起了一场支付革命，它将银行卡的"塑料货币"

职能得到了进一步的发挥。换"芯"之后的银行卡，配合无线 POS，几乎可以让人们实现随时随地地插卡支付。

历经四十年的科技进步和技术创新，金融 POS 已经发展了四代，而关于金融 POS 的历史则必须从 20 世纪 80 年代说起。

（1）第一代金融 POS（1980—1990 年）

第一代金融 POS 的形态俗称"三件套"，即由三个大件互相连接组成：主机、打印机、密码键盘。

第一代金融 POS

金融 POS 的主机拥有 CPU 和内存，不过第一代机器的 CPU 采用的是 4 位或 8 位的处理器，而内存也只有 64kB，随着技术的发展，后期内存达到了 512kB。除此之外，机器上还带着一个简单 16 位字符荧光显示屏和一个磁条卡阅读器，内置了 1200bps 的 MODEM 负责与金融机构的交易中心通讯，打印机则是笨重的外置针式打印机。

在第一代金融 POS 上，现代化的银行卡交易模式已经确立：收银员在金融 POS 上刷卡，输入交易信息；持卡人在密码键盘上输入银行卡密码；金融 POS 通过 MODEM 将数据上送到金融机构交易中心进行账务处理；交易成功后，金融终端打印出交易凭条，持卡人签字确认。

20 世纪 80 年代末，伴随着改革开放的步伐，这种新的产品和应用模式也进入到中国。

（2）第二代金融 POS（1990—2000 年）

"三件套"式的机器体积太大，连接在 POS 上的电话线也容易断。这个时候 IC 卡也已经出现，只能刷磁条卡的机器功能显得很单一。在多种需求的促使下，设计者结合小型热敏打印机技术、IC 卡技术、无线通讯等技术开发了一体化的 POS。经过完善后逐渐形成了第二代金融 POS。区别于第一代、第二代的金融 POS 呈现出三个显著的特点：

①传统的"三件套"被一体化的金融 POS 所取代。

②IC 卡技术开始在金融 POS 上出现。

③无线通讯方式也开始应用在金融 POS 上。

得益于芯片技术的发展，第二代的金融 POS 性能也得到了极大的提升，CPU 以 16 位处理器为主，芯片的集成度显著提高。内存迈入了 MB（兆字节）阶段，普遍达到了 2MB 容量；为了显示更多的信息，出现了可显示 2 行甚至 4 行的显示屏。

第二代金融 POS

（3）第三代金融 POS（2000—2010 年）

第三代金融 POS 的特征主要体现在四个方面：安全性提高、金融 IC 卡的受理、移动 POS 的出现和应用软件的提升。

1）POS 的安全标准提高

随着银行卡越来越多地进入人们生活，银行卡的使用风险也不断上升，伪卡盗刷造成的损失不断加大。在全球各大金融机构和卡组织的倡导下，各种银行卡的安全标准相继出台。在金融 POS 领域，针对持卡人密码安全、由国际卡组织倡导的 PCI PED 标准和由中国银联倡导的 PIN 输入设备安全标准，逐渐成为行业的进入准则。

2）金融 IC 卡的受理

EMV 和 PBOC 规范的发布和实施，给银行卡带来了革命性的变化，也给

POS 带来了挑战，持卡人用芯片来消费，POS 机也必须得能够处理芯片信息。

3）移动 POS 的出现

得益于通讯技术和电池技术的迅猛发展，更小巧、更方便的无线金融 POS 成为第三代金融 POS 的一个亮点。无线金融 POS 采用了 GSM/GPRS/CDMA 等无线通讯技术，无须连接电话线，不受使用场所、地点的限制，极大地方便了商户的布放和使用。

4）应用软件和配套硬件的提升

伴随着金融业务深入到生活的方方面面，POS 的应用软件也有了很大的发展。除了传统的刷卡消费应用外，人们把金融 POS 的用途延伸到了各种金融服务领域，如缴纳各种费用、会员卡服务、积分应用等。

在技术上，第三代金融 POS 开始采用整体的安全解决方案，终端软硬件产品的系列化、平台化是一个非常明显的特点；CPU 迈入了 32 位处理器的行列，采用专门为提升安全性而设计的 ARM 7/9 专用处理器；6MB 的内存空间，128×64 的 LCD 显示屏成为这一代产品的常规配置。

第三代金融 POS

（4）第四代金融 POS（2010 年至今）

跨过 21 世纪的第一个十年，迎面扑来的是移动支付、互联网金融等各种各样的新概念。新的支付模式如雨后春笋般涌现，金融 POS 产业进入了飞跃发展期。

彩屏、触摸屏、3G 通讯技术、PDA 功能、WEB 技术、蓝牙技术等引入到了新一代的金融 POS 中。CPU 开始采用更高的 ARM9/11 处理器，内存采用 128MB 以上的大容量。除此之外，IC 卡读卡器已成为必选配置，而能够使用移动支付业务的非接触 IC 卡读卡器也成为标准配置。

随着社会的发展以及市场需求的多样化，这个时期基于金融POS产品衍生出了一些新的银行卡终端类型。如定位于批发类商户和个人家庭使用的电话POS；提供个人生活便利服务的分体终端和互联网终端；专门用于小额IC卡脱机支付的小额支付终端等；集成了强大PDA功能的PDA POS。这些产品丰富了银行卡终端的产品类型，满足了客户的应用需求。

第三方支付牌照的发放，以及移动支付等各种金融支付手段的进步，为金融POS带来了新的机遇。可以预见，越来越多功能更强大、款式更新颖、操作更便利的POS将会出现在人们面前。

第四代金融POS

原本已经布放的符合PBOC2.0标准的终端能否受理现在的PBOC3.0标准卡片？

符合PBOC2.0标准的终端不需要更新或升级也能够正常受理PBOC3.0标准卡片，但由于PBOC3.0标准在安全性、便利性等方面都进行了优化，比PBOC2.0更先进，所以商户可根据自身情况逐步完成相应的终端升级。

4. 金融服务的延伸——自助服务终端

随着银行卡业务功能的不断拓展以及应用领域的多样化，银行卡终端的需求也呈现出多样化的特点。很多银行开始受理一些代收费服务，比如代收电费、话费等。金融自助服务终端虽然形态上和ATM类似，但是它和ATM的定位略有不同，即一般不提供现金交易功能，而是专门为人们提供缴费、转账、查询等服务。得益于银行服务范畴的拓展，自助终端能提供的功能比 ATM 更丰富。

自助服务终端

5. 不断发展的终端产品形态

在不久的将来，使用金融 IC 卡或手机进行"挥"卡或"插"卡支付必将成为主流。随着技术的发展和支付模式的创新，新的银行卡受理终端将会不断出现，推动着银行卡终端产业不断向前发展。相应地，由于支付应用已经深入到商业活动和人们生活的各个角落，支付形式的多样性也将反过来对银行卡终端的形态提出不同需求。

随着商户对信息化管理的需求日益增强，除了传统的支付功能外，希望在银行卡终端上集成商户特殊应用的新要求也在不断出现。同时，为方便个人资金管理和便民生活支付，个人使用的银行卡终端（如分体终端、互联网终端等）也崭露头角，发展迅速。

常见的一些新型终端产品如下：

（1）结合电话功能的电话 POS。

电话 POS

（2）和智能终端配合使用的分体终端。

分体终端

（3）在互联网上进行银行卡交易的互联网终端。

互联网 IC 卡终端

（4）用于小额非接触 IC 卡的小额支付终端。

小额支付终端

（5）结合了 PDA 功能的 PDA POS。

PDA POS

（6）结合了网页功能的 WEB POS。

WEB POS

（7）应用于专用场合的金融终端。

特殊场合专用终端

（二）至关重要的终端安全设计

作为金融交易系统，安全性被提到了一个很高的层次，每个环节都有充分的考虑。

1. 三个层面的安全设计

在银行之间实现互联互通之后，每一款终端就需要受理不同银行的卡片，但不管面对的卡片种类如何繁多，安全始终是终端设备的核心目标之一。

266

终端的安全性主要在软硬件设计、安全认证和使用管理三个层面体现。

（1）软硬件设计。安全产品的设计理念向来是既要防君子，更要防小人。在银行卡终端产品设计时，需要考虑到各种可能存在的安全风险，采取有针对性的处理措施，杜绝这些可能的风险。因此不仅要从电路设计方面层层保护，还要考虑防范欺骗的软件程序。设计人员甚至连密码防偷窥都考虑进去了，可谓用心良苦。

（2）安全认证。认证机制就好比考试制度，必须通过考核合格后才能"上岗"。认证涉及终端的两个部分，一个是密码输入部分，要进行 PIN 输入设备的安全认证；另一个是终端主体部分。在 PIN 输入设备的安全认证方面，VISA、MasterCard 等国际卡组织成立了 PCI 组织，制定了 PCI 安全规范，中国银联也发布了自己的《银联卡受理终端 PIN 输入设备安全规范》（QCUP 040—2010）及相应的检测要求。

（3）使用管理。以上两个层面充分保障了产品的安全性和可靠性，而使用管理则是涉及持卡人的层面，充分考虑到了终端从出厂到安装的各个环节，包括终端的维修与回收。

在银行卡芯片化后，相关部门对其各个环节的安全措施相应进行了升级。随着终端产品的不断发展，其相关标准与管理制度也在不断完善。

2. 全方位的安全防护

终端的主要功能是读卡处理、密码输入和数据的传输及保存，其安全防护能力也主要体现在这几个方面。

（1）读卡处理。终端在读卡时一方面要保障读卡效率与准确度，另一方面还要防备不法分子利用设备获取用户卡片信息。很多设计的细节让人们感叹设计师的用心。如接触式读卡时，插卡的缝隙不容其他物体介入，外部设备也无法进行感应窃听。

（2）密码输入。交易密码是用户最核心最敏感的信息，终端内部专门配备硬件加密模块，用于实现对用户输入密码的即时加密，确保密码传输至银行核心系统的过程中，不会出现明文落地的情况，减少密码泄露和被窃取的风险。

（3）数据传输。在数据传输方面，终端产品设计师更是下足了工夫。例如，针对需要从主机传输下来、用于更改 IC 卡内容的 IC 卡脚本数据，在传输过程中已经被加密，只有此 IC 卡片内置的唯一密钥才能解开。这样就杜绝了传输过程中数据被窃取而造成的伪卡风险，也防止了中间人攻击（在主机和终端之间设置非法设备，截取和伪造交易数据的攻击方式）的情况。

（4）数据存储。在终端与卡片的交互过程中，终端会处理和临时存储交易数据，而交易数据中包含了一些敏感数据元素，这些信息的泄露，可能会导致资金风险的产生。因此终端在交易过程中，这些数据只能被临时使用，一旦过了交易期，数据将被擦除。另外，终端密钥存储在专用的安全芯片中，只能被使用，无法被读取；相关的加解密算法和操作都在终端内部的安全芯片中完成，密钥数据不会传递到外部。即使通过侦探芯片获取了管脚信号的变化，也无法获得真正的数据内容。

二、软件系统

如果把人比作一个信息处理系统，计算机硬件就是人的身体，那么软件就代表人的思想，人的各种动作都是通过思想进行驱动的。身体可以看得见摸得着，思想却看不见摸不着，但是它确实存在，而且感觉得到。同样，在银行卡交易过程中，我们通常只能看到卡片和终端，看不到的则是银行后台庞大的软硬件支撑系统，其中软件系统是业务处理的灵魂。

在银行磁条卡向 IC 卡迁移的过程中，涉及改造的软件系统比较多，从卡片受理终端到 IC 卡业务处理系统等都将涉及软件系统配套改造和集成开发。有关 IC 卡的软件产品从实现功能上可主要分为以下几类：

1. IC 卡发卡系统。提供金融 IC 卡联机授权处理（卡片在联机环境下，由发卡行后台对卡片发起的联机交易进行认证，执行承兑或拒绝响应操作），小额脱机账户（用于管理和处理电子现金余额的账户）处理和 IC 卡卡片管理功能的系统。

2. IC 卡数据准备及密钥管理系统。提供 IC 卡制卡数据处理、IC 卡密钥管理和 IC 卡证书处理功能的系统。

3. IC 卡受理终端和业务创新支持系统。解决金融 IC 卡的受理及应用的系统，如在 POS、ATM、银行柜面支持受理金融 IC 卡业务，在手机、互联网等创新渠道上，提供独特的金融 IC 卡服务。

4. 银行卡跨行交易系统。实现国内银行卡信息的跨行交换集中处理，以及全国银行卡业务联网联合通用的支撑平台。

5. TSM 空中个人化系统。为商业银行、电信运营商以及其他应用提供商提供可信的安全通道和发卡服务，为商业银行提供一个基于移动支付平台的自助金融 IC 卡发卡渠道的支持系统。

6. 跨行业应用支持系统。金融业与其他行业的有机结合促进了 IC 卡的行业应用发展，这些应用都需要相应软件系统的支持。

（一）金融 IC 卡发卡系统

发卡系统是金融 IC 卡业务中的核心软件产品，提供卡片申请、卡片账户管理、联机业务授权处理、账务会计处理及信函管理等主要功能，针对金融 IC 卡业务特性，提供 IC 卡联机交易、脱机交易、IC 卡特色交易处理（如圈存、圈提等）、IC 卡小额脱机账户处理、IC 卡脚本服务（如卡片应用锁定、解锁、卡片写卡、脱机 PIN 处理等脚本功能）及 IC 卡管理功能（如 IC 卡限额类参数管理、IC 卡销卡、换卡等管理类服务）。可发行 PBOC 标准借贷记 IC 卡，支持基于 PBOC 借贷记 IC 卡的小额支付应用、小额支付拓展应用、双币电子现金卡等多类不同的卡产品，以及这些卡产品的行业应用扩展。

（二）金融 IC 卡数据准备及密钥管理系统

如果说金融 IC 卡发卡系统在交易处理（诸如卡片管理、联机业务和账务会计等）方面是"专家"，那么在数据准备和个人化领域（诸如芯片参数管理、芯片对称密钥管理系统、发卡行 CA 系统以及个人化转换系统等）方面却是"门外汉"，因此在金融 IC 卡软件产品系列中又增加了一个新的系统来负责处理这些事情，这就是"数据准备系统"。

金融 IC 卡数据准备系统是金融 IC 卡安全和参数等数据的处理核心，它分别与发卡核心系统、金融 IC 卡密钥管理系统、个人化中心进行数据或文件的交互，完成 IC 卡片数据的生成和处理。形成一个统一的、为发卡业务服务的金融 IC 卡数据专业化处理平台。

从功能上来说，金融 IC 卡数据准备系统主要包含"芯片参数"、"密钥管理"、"个人化转换"和"发卡行 CA"等主要功能。其中：

1. 芯片参数管理：包括芯片个人化数据模板的定义、管理。

2. 芯片对称密钥管理系统：包括芯片各类交易根密钥（包括交易子密钥）、各类个人化根密钥（包括个人化子密钥）以及其他传输密钥的管理。

3. 发卡行 CA 系统：包括发卡行证书管理、卡片证书管理。

4. 个人化转换系统：针对不同个人化厂商，产生卡片个人化脚本，并负责产生驱动打卡机写入芯片的数据。

数据准备系统在 IC 卡软件产品中的位置，如下图所示。

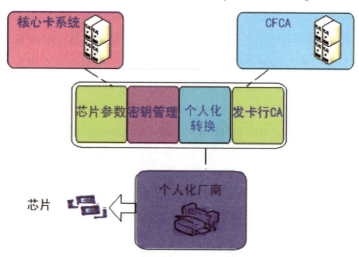

数据准备系统在 IC 卡软件产品中的位置图

（三）金融 IC 卡受理终端及业务创新支持系统

为了有效支持磁条卡向金融 IC 卡过渡，完成磁条卡向金融 IC 卡迁移，除了卡片、发卡行主机系统、收单行主机系统、转接系统等需要改造之外，终端也需要进行相应的改造支持。因为从终端受理金融 IC 卡到终端将交易信息转发给收单行，收单行再通过转接系统发给发卡行主机系统的过程中，只有按照统一的联网联合规范，才可以保证报文的信息要求是一致的、主体内容是不变的。为了支持金融 IC 卡交易，联网联合规范规定在 ISO 8583 报文中使用第 55 域数据存放金融 IC 卡交易相关数据，以支持金融 IC 卡交易。

针对金融 IC 卡业务的特点，各银行的柜面、ATM、POS 等受理终端设备也要随着后台系统的改造升级进行配套升级，使之不但能处理传统的磁条卡业务，还要满足安全级别更高的金融 IC 卡功能需要。截至 2013 年 9 月，国内大多数银行已经完成了金融 IC 卡受理产品的改造，涉及柜面、ATM、POS 等终端设备。

以往磁条卡用户在互联网上开展消费、转账等交易时总是担心个人密码和交易数据等方面的安全性，如今，基于互联网的金融 IC 卡产品的问世彻底打消了人们对信息安全的顾虑，金融 IC 卡与互联网的结合催生了金融 IC 卡互联网终端产品，它将金融 IC 卡在安全性、可靠性和可拓展性方面的优势与互联网的便捷性优势有机整合在一起，持卡人只需将金融 IC 卡插入互联网终端并连通电脑，即可实现金融 IC 卡指定账户圈存、联机余额查询、电子现金圈存、网上有卡支付等金融服务，这样不但极大地提高了数据和交易的安全性，还摆脱了柜面、POS 和 ATM 等传统渠道在网点数量以及自助服务等方面的诸多限制，开辟了全新的金融服务渠道，具有划时代的意义。

（四）银行卡跨行交易系统

银行卡跨行交易清算系统是银行卡全球受理网络的"心脏"，是国家重要金融基础设施和现代化清算支付体系的组成部分，担负着银行卡跨行交易信息处理、资金清算的重要使命。

银行卡跨行交易清算系统目前进入第二代，我国卡组织拥有自主知识产权，交易处理能力和安全性、稳定性均达国际同业领先水平，每日交易处理能力可达一亿笔，约为当前日均处理能力的 5 倍，实现了系统集中运营、资金集中清算和风险集中管理。较之第一代系统，在实现性能超越的同时，还完成了服务范围、灵活性、安全性和可靠性的超越。系统将服务范围从转接、清算服务延伸至支付综合服务，具有参数化、模块化的架构特点，可根据客户需求，灵活定制服务内容，同时，"全冗余设计、双中心运行、无缝切换"的系统架构力保系统运行的安全与可靠。

（五）TSM 空中个人化系统

人们都知道 SIM 卡，有了它就可以打电话、发短信，也可以到全球各地移动漫游。SIM 卡就像一个人的身份证明，可以标识自己的合法身份。事实上，SIM 卡也是智能 IC 卡的一种，智能卡在全球各行业有着广泛的应用，其种类也很繁多。

TSM 是 Trusted Service Manager 的简称，字面意思就是可信服务管理，通俗理解为移动金融服务平台。今后，移动金融服务将在人们的日常生活中扮演越来越重要的角色，也能为金融 IC 卡的普及提供动力，特别是通过互联互通的 TSM 服务系统，人们可以空中远程申请和下载银行卡账户，免去了必须去银行柜面办理的麻烦。TSM 平台不是只用于某个移动网络运营商或银行的平台，而是一个可提供远程发行各类行业智能卡、管理合作关系的平台，可以应用在任何有智能 IC 卡需求的行业。在移动支付环境逐渐完善的今天，TSM 个人化软件产品系统也将随之越来越丰富。

（六）跨行业应用支持系统

在国务院促进信息消费、开展信息惠民工程相关意见的指导下，人民银行积极推进金融 IC 卡在公共服务领域的应用，基于金融 IC 卡的多行业应用工作在全国迅速展开，金融机构纷纷与其他行业联合推出金融 IC 卡复合应用，开发跨行业应用支持系统，取得了可喜的成果，特别是在市民服务和交通运输等公共服务领域的应用，极大地提升了我国金融 IC 卡的应用能力，丰富了服务内涵。

金融 IC 卡行业应用的典型代表是市民卡一卡通类受理系统，如宁波市民卡、淮北"城市一卡通"等项目。参与项目的软件集成商，帮助市民卡管理机构及商业银行建设了可以实现传统银行卡存取款、插卡消费等基本功能的一系列系统，同时推出了公共服务功能，为百姓提供了更多的金融服务便利。

此外，在公交市场推广 IC 卡产品的萌芽初期及软硬件设备不健全的背景下，集成商主动在全国范围搜集可以合作的设备厂商，经过不懈努力，自主创新，开发完成了基于金融 IC 卡标准的车载 POS 系统。在停车场快捷支付领域里，相关集成商结合停车场管理的需求和各类成熟的支付手段，从停车场自身的特性出发，整合各方的优势资源和利益需求，将非接 IC 卡应用融合到停车场的管理系统中，联合国内市场占有率最大的停车场设备公司，打造出基于非接 IC 卡的新型停车场管理系统。

第六章　金融 IC 卡的检测认证

就像产品在出厂前要有检验合格证明一样，在金融 IC 卡正式发放给持卡人使用之前，也需要经过严格的质检，保证卡片的质量、功能、安全性等方面符合相关标准，从而保障持卡人的基本权益。同时，通过必要的认证环节，监督检测过程的合规性。

一、质量监督

检测和认证是相辅相成的关系，是技术和管理的结合，二者共同提供金融 IC 卡产品及系统的外部安全保障。

"检测"是用指定的方法检验测试某种物体指定的技术性能指标，"认证"原意是一种出具证明文件的行动。根据《中华人民共和国认证认可条例》，"认证"是指由认证机构证明产品、服务、管理体系符合相关技术规范、相关技术规范的强制性要求或者标准的合格评定活动。从标准认证体系的角度上看，检测是根据认证过程的需要而产生的，是认证活动中的一部分，检测工作需要受到认证工作的制约。作为从事检测工作的机构，检测机构也需要接受认证机构的监督和管理。

检测提供技术性保障，认证提供规范化管理。检测机构出具检测报告，认证机构出具认证证书。

金融 IC 卡相关产品、系统被赋予的重要职能，决定了它们也需要检测和认证。

作为检测和认证的具体实施方，检测机构和认证机构需要各尽其职，密切配合。认证工作与检测机构的协作流程示意图如下。

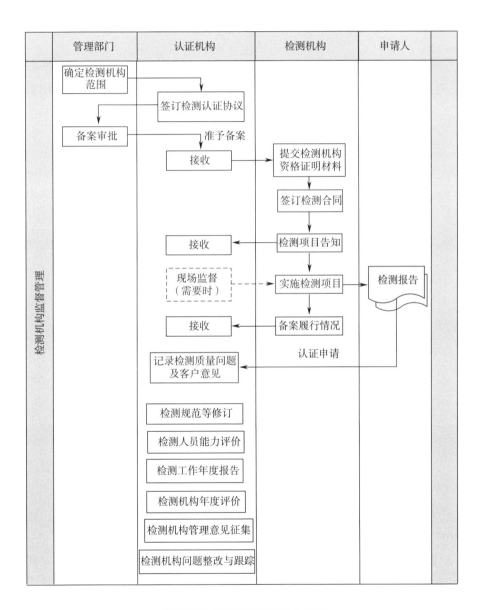

认证工作与检测机构的协作流程

二、检测

终端的种类繁多，卡片的种类也五花八门，如何保证每一张卡片都能适用于不同的终端、每一台终端都能受理不同的卡片，就需要检测机构依据标准规范对这些卡片和终端进行检测，只有达到标准要求的终端和卡片才能被采用。

（一）检测内容

产品的检测包含多个方面的测试内容，主要包括产品功能性测试和产品安全性测试两大类，其中每一类又涵盖多个子项目的测试内容。

1. 产品功能性测试

（1）物理特性测试

卡片的物理特性测试，是对卡片的外观、规格、承受破坏的能力等参数进行检测。比如说卡片厚度，过厚容易引起卡片插入终端之后拔不出来，过薄则容易引起卡片插入终端后接触不良，所以每一张卡片的厚度必须维持在一定范围内。

（2）机械特性测试

终端机械特性的检测，主要指其读卡模块在触点分布、规格和施加于芯片的压力等方面是否符合终端的通用标准。

对读卡模块进行检测，最终目的都是为了使这些读卡模块具备通用性，均能正常读取卡片的信息，因此，检测的内容主要涵盖以下两个方面：

1）触点的物理兼容性和分布。检测读卡模块应具备的触点数量、触点的分布、每个触点的功能等。

2）触点压力的检测。检测读卡模块施加于卡片触点的压力是否保持在适当的范围内，当卡片插入读卡模块后，能否避免由于压力过小出现接触不良，压力过大导致卡片的触点损坏。

（3）电气特性和通讯协议测试

电气特性指的是终端和卡片的电气参数（如电压、电流、时钟频率等），通讯协议指的是如何使用这些电气参数来传递信息，两者共同称为 Level 1 测试。终端和卡片的电气参数好比英文字母：参数的高低变化形成不同含义的信息，就像不同的英文字母组成不同含义的单词，而通讯协议则类似英文中的语法，教会人们如何造句。

（4）内核和应用程序测试

在实际应用过程中，硬件完全相同的两个终端，通过运行不同的程序，就变成了适用于不同场合的两种终端，这个概念就好比同一台电脑里可以运行不同的游戏一样；相应地，硬件完全相同的卡片也可以运行不同的应用程序。常见的金融应用程序包括借记/贷记应用、基于借记/贷记应用的小额支付应用、非接触式 IC 卡支付应用、非接触 IC 卡小额支付扩展应用，基于借贷记的双币小额支付应用等。

虽然不同卡片和终端产品所运行的应用程序不同，但终端与卡片交互的基本过程都是一样的。总体来说，就是终端发送命令给卡片，然后卡片响应该命令给终端，这样一问一答来完成信息交互。如此，就需要对终端和卡片在交互过程中的动作进行检验，即内核和应用程序测试，又称为 Level 2 测试。

（5）入网测试

物理特性测试、机械特性测试、电气特性和通讯协议测试、内核和应用程序测试其服务对象都是终端制造商和卡片制造商，而入网测试则是针对发卡机构和收单机构的测试服务。

对卡片进行入网测试，主要是为了确保发卡机构生成的个人化数据符合规范的要求，并且在交易过程中不会因为数据设置不恰当而出现逻辑错误，进而导致交易结果不符合机构的业务需求。例如，卡片中有一项参数是用来控制是否允许持卡人不输入密码的，假设发卡机构业务上允许持卡人不输入密码进行交易，却没有正确设置这个参数，那么就可能造成交易被莫名其妙拒绝的意外发生。

在终端层面，收单机构，比如银联商务，购入由终端制造商生产的终端后，则需要将终端接入一个支付网络，才能使终端受理不同发卡行发行的卡片。国际上著名的支付网络有 VISA 和 MasterCard，国内有中国银联

（UnionPay），每一个支付网络都规定了入网规范。银联网络终端入网测试主要的检测内容有硬件测试、管理功能测试、报文和数据元测试、应用功能检测、打印凭证测试等。

2. 产品安全测试

（1）终端安全测试

金融终端连接着银行后台信息系统，是银行开展服务的电子窗口，是金融 IC 卡交易的主要发起端，由于受理终端布放的场所各异，环境因素相对复杂，自助终端又采用无人值守，不法分子往往在终端上实施攻击行为。从技术上来保护这些终端的安全成为必需。

金融终端安全的最核心要求是保护终端内部的数据，包括用户的个人密码（PIN）、账户信息及加密 PIN 的相关密钥等，这些数据受终端的保护程度是检测的重点，由于 PIN 输入设备数据的保护方式是通过物理安全、逻辑安全、联机安全及脱机安全来实现的，因此，其检测也是有针对性的。

1）物理安全检测。终端应在物理上具有防攻击和反攻击的机制，通过终端的物理架构，安全芯片的选择等，保证设备在被攻击后立即处于不可操作状态，并自动擦除设备中存放的秘密信息。这些手段主要有钻孔、激光、化学溶剂、通过外壳和通风口探查、通过监听声音、电磁波、电压等参数进行测试等。同时终端还应具有入侵检测机制、环境检测传感器、安全芯片、防偷窥保护等物理保护机制。

2）逻辑安全检测。逻辑安全性是通过评估金融终端在功能上是否具备防攻击性和反攻击性的机制，如是否具备自检功能、对敏感信息使用次数和时间的控制、对异常数据的反应、对敏感服务的限制、随机数产生器的特性、嵌入软件更新的控制、消息鉴别和加密方法是否达到相应的安全要求等来判别的。

3）联机安全检测。联机安全性是通过评估金融终端在联机使用时是否具备防攻击性和反攻击性的机制，如是否具备安全的密钥管理机制、PIN 输入后是否立即被加密、是否具有防止穷举攻击的机制、密钥的使用和替换是否受到控制、是否会输出密钥或 PIN 等敏感信息来判别的。

4）脱机安全检测。脱机安全性是通过评估金融终端在脱机时是否具备防攻击性机制，如 PIN 输入部分与 IC 卡读卡器是否各自具有防攻击机制、IC 卡卡槽在插入 IC 卡同时是否能插入其他探查设备、PIN 在密码键盘和 IC 卡读卡器间传输是否安全等来判别的。

（2）芯片安全测试

金融 IC 卡的安全可以从卡介质安全、嵌入式软件安全和芯片集成电路安全三个角度来理解，通过三类安全机制的共同作用，才能构建起完整的金融 IC 卡安全体系。相比较而言，在卡介质安全和嵌入式软件安全方面，我国已经有了较好的基础。但是在芯片安全这一方面缺乏统一的检测标准，因此在安全性方面仍有待提高。

随着金融 IC 卡迁移工作的快速推进，芯片安全也受到了产业和社会各界的高度关注。在人民银行、发展改革委等单位的指导下，银行卡检测中心申请承建的"国家金融 IC 卡检测中心"建设项目已经通过验收，项目所提供的检测服务全面覆盖 IC 卡安全、嵌入式软件安全和芯片集成电路安全。从芯片设计角度而言，芯片安全主要集中于硬件算法的安全、存储介质安全、传输信息安全、核心处理单元安全等。芯片安全测试的主要目的有三方面：其一是提高国内金融 IC 卡芯片安全水平；其二是为 IC 卡迁移提供技术保障；其三是与国际芯片安全接轨。

芯片安全检测的思路主要为：测试员从攻击的角度，采用白盒（卡片厂商提供版图、卡片系统、指令等敏感信息）的分析方法，依据不同的安全要求，设计多个攻击案例，根据这些攻击案例的成本来检验芯片的安全性。它的评估方法是测试员根据某一攻击案例所消耗的人力、设备、知识、信息、时间、样品等各项成本综合评价该芯片在该方面的安全性是否满足安全要求。

3. 金融 IC 卡系统测试

营造一个安全的金融 IC 卡环境不仅需要终端及卡片有较高的安全性能支持，金融 IC 卡自身管理系统的安全性也是环境安全的一个重要方面。

早在 2008 年北京奥运会前夕，按照人民银行的要求，外资银行在国内开办人民币银行卡业务应接受银行卡管理系统标准符合性和系统安全性测试工作。包括银行卡检测中心在内的三家机构受人民银行委托对渣打银行等第一批在中国发卡的外资银行进行了全面的系统评估。主要依据的检测标准是：

（1）商业银行银行卡系统标准符合性和系统安全性测试技术大纲（借记卡部分）。

（2）商业银行银行卡系统标准符合性和系统安全性测试技术大纲（信用卡部分）。

2011 年 4 月，人民银行颁布《关于进一步规范和加强商业银行银行卡发卡技术管理工作的通知》（银发〔2011〕47 号），明确要求商业银行首次发行磁条卡或 IC 卡需在人民银行指导下自主选择符合要求的检测机构开展检测；检测机构依据标准对金融 IC 卡相关系统标准符合性和安全性进行检测，并出具正式的系统检测报告。

为了提高整个交易环境的安全性，依据技术大纲的要求，商业银行的金融 IC 卡管理系统检测覆盖了系统从前端到后台的所有处理流程，包括交易终端安全、交易功能、交易数据传输、交易逻辑处理等内容，关注发卡系统的功能正确性、风险监控完备性、性能稳定性、系统安全性、联网联合规范合规性和配套文档的完整性。另外，对于具有外包服务的商业银行，还关注其在外包方面的安全管理工作。

金融 IC 卡系统检测包含以下基本内容：

（1）功能测试。验证发卡系统的业务功能是否正确实现，主要测试系统业务处理的准确性。通过在金融 IC 卡受理渠道，包括柜面、ATM、POS电话（信用卡）中执行正常和异常交易，验证金融 IC 卡管理系统是否能正确处理客户的账户管理、卡片管理、密码功能、账务处理、信用管理和交易处理等功能。

（2）风险监控测试。查看发卡行是否具有监控系统，金融 IC 卡管理系统是否对日常交易中常出现的交易欺诈如伪卡、套现交易、伪造交易进行监控，是否对 ATM、POS 或者其他自助终端的风险进行管理，对反洗钱的管理是否符合人民银行的要求。此外，对风险监控系统的规则进行现场验证，检测其是否能对触犯风险规则的交易进行监控。

（3）安全性测试。对金融 IC 卡管理系统涉及的整个网络环境、负责交易处理的服务器、应用系统、数据库和日常的运维管理进行安全评估，并通过访谈、手工验证、工具扫描和渗透攻击等方法检测发卡银行在系统安全防范、持卡人数据安全和业务稳定运行方面是否符合相关要求。

（4）性能测试。验证发卡行的发卡系统是否支持业务的多用户并发操作并能保证交易成功率，验证在可预计的条件和业务压力下，发卡系统是否能满足性能需求和压力解除后系统是否具有自恢复能力。

（5）文档测试。评估金融 IC 卡管理系统的用户文档、开发文档、管理文档的完备性、可维护性、可管理性，以及是否符合行业标准，是否遵从更新控制和配置管理的要求。

（6）联网联合测试。验证发卡行在跨行交易中是否符合技术规范的要求，保证跨行交易的正确实现。

（7）外包附加测试。重点是评估发卡行对外包业务的信息安全控制。若发卡行在金融 IC 卡管理系统中涉及外包业务，则需评估发卡行是否对外包业务进行风险评估和风险控制，特别是涉及敏感信息，如制卡文件、客户个人信息等时，是否在数据保密方面对外包服务提供商提出保密要求。

（二）产品的检测全过程

1. 卡片检测全过程

一款芯片被设计出来后，首先会被送到第三方实验室进行芯片安全评估，尝试用各种手段测试能否获取芯片内的敏感信息。只有不泄露信息的芯片才认为是安全的。

只有通过测试的芯片被允许销售给卡片商，卡片商将芯片封装到卡基内，并将封装好的卡片送到第三方实验室进行卡片物理特性及化学特性的测试。

在通过了物理测试后，卡片商可能在这款卡片上进行各种开发，装入各种程序，然后将装好程序的卡片送到第三方实验室进行检测，包括电气特性及通讯协议的测试，如电压最大值、能兼容的通讯速率等，以及应用程序测试，如借记/贷记应用是否安装正确。

在上述测试通过后，卡片会被销售到发卡机构（通常情况下是银行）手中，发卡机构根据自身的业务需求向卡内写入一些数据（例如主账号、持卡人姓名、失效日期），这个过程即前面所称的个人化，个人化完毕后，发卡机构再将卡片送到第三方实验室进行入网测试。

在通过入网测试后，卡片就可以交付给最终用户了。

2. 终端检测全过程

出厂前，终端要在生产厂商内部经历各种严格的测试。经过测试出厂后，被送到第三方实验室进行功能应用和安全性检测。通常包括：

（1）电气特性和通讯协议测试，即 Level 1 测试，包括终端提供的时钟频率，终端提供的电流，终端发送的电信号与卡片通讯等。

（2）应用内核测试，即 Level 2 测试，包括应用选择、风险管理等。

（3）终端安全测试，包括物理安全、逻辑安全、联机安全和脱机安全等。

在上述测试通过后，终端会被销售到收单机构（通常情况下是银行）手中。在接入网络后，收单机构会根据自身的业务规则对终端进行一些功能配置和参数设定，在终端被投入使用之前，收单机构应对该终端进行入网测试。简单地说就是用各种状态的卡（例如正常卡、余额不足的卡），在配置好的终端上做交易，看交易结果是否和预期结果一致。一旦通过入网测试，终端就可以被投入生产使用了。

3. 金融 IC 卡管理系统检测全过程

金融 IC 卡管理系统在正式上线前，先经过商业银行的严格内部测试，主要验证功能是否能够正确执行，系统集成设备是否正常运行，系统性能是否达到设计要求，系统开发设计、管理和安全制度文档是否匹配到位等。

内部测试完毕后，人民银行授权认可的第三方机构将委派测试工程师对系统进行现场测试，通常包括：

（1）功能性验证。包括柜面系统、ATM 系统、POS 系统、反洗钱系统、风险监控系统等。

（2）性能测试。包括单个交易的并发模拟测试和多个交易的混合并发模拟测试。

（3）安全性测试。包括网络安全、主机安全、应用安全和数据安全。

（4）文档审核。包括用户文档审核、开发文档审核、安全制度审核等。

（5）联网联合测试。包括交易处理、报文接口规范、数据安全传输控制规范等的符合性验证。

（6）外包附件测试。如果存在开发外包、运维外包或者制卡外包的任何一种情况，都要进行外包测试，包括外包风险评估、控制与监督等。

三、认证

（一）认证工作现状

1. 金融 IC 卡认证工作的发展历程

1999 年 1 月 5 日，人民银行颁布了《银行卡业务管理办法》（银发〔1999〕17 号）。该《办法》规定，商业银行向中国人民银行申请银行卡业务时需要提交"由中国人民银行科技主管部门出具的有关系统安全性和技术标准合格的测试报告"。同时规定：中华人民共和国境内的商业银行（或金融机构）发行的各类银行卡，应当执行国家规定的技术标准。该《办法》提出了银行卡产品及系统需经过检测的要求，但受限于当时国内银行卡产业发展水平，相应的银行卡检测认证工作并没有展开。

2002 年 3 月，中国银联成立后，陆续开展了银联卡相关产品的企业认证，主要针对加入银联网络的产品以及企业进行资质认证。包括银联卡产品企业资质认证、POS 产品认证、移动支付终端产品认证、银联卡收单第三方服务机构资质认证等。这些认证主要依据中国银联企业标准和要求，由中国银联组织完成。

2007 年，根据外资银行加快开展人民币业务和我国银行卡产业发展新情况，人民银行对建立银行卡检测认证制度工作再次进行了研究，进一步调整思路，加强了与国家认监委工作协调，在国家法规和相关政策指导下，继续推进银行卡检测认证工作。

2008 年底，国家认证认可监督管理委员会发布公告，明确自 2009 年 1 月 1 日起，银行 ATM 等自助终端类产品开始纳入国家强制性认证产品范围。目前该认证主要依据《信息技术设备的安全》（GB 4943—2001）、《信息技术设备的无线电骚扰限值和测量方法》（GB 9254—2008）、《电磁兼容限值谐波电流发射限值》（GB 17625.1—2003）三项标准，尚无金融标准作为认证依据。

2008 年至 2009 年，人民银行通过勘误、修订、增补和新订银行卡有关技术标准，健全了现行的银行卡标准体系，为金融 IC 卡认证工作提供了技术依据。其中，修订完成《银行卡磁道格式和使用规范》（国家标准）；制定并发布了《中国金融集成电路（IC）卡检测规范》（JR/T 0045—2008）、《银行卡卡片规范》（JR/T 0052—2009）两项行业标准；修订并发布了《银行卡销售点（POS）终端规范》（JR/T 0001—2009）、《银行卡自动柜员机（ATM）终端规范》（JR/T 0002—2009）、《银行卡联网联合技术规范》（JR/T 0055—2009）三项行业标准。同时，人民银行对国内外实施认证的法律依据和操作办法进行调研，进一步加强了对银行卡产品、服务和系统的试点检测和管理工作。

2010 年 4 月，人民银行颁布了《中国金融集成电路（IC）卡规范》（2010 年版），该规范立足中国金融 IC 卡发展现状，吸收国际先进 IC 卡技术经验，总结国内金融 IC 卡应用试点情况，修订了我国金融 IC 卡应用的行业标准，具有较强的自主创新性，为我国金融 IC 卡产业的健康发展奠定了坚实的基础，也为开展金融 IC 卡检测认证工作提供了技术依据。

2010 年 12 月 1 日，人民银行李东荣（时任行长助理）主持召开行长专题会议，研究贯彻落实国务院领导同志有关批示和国家认证认可工作有关通知要求，讨论金融行业检测认证管理体系建设的有关问题。会议认为金融行业检测认证管理体系具有重要作用，由人民银行牵头，会同认监委管理我国金融检测认证体系的方案现实可行，为此，责成人民银行科技司会同相关部门明确细化金融检测认证管理体系建设的具体内容。

2011 年 9 月 3 日，金融行业独立专业认证机构——中金国盛认证有限公司在北京正式挂牌成立。该中心的成立是我国金融标准认证体系建设的重要成果，为我国金融行业银行卡认证制度的建立奠定了基础，对于金融行业改革发展具有重要意义。

2. 我国认证制度现状

认证制度既是国际通行的规范市场和促进经济发展的普遍经验，也是各国企业和各类组织提高管理和服务水平、保证产品质量、提高市场竞争力的主要手段。

从 2001 年 8 月开始，国家对认证认可工作实行在国务院认证认可监督管理部门统一管理、监督和协调下，各有关方面共同实施的工作机制。根据《中华人民共和国认证认可条例》，国内的检测认证管理基本上分两种形式，一是由国家认证认可监督管理委员会牵头，相关部委或行业主管部门参与的行业检测认证管理，主要面向专业性不强的一般性企业和产品；二是有关部委或行业主管部门牵头，主要面向一些专业性强、国际化程度高或安全要求高的企业和产品。

目前，公安部、工业和信息化部、国家林业局以及原铁道部等国内许多部委或行业主管部门为确保投入使用的产品符合行业准入的要求，均对进入本行业内的相关产品实行检测认证，制定相应的政策和管理条例，并形成较为完善的检测认证组织体系。

（二）认证体系

1. 认证体系组成

我国的检测认证主体由认证管理机构、认证机构以及被认证机构三部分组成。

（1）认证管理机构。认证管理机构的组成通常包括：

①行业管理部门：由国家行业主管部门组成一个检测认证管理委员会，负责制订行业检测认证政策，监督检测认证机构和仲裁诉讼及争议，并指导、监督管理检测认证机构开展工作；代表国家对检测认证实体运作的独立性和在检测认证活动中的公正性、科学性以及规范性实施监督

管理。

②国家认证认可监督管理部门，包括中国国家认证认可监督管理委员会、中国合格评定国家认可委员会、中国认证认可协会。

（2）认证机构：包括认证单位，以及经管理部门确认并由认证机构授权的检测单位。

其中，认证单位是经行业管理部门和国家认证认可监督管理部门确认，从事相关领域认证工作的实体，负责根据相关的法律法规、行业规章制度和标准，对被认证机构进行符合性认证。认证单位具体实施检测认证体系的运作，并负责监督授权测评机构。

检测单位，即授权测评单位，这些检测单位为具有技术能力和相关检测领域经验的企业、公司或研究机构，其能力需达到国家实验室认可准则的要求。授权检测单位是认证单位授权并通过国家实验室认可机构认可的实验室，是业务受认证单位监督并与认证单位签署相关合同获准开展测评工作的公司或组织。

（3）被认证机构：是指根据行业相关要求或自身业务的需要，向认证单位提出认证申请，并接受认证单位认证审查的实体。

2. 认证工作的基本流程

认证工作通常经过以下基本流程：

第一步，被认证机构（以下简称"申请人"）向认证单位提交认证申请。

第二步，在得到认证单位许可后，申请人向认证单位指定或授权检测单位提交相关文档。

第三步，检测单位根据有关标准进行检测工作，出具检测报告并给出检测意见。

第四步，申请人确认报告，如不能满足检测要求，需要及时整改后，再次申请检测单位进行检测；如已经满足检测各项要求，再向认证单位提交认证申请。

第五步，认证单位审核检测报告，并向申请人颁发认证证书。

第七章　金融 IC 卡的产业支撑

金融 IC 卡不是孤立的产品，它涉及一整条产业链，只有相互协作，才能有效推动金融 IC 卡产业的整体健康有序发展。

一、产业链概况

金融 IC 卡产业涉及计算机、通讯、互联网、制造、印刷等数十个行业，对我国国民经济发展起着积极的作用。随着金融 IC 卡产业的日益成熟，金融 IC 卡产业的内部分工越来越细化，产业链条的细分环节也越来越复杂。总结一下，金融 IC 卡产业由五大类参与主体组成，它们是：

最终消费方——持卡人和特约商户；

金融服务方——发卡机构、收单机构和银行卡组织；

专业服务供应方——主要包括第三方金融服务公司和支付处理支援商，终端机具、卡片和芯片生产商、系统供应商和维护商等；

质保服务方——包括检测机构、认证机构等；

宏观管理方——政府和行业管理者。

金融 IC 卡产业链中各参与方相互作用，相互促进，形成一个产业内循环体系，该体系在受到其他行业影响的同时，也会通过自身的活动影响其他行业的发展。随着金融 IC 卡产业的快速发展，金融 IC 卡产业链中各参与方将继续从中受益，同时保持健康快速的发展，进而有力促进我国社会进步和经济发展。

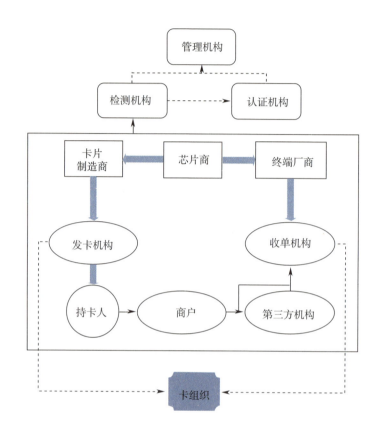

注：该示意图为简图，并未包含产业链中的所有参与方。

金融 IC 卡产业链简图

二、产业参与方简介

金融 IC 卡产业链中的主要参与方包括管理机构、持卡人和特约商户、发卡机构、收单机构、银行卡组织、第三方服务提供商、第三方专业化服务方。

1. 管理机构

人民银行是我国银行卡业务的管理机构，承担了拟定银行卡业务技术标准、银行卡结算业务及其他电子支付业务管理制度，协调银行卡联网通用，推进支付工具创新等管理工作；各商业银行的银行卡业务也应在人民银行起草、制定的规范、标准指导下开展。

2. 持卡人和特约商户

持卡人是指按照有关规定，符合银行卡申请条件，能够提供有关材料，经过发卡银行批准、领取银行卡并使用银行卡的主体。持卡人可以是自然人，也可以是机关、事业单位、团体和企业等合法组织。特约商户是指与收单机构签订了商务协议，受理银行卡的零售商、公司或者其他组织。

3. 发卡机构

发卡机构的主要职能是向持卡人发行各种银行卡，维护与卡关联的账户，并通过提供各类相关的银行卡服务收取一定费用。通过发行银行卡，发卡机构获得持卡人支付的信用卡年费、透支利息，持卡人享受各种服务所支付的手续费，商户支付的回佣分成等。此外，发卡机构还可以获得增加储蓄存款、便利信贷发放、延伸市场范围、拓展增值业务等利益。

4. 收单机构

收单机构一般是指与商户签订协议或为持卡人提供服务，直接或间接凭交易单据（包括电子单据或纸单据）参加清算的单位。它主要负责特约商户的开拓与管理、授权请求、账单结算等活动，其收益主要来源于商户回佣、商户支付的其他服务费（如 POS 终端租用费、月费等）及商户存款增加。

大多数发卡银行都兼营收单业务，现实环境中，发卡银行和收单银行通常是同一家商业银行。在我国收单市场中，商业银行是主要的收单机构，也有一些非银行专业服务机构经营收单业务。特别是在 2010 年人民银行发布实施《非金融机构支付服务管理办法实施细则》后，银联商务、快钱、上海汇付天下等非金融支付机构取得了提供支付服务的合法身份，也纷纷加入到收单服务提供商行列。

5. 银行卡组织

在我国，银行卡组织是指按照法律法规，在中华人民共和国境内设立的，或者在中华人民共和国境内获准向银行卡有关各方提供支付清算服务的法人组织。银行卡组织的关键职能在于建立、维护和扩大跨行信息交换网络，通过建立公共信息网络和统一的操作平台，向会员银行提供信息交换、清算和结算、统一授权、业务推广及品牌营销，协助会员银行进行风险控制及反欺诈等专业化服务。银行卡组织的利益来源主要是会员银行的信息交换费收入及其他服务费收入。

金融 IC 卡的卡面右侧标有该卡所属的银行卡组织，在我国常见的银行卡组织有中国银联、VISA、MasterCard、JCB 等。

6. 第三方服务提供商

银行卡产业链中的第三方服务供应商主要包括第三方金融服务公司、支付处理支援商等。

第三方金融服务公司提供商户管理、设备维护、信用分析、交易清算以及相关咨询等专业化服务。支付处理支援商提供与银行卡产业相关的软硬件及延伸服务，如卡片制造商、芯片制造商、终端机具制造商、支付软件生产商等。

7. 第三方专业化服务方

第三方专业化服务方包括第三方检测和认证机构，它们是经过相关行业管理部门和国家认证认可监督管理部门确认的，从事检测、认证工作的实体，负责根据相关的法律法规、行业规章制度和标准，分别对被服务机构进行系统安全性检测及标准符合性认证。

前景展望篇

一、金融 IC 卡将成为智慧生活必需品

不管当初发明计算机的初衷如何，信息化的终极目标是要为人民生活服务。在通常情况下，无论国内国外，最广受用户欢迎的信息化技术成果总是以生活用品的形式展现出来，手机、游戏机以及各种家电用品莫不如此。但是，众多生活用品中能称得上智能产品的，却一定少不了芯片的帮助。芯片集软硬件于一体，既是人类智慧的载体，也是信息化成果的浓缩。因此，芯片成为智慧生活的核心要素，智慧生活则成为信息社会的主要特征。而且，就当前人们对信息技术的认知水平和制造技术水平而言，生活用品的智能化将主要通过芯片来实现。可见，芯片承载了人们对智能用品的希望和对美好生活的寄托，由此看来，银行卡从以磁条为信息载体升级为以芯片为载体实属理所应当，联想起来，拥有芯片的金融 IC 卡还将在智慧生活中成为必需品。

金融 IC 卡的芯片可以成为大部分智慧产品的通用大脑。各行各业都将信息化工作建立在合理使用芯片技术上，比如，现代计算机系统将处理器建立在芯片技术之上，于是有了强大的计算处理功能；手机将通讯和信息处理功能建立在芯片技术之上，于是有了智能手机和掌上电脑；家电用品将人机对话功能建立在芯片技术之上，于是有了简单实用的操作菜单。因此，理论上只要各种标准统一，金融 IC 卡的芯片就可以镶嵌于任何智慧产品上。当前，已经有了手机芯片与金融 IC 卡芯片合一的成功案例，将来，芯片将可能像 U 盘一样在智慧产品间插拔，金融 IC 卡也将贯穿智慧生活始终。

金融 IC 卡将作为个人信息的安全载体。在信息爆炸的年代，电子信息的存储设备就像衣服口袋一样成为生活必需，音、像、视频，甚至味道都可以收入囊中。但口袋太多显然也会增加管理难度，因此，寻找一种大容量、具有高度安全性、方便携带，日常生活又经常需要用到的存储设备作为信息装载口袋就十分必要。从目前来看，也只有金融 IC 卡基本具备这些条件，堪当此任。因为有金融认证体系的保障，存储其中的各种信息

将享受金融数据级的安全防护，而以金融 IC 卡技术发展的速度预测，存储量的提升也将十分迅速，一旦采用 Flash 的工艺、技术过关，充当大容量安全记忆体的前景将十分广阔。

金融 IC 卡将作为金融服务窗口。从磁条卡升级为芯片卡，就像从磁盘升级为电脑，银行卡的功能范围可以据此实现质的飞跃。金融 IC 卡不仅可以理所当然承担传统借、贷记功能，承载"三票一卡"应用，轻松实现电子现金的创新需要，而且可以承担绝大部分金融服务职能。从金融功能角度而言，金融 IC 卡可以支持存、贷、汇的基础金融功能，人们既可把金融 IC 卡当成电子存折用，还可以把它当成贷款卡用，也可以当成保险凭证，抑或当成股票证券凭证使用；从服务渠道角度而言，金融 IC 卡既可以在临柜使用，又可以在互联网环境使用。但凡与金融行业打交道，都可以用金融 IC 卡获取各种服务，金融 IC 卡将成为客户与金融机构联通的最常用实体媒介。

金融 IC 卡将作为公共服务平台。银行卡已经成为社会生活中数量最庞大、使用最频繁、功能最实用的卡片产品，建立在银行卡功能升级基础之上的金融 IC 卡继续会成为最受群众欢迎的卡片产品。这其中除了硬件性能升级外，主要原因是附加了公共服务功能。公共服务功能更多地倾向于附加在金融 IC 卡上似乎已成为必然，一方面，是由于银行卡的社会生活基础使然，另一方面，也是一卡多用的现有成果所致，因为凭借现有公共服务领域应用成果，金融 IC 卡很容易取得持卡人作为各类卡片组合体的共识。

金融 IC 卡将作为实名认证的工具。由于采用了较为科学的 PKI 认证方式，在高技术的硬件环境支持下，辅之以严格的实名制管理，金融 IC 卡将成为电子认证的实体。一切需要在信息化环境下实现身份认证的，金融 IC 卡可以当仁不让。因此，金融 IC 卡可以作为移动电话的 SIM 卡使用，也可以作为线上各种应用环境的 USBKey 使用，还可以作为门禁卡、工作证、通勤卡等各种卡证应用。

金融 IC 卡将作为电子凭据的媒介。无论进步到哪个年代，各种凭证、票据总会是社会生活的实际需要。凭证可以是提货单，也可以是仓单，还可以是各种证明单据；票据可以是发票，也可以是借据，还可以是股票证券，凡能称做有价证券的，都应采用一定的方法保障其真实可靠。信息化的年代里，电子凭据更应支持这种特性。能够实现支付职能的金融 IC 卡，自然首当其冲地也将承担起安全记载电子凭据的职责。

在信息化时代里，智慧生活是人民群众共享改革成果的有效途径，智慧生活也是社会文明程度的集中体现，显而易见，金融 IC 卡将发挥巨大的作用，成为智慧生活支撑体系的重要角色。

二、金融 IC 卡将在公共服务领域发挥更大作用

2013 年 11 月，中国共产党第十八届中央委员会第三次全体会议通过了《中共中央关于全面深化改革若干重大问题的决定》，明确将"发展普惠金融"作为我国金融业发展改革的方向之一，同时提出"加强和优化公共服务"的要求。"十二五"以来，随着银行卡芯片化战略的深入推进，金融 IC 卡凭借标准、安全、便利、经济、广泛等先进特性，向人民群众提供了诸多基础性服务，得到社会公众的广泛认可。在金融领域，金融 IC 卡借助强大的技术和功能实现了非接支付、脱机交易等小额支付创新，将银行卡应用拓展到了日常生活一线，惠及广大人民群众。在公共服务领域，金融 IC 卡以一卡多用为基础，在公共交通、文化教育、医疗卫生、社会保障、城市管理、公益事业、生活服务、企业服务等领域实现了跨行业、跨地域应用，为社会不同阶层和不同群体享受到有效、优质、均等的公共服务作出贡献。作为科技进步和金融创新结合的产物，金融 IC 卡在实现普惠金融和推进公共服务方面有着天然的优势，将有更广阔的发展空间。

金融 IC 卡将有力提升农村公共服务的可获得性。长期以来，我国广大农村地区受地域广阔、人口多且相对分散、公共基础设施薄弱等因素制约，公共服务相比城市有着较大差距，农村居民在获取社会保障、公共医疗以及基础性金融服务时都相当不便。以金融服务为例，由于传统银行卡受理需要联机处理，而农村地区网络环境短期内难以大幅改善，农村居民

无论购买种子、肥料这些基本生产资料还是出售粮棉菜果等农业产品，日常支付通常只能使用现金，而存、贷、汇等基础性金融服务必须到附近城镇才能获取，给生活带来诸多不便。借助简单、快捷、安全的支付功能，金融 IC 卡及其衍生的移动金融将在农村大有作为，未来将有效改变农村地区金融服务格局，造福广大农民。同样，借助一卡多用的优势，金融 IC 卡能够加载新农保、新农合等基础公共服务应用，帮助农民更方便地获取国家提供的各种基础保障，促进城乡基本公共服务均等化。

金融 IC 卡将有力支持我国新型城镇化的发展。党的十八届三中全会及 2013 年中央城镇化工作会议对我国新型城镇化进行了全面系统的谋划，而推进农业转移人口市民化是其首要任务。未来几年，巨量的农业人口将逐步进入城镇转为城市居民，这些城市居民能否享受平等的公共服务，提升生活质量是新型城镇化战略推进的关键。在人民银行的组织协调下，经过多个试点城市认真探索，当前金融 IC 卡在公共服务领域的应用形成了多种成熟的解决方案，建成了一定规模的可共享基础设施，并在利用市场机制调动社会力量参与方面积累了大量的经验，这将帮助中小城镇利用金融 IC 卡为载体，以较低成本快速形成惠及广大市民的公共服务平台。

金融 IC 卡将为我国人民群众跨地域获取公共服务带来更大便利。当前是我国全面建设小康社会的关键时期，面临社会流动性和开放性日益增强、民生诉求多样化和便利化日益突出的新形势，人民群众对跨地域获取社会保障、公共医疗、城市管理等诸多公共服务的要求日益迫切。金融 IC 卡兼具安全可信的认证体系、一卡多用的强大功能和遍及全国的受理环境等诸多优势，是担当跨地域服务的合理载体，金融 IC 卡安全可信的认证体系可帮助公共服务提供者快速、准确地确认服务申请者的身份，一卡多用的功能能确保各种公共服务与金融服务有机结合，遍及全国的受理环境从技术上为跨地域公共服务提供了手段。未来，金融 IC 卡将更加充分地发挥这些优势，推动跨地域公共服务发展和延伸，促进跨地域一体化公共服务模式创新。

提供方便快捷、公平普惠、优质高效的公共服务是保障和改善民生的切实举措，关系到人民群众最关心、最直接、最现实的利益。可以看到，随着金融 IC 卡逐步深入我国经济生活的方方面面，在不久的将来，金融 IC 卡在公共服务领域应用将不断深化、拓宽，为百姓生活带来更多的便利。

三、一卡多应用成为金融 IC 卡重要发展方向

一卡多应用具有多种含义，直观地说就是银行卡应用在传统服务领域之外的其他服务场所，当下正在轰轰烈烈开展的金融 IC 卡在公共服务领域的应用就是一卡多应用的重要内容。但是一卡多应用的理念是需要实践来检验的，而现实中的体制环境、技术环境往往制约了金融 IC 卡一卡多应用的真正实现。

体制环境是一卡多应用的最大障碍。与当年我国银行业推动联网通用，实现一柜一机的情况相似，作为经营实体的商业银行，发行银行卡是其开展个人金融业务的主要手段，因此保障自身利益是理所应当的。商业银行发展多应用，除了服务民生、回报社会的宏观目标外，扩大银行卡市场、提升交易率、获取竞争先机是非常自然的微观目标。在多应用领域拓展过程中，由于涉及设施投入、资金投入以及知识产权投入等事项，商业银行必然会规划将来应得到的回报。这种符合基本经济规律的做法无可厚非，但从整体社会效益和经济效益而言，资源互不通用必将造成极大浪费。不但如此，这种效应如果传递到持卡人，带来的就不仅仅是经济问题，而会成为卡片泛滥、信息泄露等社会问题。

问题已经很明显，一些地方的商业银行机构在经过艰苦努力、投入大量资源后，顺利进入了特殊公共服务领域的收单市场，如公共交通、文化教育、医疗卫生等，从投资回报的规律考虑，这些领域的收单业务利润要抵销投入，则会是一个比较长期的过程，因此，在行业合作协定上以及技术处理手段上设置防火墙是最常用的做法。据人民银行的调查，目前商业银行发行的多应用卡，大部分浪费了信息技术资源，其结果往往是一卡一应用，一人多张卡。

技术环境是一卡多应用的另一个障碍。人民银行立足自身职责，前瞻

性地开展金融 IC 卡标准体系建设，务实开展联网通用协调，使得银行业的金融 IC 卡系统从设计开发起，就保障了相互间业务和技术的联通性。与银行业金融 IC 卡工作的技术环境不同，公共服务的技术支撑标准大都呈现一地一规、一行一标的原始状态。公共交通与文化教育之间信息格式不同，医疗卫生与社会保障之间标准不一，就连公用事业单一行业内，水、电、煤都有独立的信息化规范，为一卡多应用形成了技术障碍，而且，短期内这种现状似乎无法扭转。

能不能绕开体制制约，尝试从其他途径实现理想中的一卡多应用，将政府提供的公共服务浓缩于一张金融 IC 卡上，有些地方政府做出了努力探索，比如，贵州省政府看到了社会资源集约化的美好前景，经过深入调研和慎重思考，确定在全省范围内，利用金融 IC 卡平台，实现贵州通的发行应用。贵州通是金融 IC 卡加载综合性公共服务应用的典型案例，达到了技术标准化、准入无门槛的境界。只要商业银行金融 IC 卡服务条件成熟，政府将会随时欢迎加入。贵州省政府的改革创新举动，引起了全国各地的关注，河北省、山西省、青海省等也纷纷出台了相应举措。可以预见，在不久的将来，一卡加载多种应用会成为全国各地通行的金融 IC 卡应用策略。

对于现有的多应用状况，也应该会有一种改进策略，立足点就是发挥市场在资源配置中的决定性作用，充分尊重持卡人的主观意愿。如果持卡人愿意一事一卡，现在的金融 IC 卡体系保持现状即可支持；但是，一卡走天下的便利和资源集约化的高效毕竟是社会各界的普遍期盼，因此，可以也应该建设一个机制市场化、技术标准化、应用动态化的多应用交互平台，为一事一卡提供一种整合的渠道。在多应用交互平台支持下，持卡人可以在已有的多张附有多应用功能的金融 IC 卡中进行选择，以自己喜欢的商业银行发行的金融 IC 卡为多应用的宿主卡，授权宿主银行通过多应用交互平台，向其他银行索取用户留存的多应用行业信息，加载在一张金融 IC 卡上。当然，这仅仅是法律上和技术上的解决方案，还需要充分尊重市场规律，在加载多应用后解决多应用迁移带来的银行间利益补偿问题。

将思路拓展一些，金融 IC 卡除了可以加载公共服务领域的功能，还应该大力拓展其他金融服务功能，比如加载了贷款卡功能，就能方便获取贷款；加载了身份认证功能，就能获取征信报告；加载了开户许可证功能，就能方便开立银行账户，真正的多应用前景将十分美好。

四、新技术发展使金融 IC 卡更安全高效

（一）不断升级的安全保障

金融 IC 卡从诞生之初，就担负了防止伪造、防盗刷、保障客户资金及信息安全的重任。相对于磁条卡来说，伪造一颗芯片的成本非常高，这极大地提升了攻击者的成本。但也正因为金融 IC 卡芯片与资金安全密切相关，各种攻击者依然在想方设法不断寻找芯片的安全漏洞，而芯片设计制造商也在针对各类攻击方式，增强防护措施，确保芯片的安全。同时，各类科研院所也在不断研究可能的攻击手段，希望从理论和实践上找到突破芯片安全机制的可行途径，并探索相应的防护机制，从而增强芯片的安全性能。在这"矛"与"盾"的芯片安全攻防大战背后，涉及了密码学、计算科学、工程学、电子学、统计学、化学等多个科学领域，攻、防博弈成为推动芯片安全技术发展的主因。小小的芯片中凝结了无数人的心血，芯片的安全防护机制技术远胜于人们的想象，装上芯片的银行卡完全可以称为指尖上的保险柜。

密码学及其相关的加密机制已经历经多年发展，在不同的应用领域得到了广泛的验证，从未来发展来看，芯片的加密机制将在现有的技术框架下，不断丰富完善实现的手段，主要体现在以下几个方向：

一是更新加密算法。随着密码学的不断发展，一些更高效、安全的加密算法将会运用到芯片技术中。

二是提升内嵌随机数的质量。在芯片的加密机制中，随机数占据非常重要的位置，随机数质量（随机性）的好坏，直接影响芯片加密效果。因此，在芯片内部至少都集成了一个真随机数发生器，有的甚至集成了两个

或者四个，未来或许会有更多的真随机数发生器集成在一颗芯片中。这样，在不同的条件下将可采用不同的真随机数发生器产生的随机数，从而增加攻击者的难度。

三是扩展密钥长度，提升加解密难度。例如 RSA 算法的密钥长度，已经从最初的 512 位提升到 2048 位，增加了破解密钥的难度，很大程度上提升了芯片的安全性。

随着芯片技术的发展，芯片中集成的加密算法会更强大、密钥的管控体系会更完善、真随机数发生器将更有效、加解密运算速度也更快捷，使得芯片的加密机制更坚固，可以极大程度地保障芯片的使用安全，防止芯片被复制，阻止伪造、盗刷事件的发生，切实保障持卡人的资金安全。

（二）更强大的数据处理能力

通常说的金融 IC 卡为 CPU 卡，芯片内部除了带有控制器、存储器、时序控制逻辑以外，还带有操作系统（COS），就像是一个超级迷你的计算机。从普通 PC 机的发展历程可以看出，CPU 的功能性能越强大，硬盘的容量和缓存的容量也越大，操作系统也随之越复杂，同时应用软件不断丰富，从而使得 PC 机得到了广泛的应用，成为人们生活中不可或缺的组成部分。在金融 IC 卡芯片的发展过程中，也有着类似的成长足迹。

首先，芯片的 CPU 内核在快速地更新换代。目前，32 位 CPU 已经取代 8 位 CPU 成为主流配置，同时，CPU 内核的主频也在迅速提升，从几兆赫兹提升到了几十兆赫兹，甚至达到上百兆赫兹。未来几年里，随着工艺的不断进步，芯片 CPU 内核的功能性能将得到显著提升，并且会出现多核的芯片，这将为金融 IC 卡的广泛应用提供强大的动力支持。

其次，芯片中集成的存储器的容量在不断扩大。目前，作为内部程序存储器的 ROM 已经从 128kB 增长为 256kB 甚至 384kB，作为应用程序存储器的 EEPROM 已经从 48kB 增长为 80kB 甚至 144kB。在不久的将来，相信这些存储器的容量会很快达到 M 级。更大的存储空间为应用程序的开发带来更多的便利，使得金融 IC 卡可以承载更多的应用。

此外，芯片运行的稳定性也在不断地提升。由于芯片本身是没有能量的，在运行时需要从外界（如插卡接触）获取能量，特别在非接触应用中，需要通过电磁感应方式获得少许能量来支持芯片运行，而能量不足往往会导致芯片运行状态的不稳定。随着工艺的进步和设计水平的不断提升，芯片的功耗将会越来越低，并且可以得到有效的控制，这就意味着，芯片的稳定性会得到极大提升。

随着一些新的制造工艺的出现，例如 TSV（硅穿孔）和 SIP（系统级封装）等技术的出现，芯片可以实现更高的集成度，这将为设计者提供更加广阔的想象空间。或许，在未来某一天，芯片中会包含光电能量转换装置，使得芯片可以通过自然光获得能量并存储起来，从而更好地保障芯片的能量供应。或是芯片会增加人机交互界面，使得芯片具备更便捷的交互方式，从而支持更复杂的交易环境，助推金融 IC 卡实现更加广泛的应用。

五、完善的检测、认证、监督体制使用户更放心

金融 IC 卡在设计、结构组成、应用加载和生产工艺上都比传统银行卡更为复杂，任何一个环节的疏漏都会给持卡人消费带来安全隐患。因此，对金融 IC 卡的质量管控过程也将跨越整个金融 IC 卡面世、使用的全过程。安全性管理既是一项基础性工作，也是一项持久性工作。

之前，银行卡大都由商业银行单独发行，银行卡及其相关设施都通过检测机构来确保功能和底层电气特性符合质量要求。将来，服务于多行业的金融 IC 卡将采用不同于磁条银行卡的新技术和新管理方式，通过从设计生产源头到消费者使用环节的检测认证，从金融应用到非金融应用的横向管控来保障金融 IC 卡的安全应用，使消费者可以通过简单直观、高防伪度的"标识"辨识出可信的金融 IC 卡及其合格的应用系统和受理设施。

（一）纵向一体的检测认证体系

科学的检测认证体系是确保银行卡产品严格执行统一技术标准、保证产品质量和产品安全、维护持卡人利益、商业银行信誉和国家金融稳定的一种有效手段。

　　银行卡产品因为涉及金融消费者权益保障，又关乎金融信息安全和金融标准化的落实，因此是一种相对特殊的产品。世界各国对银行卡产品的检测认证管理均非常严格，无论是购买银行卡产品的银行还是提供银行卡产品的企业均要严格执行统一的技术标准。然而进入银行卡网络的产品是否符合统一的技术标准，则通常由独立于银行和企业以外的第三方机构通过对银行卡产品进行功能检测和安全评估等一系列检测认证，来保障银行卡产品安全可靠和兼容通用。国外使用金融 IC 卡的国家，由 VISA、MasterCard 和 JCB 等国际组织开展对卡片供应商资质认证和 EMV 产品检测认证。我国银行卡产业已被公认为全球银行卡产业发展潜力最大的国家，银行卡产品的质量要求也就显得更为重要。为此，2012 年 10 月，国家发展改革委专项注资，支持人民银行建设具有国际水平的专业化 IC 卡芯片安全检测能力的国家金融 IC 卡安全检测中心。

　　未来，我国将建立和完善科学的金融 IC 卡产品检测认证体系，覆盖从芯片到卡片、终端、金融 IC 卡应用，从电气特性、功能特性到安全特性等多层级、多维度的检测认证。同时，根据金融行业应用的特殊性，制定适应性的规范和要求，适时在检测认证体系中加入对芯片、嵌入式应用软件等金融 IC 卡的关键组成部件的强制抽检要求，并不定期从投入市场的产品中抽查检验监督，实现从产品生产到产品上市后全阶段的质量管控。

（二）横向联合的采信与推广

　　单一行业安全保障的前提是科学的检测认证，而多行业应用安全融合的前提是认证采信。要想实现认证采信并且让消费者在使用金融 IC 卡时能确认银行卡和下载的卡片应用是安全可信的，则须通过认证标志这个"秘密武器"。传统的方法是对检测合格、通过认证的银行卡生产商颁发认证证书，允许其在产品中使用认证标志。认证标志具有高度的防伪能力，有助于银行卡采购方和应用方在使用中验证、采信。

　　针对不同认证对象，认证标志有三种类型：物理标、形式标、技术标。物理标采用传统的标志方法，能粘贴、印刷在认证对象的表面或附属物上，使用激光、印刷、微孔或者热感记忆的方法防伪，可直接识别。不能加贴物理标志的认证对象（如芯片中的嵌入式软件），经过检测、认证之后，可以加一个电子形式的可信形式标志，方便用户在可信的状态下自由下载。如何加一个方便识别，又不影响软件原有性能和观感的技术标，是一个需要进一步研究的问题。以一个尽可能小的标志图案提供给软件生产商，由软件生产商将标志加盖在软件图标的一角是一种可行的方案。对于既无法加贴物理标，也无法加印形式标的（例如行业支付应用），则可以通过获得和分配相关代码，将认证与数字签名验证结合起来，达到既对通过安全性检测的对象评定安全等级、实施数字签名，又通过维护和管理动态列表保证认证有效性的目标。

在现行的银行卡检测惯例中，银行仅把加有物理标的检测报告作为采信依据。未来，在对金融 IC 卡的认证中，认证机构将对不同类型的产品采用不同组合的认证标识。除了向通过认证的厂商发放纸质证书，对相关硬件加贴物理标或者形式标，便于用户识别和采信外，还同时提供可验证的技术标——电子证书。

多种类型的认证标志能够让金融 IC 卡的采购方、以金融 IC 卡为载体附加应用的各行业机构和持卡人很方便地识别出安全可靠的金融 IC 卡和应用。

认证机构授权金融 IC 卡及其配套设备的应用生产商在特定范围内按照要求以某种形式使用认证标识，使得持卡人、采购方和监管机构都可直接识别其认证标识。对金融 IC 卡上的各行业应用则使用电子标签的方式标识认证。持卡人下载金融 IC 卡应用前可以向认证机构的认证安全管理服务器提交可信性验证。服务器会读取软件的版本、版权、数字签名、软件全息校验值、图标上的认证形式标等信息，与数据库中的注册备案信息相比对，向用户反馈认证结果，以便消费者分辨出标志的正确性以及软件的可信性、终端的可信性。

认证机构也可通过软件更准确地识别市面上的行业应用软件使用标志是否正确、标志是否被盗用、标志是否被扩大范围地滥用。

（三）多方参与的市场监督检查机制

行业市场抽检机制历来是保证产品质量的主要措施。因为，即使是专业化的权威检测认证也只能针对产品样品，不可能保证产品在批量投产后，每一件进入市场的产品质量都同样品的品质一样。同时，市场中张贴认证标志的产品的真伪性也有待验证。2003 年，我国银行卡实现了联网通用。此后，每年中国人民银行都组织各分支行对银行卡的相关指标进行检查，这为银行卡的规范发展起到了有效推动作用。未来，银行卡产品的市场抽检机制可以借助联网通用检测的资源优势，开展针对银行卡产品安全质量以及认证标志合规性使用的专项检查。

随着我国银行卡产业的持续升级，市场分工的不断细化，特别是金融 IC 卡的全面推广，银行卡产业链结构发生了重大变化。以商业银行为主导的产业旧格局逐渐向芯片厂商、卡片厂商、终端厂商、行业应用提供商和商业银行等竞争互利、合作共赢的产业新格局转变，市场成为主导因素。这样就大大增加了行业监管的难度，单纯的市场抽检制度由于需要动用大量的资源已不能完全符合新形势的要求。而多方参与监督，同时配合以市场抽检的机制将逐渐成为必需。

由于产业链主体联系紧密，因此各方的竞争合作将促使安全质量成为企业生存、优胜劣汰的先决条件。未来，银行卡产业各方将分别扮演被检方和监督方两个角色，既接受来自行业监督的市场抽检，又对其他的利益相关方的产品进行监督。这种从市场的角度对银行卡产品安全进行管理的机制将加速我国银行卡产业未来实现持续健康快速发展。

六、移动金融的发展将改变人们的生活习惯

随着我国金融 IC 卡的广泛应用、移动通信网络的蓬勃发展以及智能手机的不断普及，以 IC 卡安全芯片、移动支付为基础的移动金融已逐渐进入金融服务民生领域，逐步改变人们的生活习惯。

（一）以 IC 卡安全芯片、移动支付为基础的移动金融迅猛发展

中国金融移动支付技术标准的发布标志着移动金融发展已经进入"标准化时代"。在标准的指引和规范下，产业各方积极开展合作模式、技术方案的探索和创新。商业银行着力加快发展移动金融推动业务转型步伐，通过不断创新和提升服务水平在市场上开展竞争；移动通信运营商已意识到移动支付具有典型的金融属性，以更加开放合作的态度谋求共同发展。移动金融的发展促进了产业规范化发展，使各环节的潜能得以释放，整个产业逐渐进入合力发展的快车道。

（二）移动金融将带动金融创新的蓬勃开展

随着金融 IC 卡推广工作的不断深入和移动支付的发展，基于金融 IC 卡的创新应用迅速发展。例如手机信贷业务，契合农村地区和中小企业金融信贷需求，针对其融资需求具有"短、小、频、急"的特点，简化了信贷服务流程，提高了贷款审批效率，促进了"三农"领域和中小企业金融服务模式的多样化发展。对于融资客户而言，该项目带来三方面的融资便利：一是时间上的便利，客户可以不受银行上班时间的限制，可在 7×24 小时内通过短信提出贷款需求、确认贷款交易，实现即时的贷款发放；二是空间上的便利，客户无须到银行柜台提交贷款申请，在手机信号覆盖的任何地点，均可通过短信完成贷款发放；三是互动上的便利，客户提交贷款需求以后，不需要银行工作人员参与，可与手机交互自助完成贷款、还款等交易。

手机征信查询也是移动金融创新服务民生的重要应用。手机征信查询利用手机金融 IC 卡作为身份识别安全载体，通过安全可靠的技术手段开展个人信用查询，方便用户及时了解自己的信用状态、贷款情况、信用卡账户情况等。

移动金融科技创新应用既有利于满足公众多样化的需求，也有利于缓解人民日益增长的需求与金融服务流程烦琐的矛盾，对降低金融服务成本、扩展渠道、提高服务效率有着重要的意义。

（三）移动金融将大大提高银行卡使用率

一直以来，银行卡都是持卡人储蓄和大额消费的工具，因此，很难与日常支付活动挂钩。对用户行为进行分析，可以发现大部分人的银行卡一年使用次数不超过 20 次，普通用户往往在存取款、采购大件用品时才会使用银行卡。提高银行卡的使用率和对用户的服务频率，进一步提高储蓄量是银行争取客户、扩大市场的紧迫需求。但是，通过广告、优惠促销等做法，潜力是有限的，只有顺应了人们的生活需要，才有可能形成高频用卡的局面。好在移动金融技术的发展，使得这种愿望将很快成为可能。随着移动金融参与商业服务领域电子商务活动，金融 IC 卡、移动支付手机将出现在用户的餐饮、娱乐、交通、公共服务等生活各方面，极大地提高用户对银行卡和移动支付手机的依赖程度，银行卡的使用频率也将得到有效提高。

七、金融 IC 卡应用将加快我国银行卡国际化进程

我国金融 IC 卡应用推广工作顺应了全球推行芯片迁移计划的大趋势。近年来金融 IC 卡发展带动了我国芯片产业设计与制造、卡片操作系统研发、卡片制作和封装等银行卡产业各个环节相关技术和产品取得重大突破。目前，我国芯片生产能力和安全水平逐步实现与国际接轨，为今后银行卡产业国际化奠定了坚实的基础。PBOC 规范是遵循 EMV 标准的中国金融 IC 卡标准，推广应用符合 PBOC 规范的金融 IC 卡是促进我国银行卡产业国际化的重要举措。金融 IC 卡作为智能化的金融创新载体，具有较强的运算和安全保护能力，既能满足各国多样化的金融服务需求，也能实现身份标识、信息管理等公共服务功能，具备了有效衔接多国家、各行业、跨渠道的能力。

金融国际化是经济全球化条件下开放经济体发展的趋势，既需要新的制度、新的技术，更需要新的金融服务载体。金融 IC 卡作为基于国际通用技术的金融服务工具，促进了金融服务和受众面的全球化，为提升全球

银行业竞争力和金融全球一体化发展注入了活力。同时，金融 IC 卡能够消除各国市场之间金融信息传递的时空障碍，提供高速度、低成本处理大规模金融交易的技术手段，使得全球范围的资金流动和交易清算高速完成。随着跨境贸易人民币结算、金融 IC 卡应用推广工作、中国银联加入 EMVCo 组织等，我国银行卡全球一体化应用进程将逐步进入高速发展的新时期，"境内外发卡、全球使用受理"、"全球范围一卡多应用"将成为现实，越来越多的境外持卡人将享受到我国商业银行提供的优质银行卡服务，这将大大推动我国金融业务的国际化。

八、金融 IC 卡工作将推动产业链高速发展

在我国，金融 IC 卡是实现了民生工程和高新技术完美融合的民族产业。首先，因为面向全体国民，涉及大量公共服务，所以金融 IC 卡的蓬勃发展就离不开国家层面的支持和推动，相关工作也已纳入我国政府推动金融服务民生的信息惠民工程；其次，因为承载了民生基础信息，提供了先进服务，也对国内信息安全产业和芯片产业提出更高要求。因此，民族信息产业，特别是芯片产业链上的企业群将迎来广阔的发展空间，国内信息安全产业、芯片产业、终端机具和相关配套产业将在金融 IC 卡全面应用的推动下，形成源源不断的驱动力，有力地推动国内产业结构调整。

（一）政策支持将形成金融 IC 卡产业发展的良好环境

2013 年，国务院出台了促进信息消费、推动金融 IC 卡在公共服务领域应用的指导意见，人民银行顺应国际银行卡发展趋势，立足国情，切实履行银行卡与电子支付管理职责，将推广金融 IC 卡行业应用作为金融普惠的重大发展战略，形成了产业发展的强大政策驱动力。

2011 年，人民银行在科技工作会议上提出"全面推广金融 IC 卡应用，启动全国范围的芯片卡迁移"的工作目标，并发布《关于推进金融 IC 卡应用工作的意见》，在全国范围内正式启动银行卡芯片迁移，同时选

择部分城市开展金融 IC 卡在公共服务领域中应用工作。2013 年，又做出了扩大金融 IC 卡应用城市范围的决定。目前，已有 110 个大中小城市加入应用队伍。一年多的时间里，国内金融社保卡、居民保健卡发放工作相继展开，金融 IC 卡与其他行业的融合应用也在以前所未有的速度加快。而这些行业应用，恰恰是国内芯片设计企业的发力点。

发展改革委也通过设立金融领域安全 IC 卡和密码应用专项信息安全项目，推动民族产业的发展。该项目将支持包括高性能双界面金融 IC 卡芯片、金融数据密码机、签名验签服务器、安全 POS 机和 ATM、高性能密码芯片、安全浏览器在内的六大类关键产品。根据项目进度，2013 年，发展改革委会同工业和信息化部、人民银行和密码局对各个企业提出的产品进行公开测试，通过测试的产品将在试点和示范工程中大规模推广应用。

（二）金融 IC 卡的发展推动产业升级

银行磁条卡正逐步向 IC 卡转变，全国各商业银行都在大力推进金融 IC 卡工作，各类行业应用也逐步铺开。金融 IC 卡的广泛应用促进了国内信息安全产业、芯片产业和终端机具产业的发展，为国内产业界创新研发并提升产品质量提供了大量机遇，成为全面推动国内产业升级的驱动力。

一是推动银行卡介质从磁条卡向智能卡升级将为芯片产业带来巨大的发展空间，全球最大范围的芯片化行动相应也会带来全球最大的芯片产业市场，同时将会带动国内信息安全产业、终端产业的发展，形成全产业链的巨大生产能力；二是推动银行卡应用由传统支付领域向公共服务和小额快速支付领域升级，在深度和广度方面极大地拓展了我国银行卡产业的可持续发展空间；三是推动银行卡服务由单一支付功能向综合服务功能升级，提升银行卡产业在服务社会民生中的作用，将为形成新的服务业态，为民族企业提供更多的发展机遇；四是推动银行卡业务创新由线下（传统商户）向线上（手机、互联网、智能电视等）升级，带动了互联网受理终端及服务方式的创新，银行卡产业将在虚拟世界里找到更大的创新平台。

九、金融 IC 卡工作将对社会经济发展产生深远意义

金融 IC 卡代表了一种绿色化、集约化、精细化的金融服务模式。所谓"绿色化",是指金融 IC 卡通过采用先进的标准和技术,显著地提高用卡安全性,降低业务风险,为社会公众提供了安全、实惠、便捷的服务感受;所谓"集约化",是指金融 IC 卡融合了公共交通、文化教育、医疗卫生、社会保障、城市管理、公益事业、生活服务、企业服务等多种行业应用,将金融服务范围扩展到传统银行磁条卡覆盖不到的众多民生领域,可以"基本实现金融服务的全覆盖",有力地提升居民幸福指数;所谓"精细化",是指金融 IC 卡作为改善用户感受、再造业务流程、服务民生的重要手段和载体,能适应复杂、快速、多变、新兴的支付市场发展趋势,实现广大群众在跨业务、跨市场、跨行业,特别是在公共服务领域的个性化支付服务需求,促进金融业"规模、速度、结构、效益、质量"的协调发展。可见,金融 IC 卡迁移并不是简单的银行卡产品迭代,也不仅仅是通常意义上的产业升级,而是一项以点带面,既可以增强转型发展内生动力,又可以抵抗外部竞争压力的战略性举措。

金融 IC 卡推进工作对社会经济发展具有深远的战略意义,是落实国务院《关于促进信息消费扩大内需的若干意见》文件提出的"促进信息消费,推动经济转型升级"的重要举措,也是我国金融业信息化"十二五"发展规划中的重要任务。党的十八大报告首次以 24 个字概括了社会主义核心价值观,即"富强、民主、文明、和谐,自由、平等、公正、法治,爱国、敬业、诚信、友善"。金融 IC 卡服务对象为广大的社会群体,有力地秉承了社会主义核心价值观的重要思想,代表了一种先进、文明、平等与普惠制的金融服务方式,将全面推动社会经济发展,是"资源节约型、环境友好型"社会建设的基本需要,策应了我国生产力发展的需要。

金融 IC 卡将以金融普惠为目标，推动农村市场和小微企业均衡发展。移动支付是金融 IC 卡未来应用发展方向，手机终端的普及、移动通信网络在农村地区的逐步覆盖，为移动支付拓展农村市场创造了有利条件。近年来，商业银行、中国银联、电信运营商已根据我国经济发展方向、经济结构特点和金融市场需求及时调整发展模式，开始大力发展潜力巨大的二三线中小型城市乃至农村地区的移动支付业务，实现客户群体从高端向中低端的逐步普及，农村地区将逐步成为移动金融发展的新蓝海。此外，未来借助金融 IC 卡的多应用，银行卡产品将会不断丰富，如福农卡、小微企业信贷卡、手机金融 IC 卡等多种多样的卡产品，可以为农户和中小企业提供定位更加精准的服务。金融 IC 卡的产品和服务创新，将不断满足小微型企业对金融产品的需求，有助于为国家的惠民政策提供多样化的金融服务通道。

金融 IC 卡将以公共服务为载体，推动社会民生事业的发展。金融 IC 卡的发展还将以节约政府行政成本为目标，带动多个行业领域发挥其便民利民效应，形成多部门合力开展民生服务的局面，推动社会民生事业的快速发展。展望未来，金融 IC 卡一定能够结合跨行业的多种应用，大大节省社会成本，产生相当可观的社会效益和商业价值。

金融 IC 卡将以信息消费为方向，推动电子商务新型业态的发展。移动金融时代，电子商务运营模式正在逐渐发生改变，移动金融将打通线上和线下两条交易通路，用户可以随时随地进行预约、订购，商品的提供方可依据用户的需求来制订生产、采购计划。移动金融的发展将为电子商务创造一条非常精致的全社会供应链，对社会经济精细化发展具有深远意义。移动金融将在有效继承金融 IC 卡行业应用资源的基础上，通过聚合行业信息内容，快速向交通、文化、教育、卫生、公共事业缴费等公共服务领域应用拓展，实现多行业、跨部门信息共享、设备共用、服务融合，促进移动金融普惠发展。移动金融将实现线上、线下业务一体化发展，既可实现基于移动互联网的远程在线业务，又具备线下受理的独特优势，以金融安全芯片为基础的 O2O（Online to Offline）商业模式将成为未来移动金融推动实体经济发展的主要形式。

影响社会经济发展的因素多种多样，但社会成员是决定因素。小小的金融 IC 卡通过紧紧抓住人性化这个纲领性目标，从农村经济金融服务、小微企业服务、基本公共服务、民生事业服务和电子商务入手，尽可能地服务于大多数人群，通过人口传递推动社会经济发展，将成为银行卡"芯"时代的辉煌成果。

附　录

附录一 金融 IC 卡发展大事记

1998 年 1 月 19 日，人民银行颁布《中国金融集成电路（IC）卡规范（V1.0）》，业内称为 PBOC1.0。PBOC1.0 开创了银行业 IC 卡应用的先河，并成为业界的标杆和旗帜。

2005 年 3 月 31 日，人民银行颁布《中国金融集成电路（IC）卡规范（V2.0）》，业内称为 PBOC2.0。规范补充完善了电子钱包/存折的应用功能并增加了电子钱包扩展应用指南、借记/贷记卡应用功能、个人化应用指南和非接触式 IC 卡通信接口标准等。

2008 年 1 月 15 日，《中国人民银行办公厅关于宁波市民卡金融 IC 卡多应用试点方案的批复》（银办函〔2008〕11 号）文件印发，确定在宁波开展金融 IC 卡多应用试点。

2009 年 12 月 30 日，人民银行行长助理李东荣主持召开专题会议，提出将"金融 IC 卡在公共服务领域应用研究"作为金融科技的重点研究课题和会后若干年的重点工作任务，为下一步全面推进此项工作做好理论研究准备。

2010 年 3 月 2 日，人民银行在宁波召开金融 IC 卡试点工作座谈会，人民银行行长助理李东荣出席，会议交流了宁波等城市金融 IC 卡多应用试点经验，实地考察了金融 IC 卡在医院、公交、加油站等公共服务领域的应用，分析了金融 IC 卡与公共服务领域应用有机结合所面临的形势及存在的问题。李东荣要求宁波在超市、肉菜市场等领域率先探索金融 IC 卡的电子现金应用，为全国改善小额现金流通使用做出示范。

2010 年 4 月 30 日，人民银行颁布《中国金融集成电路（IC）卡规范（V2.0）》（2010 年版），业内称为 PBOC2.0 2010 年版，规范在 2005 年版基础上增加了电子现金扩展应用，奠定了小额、快速支付业务标准基础。

2010 年 6 月 21 日，人民银行行长助理李东荣与人力资源和社会保障部副部长孙宝树举行会谈，研究确定社保卡加载金融功能的推广工作。

2010 年 12 月 16 日，《中国人民银行　人力资源和社会保障部关于社会保障卡银行业务应用有关事宜的通知》（银发〔2010〕348 号）文件印发，金融社保卡推广总体思路确定，社会保障卡隐蔽磁条过渡期相关问题得以规范。

2010 年 12 月 24 日，金融 IC 卡在公共服务领域应用课题研究完成，明确了我国金融 IC 卡在公共服务领域发展的战略规划和实施方案，为我国金融 IC 卡在公共服务领域的应用奠定了理论基础。

2011 年 3 月 15 日，《中国人民银行关于推进金融 IC 卡应用工作的意见》（银发〔2011〕64 号）文件印发，决定在全国范围内正式启动银行卡芯片化迁移工作，"十二五"期间将全面推进金融 IC 卡应用，同时明确了金融 IC 卡推进工作的总体目标、时间表和路线图。

2011 年 3 月 30 日，金融 IC 卡在广深铁路"和谐号"动车组全线启用，成为国内铁路系统中首个实现金融 IC 卡自助乘车应用的线路。

2011 年 4 月 2 日，宁波市民可持金融 IC 卡在南苑菜市场买菜，宁波成为全国首个实现金融 IC 卡电子现金在菜市场应用的城市，为居民提供了免去现金收付找零以及避免收付假币的新型支付方式。

2011 年 5 月 24 日，人民银行在宁波召开全国金融 IC 卡工作会议，人民银行行长助理李东荣作了重要讲话，会议就全国金融 IC 卡推进工作进行了总结和部署。

2011 年 5 月 30 日，《中国人民银行办公厅关于选择部分城市开展金融 IC 卡在公共服务领域中应用工作的通知》（银办发〔2011〕129 号）文件印发，47 个城市作为试点开始开展金融 IC 卡在公共服务领域中的应用工作。

2011 年 8 月 9 日，《人力资源和社会保障部　中国人民银行关于社会保障卡加载金融功能的通知》（人社部发〔2011〕83号）文件印发，社会保障卡加载金融功能工作全面展开。

2011年8月15日，《中国人民银行办公厅关于开展2011年全国银行卡联网通用专项检查的通知》（银办发〔2011〕162号）文件印发，人民银行全面开展POS受理金融IC卡环境改造情况检查工作，推动受理环境改造工作按目标完成。

2011年8月30日，国务院新闻办公室召开社保卡加载金融功能新闻发布会，人民银行行长助理李东荣与人力资源和社会保障部副部长胡晓义联合就具有金融功能的社会保障卡推广工作相关政策进行了解读并解答了记者提问。

2011年9月8日，人民银行制定《中国金融业信息化"十二五"发展规划》，规划将推进银行卡芯片化迁移以及推进金融IC卡在公共服务领域应用作为中国金融业信息化"十二五"重点任务。

2011年11月2日，人民银行在重庆召开全国社保卡加载金融功能工作人民银行系统座谈会，会议通报了全国社保卡加载金融功能工作的进展情况，分析了面临的形势和任务并对人民银行系统社保卡发行相关的金融服务工作进行了部署。

2011年11月10日，"金融IC卡推广与应用研讨会"在北京召开，回顾了我国金融IC卡的发展历程，探讨了我国金融IC卡的发展战略，交流了推进金融IC卡的工作经验。人民银行行长助理李东荣、人力资源和社会保障部副部长胡晓义出席会议并发表了主旨演讲。解放军总后勤部、工业和信息化部、卫生部，国家密码管理局，国家认证认可监督管理委员会、国家信息化专家委员会等相关部门，部分商业银行，银行卡转接清算机构以及产业界多家单位代表出席了会议。

2011年11月15日，《人力资源和社会保障部　中国人民银行关于印发社会保障卡加载金融功能相关规范的通知》（人社厅发〔2011〕103号）文件印发，明确了社会保障卡加载金融功能的卡片结构、系统环境选择、安全机制、个人化过程等内容。

2011 年 11 月 15 日，人民银行召开全国社保卡加载金融功能工作商业银行座谈会，会议向商业银行通报了全国社保卡加载金融功能工作的进展情况，并对商业银行开展金融社保卡工作进行部署。

截至 2011 年 12 月 31 日，工商银行、农业银行、中国银行、建设银行、交通银行、邮政储蓄银行均已按照《中国人民银行关于推进金融 IC 卡应用工作的意见》（银办发〔2011〕64 号）要求，具备发行金融 IC 卡的能力并实现发卡。

截至 2011 年 12 月 31 日，全国金融 IC 卡发卡 2400 万张，较 2010 年底增长 1550 万张，增幅达 182%，POS 终端 495.9 万台，其中 94.9% 可受理金融 IC 卡，ATM 终端 35.2 万台，其中 42.4% 可受理金融 IC 卡。

2012 年 2 月 6 日，国家发展改革委、财政部、商务部、人民银行等 8 部委联合下发《关于促进电子商务健康快速发展有关工作的通知》（发改办高技〔2012〕226 号），在全国开展国家电子商务示范城市创建工作。规范电子支付，推广金融 IC 卡应用成为推动电子商务健康快速发展的重点工作。随后八部委联合确定在上海、广州、成都、青岛、宁波正式开展金融 IC 卡多应用试点工作。

2012 年 2 月 7 日，《中国人民银行　中国人民武装警察部队关于军人保障卡银行业务应用的指导意见》（银发〔2012〕29 号）文件印发，明确了商业银行和武警部队联合发行具有金融服务功能武警部队军人保障卡的相关要求。

2012 年 2 月 28 日，人民银行召开金融系统武警部队军人保障卡银行业务应用工作动员部署会议，部署了武警部队军人保障卡相关金融服务工作。

2012 年 3 月 16 日，成都地铁 1 号线和 2 号线开始受理金融 IC 卡，市民持金融 IC 卡即可通过闸机乘坐地铁。成都成为全国首个实现金融 IC 卡搭乘地铁应用的城市。

2012 年 4 月 5 日，《中国人民银行办公厅关于开展 2012 年银行卡联网通用专项检查的通知》（银办发〔2012〕73 号）文件印发，对 POS 受理金融 IC 卡改造情况进行专项检查，检查结果表明 POS 改造工作基本达到预期目标。

2012 年 4 月 19 日，《中国人民银行办公厅关于做好金融 IC 卡宣传工作的通知》（银办发〔2012〕80 号）文件印发，全国范围金融 IC 卡宣传工作开始启动。

2012 年 5 月 30 日，发展改革委办公厅复函人民银行办公厅，同意建设国家金融 IC 卡安全检测中心，为我国金融 IC 卡推广应用提供检测技术服务。

2012 年 6 月 19 日，人民银行在成都召开 2012 年全国金融 IC 卡工作座谈会，人民银行行长助理李东荣作了重要讲话，会议总结了全国金融 IC 卡应用进展，分析了面临的主要问题，交流了推广经验，部署了下一阶段金融 IC 卡工作的重点任务。

2012 年 7 月 3 日，人民银行行长助理李东荣调研宁波金融 IC 卡多应用试点工作，听取浙江民泰商业银行就手机信贷项目的详细汇报，肯定了宁波地区以金融 IC 卡推广应用为契机，在探索手机信贷应用、创新普惠制金融服务方面所作的努力和取得的成绩。

2012 年 7 月 19 日，由中国人民银行主办、中国银联承办的 2012 年"金融服务民生　银行卡走进'芯'时代"金融 IC 卡宣传月启动仪式在北京举行，人民银行副行长李东荣出席启动仪式并致辞。随后，人民银行分支机构组织中国银联各分公司及各地商业银行开展了形式多样、内容丰富的金融 IC 卡主题宣传活动，重点在上海、广州、成都、贵阳、长沙和宁波六个城市开展"金融 IC 卡宣传周"活动。

2012 年 9 月 17 日，人民银行、银监会、证监会、保监会、外汇局联合发布《金融业发展和改革"十二五"规划》，规划将银行卡芯片化迁移作为提升金融信息化水平的重要措施。

2012 年 12 月 5 日，"金融移动支付技术创新研讨会"在北京召开，会议交流了金融 IC 卡移动支付技术创新的成果与经验，探讨了移动支付技术创新的发展方向和策略。人民银行副行长李东荣出席会议并发表了主旨演讲，工业和信息化部、铁道部，国家密码管理局，国家认证认可监督管理委员会等相关部门，部分商业银行，银行卡转接清算机构、支付机构以及产业界多家单位代表出席了会议。

2012 年 12 月 14 日，《中国人民银行关于发布中国金融移动支付系列行业标准的通知》（银发〔2012〕276 号）文件印发，标准在金融 IC 卡的基础上进行了继承和拓展。这是在国际上率先公开发布的移动支付金融标准。

截至 2012 年 12 月 31 日，中信银行、光大银行、华夏银行等 12 家股份制商业银行均已按照《中国人民银行关于推进金融 IC 卡应用工作的意见》（银发〔2011〕64 号）要求，具备发行金融 IC 卡的能力并实现发卡。

截至 2012 年 12 月 31 日，全国金融 IC 卡发卡量达 1.26 亿张，新增占比已达 16.06%，较 2011 年底增长 1.02 亿张，增幅达 425%；POS 终端 689.4 万台，其中 98.7% 可受理金融 IC 卡；ATM 终端 44.4 万台，其中 93.2% 可受理金融 IC 卡。

2013 年 2 月 5 日，《中国人民银行关于发布〈中国金融集成电路 (IC) 卡规范（V3.0）〉行业标准的通知》（银发〔2013〕37 号）文件印发，该标准总结了金融 IC 卡推广经验，扩展了小额非接触支付应用功能，丰富了安全算法体系，适应了未来一段时期内银行卡业务发展的新要求，为金融 IC 卡进一步扩大应用奠定了基础。

2013 年 2 月 7 日，《中国人民银行办公厅关于开展 2013 年银行卡联网通用专项检查的通知》（银办发〔2013〕32 号）文件印发，检查结果表明 ATM 受理金融 IC 卡改造工作基本达到预期目标。

2013 年 3 月 1 日，《中国人民银行办公厅关于做好 2013 年金融 IC 卡工作的通知》（银办发〔2013〕49 号）文件印发，通知就 2013 年金融 IC 卡工作进行了全面部署。

2013 年 4 月 1 日，《中国人民银行办公厅关于进一步提升银行卡支付密钥体系安全性的通知》（银办发〔2013〕82 号）文件印发，基于 PSAM 卡对称密钥体系的银行卡脱机业务全面废止。

2013 年 7 月 12 日，国务院召开常务会议，明确将加快实施"信息惠民"工程、推进金融 IC 卡在公共服务领域应用作为拉动国内有效需求、推动经济转型升级的重要措施。

2013 年 7 月 31 日，《中国人民银行办公厅关于组织开展金融 IC 卡电子现金跨行圈存试点工作的通知》（银办发〔2013〕162 号）发布，电子现金跨行圈存试点工作启动，以解决电子现金充值不便的问题。

2013 年 8 月 8 日，《国务院关于促进信息消费扩大内需的若干意见》（国发〔2013〕32 号）发布，明确将大力推进金融集成电路卡（IC 卡）在公共服务领域的一卡多应用作为提升民生领域信息服务水平的重要措施；明确将开展非金融机构支付业务设施认证和建设移动金融安全可信公共服务平台、推动多层次支付体系发展作为构建安全可信信息消费环境的基础。

2013 年 9 月 25 日，人民银行组织召开全国金融 IC 卡公共服务领域应用工作推进会，贯彻落实国务院"促进信息消费，实施信息惠民工程，推进金融 IC 卡在公共服务领域一卡多用"有关要求。人民银行副行长李东荣出席会议并讲话。

2013 年 9 月 25 日，金融 IC 卡电子现金跨行圈存全国推广发布会在北京举行，"金融 IC 卡信息惠民工程"电子标签同日启用。人民银行副行长李东荣出席发布会并宣布金融 IC 卡电子现金跨行圈存全国推广工作正式启动。

2013 年 9 月 25 日，中国金融出版社主办的"实施信息惠民工程　推进金融 IC 卡在公共服务领域应用研讨会"在北京召开。人民银行副行长李东荣出席会议并发表了主旨演讲，会议总结了金融 IC 卡在公共服务领域应用的成效，交流了应用经验，分析了应用成果推广面临的问题，探讨了下一步我国金融 IC 卡应用推广的方向和策略。

2013 年 9 月 29 日，《中国人民银行办公厅关于组织开展金融集成电路卡电子现金跨行圈存全国推广工作的通知》（银办发〔2013〕210 号）发布，在前期试点成功经验基础上将电子现金跨行圈存工作在全国范围内推广。

截至 2013 年 12 月 31 日，全国金融 IC 卡发卡量达 5.93 亿张，其中 2013 年全年新发行金融 IC 卡 4.67 亿张，占当年新发行银行卡的 64%。POS 终端 972.7 万台，其中 99.4% 可受理金融 IC 卡；ATM 终端 54.9 万台，其中 98.5% 可受理金融 IC 卡。

2014 年 1 月 27 日，《中国人民银行办公厅关于进一步扩大金融 IC 卡在公共服务领域应用工作的通知》（银办发〔2014〕22 号）文件印发，将金融 IC 卡在公共服务领域应用城市扩大到 110 个。

2014 年 5 月 14 日，《中国人民银行办公厅关于逐步关闭金融 IC 卡降级交易有关事项的通知》（银办发〔2014〕107 号）发布，决定在全国范围内统一部署逐步关闭金融 IC 卡降级交易工作，以全面提升银行卡安全交易水平。

2014 年 5 月 19 日，《国家发展改革委办公厅　中国人民银行办公厅关于组织开展移动电子商务金融科技服务创新试点工作的通知》（发改办高技〔2014〕1100 号）发布，明确加快移动金融可信服务管理设施建设，构建移动电子商务可信交易环境，切实提升移动电子商务应用的安全性和便捷度。

截至 2014 年第二季度末，全国金融 IC 卡发卡量达 8.77 亿张，其中 2014 年上半年新发行 2.84 亿张，占当年新发行银行卡的 81.6%。POS 终端 1108.6 万台，其中 99.6% 可受理金融 IC 卡；ATM 终端 59.4 万台，其中 99.5% 可受理金融 IC 卡。在已完成改造的 POS 和 ATM 终端中，能够受理非接触式 IC 卡的比例分别为 33% 和 23.5%。

附录二　政策制度

《国务院关于促进信息消费扩大内需的若干意见》

（国发〔2013〕32号）

各省、自治区、直辖市人民政府，国务院各部委、各直属机构：

近年来，全球范围内信息技术创新不断加快，信息领域新产品、新服务、新业态大量涌现，不断激发新的消费需求，成为日益活跃的消费热点。我国市场规模庞大，正处于居民消费升级和信息化、工业化、城镇化、农业现代化加快融合发展的阶段，信息消费具有良好发展基础和巨大发展潜力。与此同时，我国信息消费面临基础设施支撑能力有待提升、产品和服务创新能力弱、市场准入门槛高、配套政策不健全、行业壁垒严重、体制机制不适应等问题，亟须采取措施予以解决。加快促进信息消费，能够有效拉动需求，催生新的经济增长点，促进消费升级、产业转型和民生改善，是一项既利当前又利长远、既稳增长又调结构的重要举措。为加快推动信息消费持续增长，现提出以下意见：

一、总体要求

（一）指导思想。以邓小平理论、"三个代表"重要思想、科学发展观为指导，以深化改革为动力，以科技创新为支撑，围绕挖掘消费潜力、增强供给能力、激发市场活力、改善消费环境，加强信息基础设施建设，加快信息产业优化升级，大力丰富信息消费内容，提高信息网络安全保障能力，建立促进信息消费持续稳定增长的长效机制，推动面向生产、生活和管理的信息消费快速健康增长，为经济平稳较快发展和民生改善发挥更大作用。

（二）基本原则。市场导向、改革发展。加快政府职能转变和管理创新，充分发挥市场作用，打破行业进入壁垒，促进信息资源开放共享和企业公平竞争，在竞争性领域坚持市场化运行，在社会管理和公共服务领域积极引入市场机制，增强信息消费发展的内生动力。

需求牵引、创新发展。引导企业立足内需市场，强化创新基础，提高创新层次，鼓励多元发展，加快关键核心信息技术和产品研发，鼓励业务模式创新，培育发展新型业态，提升信息产品、服务、内容的有效供给水平，挖掘和释放消费潜力。

完善环境、有序发展。建立和完善有利于扩大信息消费的政策环境，综合利用有线无线等技术适度超前部署宽带基础设施，运用信息平台改进公共服务，完善市场监管，规范产业发展秩序，加强个人信息保护和信息安全保障，建设安全诚信有序的信息消费市场环境。

（三）主要目标。信息消费规模快速增长。到2015年，信息消费规模超过3.2万亿元，年均增长20%以上，带动相关行业新增产出超过1.2万亿元，其中基于互联网的新型信息消费规模达到2.4万亿元，年均增长30%以上。基于电子商务、云计算等信息平台的消费快速增长，电子商务交易额超过18万亿元，网络零售交易额突破3万亿元。

信息基础设施显著改善。到2015年，适应经济社会发展需要的宽带、融合、安全、泛在的下一代信息基础设施初步建成，城市家庭宽带接入能力基本达到每秒20兆比特（Mbps），部分城市达到100Mbps，农村家庭宽带接入能力达到4Mbps，行政村通宽带比例达到95%。智慧城市建设取得长足进展。

信息消费市场健康活跃。面向生产、生活和管理的信息产品和服务更加丰富，创新更加活跃，市场竞争秩序规范透明，消费环境安全可信，信息消费示范效应明显，居民信息消费的选择更加丰富，消费意愿进一步增强。企业信息化应用不断深化，公共服务信息需求有效拓展，各类信息消费的需求进一步释放。

二、加快信息基础设施演进升级

（四）完善宽带网络基础设施。发布实施"宽带中国"战略，加快宽带网络升级改造，推进光纤入户，统筹提高城乡宽带网络普及水平和接入能力。开展下一代互联网示范城市建设，推进下一代互联网规模化商用。推进下一代广播电视网规模建设。完善电信普遍服务补偿机制，加大支持力度，促进提供更广泛的电信普遍服务。持续推进电信基础设施共建共享，统筹互联网数据中心（IDC）等云计算基础设施布局。各级人民政府要将信息基础设施纳入城乡建设和土地利用规划，给予必要的政策资金支持。

（五）统筹推进移动通信发展。扩大第三代移动通信（3G）网络覆盖，优化网络结构，提升网络质量。根据企业申请情况和具备条件，推动于2013年内发放第四代移动通信（4G）牌照。加快推进我国主导的新一代移动通信技术时分双工模式移动通信长期演进技术（TD－LTE）网络建设和产业化发展。

（六）全面推进三网融合。加快电信和广电业务双向进入，在试点基础上于2013年下半年逐步向全国推广。推动中国广播电视网络公司加快组建，推进电信网和广播电视网基础设施共建共享。加快推动地面数字电视覆盖网建设和高清交互式电视网络设施建设，加快广播电视模数转换进程。鼓励发展交互式网络电视（IPTV）、手机电视、有线电视网宽带服务等融合性业务，带动产业链上下游企业协同发展，完善三网融合技术创新体系。

三、增强信息产品供给能力

（七）鼓励智能终端产品创新发展。面向移动互联网、云计算、大数据等热点，加快实施智能终端产业化工程，支持研发智能手机、智能电视等终端产品，促进终端与服务一体化发展。支持数字家庭智能终端研发及产业化，大力推进数字家庭示范应用和数字家庭产业基地建设。鼓励整机企业与芯片、器件、软件企业协作，研发各类新型信息消费电子产品。支持电信、广电运营单位和制造企业通过定制、集中采购等方式开展合作，带动智能终端产品竞争力提升，夯实信息消费的产业基础。

（八）增强电子基础产业创新能力。实施平板显示工程，推动平板显示产业做大做强，加快推进新一代显示技术突破，完善产业配套能力。以重点整机和信息化应用为牵引，依托国家科技计划（基金、专项）和重大工程，大力提升集成电路设计、制造工艺技术水平。支持地方探索发展集成电路的融资改革模式，利用现有财政资金渠道，鼓励和支持有条件的地方政府设立集成电路产业投资基金，引导社会资金投资集成电路产业，有效解决集成电路制造企业融资瓶颈。支持智能传感器及系统核心技术的研发和产业化。

（九）提升软件业支撑服务水平。加强智能终端、智能语音、信息安全等关键软件的开发应用，加快安全可信关键应用系统推广。面向企业信息化需求，突破核心业务信息系统、大型应用系统等的关键技术，开发基于开放标准的嵌入式软件和应用软件，加快产品生命周期管理（PLM）、制造执行管理系统（MES）等工业软件产业化。加强工业控制系统软件开发和安全应用。加快推进企业信息化，提升综合集成应用和业务协同创新水平，促进制造业服务化。大力支持软件应用商店、软件即服务（SaaS）等服务模式创新。

四、培育信息消费需求

（十）拓展新兴信息服务业态。发展移动互联网产业，鼓励企业设立移动应用开发创新基金，推进网络信息技术与服务模式融合创新。积极推动云计算服务商业化运营，支持云计算服务创新和商业模式创新。面向重点行业和重点民生领域，开展物联网重大应用示范，提升物联网公共服务能力。加快推动北斗导航核心技术研发和产业化，推动北斗导航与移动通信、地理信息、卫星遥感、移动互联网等融合发展，支持位置信息服务（LBS）市场拓展。完善北斗导航基础设施，推进北斗导航服务模式和产品创新，在重点区域和交通、减灾、电信、能源、金融等重点领域开展示范应用，逐步推进北斗导航和授时的规模化应用。大力发展地理信息产业，拓宽地理信息服务市场。

（十一）丰富信息消费内容。大力发展数字出版、互动新媒体、移动多媒体等新兴文化产业，促进动漫游戏、数字音乐、网络艺术品等数字文化内容的消费。加快建立技术先进、传输便捷、覆盖广泛的文化传播体系，提升文化产品多媒体、多终端制作传播能力。加强数字文化内容产品和服务开发，建立数字内容生产、转换、加工、投送平台，丰富信息消费内容产品供给。加强基于互联网的新兴媒体建设，实施网络文化信息内容建设工程，推动优秀文化产品网络传播，鼓励各类网络文化企业生产提供健康向上的信息内容。

（十二）拓宽电子商务发展空间。完善智能物流基础设施，支持农村、社区、学校的物流快递配送点建设。各级人民政府要出台仓储建设用地、配送车辆管理等方面的鼓励政策。大力发展移动支付等跨行业业务，完善互联网支付体系。加快推进电子商务示范城市建设，实施可信交易、网络电子发票等电子商务政策试点。支持网络零售平台做大做强，鼓励引导金融机构为中小网商提供小额贷款服务，推动中小企业普及应用电子商务。拓展移动电子商务应用，积极培育城市社区、农产品电子商务。建设跨境电子商务通关服务平台和外贸交易平台，实施与跨境电子商务相适应的监管措施，鼓励电子商务"走出去"。

五、提升公共服务信息化水平

（十三）促进公共信息资源共享和开发利用。制定公共信息资源开放共享管理办法，推动市政公用企事业单位、公共服务事业单位等机构开放信息资源。加快启动政务信息共享国家示范省市建设，鼓励引导公共信息资源的社会化开发利用，挖掘公共信息资源的经济社会效益。支持电信和广电运营企业、互联网企业、软件企业和广电播出机构发挥优势，参与公共服务云平台建设运营。加快推进国家政务信息化工程建设，建立完善国家基础信息资源和政府信息资源，建立政府公共服务信息平台，整合多部门资源，提高共享能力，促进互联互通，有效提高公共服务水平。

（十四）提升民生领域信息服务水平。加快实施"信息惠民"工程，提升公共服务均等普惠水平。推进优质教育信息资源共享，实施教育信息化"三通工程"，加快建设教育信息基础设施和教育资源公共服务平台。推进优质医疗资源共享，完善医疗管理和服务信息系统，普及应用居民健康卡、电子健康档案和电子病历，推广远程医疗和健康管理、医疗咨询、预约诊疗服务。推进养老机构、社区、家政、医疗护理机构协同信息服务。建立公共就业信息服务平台，加快就业信息全国联网。加快社会保障公共服务体系建设，推进社会保障一卡通，建设医保费用中央和省级结算平台，推进医保费用跨省即时结算。规范互联网食品药品交易行为，推进食品药品网上阳光采购，强化质量安全。提高面向残疾人的信息无障碍服务能力。大力推进广播电视"户户通"工程，提升广播电视公共服务水平。推进地理信息公共服务平台建设。完善农村综合信息服务体系，加强涉农信息资源整合。大力推进金融集成电路卡（IC 卡）在公共服务领域的一卡多应用。

（十五）加快智慧城市建设。在有条件的城市开展智慧城市试点示范建设。各试点城市要出台鼓励市场化投融资、信息系统服务外包、信息资源社会化开发利用等政策。支持公用设备设施的智能化改造升级，加快实施智能电网、智能交通、智能水务、智慧国土、智慧物流等工程。鼓励各类市场主体共同参与智慧城市建设。在国务院批准发行的地方政府债券额度内，由各省、自治区、直辖市人民政府统筹考虑安排部分资金用于智慧城市建设。鼓励符合条件的企业发行募集资金用于智慧城市建设的企业债。

六、加强信息消费环境建设

（十六）构建安全可信的信息消费环境基础。大力推进身份认证、网站认证和电子签名等网络信任服务，推行电子营业执照。推动互联网金融创新，规范互联网金融服务，开展非金融机构支付业务设施认证，建设移动金融安全可信公共服务平台，推动多层次支付体系的发展。推进国家基础数据库、金融信用信息基础数据库等数据库的协同，支持社会信用体系建设。

（十七）提升信息安全保障能力。依法加强信息产品和服务的检测和认证，鼓励企业开发技术先进、性能可靠的信息技术产品，支持建立第三方安全评估与监测机制。加强与终端产品相连接的集成平台的建设和管理，引导信息产品和服务发展。加强应用商店监管。加强政府和涉密信息系统安全管理，保障重要信息系统互联互通和部门间信息资源共享安全。落实信息安全等级保护制度，加强网络与信息安全监管，提升网络与信息安全监管能力和系统安全防护水平。

（十八）加强个人信息保护。落实全国人大常委会关于加强网络信息保护的决定，积极推动出台网络信息安全、个人信息保护等方面的法律制度，明确互联网服务提供者保护用户个人信息的义务，制定用户个人信息保护标准，规范服务商对个人信息收集、储存及使用。

（十九）规范信息消费市场秩序。依法加强对信息服务、网络交易行为、产品及服务质量等的监管，查处侵犯知识产权、网络欺诈等违法犯罪行为。加强从业规范宣传，引导企业诚信经营，切实履行社会责任，抵制排挤或诋毁竞争对手、侵害消费者合法权益等违法行为。强化行业自律机制，积极发挥行业协会作用，鼓励符合条件的第三方信用服务机构开展商务信用评估。完善企业争议调解机制，防止企业滥用市场支配地位等不正当竞争行为。进一步拓宽和健全消费维权渠道，强化社会监督。

七、完善支持政策

（二十）深化行政审批制度改革。严格控制新增行政审批项目。对现有涉及信息消费的审批、核准、备案等行政审批事项评估清理，最大限度地缩小范围，着重减少非行政许可审批和资质资格许可，着力消除阻碍信息消费的各种行业性、地区性、经营性壁垒。在已取消部分行政审批项目的基础上，年底前再取消或下放电信资费、计算机信息系统集成企业资质认定、信息系统工程监理单位资质认证和监理工程师资格认定等一批行政审批事项和行政管理事项。优化确需保留的行政审批程序，推行联合审批、一站式服务、限时办结和承诺式服务。按照"先照后证、宽进严管"思路，加快推进注册资本认缴登记制度，降低互联网企业设立门槛。

（二十一）加大财税政策支持力度。完善高新技术企业认定管理办法，经认定为高新技术企业的互联网企业依法享受相应的所得税优惠税率。落实企业研发费用税前加计扣除政策，合理扩大加计扣除范围。积极推进邮电通信业营业税改增值税改革试点。进一步落实鼓励软件和集成电路产业发展的若干政策。加大现有支持小微企业税收政策落实力度，切实减轻互联网小微企业负担。研究完善无线电频率占用费政策，支持经济社会信息化建设。

（二十二）切实改善企业融资环境。金融机构应当按照支持小微企业发展的各项金融政策，对互联网小微企业予以优先支持。鼓励创新型、成长型互联网企业在创业板等上市，稳步扩大企业债、公司债、中期票据和中小企业私募债券发行。探索发展并购投资基金，规范发展私募股权投资基金、风险投资基金创新产品，完善信息服务业创业投资扶持政策。鼓励金融机构针对互联网企业特点创新金融产品和服务方式，开展知识产权质押融资。鼓励融资性担保机构帮助互联网小微企业增信融资。

（二十三）改进和完善电信服务。建立健全基础电信运营企业与互联网企业、广电企业、信息内容供应商等合作和公平竞争机制，规范企业经营行为，加强资费监管。基础电信运营企业要增强基础电信服务能力，实现电信资费合理下降和透明收费。鼓励民间资本参与宽带网络基础设施建设，扩大民间资本开展移动通信转售业务试点，支持民间资本在互联网领域投资，加快落实民间资本经营数据中心业务相关政策，简化数据中心牌照发放审批程序，鼓励民间资本以参股方式进入基础电信运营市场。完善电信、互联网监管制度和技术手段，保障企业实现平等接入，用户实现自主选择。

（二十四）加强法律法规和标准体系建设。推动修订商标法、消费者权益保护法、标准化法、著作权法等法律，加快修订互联网信息服务管理办法、商用密码管理条例等行政法规。加快重点及新兴信息消费领域产品、服务标准体系建设，发挥标准对产业发展的支撑作用。加大知识产权保护力度，引导标准、专利等产业联盟健康有序发展。

（二十五）开展信息消费统计监测和试点示范。科学制定信息消费的统计分类和标准，开展信息消费统计和监测。加强信息平台建设，保证统计数据的可用性、可信性和时效性。加强运行分析，实时向社会发布相关信息，合理引导消费预期。在有条件的地区开展信息消费试点示范市（县、区）建设，支持新型信息消费示范项目建设，鼓励地方各级人民政府因地制宜研究制定促进信息消费的优惠政策。

各地区、各部门要按照本意见的要求，进一步认识促进信息消费对扩大内需的积极作用，切实加强组织领导和协调配合，明确任务落实责任，尽快制订具体实施方案，完善和细化相关政策措施，扎实做好相关工作，确保取得实效。

国务院

2013 年 8 月 8 日

《中国人民银行办公厅关于逐步关闭金融 IC 卡降级交易有关事项的通知》

（银办发〔2014〕107 号）

中国人民银行上海总部，各分行、营业管理部，各省会（首府）城市中心支行，各副省级城市中心支行；各国有商业银行、股份制商业银行，中国邮政储蓄银行；中国银联股份有限公司：

为落实国务院关于实施信息惠民工程加强金融信息安全有关工作要求，进一步发挥金融集成电路（IC）卡安全优势，提升银行卡安全交易水平，按照我国金融 IC 卡发展整体规划，人民银行决定逐步关闭金融 IC 卡降级交易，有关事项通知如下：

一、正确认识逐步关闭降级交易的现实意义

我国金融 IC 卡推广工作自 2011 年启动以来，已按照总体规划要求，完成商业银行发卡系统升级、受理环境改造、全国 ATM 电子现金跨行圈存等重要工作，并在 110 个城市广泛开展金融 IC 卡在公共服务领域应用。当前金融 IC 卡已成为商业银行银行卡发卡主流，应用环境已经成熟。为充分发挥金融 IC 卡安全优势，避免由于金融 IC 卡降级交易可能产生新的伪卡欺诈风险，各商业银行应从线下、线上各类渠道按照计划要求逐步关闭金融 IC 卡降级交易，为 2015 年我国全面推广金融 IC 卡并开始普及安全可信的移动金融服务奠定基础。

二、认真完成逐步关闭降级交易各项任务

（一）各发卡银行、收单机构应按照《关闭 ATM、POS 金融 IC 卡降级交易技术实施方案》（见附件，以下简称《实施方案》）要求，先试点后推广，于 2014 年 8 月 31 日前做好关闭境内 ATM 渠道降级交易相关工作，于 10 月 31 日前做好关闭境内 POS 渠道降级交易相关工作。

（二）各发卡银行、收单机构可参考《实施方案》，结合自身实际，2014 年年底前自主做好关闭其他线下渠道降级交易相关工作。

（三）各发卡银行、收单机构应注重在移动金融和互联网支付等线上交易渠道推动基于金融 IC 卡芯片的交易方式，保障线上渠道交易安全。

三、积极落实逐步关闭降级交易各项工作要求

（一）人民银行各分支机构应协调辖区内银行卡转接清算机构、发卡银行、收单机构等相关单位，按计划要求完成实施工作，并做好检查督促、情况统计、政策宣传等工作。

（二）各发卡银行和收单机构应制订实施方案，按要求推进各项工作，同时做好持卡人用卡安全教育，培养芯片交易习惯，并通过有效途径针对降级交易关闭事宜做好持卡人告知与解释、应急处置等相关工作。同时，各收单机构应按照《银行卡收单业务管理办法》要求，加快完善金融 IC 卡受理环境，做好收银员培训、发卡端关闭降级交易后持卡人解释等工作。

（三）银行卡转接清算机构应根据整体工作安排，支持配合相关单位完成系统升级测试、商户培训、环境验证等工作，及时解决交易跨行处理相关事宜。

（四）请各单位制订实施方案并报人民银行，密切跟踪降级交易变化情况，并按渠道做好数据统计。每月第 1 个工作日报告工作进展、问题和相关数据。实施期间如遇重要问题及时报告。请各单位于 2014 年 5 月 19 日前将本单位牵头部门负责人、具体工作联系人员名单及联系方式报人民银行科技司，并将电子版发联系人电子邮箱。

请人民银行副省级城市中心支行以上分支机构将本通知转发至辖区内地方性银行业金融机构和具有银行卡收单资质的支付机构，并组织落实相关要求。

附件：关闭 ATM、POS 金融 IC 卡降级交易技术实施方案

2014 年 5 月 13 日

《中国人民银行办公厅关于进一步扩大金融 IC 卡在公共服务领域应用工作的通知》

（银办发〔2014〕22 号）

中国人民银行上海总部，各分行、营业管理部、省会（首府）城市中心支行，各副省级城市中心支行；各国有商业银行、股份制商业银行，中国邮政储蓄银行；中国银联股份有限公司：

2011 年人民银行首批选择 47 个城市开展金融 IC 卡在公共服务领域的应用，目前应用城市的发卡量、交易量、用卡质量稳步提升，应用范围不断扩大，对其他地区金融 IC 卡发展起到了良好的示范作用，以应用促发展的策略显现成效。为贯彻落实党的十八届三中全会以及《国务院关于促进信息消费扩大内需的若干意见》（国发〔2013〕32 号）相关精神，提升金融信息化服务普惠程度，人民银行决定进一步扩大金融 IC 卡在公共服务领域应用工作。现将有关事项通知如下：

一、应用城市

根据各地现有工作基础及申报情况，在原有 47 个应用城市的基础上，新增 63 个城市开展金融 IC 卡在公共服务领域的应用工作，具体情况参见《金融 IC 卡在公共服务领域应用城市情况表》（见附件）。

二、充分认识应用扩大工作的重要意义

（一）金融 IC 卡一卡多应用是贯彻党中央和国务院有关要求的重要举措。

党的十八届三中全会明确提出"加强和优化公共服务"是"政府的职责和作用"之一，要求"增加各类公共服务提供"，"发展普惠金融"及"保障和改善民生"。《国务院关于促进信息消费扩大内需的若干意见》将"大力推进金融集成电路卡（IC 卡）在公共服务领域的一卡多应用"作为促进信息消费、实施信息惠民工程的重要举措。大力推进金融 IC 卡在公共服务领域的一卡多应用工作，符合党中央有关政府职能转变的思路，契合了国务院提出的"提升民生领域信息服务水平、加快实施'信息惠民'工程"的要求，也顺应国际金融信息化技术发展的潮流和应用趋势。

（二）金融 IC 卡一卡多应用有助于服务民生。

金融 IC 卡特别是电子现金的广泛应用，将有效降低现金交易成本，提升消费环节整体效率，顺应了地方建立智慧城市、绿色城市，国家建设节约型社会相关要求。大力推进金融 IC 卡在公共服务领域的一卡多应用工作，符合国家保障和改善民生的要求，将进一步提升公共服务水平，同时有助于金融信息化与城市信息化的有机结合，有利于普惠金融发展。

（三）金融 IC 卡一卡多应用有助于银行业实现创新发展。

金融 IC 卡工作涉及金融支付、信贷服务、货币生产和货币流通领域以及经济交易秩序等多方面的改革，金融 IC 卡高科技优势为商业银行开展金融服务创新，拓展服务范围，实现差异化服务，提升自身竞争力提供了有效手段，适应了人民群众多种服务需求。金融 IC 卡应用领域的不断拓展以及应用功能的不断丰富，将推动金融信息化水平不断提高，为未来移动金融等基于金融 IC 卡的业务创新发展奠定基础。

三、认真落实各项工作要求

（一）高度重视现有成果的推广应用工作。

人民银行各分支机构要充分学习和领会党的十八届三中全会相关精神和国务院文件相关要求，从立足改革和实践的角度认识推广金融 IC 卡在公共服务领域应用的重要性，围绕公共服务领域应用这一中心，学习借鉴典型经验，结合当地特色和社会需求进行消化吸收，努力推动一卡多应用工作的开展。各商业银行和银行卡转接清算机构要加强对分支机构的指导，及时总结已经成功的典型应用经验予以推广，努力创新，积极推进宣传教育和理念培育等软环境建设工作，共同构建良好的信息消费金融支持环境。

（二）努力提升金融 IC 卡一卡多应用水平。

人民银行各分支机构要继续推动地方政府将金融 IC 卡在公共服务领域应用作为当地"信息惠民"工程的重要内容，在发卡、行业推动、软环境建设等方面，加强对辖区内银行业机构的指导，进一步完善机构间的合作机制，积极探索互利共赢的工作模式。各商业银行和银行卡转接清算机构要严格遵循 PBOC 相关标准，确保产品和服务符合联网通用和信息安全的要求，充分发挥金融 IC 卡安全载体以及电子现金的小额快速支付作用，大力推动金融 IC 卡在公共服务行业、小型微型企业的快速小额支付应用、小额信贷服务应用和其他金融服务的开展。

请各单位制订工作方案和实施计划，于 2014 年 3 月 1 日前报人民银行总行，并于每季度首月 10 日前将上季度金融 IC 卡一卡多应用的进展情况报人民银行总行。

请人民银行上海总部，各分行、营业管理部，各省会（首府）城市中心支行，各副省级城市中心支行将本通知转发至辖区内地方性金融机构，并组织落实相关要求。

2014 年 1 月 27 日

《中国人民银行办公厅关于组织开展金融 IC 卡电子现金跨行圈存试点工作的通知》

（银办发〔2013〕162 号）

中国人民银行上海总部，各分行、营业管理部，各省会（首府）城市中心支行，各副省级城市中心支行；各国有商业银行、股份制商业银行，中国邮政储蓄银行，中国银联股份有限公司：

电子现金跨行圈存是 2013 年金融集成电路（IC）卡推广工作的重点，跨行圈存的便利性将直接决定小额快速支付服务业务连续性。为落实《中国人民银行办公厅关于做好 2013 年金融 IC 卡工作的通知》（银办发〔2013〕49 号）要求，进一步推动金融 IC 卡小额快速应用环境建设，人民银行决定组织开展金融 IC 卡电子现金跨行圈存工作试点。现将《电子现金跨行圈存实施方案》（以下简称《方案》）和《电子现金跨行圈存系统设置指南　第一部分（试行）》印发给你们，并就有关事项通知如下：

一、各商业银行应该按照《方案》及《电子现金跨行圈存系统设置指南　第一部分（试行）》要求，结合本单位实际情况，按时完成系统和终端设备升级、系统测试及上线准备等工作。银行卡清算机构应统筹做好商业银行电子现金跨行圈存系统联调测试工作。

二、试点地区人民银行分支机构应按照《方案》要求，结合辖区内实际情况，制订具体试点工作方案，指导并督促辖区内商业银行按时完成系统改造，并统筹做好系统验收、日常检查、宣传等工作。

三、各单位应制定应急处置策略，妥善处置紧急情况，定期向人民银行报告工作进展，试点期间遇重要问题也应及时向人民银行报告。请各单位于 2013 年 7 月 31 日前将本单位工作计划、牵头部门负责人及具体工作联系人员名单、联系方式报人民银行科技司。

请人民银行副省级城市中心支行以上分支机构将本通知转发至辖区内地方性金融机构，并组织落实相关要求。

附件：1. 电子现金跨行圈存实施方案（略）

2. 电子现金跨行圈存系统设置指南 第一部分（试行）（略）

2013 年 7 月 29 日

《中国人民银行关于发布〈中国金融集成电路（IC）卡规范（V3.0）〉行业标准的通知》

（银发〔2013〕37 号）

中国人民银行上海总部；各分行，营业管理部；各省会（首府）城市中心支行；国家开发银行；各政策性银行，国有商业银行，股份制商业银行；中国邮政储蓄银行；中国银联股份有限公司：

《中国金融集成电路（IC）卡规范（V3.0）》行业标准已经全国金融标准化技术委员会审查通过，现予以发布，并就有关事项通知如下：

一、标准的编号及名称

JR/T 0025.3—2013《中国金融集成电路（IC）卡规范 第 3 部分：

与应用无关的 IC 卡与终端接口规范》

JR/T 0025.4—2013《中国金融集成电路（IC）卡规范　第 4 部分：借记/贷记应用规范》

JR/T 0025.5—2013《中国金融集成电路（IC）卡规范　第 5 部分：借记/贷记应用卡片规范》

JR/T 0025.6—2013《中国金融集成电路（IC）卡规范　第 6 部分：借记/贷记应用终端规范》

JR/T 0025.7—2013《中国金融集成电路（IC）卡规范　第 7 部分：借记/贷记应用安全规范》

JR/T 0025.8—2013《中国金融集成电路（IC）卡规范　第 8 部分：与应用无关的非接触式规范》

JR/T 0025.11—2013《中国金融集成电路（IC）卡规范　第 11 部分：非接触式 IC 卡通讯规范》

JR/T 0025.12—2013《中国金融集成电路（IC）卡规范　第 12 部分：非接触式 IC 卡支付规范》

JR/T 0025.13—2013《中国金融集成电路（IC）卡规范　第 13 部分：基于借记/贷记应用的小额支付规范》

JR/T 0025.14—2013《中国金融集成电路（IC）卡规范　第 14 部分：非接触式 IC 卡小额支付扩展应用规范》

JR/T 0025.15—2013《中国金融集成电路（IC）卡规范　第 15 部分：电子现金双币支付应用规范》

JR/T 0025.16—2013《中国金融集成电路（IC）卡规范　第 16 部分：IC 卡互联网终端规范》

JR/T 0025.17—2013《中国金融集成电路（IC）卡规范　第 17 部分：借记/贷记应用安全增强规范》

二、商业银行发行的金融 IC 卡和布放的受理终端应经过检测，确定符合本标准要求。对不符合标准的金融 IC 卡和终端机具，中国银联应不予入网。

三、本标准自发布之日起实施。《中国金融集成电路（IC）卡规范》

（JR/T 0025—2010）标准自本标准发布之日起废止。

四、请人民银行分支机构将本通知转发至辖区内地方性金融机构。

2013 年 2 月 5 日

《中国人民银行办公厅关于做好金融 IC 卡
应用宣传工作的通知》

（银办发〔2012〕80 号）

中国人民银行上海总部，各分行、营业管理部、省会（首府）城市中心支行，各副省级城市中心支行；各国有商业银行、股份制商业银行，中国邮政储蓄银行；中国银联股份有限公司：

为贯彻落实《中国人民银行关于推进金融 IC 卡应用工作的意见》（银发〔2011〕64 号），提高社会公众对金融集成电路（IC）卡的认识程度，加强金融 IC 卡安全性和行业应用等优势宣传，营造有利于金融 IC 卡推广应用的良好外部环境，现就 2012 年在全国范围组织开展金融 IC 卡推广应用宣传工作有关事项通知如下：

一、宣传思路

宣传主题为"金融服务民生 银行卡走进'芯'时代"。充分利用电视、广播、报纸、网络、银行网点、楼宇广告等宣传渠道，采用通俗易懂、简单明了的方式，宣传金融 IC 卡基础知识及在用卡安全、一卡多用、便民惠民等方面的优势，增强社会公众对金融 IC 卡的认识。

二、宣传内容

（一）金融 IC 卡的基础知识及相关政策：宣传金融 IC 卡基础知识及用卡安全方面的优势，突出金融 IC 卡较原磁条卡的安全性、"一卡多用"的便捷性，及全国金融 IC 卡推广工作的整体安排等。

（二）金融 IC 卡在公共服务领域及其他行业中的应用案例和成果，包括社保、城市公共交通、铁路、公共事业缴费、菜市场、快餐店等。

三、职责分工

（一）人民银行总行的职责。

明确宣传内容，统一宣传口径，制定宣传活动主题；举办金融 IC 卡论坛，在人民银行互联网站开设专栏，展示各地金融 IC 卡应用工作取得的成果；组织人民银行各分支机构、商业银行和中国银联开展宣传经验及成果交流活动，并对各单位宣传工作的成果进行考核。

（二）人民银行分支机构的职责。

指导并敦促辖区内商业银行及中国银联当地分公司开展宣传工作，调动和发挥各单位积极性，整合宣传资源，增强宣传效果。积极向地方政府汇报金融 IC 卡应用相关工作，在地方政府支持下开展宣传，增强金融 IC 卡应用的影响力。在广播、电视、公共信息网、公共交通平台等公共媒体及与普通百姓关系密切的都市类、晚报类平面媒体上加强宣传金融 IC 卡相关知识；协调地方行政主管部门，在公交、地铁、广场等人流集中场所播放宣传动漫片，张贴宣传海报；充分利用已有资源，通过在人民银行对外服务窗口增设宣传栏，放置宣传页，在分支机构互联网站开辟金融 IC 卡专栏等方式开展金融 IC 卡应用宣传。做好当地宣传素材的收集整理工作，定期向总行上报当地宣传工作所取得的经验及成果。

（三）各商业银行的职责。

发挥资源优势，采取总分行上下联动以及内外结合的方式，与人民银行共同做好金融 IC 卡应用宣传工作。对内采取宣传、培训等方式向员工普及金融 IC 卡相关的知识和业务；对外通过网点张贴金融 IC 卡宣传海报，悬挂宣传横幅，摆放并散发宣传折页，播放视频宣传片，放置宣传站牌或宣传栏以及通过官方网站、微博等方式，向银行客户及社会公众加强宣传。加快金融 IC 卡发卡工作推进力度，在具备发卡条件的网点，引导社会公众办理金融 IC 卡，针对不同客户群体开展针对性宣传。

（四）中国银联的职责。

充分整合宣传资源，制订金融 IC 卡宣传方案，开展营销宣传月、宣传周活动；借助电视及网络等各种媒体，向社会大众宣传金融 IC 卡知识；在一些主要城市，与当地的商业银行和主流商户合作，推动金融 IC 卡的普及应用。

四、工作要求

（一）高度重视，精心组织。各单位要高度重视金融 IC 卡应用的宣传工作，充分认识宣传工作在推动金融 IC 卡的普及应用工作中的重要性，按要求积极部署，精心组织做好、做实相关工作。

（二）务实创新，细化方案。各单位要结合本地区和本单位的实际情况，利用各种渠道，积极创新，通过开展多层次、多角度、多方位的宣传，营造良好的舆论氛围。同时，要有针对性地细化宣传方案，明确工作计划和任务分工。宣传工作方案应于 4 月底前书面报人民银行科技司。

（三）认真总结，积极上报。各单位要认真收集和汇总宣传活动过程中的成果、经验及问题，于每季度首月 10 日前向人民银行科技司书面报告上季度宣传情况。2013 年 1 月 10 日前将年度宣传工作总结书面报告人民银行科技司。

请人民银行各分支机构将本通知转发至辖区内银行业金融机构，并督促检查落实情况。

2012 年 4 月 19 日

《人力资源和社会保障部　中国人民银行关于社会保障卡加载金融功能的通知》

（人社部发〔2011〕83 号）

各省、自治区、直辖市人力资源和社会保障厅（局），福建省公务员局，新疆生产建设兵团人事局、劳动保障局；中国人民银行上海总部，各分行、营业管理部，各省会（首府）城市中心支行，各副省级城市中心支行；各国有商业银行，各股份制商业银行，中国邮政储蓄银行，中国银联股份有限公司：

为贯彻落实《中华人民共和国国民经济和社会发展第十二个五年规划

纲要》，推行社会保障一卡通，加快社会保障卡发放进度，扩展社会保障卡应用领域，促进金融服务民生，方便人民群众享受社会保障待遇和金融服务。现就社会保障卡加载金融功能有关事宜，提出如下意见。

一、重要意义

社会保障卡加载金融功能，是社会保障精确管理和金融服务深化提升的新要求，是创新人力资源和社会保障管理模式和金融服务模式的重要举措，有利于参保人员便捷地享受社会保障待遇和金融服务，有利于提升人力资源和社会保障管理服务水平和金融服务能力，有利于人民群众更好地享受政府提供的各项公共服务，从而实现便民、利民、惠民的目标。

各地人力资源和社会保障部门、人民银行分支行、商业银行等相关单位要树立全局观念，充分认识到社会保障卡加载金融功能的重要意义，增强工作紧迫感，切实做好社会保障卡加载金融功能相关工作。

二、功能定位

社会保障卡加载金融功能主要通过在社会保障卡上加载银行业务应用实现。加载金融功能后的社会保障卡（以下简称具有金融功能的社会保障卡），作为持卡人享有社会保障和公共就业服务权益的电子凭证，具有信息记录、信息查询、业务办理等社会保障卡基本功能的同时，可作为银行卡使用，具有现金存取、转账、消费等金融功能。

具有金融功能的社会保障卡的金融应用为人民币借记应用，暂不支持贷记功能，其使用范围限定在中华人民共和国境内。

具有金融功能的社会保障卡卡片介质为接触式芯片卡，可以用芯片加隐蔽磁条复合卡的形式暂时过渡，芯片中应同时包含人力资源和社会保障应用（以下简称社保应用）和金融应用。

三、实施原则

（一）统一规划，整体部署。坚持统一规划、整体推进、上下协调的基本原则，在人力资源和社会保障部与人民银行的总体部署下，由各省、市结合当地实际情况组织建设和实施。

（二）统一标准，安全实用。按照全国统一的技术标准，采用具有安全性、可靠性和实用性的技术，确保社会保障卡在加载金融功能后能够满足业务工作的需要，促进"一卡多用、全国通用"目标的实现。

（三）以人为本，服务群众。从方便群众使用社会保障卡办理社会保障以及各类公共服务业务出发，开展社会保障卡加载金融功能工作，充分体现便民、利民的宗旨。

（四）有序推进，平稳过渡。按照社会保障卡建设总体部署，结合金融 IC 卡整体推进安排，有计划、有步骤，平稳有序地开展实施工作。

四、工作任务

（一）切实加快发行具有金融功能的社会保障卡。尚未发行社会保障卡的地区，应加快发卡相关准备工作，并积极联合商业银行，在发卡伊始即加载金融功能；已经发卡但尚未加载金融功能的地区，要创造条件，适时在新发的卡中加载金融功能；对已经发出的未加载金融功能的社会保障卡，应积极探索，通过适当的金融应用方式为持卡人提供便利。各地力争用 5 年左右的时间，基本实现社会保障卡普遍具有金融功能的目标。

（二）大力推进具有金融功能社会保障卡的应用。社会保障卡加载金融功能后，各地人力资源和社会保障部门要积极推动其在社会保险费缴纳、待遇领取等业务环节的应用，逐步将灵活就业人员、城镇参保居民、农村参保人员等人群社会保险费的缴纳，各项社会保险待遇以及面向个人的各类就业扶持政策补贴的领取，医疗费用即时结算后的费用支付、非即时结算后报销费用的返还等业务，都集成到社会保障卡加载的银行账户中办理，实现集约化管理和服务。参与发行社会保障卡的商业银行（以下简称合作银行）应为上述业务开展提供便利条件，合理分担发卡成本，并积极研究相关惠民措施。

（三）努力构建适合具有金融功能社会保障卡的管理机制。发卡地区人力资源和社会保障部门、合作银行应建立健全管理机制，本着职责明晰、方便群众的原则，按照各自的业务职责，分别承担起具有金融功能的社会保障卡中社保应用与金融应用的管理责任。同时，双方应建立起管理沟通机制，通过业务授权、管理系统互联、数据交换等方式，促进服务体系的衔接，力争实现管理服务各个环节的联动，共同为持卡人提供便捷的服务。人民银行分支行应按照属地管辖的原则，做好本地区协调、监管工作。

五、推广安排

社会保障卡加载金融功能，以单一芯片同时支持社保应用和金融应用为最终模式。2011 年至 2012 年为试点阶段，人力资源和社会保障部与人民银行共同制定社会保障卡加载金融功能的总体方案、标准规范，确定应用模式和管理机制，并在具备条件的地区进行单芯片卡应用试点。2013 年起开始全面推广，所有地区新发卡均采用单一芯片卡。单一芯片卡全面推广后，对于已处于使用中的复合卡，采用自然淘汰的方式进行更换。

六、工作要求

（一）加强领导，形成合力。人力资源和社会保障部与人民银行将共同成立领导小组，负责制定相关政策，协调有关部门，促进该项工作的开展。各级人力资源和社会保障部门、人民银行各分支行要加强领导，统筹规划，科学组织。发卡地区人力资源和社会保障部门、参与建设的商业银行要高度重视，通力合作，及时、妥善解决工作中遇到的问题，确保社会保障卡金融功能发挥出实效。

（二）严格标准，规范管理。各地发行具有金融功能的社会保障卡要按照《"中华人民共和国社会保障卡"管理办法》（人社部发〔2011〕47号）、《中国人民银行关于进一步规范和加强商业银行银行卡发卡技术管理工作的通知》（银发〔2011〕47 号）及《中国人民银行关于推进金融 IC卡的意见》（银发〔2011〕64 号）等文件有关要求组织实施，严格执行国家关于人民币个人存款账户实名制等相关规定，并遵照人力资源和社会保障部、人民银行颁布的相关标准和规范，确保社会保障卡加载金融功能工作规范有序。

（三）加强防范，确保安全。各相关单位应加强卡片制作、发放、挂失、解挂、补换、销户、销卡等环节的规范操作和安全管理，切实保障社会保障卡使用安全。发卡地区人力资源和社会保障部门与合作银行要建立健全密钥管理制度，分别承担起具有金融功能的社会保障卡中社保应用与金融应用的安全管理职责，确保密钥安全。采用外包方式进行卡片个人化的地区，人力资源和社会保障部门与合作银行要明确与外包单位的合作与分工关系，加强对外包单位的监督，采取有效措施，确保信息安全。

人力资源和社会保障部将会同人民银行组成巡查组，对社会保障卡加载金融功能工作进行指导检查。

请人民银行副省级中心支行以上分支机构将本意见转发至辖区内地方性银行业金融机构。

人力资源和社会保障部　中国人民银行

2011 年 7 月 26 日

《中国人民银行办公厅关于选择部分城市开展金融 IC 卡在公共服务领域中应用工作的通知》

(银办发〔2011〕129 号)

中国人民银行上海总部，各分行、营业管理部、省会（首府）城市中心支行，各副省级城市中心支行；各国有商业银行、股份制商业银行，中国邮政储蓄银行；中国银联股份有限公司：

为贯彻落实《中国人民银行关于推进金融 IC 卡应用工作的意见》（银发〔2011〕64 号），突出体现金融服务民生，发挥金融 IC 卡在公共服务领域的拓展能力，促进金融信息化与城市信息化结合，人民银行决定选择部分城市开展金融 IC 卡在公共服务领域中应用工作。现就有关事项通知如下：

一、城市范围

上海、天津、济南、广州、成都、重庆、大连、厦门、深圳、哈尔滨、长沙、海口、贵阳、昆明、乌鲁木齐、阜新、铁岭、苏州、南通、镇江、烟台、潍坊、宜昌、梅州、清远、茂名、湛江、自贡、宝鸡、榆林、秦皇岛、邢台、晋中、包头、辽源、台州、泉州、亳州、铜陵、芜湖、商丘、常德、湘潭、株洲、新余、曲靖、天水。

二、目标任务

（一）工作目标

各单位应通过推进金融 IC 卡应用，提升区域公共服务水平和信息化发展水平；利用金融 IC 卡载体，提高人民群众对金融服务的满意度，实现便民惠民。应用工作应于 2012 年底前完成。

（二）工作任务

相关城市应整体加快金融 IC 卡推进步伐。2012 年新发行金融 IC 卡应在当年新发行银行卡中占比较以前明显提高；到 2012 年底，金融 IC 卡受理机具 POS（销售点）终端与 ATM（自动柜员机）改造基本完成。

相关城市应结合当地城市信息化建设，至少完成金融 IC 卡在 1 个以上公共服务领域的拓展。

三、组织领导

人民银行上海总部、各分行、营业管理部、省会（首府）城市中心支行、副省级城市中心支行应组织做好辖区内金融 IC 卡在公共服务领域中应用的具体落实工作，并承担主要责任。

相关城市所在地人民银行副省级城市中心支行以上分支机构应牵头成立工作领导小组，组织协调好政府机构、商业银行、转接机构、专业化服务公司以及其他金融 IC 卡应用参与单位，建立协商、协调和决策机制，充分调动各方的参与积极性，并组织制定具体措施，确保应用工作顺利推进。

四、实施要求

（一）切实做好规划，建立工作督办机制

人民银行副省级城市中心支行以上分支机构负责组织辖区内相关单位编制应用工作总体规划，并于 2011 年 6 月 30 日前报人民银行总行。各单位应建立工作督办机制，确保各项工作如期完成。人民银行总行将对相关工作进行检查，并对实施情况进行通报。

（二）严格执行有关标准和规范，加强系统和产品检测

请各商业银行参照《金融 IC 卡发卡机构实施要点》（附件 1）和《金融 IC 卡收单机构实施要点》（附件 2）开展工作。请中国银联参照《金融

IC 卡转接机构实施要点》（附件 3）开展工作。

各商业银行发卡系统、收单系统以及中国银联的转接系统须通过相关技术标准符合性和系统安全性技术审核。不符合规定和要求的产品、服务和系统，中国银联不得接入银行卡信息交换网络和系统。各商业银行实施金融 IC 卡应用过程中使用的卡片和受理终端等产品应通过检测，确保产品和服务符合联网通用和交易安全的要求。

各单位要制定稳妥的实施上线方案和应急预案，并对关键节点和重要环节要进行论证、演练，避免影响银行卡业务的连续性。

（三）加强金融 IC 卡应用宣传

各单位应利用各种媒体和渠道，通过培训、资料宣传、有奖征文等多种方式，做好宣传工作和持卡人教育工作，为公众营造金融 IC 卡应用和发展的良好环境。

（四）落实可持续发展要求

在实施过程中，各单位应对市场环境进行深入调研，处理好社会效益与经济效益的关系、标准统一与地方特色的关系、短期利益与长远利益的关系，解决好制约金融 IC 卡发展的突出问题，形成推进金融 IC 卡发展的长效机制。

各单位应结合政府城市信息化规划，依据有关政策法规，保护好各参与方的合法权益，利用市场激励机制充分调动参与方的积极性，摸索合作多赢的发展道路，为金融 IC 卡应用的可持续发展提供保障。

（五）认真做好情况反馈及经验总结

在实施过程中，各单位应做好问题分析及经验积累工作。相关城市所在地人民银行副省级城市中心支行以上分支机构负责汇总并按季度向人民银行总行报告工作进展情况，报告的内容应包括当前进展情况、下一步工作计划、工作中遇到的问题及对策、经验教训总结和相关意见建议等。重大事项应及时向人民银行总行进行专题汇报。

应用实施工作完成后，各单位应对取得的成果及经验进行总结。相关城市所在地人民银行副省级城市中心支行以上分支机构负责牵头组织各参与单位编写总结报告报人民银行总行。

请人民银行上海总部、各分行、营业管理部、省会（首府）城市中心支行、副省级城市中心支行将本通知转发至辖区内地方性金融机构，并组织落实相关要求。

2011 年 5 月 30 日

《中国人民银行关于推进金融 IC 卡应用工作的意见》

（银发〔2011〕64 号）

中国人民银行上海总部，各分行、营业管理部，各省会（首府）城市中心支行，各副省级城市中心支行；各国有商业银行，各股份制商业银行，中国邮政储蓄银行；中国银联股份有限公司：

为促进金融服务民生，保障银行卡应用安全，推动银行卡产业升级和可持续发展，人民银行决定在"十二五"期间全面推进金融 IC 卡应用，有关工作意见如下：

一、充分认识推进金融 IC 卡应用的重要意义

"十一五"期间，我国银行卡实现了跨越式发展，联网通用工作不断深化，应用环境得到根本改善，银行卡成为社会大众使用最广泛的非现金支付工具。军人保障卡、金融社保卡、公务卡和农民工银行卡特色服务的大规模推广，使银行卡有效承载了社会功能。

银行卡产业的高速发展，对银行卡的应用安全、社会功能拓展、与国际支付体系融合提出了更高的要求。全面推进金融 IC 卡应用，有利于提高我国银行卡的整体风险防控能力，降低风险损失，维护金融稳定和社会稳定；有利于增强银行卡在公共服务领域的拓展能力，实现"一卡多用"，便民惠民；有利于促进城市信息化与金融信息化的结合，提升各类交易与管理的信息化和智能化；有利于带动银行卡产业升级。

各单位要树立全局观，增强紧迫感，切实从国家战略高度认识推进金融 IC 卡应用的重要性，积极主动做好相关工作。

347

二、认真完成推进金融 IC 卡应用的各项任务

（一）总体目标

在"十二五"期间，加快银行卡芯片化进程，形成增量发行的银行卡以金融 IC 卡为主的应用局面。推动金融 IC 卡与公共服务应用的结合，促进金融 IC 卡应用与国际支付体系的融合，实现金融 IC 卡应用与互联网支付、移动支付等创新型应用的整合。

（二）基本原则

坚持"政府引导、市场运作、统一标准、鼓励创新"的原则。"政府引导"是在人民银行和相关政府部门引导下，对金融 IC 卡全面推广进行政策指导和协调。"市场运作"是金融 IC 卡迁移各实施主体根据自身经营状况，按市场原则进行运作。"统一标准"是要严格执行银行卡国家标准与金融行业标准，推动跨行业支付应用的 IC 卡使用金融 IC 卡标准。"鼓励创新"是要鼓励金融 IC 卡应用的创新发展，不断探索满足产业新业态、应用新模式带来的发展需要。

（三）主要任务

1. 优先改造受理环境

自 2013 年 1 月 1 日起，实现境内所有受理银行卡的联网通用终端都能够受理金融 IC 卡。其中，2011 年 6 月底前，直联销售点终端（POS）能够受理金融 IC 卡；2011 年年底前，全国性商业银行布放的间联 POS 能够受理金融 IC 卡；2012 年 12 月底，全国性商业银行布放的自动柜员机（ATM）能够受理金融 IC 卡。

在小额快速支付环境中布放的联网通用终端应同时具备受理接触式、非接触式金融 IC 卡的能力。

银行卡境外受理终端应参照境内终端改造时间安排、结合所在地银行卡风险状况进行迁移。

2. 积极推进卡片发行

自 2015 年 1 月 1 日起，在经济发达地区和重点合作行业领域，商业银行发行的、以人民币为结算账户的银行卡应为金融 IC 卡。

自 2013 年 1 月 1 日起，全国性商业银行应开始发行金融 IC 卡。其中，

2011 年 6 月底前，中国工商银行、中国农业银行、中国银行、中国建设银行、交通银行、招商银行和中国邮政储蓄银行开始发行金融 IC 卡。

地方性商业银行以及外资银行应根据实际情况发行金融 IC 卡。

3. 切实保障联网通用

金融 IC 卡跨行转接与清算系统应根据金融 IC 卡发展情况，及时补充完善相关规则，扩充系统承载能力，保障转接与清算及时、安全和高效。

4. 大力拓展行业合作

金融 IC 卡发卡与受理应注重技术创新和业务创新，重点加强在公共服务领域开展多应用，力争在"十二五"期间实现与公共服务领域 2 ~ 3 个行业的合作。

三、积极采取相应措施，落实各项要求

（一）组织方式

人民银行牵头成立金融 IC 卡推进工作领导小组，领导小组办公室设在人民银行科技司。

人民银行各分支机构、全国性商业银行、中国银联成立金融 IC 卡工作管理机构，负责管理和协调本地区、本单位金融 IC 卡推进工作，落实领导小组下达的各项任务。

（二）职责分工

人民银行负责组织制定推动和保障金融 IC 卡推广工作的相关政策，组织开展监督检查，协调国家有关部门，促进公共服务领域多应用的开展。人民银行各分支机构负责组织推动本辖区各参与单位工作的顺利开展，落实各项任务。

各商业银行和中国银联负责按时保质完成本单位金融 IC 卡的发行与受理，积极扩展金融 IC 卡在公共服务领域的应用。

中国银联负责保障金融 IC 卡跨行转接与清算，开展境外银联卡受理环境金融 IC 卡迁移，推进成员机构金融 IC 卡迁移进度。

各单位要按照金融 IC 卡推进工作领导小组的部署和要求，结合本辖区、本单位的战略目标、业务创新及技术发展情况，制订实施计划，将金融 IC 卡工作进展情况纳入绩效考核体系。

（三）整合资源

各单位要合理利用现有人员、网络、系统和终端资源，妥善处理好金融 IC 卡与磁条卡的兼容受理，保障持卡人权益。

（四）密钥管理

各商业银行和中国银联要加强安全管控措施，建立金融 IC 卡的密钥管理制度，严格按照密钥安全要求做好密钥申请、生产、发放、使用、保管及收回等各个环节的管理，做到金融密钥不外泄，确保发卡过程的安全。

（五）外包安全

采用外包方式建设金融 IC 卡系统的单位要全面承担安全管理责任，加强对开发、维护、运营等环节的管理，明确与外包单位的合作与分工关系，通过管理手段和技术手段有效防止安全信息泄露。

请人民银行副省级城市中心支行以上分支机构将本意见转发至辖区内地方性商业银行及外资银行，并协调做好贯彻落实工作。

2011 年 3 月 11 日

附录三　观点摘录

"金融 IC 卡推广与应用研讨会"材料选编

（2011 年 11 月 10 日）

人民银行副行长李东荣（时任行长助理）：《金融 IC 卡多应用的方向》

2011 年 3 月，人民银行发布了《关于推进金融 IC 卡应用工作的意见》，全面启动我国金融 IC 卡迁移。2011 年 5 月，人民银行下发《关于选择部分城市开展金融 IC 卡在公共服务领域中应用工作的通知》。同年 8 月，人力资源和社会保障部与人民银行联合下发了《关于社会保障卡加载金融功能的通知》，金融 IC 卡的推广应用呈现良好的发展势头。

一、推进金融 IC 卡具有深远的战略意义

金融 IC 卡是现代信息技术与金融服务高度融合的工具，采用芯片技术与金融行业标准，可兼具银行卡、保障卡、管理卡等多重功能，其安全性、便利性、标准性和可扩展性等特点决定了其相对于以往的银行卡或一般的 IC 卡具有更广阔的发展空间。

以金融 IC 卡迁移为契机，从根本上提升我国银行卡风险防范水平。自银行卡诞生以来，全世界均普遍使用磁条作为介质，随着磁条卡的广泛使用，国内外犯罪集团针对磁条卡技术相对简单、易被复制的特点，通过伪造磁条卡、冒用磁条信息等手段欺诈资金的案件时有发生。为此，国际银行卡组织自 20 世纪 90 年代就决定实施 EMV 迁移（即磁条卡向芯片卡迁移）。目前，全球已有近 120 个国家和地区不同程度地开展了金融 IC 卡迁移，已有超 10 亿张的银行卡采用了金融 IC 卡的标准。在已经实施迁移的国家和地区，银行卡伪卡欺诈率显著下降。我国银行卡发展起步较晚，但发展却很快，周边国家（地区）金融 IC 卡迁移的陆续完成，一些伪卡欺诈活动也逐步向我国渗透，近年来伪卡欺诈增长率明显上升，尽管目前我国银行卡发生欺诈的比率仍在可控范围内，但其上升的势头则不容忽视。国务院领导同志对维护人民群众金融权益高度重视，要求各方面积极采取措施，坚决打击支付领域的违法犯罪活动，提升银行卡风险防范水平。因此，在我国加快推行金融 IC 卡的迁移，是从根本上提升我国银行卡的风险防范水平，满足人民群众对支付安全的迫切需求。

以金融 IC 卡为纽带，带动行业和城乡信息化发展、推动服务型政府建设。金融 IC 卡具有金融行业资源优势，在跨行业合作过程中可作为纽带，直接将金融信息化和金融行业资源注入各行各业，大幅提升合作行业在受理网络、终端覆盖、技术标准、资金监管等多方面的信息化水平；各地政府也能够借此在统筹规划、政策制定、信息引导、组织协调、监督检查等方面获得更广泛、更深入、更及时的第一手资料，在新时期加快政府职能转变的目标指引下，有力促进服务型政府建设。

以金融 IC 卡为基石，提升银行业竞争力、提高现代金融服务水平。银行业当前正面临战略转型期，金融 IC 卡在资源整合、业务创新、流程再造、服务提升方面的能力，成为我国银行业有效改变同质化竞争局面的重要基石：一是可以支持商业银行通过产品创新完善产品体系，以形成各有优势、各具特色的创新商业模式；二是可以支持商业银行调整和优化银行卡产品功能配置，以适应复杂、快速、多变、新兴的市场发展趋势；三是可以支持不同客户体验、不同盈利模式下的差异化产品；四是可以支持跨业务、跨市场、跨行业，特别是在公共服务领域的交叉式服务，促进金融业"规模、速度、结构、效益、质量"协调发展。特别需要指出的是，金融 IC 卡所具备的可进行非接触与脱机交易的特点，可应用在快速小额支付的场合，替代现金交易，减少现金携带和管理成本，降低客户与商家直接收付假币以及由此带来的经济损失，促进公共健康。此外，金融 IC

卡具有较强的运算能力和安全水平，支持集管理与服务功能于一卡，降低人民群众持卡成本，满足多用途要求。

以金融 IC 卡为支点，撬动国家战略型产业发展、提升整体安全和设计水平。我国银行卡产业从 20 世纪 80 年代起步，至今已发展成拥有银行卡超 26 亿张、年跨行交易额达 11 万亿元的银行卡大国。"十二五"期间，我国开展金融 IC 卡迁移，将推动相关产业规模的形成，撬动我国芯片和其他银行卡相关战略型产业快速发展，促进国内芯片企业在芯片设计、制造和安全性等方面再上台阶，逐渐摆脱"高端芯片主要在境外加工制造，国内加工制造主要为国外芯片设计厂商服务"的局面。

二、我国实施金融 IC 卡战略具备了坚实的基础

中国实施金融 IC 卡战略，是立足于我国国情并适应全球银行卡产业发展趋势的举措，经过多年探索与实践，目前已具备坚实的推广应用基础。

审时度势，准确判断国际形势。在人民银行发布《关于推进我国金融 IC 卡应用工作的意见》之前，国际上银行卡芯片化存在两大阵营：一是欧洲和亚太地区大部分国家与地区均已纷纷开始开展本土银行卡的芯片化迁移，截至 2010 年底，全球活跃的金融 IC 卡超过 10 亿张，终端 1540 万台。同时，美国和俄罗斯等几个大国尚未采取举措。社会上对金融 IC 卡是否能成为银行卡下一阶段发展方向还存在疑问。基于金融 IC 卡多应用、安全、支持脱机交易等优点，人民银行在充分调研国内外金融 IC 卡和银行卡发展现状及趋势、分析我国人民群众支付的基本需求和普遍需求的基础上，做出了加快推进金融 IC 卡的战略决策，并选择金融 IC 卡在公共服务领域应用作为我国推行金融 IC 卡的战略重点。

我们注意到，就在我们宣布全面启动金融 IC 卡迁移之后，2013 年 6 月 1 日香港金融管理局发布公告，要求香港地区 ATM 和 POS 必须分别于 2013 年 2 月底和 2014 年底前完成芯片化改造，2014 年 4 月起所有借记卡（包括存量和增量）都必须为芯片卡，2016 年起所有信用卡（包括存量和增量）必须为芯片卡；2013 年 8 月 10 日，VISA 宣布在美国启动并加速芯片化迁移，要求在美国的收单机构和分支处理机构于 2013 年 4 月 1 日前实现受理芯片卡交易。这些事实说明，不仅仅是我国重视实施金融 IC 卡战略，其他的国家和地区也都加快了金融 IC 卡迁移的战略部署。

厚积薄发，不断夯实基础设施。我国实施金融 IC 卡战略并不是一时兴起，十几年来，人民银行与各商业银行、中国银联一道，不断探索、积累，为我国实施金融 IC 卡战略奠定了坚实基础。1997 年，人民银行颁布了《中国金融集成电路（IC）卡规范（V1.0）》，并组织商业银行在北京、上海、海南等部分省市开展了联合试点。2005 年，人民银行颁布了《中国金融集成电路（IC）卡规范》，推动建设了金融 IC 卡全国性银行卡交易清算和转接系统等重要基础设施。自 2008 年起，人民银行在宁波开展城市金融 IC 卡多应用试点，对政策、标准、技术、业务、市场等全方位进行了可行性验证。2010 年，人民银行颁布了《中国金融集成电路（IC）卡规范》（2010 年版），实现了金融 IC 卡对小额支付和非接触支付的支持，使金融 IC 卡可有效应用于小额快速场景。同时，人民银行还以奥运会、世博会、亚运会等为契机，大力推动了金融 IC 卡受理环境建设。

高屋建瓴，合理规划发展路径。银行卡的发展历程告诉我们，战略方向和重点确定之后，顶层设计至关重要。为此，人民银行组织各商业银行、中国银联成立金融 IC 卡推进工作领导小组，严格论证和制订实施方案，就金融 IC 卡受理环境改造、商业银行发行金融 IC 卡、金融 IC 卡在公共服务领域的应用等工作提出了明确的时间表安排和要求。在具体部署上，我们强调推行金融 IC 卡要"全国一盘棋"。首先，人民银行负责总体部署，对受理市场建设和发卡要求要有先有后，行业应用要有层次和分工，按照"条块结合"进行战略部署，结合行部合作和城市信息化工程有序开展。其次，在整个推进过程中始终保持点面结合，在政策一致的前提下，根据商业银行的不同特点确定不同发展策略，鼓励各商业银行参加各地区的市民卡工程。

三、辩证看待实施金融 IC 卡战略中的几个重点关系

政府引导与市场运作。金融 IC 卡迁移是一项重大的社会工程，涉及面广、参与方多，必须始终坚持政府引导与市场运作相结合，其中政府引导是基本保障。一是可以协调各方利益，消除和打破行业及商业壁垒，降

低和缓解成本因素制约；二是可以有效降低社会整体资源浪费，避免参与主体重复投资，节约社会资源；三是可以坚持统一的顶层设计和总体规划，实现标准和实践的统一，思想和步调的一致，要求和保障的一体。宁波经验表明，在当地政府和人民银行的引导下，有关各方解决了发卡、分润、受理等各环节配合的主要问题；而军人保障卡、社保卡加载金融功能等重大项目得以启动，也得益于人民银行与解放军总后勤部、人力资源和社会保障部等相关部委共同做好了顶层设计。市场运作是金融 IC 卡可持续发展的支撑。在金融 IC 卡推广过程中，要充分利用商业银行和行业现有资源，采用市场化手段实现资源配置，通过客户需求拉动相关机构的积极性，进而推动整个项目建设的滚动发展。

商业回报与社会责任。各参与机构要树立全局意识，深刻理解推行金融 IC 卡的重要战略意义，合理处理好商业回报和社会责任的关系。一是为人民群众提供安全放心、方便快捷的支付手段是金融机构义不容辞的义务；二是金融 IC 卡虽然前期投资回报率较低，但从长远来看，有利于提高商业银行综合竞争力，提高整体盈利能力；三是全面推进金融 IC 卡可有效降低伪卡欺诈损失和维稳成本，增加金融服务附加值。要通过结构调整、资源优化、技术进步、模式创新等措施，完善管理体系，实现商业回报和社会责任的统筹。

引进技术与支持国产。金融 IC 卡迁移是一个开放、自主、渐进的发展过程，应结合我国银行卡产业发展现状，客观地看待引进国际先进技术与支持国产技术和产品的关系。我国金融业信息化起步较早，建设初期大量引进和采用国际先进技术、产品和服务，有效推动了产业发展。在国产技术尚未完全成熟的情况下，在一定时期内，还将继续通过技术引进推进金融 IC 卡向前发展。在金融 IC 卡工作中，人民银行一直积极支持推动我国拥有自主知识产权的产品和技术，并配合国家相关主管部门，推动国内产业链升级：一是以军人保障卡、社会保障卡加载金融功能等重大项目为契机，积极配合行业管理部门推动国产芯片量产；二是配合产业管理部门、认证认可监管部门建立我国芯片级权威检测认证管理体系；三是搭建实验环境和试点，验证 SM 算法在金融 IC 卡上的应用等。同时，我们也希望国内形成产业联盟，对重大技术问题联合攻关。

四、推动金融 IC 卡多应用的发展方向

继续发挥金融 IC 卡引领金融业务创新的潜力。随着金融 IC 卡与移动支付、公共服务的结合，金融 IC 卡核心价值不断提升，通过金融 IC 卡安全身份认证技术、多应用技术及金融 IC 卡与手机支付创新方案结合，金融 IC 卡从提供信息服务、交易支付向融资便利方向发展成为可能。人民银行宁波市中心支行深入调研，探索了金融 IC 卡手机信贷系统解决方案，旨在为中小企业主、个体工商户和农户提供融资便利服务。下一步，应继续研究和探索金融 IC 卡引领金融业务创新的途径和空间，展现科技创造未来。

在推进金融 IC 卡过程中实践金融标准化战略。一是通过金融 IC 卡技术标准的贯彻实施，实现信息共享，加强行业管理，提高金融行业的运行效率；二是在金融 IC 卡标准体系框架下，有计划、有步骤、有重点地开展金融 IC 卡标准的研制和发布，加速完成电子支付、移动支付等相关标准的制定；三是适应金融改革与发展的需要，加强金融 IC 卡标准化人才培养，建立标准化人才和专家队伍，发挥其在金融 IC 卡重要问题上的咨询和参谋作用。

促进电子商务与智能城市发展。发改委、商务部、人民银行、税务总局、工商总局已联合发布了《关于开展国家电子商务示范城市创建工作的指导意见》，指出电子支付是电子商务支撑体系的重要组成部分。金融 IC 卡作为重要的电子支付工具，将有效支撑电子商务城市和智能城市的建设。

人力资源和社会保障部副部长胡晓义：《全面推进社会保障卡加载金融功能》

2011 年 8 月，人力资源和社会保障部与中国人民银行联合发布了《关于社会保障卡加载金融功能的通知》，决定在社会保障卡上加载金融功能。这是人力资源和社会保障部与中国人民银行从国家经济社会发展全局出发，按照服务型政府建设的要求，顺应人民群众方便、快捷服务的呼声

进行的跨部门战略性合作，具有重要的现实意义，也将产生深远的影响。

一、社会保障卡加载金融功能意义深远

人力资源和社会保障事业的发展，对社会保障一卡通建设提出了加速需求。党中央、国务院高度重视社会保障工作，对社会保障卡建设也提出了明确要求。2009 年 5 月在中央政治局社会保障专题集体学习时，胡锦涛总书记强调，"要加快推进公共服务设施和服务网络建设，早日实现社会保障一卡通"。党的十七届五中全会明确提出"加强社会保障信息网络建设，推进社会保障卡应用，实现精确管理"的要求。《国民经济和社会发展第十二个五年规划纲要》进一步将社会保障一卡通纳入国家总体部署，确定了"全国统一的社会保障卡发放数量达到 8 亿张，覆盖 60% 人口"的目标。近年来，党中央、国务院出台的一系列利民的政策，包括新医改、新农保、社保关系转移接续、城镇居民养老保险等，都明确提出了发行和应用社会保障卡的要求。推动社会保障一卡通建设，已成为人力资源和社会保障部门践行以人为本、执政为民理念，使党和政府的各项人力资源和社会保障惠民政策及惠及广大人民群众的重要举措。

人民群众越来越广泛的公共服务需求，要求社会保障卡加载金融功能。随着人力资源和社会保障工作的不断推进，人民群众正逐步从关心"是否有保障"，逐步转向更多关心"保障水平高低"，进而进一步转向关心"保障服务是否便捷"，社会公众对社会保障一卡通的呼声越来越强烈。同时，社会保障工作呈现出许多新的特点，社会化管理日益普及，灵活就业人员逐步增多，管理服务对象向农村扩展，在参保缴费、领取待遇、医疗费用实时结算等方面，都对金融服务提出了日益强烈的需求，迫切要求我们将社保服务和金融服务集成到一张卡上。通过加载金融功能，人民群众可以方便地持卡查询账户信息，持卡进行就医结算，持卡获取各项社会保障待遇，持卡更好地享受政府提供的各项公共服务，从而使社会保障卡切实成为公民享有社会保障权益和公共就业服务权益的"形象卡"，成为把信息和服务送到老百姓身边的"便民卡"，最终实现"便民、利民、惠民"的目标。

社会保障卡加载金融功能符合我国信息化发展的总体战略。国家"十二五"规划提出"推动重要政务信息系统互联互通、信息共享和业务协同","强化信息资源整合"。国家发改委等部门正在制定的国家信息化"十二五"专项规划，也将对部门间的信息资源共享提出了明确的要求。"十二五"期间，我国将建立覆盖全国人口的国家人口基础数据库，逐步融合人口计生、人力资源和社会保障、民政、教育等部门的相关信息资源，实现基本公共服务由户籍人口向常住人口扩展。可以说，资源的整合和共享将是我国信息化建设的总体战略取向和必然发展趋势。人力资源和社会保障部与中国人民银行基于社会保障卡和金融 IC 卡所进行的战略性合作，是国家信息化战略指导下的具体实践，通过部门合作，优势互补，增强了社会保障卡功能，也为金融 IC 卡的推广应用赋予了更高的社会意义，为在更广泛的领域向社会公众提供便捷、高效的服务奠定了良好的基础。

二、社会保障卡建设工作进展及部署

目前，社会保障卡建设取得了较好的成效。一是持卡人数急剧增加。截至 2013 年 10 月底，经人力资源和社会保障部批准发行社会保障卡的地级以上城市已达 200 多个，社会保障卡持卡人数达到 1.63 亿人，到年底预计将达到 1.9 亿人，比去年底增加 8700 万人，一年的发卡量几乎达到了"十五"与"十一五"时期十年发卡总量的 90%。二是用卡环境日趋完善。全国 32 个省级单位全部实现了与人力资源和社会保障部中央数据中心的联网，城域网已经联接到 92.5% 的社会保险经办机构和就业服务机构，并延伸到街道、社区、乡镇和定点医疗服务机构，正在向各类人事人才管理服务机构扩展。三是应用效果初步显现。社会保障卡在各项社会保险、就业服务等业务工作中发挥了越来越大的作用，特别是作为支撑医保即时结算的重要手段，受到了人民群众的普遍欢迎。部分地区还将社会保障卡应用于卫生、民政等其他公共服务领域，取得了很好的应用实效。四是管理体系逐步健全。制定了《中华人民共和国社会保障卡管理办法》，采取了一系列管理措施，确保社会保障卡的发行和应用始终保持在规范化轨道。

自 2010 年初，人力资源和社会保障部即与中国人民银行联合成立了工作组，探索开展社会保障卡加载金融功能工作。双方从服务民生出发，本着积极、开放的态度，开展了广泛深入的探讨，确定了"隐蔽磁条过渡，最终芯片合作"的工作思路，并于 2013 年 8 月联合印发通知，明确了社会保障卡加载金融功能的定位、原则、任务和推广安排，确定了技术路线和实施方案。本月初，人力资源和社会保障部与人民银行又联合发布了《社会保障卡加载金融功能通用规范》和《社会保障卡加载金融功能全业务终端规范》，从技术上为社会保障卡加载金融功能提供了可资遵循的标准。社会保障卡加载金融功能主要通过在社会保障卡上加载银行业务应用实现，其金融应用为人民币借记应用，使用范围为中华人民共和国境内。卡片介质为接触式芯片卡，可以用芯片加隐蔽磁条复合卡的形式暂时过渡。2011 年至 2012 年，人力资源和社会保障部与人民银行将共同组织试点，2013 年起全面推广，力争用 5 年左右的时间，基本实现社会保障卡普遍具有金融功能的目标。

　　为实现这一目标，我们将加大工作力度，力争在以下几个方面取得新的突破。一是加快发卡。"十二五"期间发卡目标是 8 亿张，2013 年的新发卡指标是 8700 万张，持卡人数达到 1.9 亿。2014 年人力资源和社会保障部初步确定的新发卡任务将不少于 1.5 亿张，持卡人员达到 3.4 亿。我们将把这一指标分解到各个省，并通过调度、检查、考核等制度安排，确保如期、保质、保量地完成这一"硬任务"。二是完善系统。我们将在总结金保工程一期的基础上，开展金保工程二期，构建覆盖全国、连通城乡的人力资源和社会保障信息网络，建设全国异地信息交换平台和跨地区业务系统，在全国范围内形成完备、高效、安全的、支持社会保障一卡通的技术保障环境。三是拓展应用。社会保障卡加载金融功能后，我们将积极推动其在社会保险费缴纳、待遇领取等业务环节的应用，逐步将这些业务集成到社会保障卡加载的银行账户中办理。同时，将以省内异地为突破口，推动省内跨统筹地区用卡，并逐步实现全国通用。我们还将在保持社会保障卡主要功能、标准规范、密钥体系、管理主体"四个不变"的前提下，积极探索将社会保障卡应用向其他公共服务领域扩展，让人民群众获得更加便捷的服务。四是规范管理。社会保障卡加载金融功能后，必将影响到原有的社会保障卡管理体系、工作流程、应用模式等。对此，人力资源和社会保障部与人民银行正在研究调整相应的工作机制，完善管理制度，健全管理体系，将社会保障卡加载金融功能工作纳入规范化轨道。

三、共创社会保障卡加载金融功能工作新局面

从形式上，社会保障卡加载金融功能是社会保障卡与金融 IC 卡在介质上的合二为一，看似只是个技术层面的问题，但实质上是两个部门在业务上的有机协作和管理上的高度协同。无论是产品和厂商的选择，还是个人化等具体的发卡过程；无论是注册审批，还是卡在生命周期中的挂失、补办、销毁等具体的管理环节，都需要人力资源和社会保障部门与金融部门之间分工协作，紧密配合。特别是社会保障卡加载金融功能后，各项社会保险费缴纳、各项社会保险待遇的领取，乃至面向个人的各类就业扶持政策补贴的领取等，都将逐步集成到社会保障卡加载的银行账户中，实现集约化管理，这更需要金融部门提供良好的支持和服务，让老百姓从中得到尽可能多的实惠。可以说，加载金融功能后，社会保障一卡通已经成为人力资源和社会保障部门与金融部门共同的目标、共同的事业和共同的责任，需要两个部门共同发好卡，共同管好卡，共同用好卡，共同为人民群众提供满意的服务。

人力资源和社会保障部门与中国人民银行及许多商业银行之间都有着良好的合作传统，在资金管理、参保缴费、待遇支付等方面，各商业银行一直给予我们有力的支持。在信息化领域，人力资源和社会保障部与人民银行开展的征信数据交换工作，也已经取得了很好的成效。我相信，在我们的共同努力下，社会保障卡加载金融功能这一利国惠民的"战略性合作"，必将取得圆满的成功。

交通银行行长牛锡明（时任）:《金融 IC 卡应用进程的商机》

推广和应用金融 IC 卡符合国家"十二五"发展战略规划精神，是服务民生、服务社会管理的客观要求，有利于增强我国社会公共服务能力，方便人民群众生活；有利于提升城市信息化水平，提高政府管理能力；有利于切实提高我国支付体系的整体风险防控能力。交通银行作为一家国有控股银行，有责任有义务按照国家发展战略和要求，认真履行好自身社会责任，全力做好金融 IC 卡推广应用各项工作。

推广和应用金融 IC 卡是商业银行转型发展的内在要求，有着重要意义：一是金融 IC 卡是商业银行业务创新的平台；二是金融 IC 卡是商业银

行开展行业合作，特别是与公共服务领域各行业深入合作的平台；三是金融 IC 卡是商业银行拓展新市场、改善客户体验的平台。

交通银行将以加快推进金融 IC 卡应用为契机，全面提升金融服务水平。中国人民银行 2013 年 3 月发布有关工作意见后，交通银行迅速采取行动，将通过大力推进社保一卡通业务、改善 IC 卡受理环境、积极开展行业合作、推进 IC 卡业务创新等工作把金融 IC 卡业务打造成为交通银行未来着力发展的基础业务之一，提升金融服务整体水平。

工商银行副行长李晓鹏（时任）：《以先发优势　引领银行卡发展大势》

工商银行从 1995 年发行首张芯片卡至今，已经从单一功能的产品，逐步形成了日趋完备的芯片卡产品序列。芯片卡的应用已拓展到交通管理、铁路客票、高速公路、商业联名、社保医保、物业管理等诸多领域，发卡规模和发展速度均居国内同业首位。

加快推进金融 IC 卡的发展，是贯彻国家建立节约型社会的需要，是防范银行卡欺诈风险的需要，也是工商银行战略转型的需要。工商银行认识到以芯片卡替代传统磁条卡将是实现银行卡价值发展新的蓝海，也是全球银行卡产业发展的大趋势。2005 年，工商银行制定了《金融 IC 卡发展“十一五”规划》，将推进芯片卡的发展作为重点发展战略。近年来，工商银行多方面推动金融 IC 卡工作，取得一定效果：一是加大芯片卡研发投入，不断创新芯片卡产品线；二是建设完备的金融 IC 卡受理环境；三是强化风险管理，确保芯片卡健康发展；四是与行业结合，将绿色环保、民生工程、促进消费、引领时尚和便民性作为优先发展芯片卡的工作思路，推进金融 IC 卡的快速发展。

工商银行金融 IC 卡推广经验有：一是高层重视是芯片卡快速发展的关键。二是完备的收单环境是芯片卡发展的基础。三是确定行业合作是芯片卡发展的方向。下一步，工商银行将进一步加快金融 IC 卡受理环境的建设，加强与各行业、机构的合作，扩大金融 IC 卡应用范围；加大各城市、各分行金融 IC 卡技术和产品的培训、推广和支持；持续进行技术跟踪、研究和储备，占领 IC 卡技术制高点。

中国银联总裁许罗德（时任）：《金融 IC 卡大规模推广应用的几个问题》

由磁条卡向芯片（IC）卡迁移，是银行卡产业升级换代的重要内容和重要标志。我国大规模推广应用金融 IC 卡具有良好的政策环境和基础条件。从政策方面看，人民银行等部门一直高度重视金融 IC 卡，出台了一系列政策支持措施。从市场方面看，一是我国人口众多，市场潜力巨大。二是年轻人群对金融创新、支付创新接受意愿强。三是我国经济社会信息化发展迅猛，为金融 IC 卡发展创造了良好的前提和基础。四是行业应用需求迫切。五是大规模推广应用的条件已经成熟。同时，境外一些国家和地区 IC 卡迁移成功，对国内具有引导和示范效应。特别是我国银行卡已形成联网通用、联合发展的模式，IC 卡可以沿用这一模式，为我国 IC 卡跨越式发展创造了条件。总之，借鉴国际经验，发挥我国后发优势，实现金融 IC 卡"弯道超车"，不仅必要，而且可行。

IC 卡存储容量大，可以加载丰富的行业应用，将行业功能与金融功能相结合，实现"一卡通用、一卡多用"。多行业应用有利于增强 IC 卡功能，分摊 IC 卡成本，提高 IC 卡性价比，有利于实现不同行业信息共享，减少重复投资，节约社会资源。在行业应用过程中，要处理好三方面关系：一是处理好金融 IC 卡的金融功能与行业功能的关系。二是处理好金融 IC 卡的个性配置和公共配置的关系。三是处理好金融 IC 卡的信息共享与信息保护的关系。

在借鉴国际经验的基础上，我国自主制定了金融 IC 卡的基础和核心标准《中国金融集成电路（IC）卡规范》（简称 PBOC 规范）。随着我国银行卡产业国际化，特别是银联自主品牌的国际化发展和金融 IC 卡大规模推广应用，实现我国金融 IC 卡自主标准"走出去"正在成为重要问题。当前，要着重抓好三方面工作：一是推动更多国家和地区应用我国金融 IC 卡标准。二是推动我国金融 IC 卡自主标准与国际标准同步发展。三是加大新一代金融 IC 卡标准研发力度。

实践证明，银行卡伪卡欺诈风险在 IC 卡迁移后明显降低，而且会从完成 IC 卡迁移的国家和地区向未实施迁移的国家和地区转移。在芯片化迁移过程中应注意：一是尽快出台 IC 卡伪卡风险转移政策。二是强化 IC 卡安全产品研发。三是强化金融 IC 卡安全特性宣传。

广发银行副行长蔡丽凤（时任）：《让支付更轻松》

金融 IC 卡应用及推广堪称近年来我国银行界举足轻重的一项浩大工程，对银行卡应用安全、支付产业升级和银行卡产业的可持续发展均将带来长期和深远的影响。金融 IC 卡应用是支付模式的创新，其很重要的一项功能是近场非接支付，主要应用于各种小额支付场景。这类前景广阔的新支付模式的推广不仅仅是一项技术引发的科研创新项目，更是一项以商业银行行业合作模式创新驱动的、对我国银行卡乃至整个零售银行业务整体格局进行重组的业务变革。

广发银行将金融 IC 卡项目作为战略重点项目，从自身业务优势、业务特点和系统建设情况出发，将降低现金使用及管理成本的理念推广到农贸商户中间，顺应了"绿色经济"的大趋势，又在小额支付领域推广非接支付，提高小额支付的资金清算效率，实现对交易的信息化和集约化管理。自启动金融 IC 卡应用推广工作以来，依托国际化团队和地缘优势，本着业务驱动的原则，积极探索适合自身发展的 IC 卡行业应用实施策略，力争精简每个金融 IC 卡商业合作的复杂程度，以项目形式推动行业应用，并形成了一套基于金融 IC 卡集成应用，扩展新型支付，以绿色经济为中心的具有自身特色的金融 IC 卡推广与应用道路。

东亚银行常务副行长林志民：《金融 IC 卡迁移为遏制银行卡犯罪提供保障》

就世界范围来说，从磁条卡向 IC 卡的整体迁移已是大势所趋。全面推动银行卡从磁条卡向智能卡升级，是降低银行卡欺诈、伪造风险，保障我国银行卡产业安全、稳定与长远发展的必由之路。当前，借鉴国际金融 IC 卡多年发展经验，结合国际趋势及我国银行卡现状，全面推进金融 IC

卡已具备了成熟条件，为加快金融 IC 卡的普及应用，人民银行下发了最新的 PBOC2.0 规范，旨在加快推进金融 IC 卡、全面进行 IC 卡迁移。一些中资银行已经发行了最新标准的金融 IC 卡，一些城市也推出了市民金融 IC 卡，为城市居民实行一卡通服务，商户覆盖餐饮、超市、百货、便利店、药房、医院等行业。这些都给我们树立了良好的榜样。

金融 IC 卡有两个突出优势，即行业应用的扩展性及金融 IC 卡本身自有的安全性。相比传统磁条卡的信息易复制性，金融 IC 卡是一种芯片介质的智能卡，具有独立运算和加解密的能力，以保证数据不被复制，因此能提供比磁条卡更高的安全保障。例如，在未实行 EMV 标准前，中国台湾利用信用卡犯罪的案件居高不下，1999 年台湾信用卡犯罪金额损失逾新台币 15 亿元，仅次于日本，位居亚太地区第二，信用卡伪冒欺诈案件的损失已严重侵蚀到各发卡银行的经营利润，急剧恶化的形势使得台湾银行所遭受的损失远高于银行换"芯"成本。而经过 IC 卡迁移后，台湾地区及马来西亚的伪卡欺诈率均降到了历史最低水平。香港地区在 2008 年发行 EMV 标准的银行卡后，交易欺诈案件发生率下降了 90%。

为做好金融 IC 卡的工作，东亚银行已将 IC 卡项目作为 2012 年重点工作，将利用港资背景优势，积极创新，开拓出更多符合两地需要的金融 IC 卡服务。

"金融移动支付技术创新研讨会"材料选编

（2012 年 12 月 5 日）

人民银行副行长李东荣：《加强移动支付业务制度和基础设施建设》

一、移动支付将成为金融 IC 卡多应用发展的新方向

随着智能手机的不断普及、移动通信网络的蓬勃发展以及金融 IC 卡

的广泛应用，移动支付作为依托智能安全芯片技术的新型支付工具呈现出强劲的发展势头。支付工具从磁条卡、IC卡到移动支付的发展和演进是电子支付产业发展的必然过程。移动支付本质是智能化、终端化、网络化、虚拟化的银行卡，能够有效整合金融IC卡与互联网支付等新型支付工具和渠道。移动支付在全面继承金融IC卡的非接触、安全性、多应用等优点的基础上，充分发挥存储空间大、计算能力强、线上线下网络融合等特点，创新性地将智能移动终端、移动通信技术和金融受理网络整合成一个跨领域、跨行业、跨网络的金融创新平台和多应用融合载体，实现多渠道、全方位的"3A"（Anytime，Anywhere，Anyway）移动金融服务。因此，移动支付与金融IC卡应用一脉相承、相得益彰，是金融IC卡应用的继承和创新，是金融IC卡多应用发展的新方向。

目前，非接触式金融IC卡的受理环境改造、基础设施建设、行业应用拓展等均顺利开展，为移动支付技术创新发展奠定了良好的政策基础，营造了积极的产业发展氛围，是移动支付发展的催化剂和奠基石。同时，移动支付技术创新对加快我国银行卡芯片化迁移进程，进一步推动金融IC卡行业应用，拓展金融服务渠道和银行卡多应用领域，推进金融服务创新也具有十分积极的意义。

为支持和推动我国移动支付业务和产业发展，自2011年以来，人民银行按照"凝聚共识、谋求合作、统一标准、共同发展"的工作思路，积极研究规划移动支付标准体系，专门成立课题组，形成《中国移动支付技术标准体系研究报告》，于2012年7月正式出版。在此基础上，人民银行组织40多家产业相关单位成立移动支付标准编制联合工作组，经广泛调研、技术攻关、标准研制、专家评审等阶段，将正式发布移动支付相关技术标准。同时，为推动金融IC卡与移动支付的融合发展，启动了2010年版《中国金融集成电路（IC）卡规范》（简称PBOC2.0规范）的增补和修订工作，相关工作已基本完成，将发布PBOC3.0规范。

二、以技术标准促进移动支付技术创新发展

统一的技术标准、互联互通的受理环境、安全可信的基础设施、开放共享的多应用管理平台以及合作共赢的商业模式是移动支付规模化、集约化发展的基本条件。在推广应用移动支付的过程中，要坚持有效整合移动支付与金融 IC 卡资源，最大限度地复用金融 IC 卡网络、系统和终端设备，鼓励采用和推广具有自主知识产权的技术标准，尝试应用具有自主知识产权的密码算法，努力推动移动支付联网通用并实现与国际标准的有效衔接，促进产业资源共享、联合发展。具体包括：

一是标准先行。标准是移动支付健康发展的生命线，是产业发展从量变到质变飞跃的原动力。目前，移动支付业务模式百花齐放、技术方案百家争鸣，缺少统一规划，这在一定程度上制约了产业的健康发展。只有统一技术标准，才能有效避免各方在市场拓展、技术研发、终端布放等方面的重复性投资，实现社会资源的有效配置和充分利用。

二是互联互通。互联互通是实现移动支付产业资源共享的基石，是培育健康生态环境的重要环节，是产业有序、快速发展的有力保障。只有实现参与各方受理终端的复用、支付服务平台的互联互通、线上线下业务的融合发展，走产业联合发展的道路，才能充分发挥银行卡受理网络与移动通信网络资源整合的优势，实现我国移动支付产业集约化发展。

三是安全可控。由于技术方案的多样性、通信网络的开放性、安全模块的共享性和业务流程的复杂性，信息安全风险是移动支付长远发展所必须解决的突出问题之一。因此，要加快构建移动支付安全保障体系，加强安全模块和应用生命周期管理，努力提升移动支付风险防范能力，促进移动支付产业规范、有序、健康发展。

四是一机通用。一机通用是为实现多卡合一目标而对金融 IC 卡"一卡多用"的拓展和创新。手机中的安全模块不是传统意义上的银行卡，而是承载多张"虚拟银行卡"的电子钱包。安全模块也不再为一家账户管理机构独有，而是由多家账户管理机构共享。一机通用能够有效实现资源共享、成本分摊，显著降低账户管理机构的账户发行成本。

五是合作共赢。移动支付生态环境复杂，产业链较长，未来竞争与合作并存是产业发展的主旋律。产业各方要按照开放合作、互利共赢的思路，充分发挥自身专业优势，兼容并蓄，实现跨机构、跨行业联动创新，共同推动形成"产业联合协作、市场资源共享、业务有序竞争"的互信、合作、共赢发展局面。

三、推广应用移动支付技术创新的措施和建议

综观国内外银行卡芯片化迁移与移动支付技术创新发展趋势，当前正是我国推进移动支付产业发展、奠定业务运营基础、打开产业集约化发展局面的关键阶段。为充分发挥移动支付技术创新对产业发展的资源整合、技术支撑、业务推动和规范管理的作用，建议从以下六方面开展工作，以推动移动支付产业健康、有序发展。

一是推动移动支付标准实施及应用试点。结合目前商业银行、中国银联、通信运营商等移动支付应用开展情况，应以创建国家电子商务示范城市为契机，采取条块结合方式，从横向和纵向两个维度，选择部分电子商务基础环境较好的城市和创新能力较强的商业银行，开展移动支付试点工作。一方面验证移动支付金融行业标准的技术成熟度、产品兼容性和系统联通性；另一方面在移动支付金融行业标准框架下探索和创新移动支付技术方案、商业模式、产品形态等，为移动支付应用推广积累经验，为产业发展提供示范效应。

二是推进移动支付非接触受理环境改造与完善。非接触受理环境的改造与完善是移动支付规模化发展的基础和保障，其建设情况将直接影响移动支付应用推广进度和成效。因此，要认真落实人民银行有关文件精神，加大非接触受理环境改造力度，保障非接触受理环境的联网通用质量，实现移动支付与金融 IC 卡受理环境的全面整合和有效复用。

三是开展移动支付安全可信基础设施建设。安全可信基础设施是联系商业银行、银行卡组织、支付机构、通信运营商、应用提供商及手机用户的桥梁和枢纽。要争取国家在政策和资金方面给予支持，研究启动安全可信基础设施建设，为产业各方搭建共同信任的密钥体系和空中传输通道，提供移动支付安全模块与应用生命周期管理服务，为移动支付联网通用、安全管理提供有力支撑。

四是加强移动支付技术风险研究。移动支付技术风险不仅涉及支付交易安全、个人隐私保护等，还影响支付体系安全和金融稳定。因此，要加快分析研究风险成因、机理和潜在威胁，探索评估方法，提出防范措施，

为加强移动支付管理提供政策建议、决策依据和技术支撑，也为产业各方开展系统建设和运行、安全管理、风险防控等提供指导和参考。

五是加快移动支付技术管理体系建设。以贯彻落实移动支付金融行业标准为切入点，以"联网通用、安全可信、规范有序"为主要目标，建立与银行卡技术管理相衔接的移动支付技术管理体系，切实提高金融行业移动支付应用发行、受理、转接清算等环节持续、安全和稳定运营的能力。

六是创新移动金融服务应用。要在手机信贷试点的基础上，按照移动支付金融行业标准及安全要求，不断创新移动金融服务模式和渠道，积极探索移动支付在公共服务领域和金融服务水平薄弱地区的应用，切实拓展"三农"和小微企业金融服务覆盖面，推动移动支付向服务更加丰富、应用更加广泛、功能更加强大的移动金融普惠制方向发展。

展望未来，中国作为世界上使用移动网络终端数量最大的国家，未来对移动支付的需求及发展潜力是巨大的，移动支付技术创新发展前景是广阔的。我们应进一步达成共识，积极创造条件，促进中国移动支付业务的健康发展。

中国银联总裁许罗德（时任）：《推动移动支付业务融合发展》

移动支付将金融支付、行业应用、网络通信、智能计算、身份认证等功能集于一体，是近年来移动金融创新最多的领域。移动支付创新不仅需要设计新的服务流程，还需要有新的服务规范、服务规则。也需要各参与方以崭新的模式开展合作和技术创新。随着商业模式的建立和技术创新的发展，移动支付将在提高金融服务水平、服务社会民生、促进消费支付等方面发挥愈加重要的作用，成为未来金融服务的制胜法宝和战略高地。

从业务形态上来看，我国移动支付包括近场支付业务与远程支付业务。近场支付可充分复用金融 IC 卡现有的发展成果，与金融 IC 卡的发展相互融合、相互促进，共同培育用户群体，实现移动支付的快速发展。远程支付可以分为移动互联网支付和基于可信服务管理平台（TSM）的远程支付两大类。移动互联网支付是一种以账号和密码为主的支付方式，但由于其缺乏可信任的安全介质，容易导致资金风险。基于可信服务管理平台（TSM）的远程支付，可安全、可信、便捷地通过可信服务管理平台（TSM）实现空中发卡及应用下载。

中国银联作为我国的银行卡组织，在中国人民银行等国家有关部门的指导下，积极推进移动支付创新，取得了一定成果。一是成立移动支付产业联盟。二是建立企业移动支付标准。三是积极拓展受理商圈。四是加强与商业银行的合作。五是加强与通信运营商的合作。六是推进创新产品研发。下一步，中国银联将秉承"合作创新、开放共赢"的理念，充分发挥银行卡组织的核心和纽带作用，以及银联的网络、技术、服务和品牌优势，联合产业各方，推出更多适应不同人群、满足不同需要的银联移动支付系列产品，为推动移动支付发展，促进金融创新，服务民生作出更大的贡献。

招商银行副行长丁伟：《移动支付实现便捷消费新体验》

随着移动通信技术的高速发展，智能终端的不断普及以及金融 IC 卡的广泛应用，移动支付也逐渐成为金融 IC 卡发展的新方向。目前，借助移动互联网的大发展以及金融 IC 卡的多应用普及，改变支付业务模式的历史性机遇已逐渐形成。

我们清楚地看到，在整个支付产业呈现出以下三个发展趋势：一是支付业务的主体客户呈现移动化、年轻化的特征，未来几年我国移动支付产业必将呈现出井喷式发展态势。二是具有多应用的移动支付产品必将成为未来移动支付发展的趋势，也必将成为客户由传统银行卡向手机支付转变的核心驱动力，将为广大客户带来更加便捷的消费体验。三是移动支付产业的发展环境将日趋完善。移动支付标准的发布是移动支付产业规范有序发展的基础和前提，对凝聚共识、资源整合、规范发展起到重要的指导作用，为移动支付产业链的发展指明了方向。

招商银行秉承"因势而变，因您而变"的经营理念，积极展开基于移动互联网技术的支付业务创新，主要在以下几个方面进行了一些探索：一是顺势而为，重点发力远程支付；二是大力发展电子现金卡的应用；三是积极践行"消灭信用卡"的战略目标,努力探索移动近场支付。

下一步,招商银行将在人民银行的领导下进一步探索跨行业合作,充分发挥移动支付的社会服务功能,逐渐渗透到人们衣食住行的日常生活中,推广在铁路、公交、社保、医疗、水电气缴费等领域的应用,实现用手机购票、手机替代积分卡、会员卡、优惠券、公交卡等,为百姓生活提供便利和实惠,着力打造超酷体验、更为安全的移动金融生活方式,真正为大众生活提供实惠和便利。同时,在移动支付发展过程中我们认为应注意:一是加大行业应用的整合。二是创新移动支付架构和模式。三是尊重市场和消费者的选择,大力加强创新,改善用户体验。四是优先考虑移动支付的安全性,坚持高标准、高起点,保障用户的个人信息和资金的安全。

"实施信息惠民工程　推进金融 IC 卡在公共服务领域应用研讨会"材料选编

(2013 年 9 月 25 日)

人民银行副行长李东荣:《实施信息惠民工程　推进金融 IC 卡在公共服务领域应用》

一、当前金融 IC 卡发展形势

金融 IC 卡需求是社会化的。银行卡芯片化迁移是经济与社会发展对现代支付手段的客观需求,符合党中央、国务院倡导的民生服务要求。随着我国经济发展和人民生活水平不断改善,群众不但希望得到安全便捷、标准规范的金融支付工具,而且希望实现多卡合一、金融与公共服务融合。与传统上银行磁条卡存储空间小、运算能力差、信息易被复制的特点相比,现代金融 IC 卡具有存储容量大、安全性强、交易速度快、应用领域广泛等特点,为银行提高金融创新服务能力提供了可能,能够较好地满足社会经济转型发展和人民群众对金融服务多元化的需求。

金融 IC 卡应用是全球化的。中国银行卡芯片化迁移顺应了国际卡组织在全球推行 EMV 芯片迁移计划的大趋势。金融 IC 卡既可以在国内有效防范全球银行卡欺诈风险，又能满足国际上对银行卡跨国应用的技术和业务规则要求。PBOC 规范是遵循 EMV 标准的中国金融 IC 卡标准，推进符合 PBOC 规范的金融 IC 卡是我国银行卡产业国际化的重要举措。随着人民币实现跨境贸易结算以及中国银联加入 EMVCo 组织等，我国银行卡适应全球一体化应用进程已进入新的历史发展时期。

金融 IC 卡技术是尖端化的。金融 IC 卡是尖端化信息技术和金融服务融合的产物，新技术、新工艺的不断升级推动金融 IC 卡向着安全（Security）、平台化（Structure）、可配置性（Scalable）的"3S"理念设计发展。一是具备全方位的安全体系，从加密算法到卡片封装、交易流程、应用设计等都采用先进技术，可加载个性化客户信息，具有独立运算和加密、解密功能，数据不易被复制，密码不易被破解，具备磁条卡无法比拟的安全性和可靠性。二是采用先进的多应用管理平台技术，具备多应用动态加载和安全隔离的功能，能够满足居民在金融和公共服务领域的一卡多应用需求。三是采用非接通信技术和智能芯片技术，具有较强的处理与交互能力，不仅能够方便持卡人进行快速脱机消费，而且能够为持卡人提供金融支付、电子票据、身份认证、行业信息管理等综合服务。

金融 IC 卡发展是产业化的。我国的金融 IC 卡不仅是金融服务载体，也是信息服务的综合平台。金融 IC 卡的推广有效带动了各商业银行及 IC 卡产业链各方的积极性，促进产业发展和快速升级，对国产芯片的设计、研发和安全检测等都将起到极大的带动作用。一是支持和引导国内芯片产业健康发展。推动芯片安全设计能力、COS 研发水平、卡片封装工艺等不断提升，促进与金融 IC 卡相关的受理机具不断更新换代，带动产业链成熟发展。二是推动建立符合国际标准的芯片检测体系，为芯片企业提供可靠的检测服务。人民银行推动建立了我国首个金融系统芯片安全检测体系，填补了我国银行卡检测的空白。

二、做好金融 IC 卡工作的几点意见

造福社会，充分发挥金融 IC 卡的社会资源整合作用。为节约社会资源、方便群众，避免"一人多卡、一事一卡"，要充分发挥金融 IC 卡适用性广、创新性强、标准统一的技术优势，以金融标准兼容行业标准，实现金融 IC 卡跨行业、多领域的支付应用、信息管理、资金监管功能，为公共服务领域和城市信息化建设提供快速、安全、便捷的金融服务。我们倡导行业各方以开放的心态与金融机构开展合作，实现多方互利共赢。并希望各地政府牵头，以金融 IC 卡为枢纽平台，推动社会公共服务行业资源的整合。

夯实基础，拓展金融 IC 卡受理渠道。金融 IC 卡用得好不好，受理环境是关键。只有方便快捷的用卡环境才能调动居民用卡的自觉性，因此，金融 IC 卡受理环境建设要精耕细作，补齐受理软环境短板，推动受理商圈建设，优化受理终端界面程序，加强商户和收银员的培训，不断拓展公共服务行业和小额支付领域非接触受理渠道，积极推动跨行圈存受理，逐步实现自助终端、互联网、手机等新兴渠道支持金融 IC 卡。

加强合作，以小额快捷支付应用推动金融 IC 卡可持续发展。行业协作和小额快速支付应用是金融 IC 卡发展的基础。商业银行要以金融 IC 卡试点城市为重点，从客户服务、应用研发、技术实现、商业模式、市场营销等方面采取措施，通过技术创新和业务创新，拓展金融 IC 卡在公共服务领域的应用范围，为金融 IC 卡的可持续发展提供驱动力。

贴近生活，满足群众日常生活最基本的金融服务需求。要发挥金融 IC 卡"高安全、快支付、多应用"的特点，推动金融信息化与城市信息化的结合，扩大银行卡服务受众群体，让群众拥有更加安全便捷的金融支付工具和更广阔的应用领域。

贵州省人民政府副秘书长周道许：《金融 IC 卡公共服务领域应用实现"三个率先"》

在人民银行的大力支持下，贵州省把握机遇，重点选择在公共交通、旅游、社保等行业推动金融 IC 卡的应用，目前贵阳、安顺、遵义、都匀、

凯里的城市合计超过 3500 辆公交可以受理金融 IC 卡，推广应用取得显著成效。贵州省将金融 IC 卡推广工作作为重要的民生工程予以推动，力争在全国率先实现磁条卡向金融 IC 卡的迁移，率先实现金融 IC 卡在公共服务领域应用的全面突破，率先实现在智慧城市、智慧交通、智慧旅游建设等方面取得重大进展。

贵州省推进金融 IC 卡在公共服务领域应用的主要做法有：一是增强机遇意识。在金融 IC 卡的发展上，贵州与沿海发达地区处于同一起跑线；特别是近年来贵州省经济发展加速，金融 IC 卡推广工作基础扎实，完全可以与沿海发达地区同步推进金融 IC 卡发行，完全有条件在推进金融 IC 卡在公共服务领域应用方面发挥后发优势，抢占先机。二是强化行业推动。推进金融 IC 卡在公共服务领域应用离不开行业主管部门和地方各级政府的配合，有鉴于此，贵州省选择条件较好的地区和行业加以推进，重点在公共交通、旅游、社保等行业予以推动，各行业主管部门积极配合，已制定或正在制订相应的金融 IC 卡在本行业的推广计划。三是注重政策引导。2013 年 8 月 9 日，《省人民政府办公厅关于推动金融 IC 卡在贵州省公共服务领域应用的实施意见》正式印发，明确了力争实现"三个率先"（即在全国率先实现磁条卡向金融 IC 卡的迁移，率先实现金融 IC 卡在公共服务领域应用的全面突破，率先实现在智慧城市、智慧交通、智慧旅游建设等方面取得重大进展）的总体目标，2015 年前实现金融 IC 卡在旅游景区、公立医院、高速公路收费、公交车乘车等领域应用的主要任务。

经过近几年的探索和发展，贵州省为推进金融 IC 卡在公共服务领域应用积累了初步经验。主要有三条：一是坚持政府引导、人民银行支持、行业配合、银行实施、银联参与的工作方针；二是坚持联网通用、资源共享的同时，实行"谁投资、谁受益"的市场化运作原则；三是坚持"统一标准、鼓励创新，先易后难、突出重点"的工作方法。贵州省将进一步发挥后发优势，强化宣传，抓好落实，促进金融 IC 卡在公共服务领域的广泛应用。

下一阶段工作重点从以下几个方面加以推进：一是进一步深化对"加快推动信息消费持续增长"的认识。二是注重发挥新闻宣传、行业宣传和社会宣传的作用，以群众喜闻乐见的形式宣传用卡知识，着力提高广大人民群众对金融 IC 卡的认知度，营造良好用卡氛围。三是争取支持。一方面是继续争取省委、省政府的支持；另一方面要争取有关部委、商业银行支持，共同推动金融 IC 卡在公共服务领域应用的各项工作。四是抓好落实。细化落实措施，把工作做细、做到位，打造"贵州通"统一品牌，最终实现预期目标。

工商银行副行长张红力：《拓展金融 IC 卡在公共服务领域应用》

工商银行积极推进金融 IC 卡工作，在金融 IC 卡产品、在受理环境改造、小额快速支付应用环境建设、行业合作等方面开展了一系列工作。总体来看，工商银行金融 IC 卡应用主要呈现两个特点：一是公共交通是工商银行推广芯片卡产品的重要领域之一。如"武汉通"闪酷卡可乘坐地铁、轻轨、公交、出租车、轮渡、ETC 等交通工具，深圳"爱购卡"除公交应用外，还可以直接乘坐广深铁路，刷卡进站，极大地便利了民众出行。二是金融社保 IC 卡等民生服务类产品是公共服务领域发卡的核心与重点。

工商银行金融 IC 卡推广工作中的一些体会：一是一卡多用是芯片卡推广的重要手段；二是产品创新是芯片卡推广的主要抓手；三是受理环境是芯片卡推广的外在保障；四是宣传引导是芯片卡推广的必要条件。下一步，工商银行将在人民银行的指导下，进一步加大行业应用项目开发力度，加强现有行业应用项目推广力度，进一步做好金融 IC 卡在公共服务领域推广，为公共民生和社会服务发挥国有大型商业银行应尽的职责和义务。

农业银行副行长蔡华相：《金融 IC 卡应用提升惠农服务水平》

金融 IC 卡的推广应用对于"惠农"这一社会性、系统性、战略性工程而言，意义尤为深远。从国家战略层面而言金融 IC 卡在"三农"市场的推广应用，是落实"四化同步发展"战略的重要举措。从产业发展层面而言，金融 IC 卡在"三农"市场的推广应用，是影响全局成败的关键所在。从市场需求层面而言，金融 IC 卡在"三农"市场的推广应用，是符合农村地区支付特点的现实做法。从金融安全层面而言，金融 IC 卡在"三农"市场的推广应用，是提高银行卡风险防控水平的必然选择。

农业银行积极落实人民银行的各项部署，全力推进金融 IC 卡推广应用工作。截至 2013 年上半年，累计发卡量居各行首位，取得了阶段性成果，同时农业银行持续推动惠农 IC 卡发行，努力实践"情系'三农'、普惠大众"，为提升"三农"地区金融服务能力作出了应有的贡献。

下一步，农业银行将：一是充分利用金融 IC 卡大容量、多应用的特点，结合当地农民的实际需要，积极推行"新农保"、"新农合"、居民健康卡功能合一，积极拓展 IC 卡在快餐、自动售卖、菜市场等小额快速支付领域的推广应用，扩大代理项目规模，完善产品功能，真正做到为农民谋福利。二是加快服务渠道整合，重点推进电子渠道建设，提高电子机具覆盖率，不断强化自助机具 IC 卡受理能力提升受理环境品质。三是创新"三农"服务模式，大力推动金穗"惠农通"工程，依托科技优势，研究推广手机支付等新型移动金融服务模式，提升"三农"金融服务水平。金融 IC 卡在"三农"地区的推广应用工作任重道远，农业银行将迎难而上、开拓创新，为服务"三农"作出更多更大的贡献。

建设银行副行长赵欢（时任）：《从 ETC 速通工程看金融 IC 卡应用》

在人民银行的组织领导下，建设银行遵循"自主发卡与行业并重"的原则，以金融 IC 卡为基础，积极拓展行业应用，在交通、社保、军保、医疗、市民卡、教育、零售、餐饮、"三农"、一卡通、移动支付等诸多领域开展了行业合作，其中创新的 ETC 项目实现了与银行数据的无缝对接，充分发挥了金融 IC 卡快速、便捷的现代支付手段的优势，适应了民众日常生活需要。

在拓展金融 IC 卡行业应用过程中，我们主要有以下三点体会：第一，要为客户提供便利。发挥金融 IC 卡特点，在 ETC 等公共服务领域提供快速、便捷的现代支付手段，从而适应人民群众日常生活中的普遍需要，才能使得行业应用落到实处。第二，要促进行业发展。关注通过提供通用性、安全性的支付手段来与行业管理者共同提升行业的信息化水平，提升行业的综合服务能力，真正做到发展共赢。第三，要整合社会资源。目前金融 IC 卡基础设施建设基本完成，已经具备全面推广金融 IC 卡应用的条件。行业合作中，应充分发挥现有资源作用，减少重复投入，尽快实现金融 IC 卡在公共服务领域应用的资源共享与协调发展。

下一步，建设银行将在人民银行的领导下，进一步完善行业合作模式，加强商户培训、宣传等软环境建设，将金融 IC 卡作为商业银行与公共服务领域相关行业的合作纽带，全面实现"十二五"期间改善民生、完善公共服务的战略目标。

交通银行副行长侯维栋：《金融 IC 卡公共服务领域应用前景广阔》

近年来，随着金融 IC 卡在全国范围的全面推广，金融 IC 卡正以其安全性及对公共服务领域的多应用支持成为银行卡发展的大势所趋。金融 IC 卡公共服务领域应用意义重大，能有效提高公共服务领域支付的安全性；为人民群众生活提供便利，提高社会公共服务能力，改善社会公共服务质量；进一步丰富了商业银行金融 IC 卡产品功能，满足了不同客户群体的需求，提高了金融服务水平，提升了商业银行的核心竞争力。

交通银行坚持金融 IC 卡应用推广工作服务民生，积极开展行业合作，大力推进金融 IC 卡在公共服务领域的一卡多应用。目前交通银行金融 IC 卡多应用范围已覆盖社保、交通、电信通讯、医疗卫生、校园、商圈、文化旅游等诸多行业领域，发卡品种也日臻丰富。通过金融 IC 卡在公共服务领域应用，提升了产品创新能力，提高了金融服务水平。

金融 IC 卡在公共服务领域的应用拥有巨大的发展空间，交通银行将加大与人民银行、各级政府及行业主管部门的协调沟通，并进一步完善与产业各方的合作机制，调动各方参与的积极性，整合各方资源，共同推进金融 IC 卡在公共服务领域的应用。

中国银行金融市场部总裁黎晓静（时任）：《借力金融 IC 卡提升服务水平》

在芯片迁移工作中，中国银行充分结合自身发展诉求，全面部署加快发展，全力推进金融 IC 卡建设，在较短时间内实现了金融 IC 卡的规模增长，在公共交通、社会保障、企业管理等公共服务领域均有所建树。企业 IC 卡解决方案是中国银行金融 IC 卡多应用典型案例之一，树立了金融 IC 卡服务企业后勤管理的范本，彻底改变了企业园区消费的管理和运营模式，真正实现企业、员工和银行的三方共赢。在社保等领域，中国银行按照社会保障卡加载金融功能的指导方向，推动金融社保卡发展，为参保人员便捷地享受社会保障待遇和金融支付服务提供了有力保障，真正实现了便民、利民、惠民的目标。在医疗卫生领域，中国银行利用自身在信息化、自助化、资金结算等方面的专业优势，有效解决客户看病难、排队难等就医难题。后续中国银行将继续加大宣传，拓展行业重点部署，为推进我国银行卡产业升级贡献力量。

上海浦东发展银行副行长姜明生：《浦发银行金融 IC 卡业务创新》

遵照人民银行有关文件精神和工作要求，浦东发展银行积极开展金融 IC 卡产品研发和应用推广，积极在社保、医疗及公共交通等领域开展合作，与中国移动合作推出的金融 IC 产品也获得了良好的社会反响，在给客户提供即刷即用的良好体验同时惠及更多社会大众，践行了普惠金融的服务理念。

现阶段行业合作，还存在以下几方面的问题。一是行业进入门槛相对较高。二是行业应用配套成本较高。三是行业合作的资源整合有待加强。后续，在金融 IC 卡公共服务领域应用上的几点建议：一是合力共建 IC 卡开放共赢的局面。二是完善技术标准、加强规范执行。三是加强 IC 卡配套支持、构建和谐生态环境。建议产业各方围绕关键点，各司其职、群策群力，共同构建有利于我国银行卡产业升级和公共服务领域信息服务水平提升的金融 IC 卡外部生态环境。

民生银行行长助理林云山：《民生"源卡"在肉类蔬菜流通领域的应用》

自金融 IC 卡推广应用以来，民生银行就结合自身战略定位，将关系国计民生的行业和小微企业客户应用作为重点突破方向。民生银行发行的金融 IC 卡——"源卡"是由昆明分行与昆明市商务局合作开发，面向昆明市肉菜经营者发行，具有肉菜流通追溯功能以及借贷记等金融服务功能。通过政府、银行和市场方三方系统的对接，实现了肉菜交易的全流程覆盖。

肉类追溯行业金融 IC 卡——"源卡"还在探索应用中，鉴于行业卡使用者的交易行为习惯、系统对接、追溯政策的执行力度等问题，还有待政府相关部门等各方共同努力，以实现该卡在特定行业更广泛的应用。后续，民生银行将借助"源卡"的实践，结合本行战略定位，继续探索此类金融 IC 卡在茶叶、药材等更广泛的食品安全领域的应用。

附录四　金融 IC 卡读者解疑

（一）基础知识

1. 什么是 IC 卡？

IC 卡即集成电路卡，是内部封装一个或多个集成电路用于执行处理和存储功能的卡片。一般常见的金融 IC 卡，卡片内部包含中央处理器 CPU、电擦除可编程只读存储器 EEPROM、随机存储器 RAM 以及只读存储器 ROM 等。

2. 什么是金融 IC 卡？

金融 IC 卡是由商业银行等金融机构发行的，采用集成电路技术，遵循国家金融行业标准，具有消费信用、转账结算、现金存取全部或部分功能，可以具有其他金融服务、商业服务和社会管理功能的金融工具。

3. 金融 IC 卡有哪些特点？

金融 IC 卡采用先进的智能卡技术，具有体积小、容量大、安全性高、可靠性强、寿命长、可支持非接触使用、可脱机使用和可实现一卡多用等特点。

4. 金融 IC 卡的安全性如何？

金融 IC 卡的安全性可以体现在以下几个方面：

机密性（Confidentiality）：防止未经授权的信息获取，如未经授权无法理解信息本身的真正含义等。

完整性（Integrity）：防止未经授权的信息更改（修改、删除、增加），如未经授权无法对信息进行任何形式的更改。一般用于防止对信息的主动、恶意的篡改。

真实性（Authenticity）：通过一系列的技术手段验证信息的真实性。

持久性（Durability）：指长时间信息保存的可靠性、准确性等。

5. 金融 IC 卡相对于银行磁条卡的优势有哪些？

磁条卡存在存储空间有限、无运算处理能力、不支持脱机、非接触处理、磁条信息安全性低、耐用性和灵活性较差等不足。金融 IC 卡具有以下优势：

覆盖面宽。金融 IC 卡不仅覆盖了传统磁条卡应用领域，还能通过电子现金和非接触功能广泛应用于小额快速消费领域，同时也能通过多应用功能实现在公共服务领域的应用。

使用方便。金融 IC 卡采用统一标准和先进技术，可以支持远程、脱机及快速支付，还可用于移动支付或其他支付方式。

安全性高。金融 IC 卡采用中央处理器（CPU）芯片，技术含量高，能有效防范伪卡交易。卡内资金存放在商业银行，便于监管，风险控制机制较完整。

可靠性强。金融 IC 卡具有防磁、防静电、防机械损坏和防化学破坏等能力，信息保存年限长，读写次数在数万次以上。

存储空间大。金融 IC 卡存储空间大，支持一卡多应用。磁条卡存储容量一般为 300 字节左右，而金融 IC 卡存储空间可达到 128K 字节（即 128×1024 字节）。

6. 金融 IC 卡产品主要分为哪些类型？

各商业银行已陆续推出众多各具特色的金融 IC 卡产品。按功能分，可分为借记卡、贷记卡、准贷记卡、电子现金、小额信贷等产品；按信息存贮介质分，可分为仅有芯片的金融 IC 卡和既有芯片又有磁条的双介质卡（业界又称"复合卡"）；按行业应用分，包括市民卡、社保卡、公交卡、园区卡等。

7. 金融 IC 卡支付功能如何联网通用？

PBOC 标准 IC 卡中的借贷记产品交易时同原有的磁条卡一样需要联机，通过银行卡网络实现跨行和跨地区包括跨境的通用。电子现金产品由于是脱机使用，一般情况下卡本身只记录一种货币的账户，通常不支持跨币种转换的脱机交易。另外针对跨币种脱机支付需求，新推出双币电子现金产品，目前主要应用于香港及澳门地区，支持人民币和港元/澳门元双币种。

8. 金融 IC 卡使用的 CPU 卡，与存储卡（Memory 卡）、逻辑加密卡有哪些差别？在安全性上有何差异？

根据所嵌入的芯片类型不同，IC 卡可分为以下三种类型，其中 CPU 卡的安全强度最高。

存储卡：卡内的集成电路是电擦除的可编程只读存储器 EEPROM，只有数据存储功能，没有数据处理能力。该卡本身不提供硬件加密功能，只能存储通过系统加密的数据，很容易被破解。

逻辑加密卡：卡内的集成电路包括加密逻辑电路和可编程只读存储器 EEPROM，加密逻辑电路在一定程度上保护卡及卡中数据的安全，但只是低层次的保护，无法防止恶意攻击。

CPU 卡：CPU 卡也称智能卡，卡内的集成电路包括中央处理器 CPU、可编程只读存储器 EEPROM、随机存储器 RAM、固化的卡内操作系统 COS（Chip Operating System）和只读存储器 ROM 等。该卡相当于一台没有显示器和键盘的微型计算机，卡中数据分为外部读取和内部处理两部分，以确保卡中数据的安全、可靠。因具有安全性高、可以离线操作、可以运算编程等突出优点，目前金融 IC 卡选用的都是 CPU 卡。

9. 什么是电子现金？什么是电子钱包？

电子现金就是基于借记/贷记应用上实现的小额支付功能，采用非对称密钥体系与对称密钥体系相结合的安全机制，主要应用于脱机小额支付交易。

电子钱包是基于电子钱包/电子存折应用上实现的小额支付功能，采用对称密钥体系，主要应用于早期的脱机小额支付交易。随着技术的发展，基于对称密钥体系的电子钱包应用在安全性方面逐渐显现出一定的不足，因此人民银行在 PBOC3.0 标准规范中已将电子钱包应用废止。

10. 什么是圈存？

圈存俗称充值，就是增加卡中电子现金余额的过程。圈存有多种实现方式，可以从主账户中转入资金，也可以通过现金划入资金，或者从其他账户转入资金，但圈存后的电子现金余额不能超过电子现金余额上限（即

1000 元）。

11. 什么是电子现金自动圈存？

发卡行和持卡人可以预先设定一个余额限值（称为自动圈存重置阈值），当卡片中的余额低于该值时，终端系统将在具有联机能力时发起联机交易，发卡行通过脚本自动从约定账户划转资金对卡片进行圈存；自动圈存交易不需要额外支付任何费用，并且收单行和转接清算机构无法识别该交易；建议持卡人选择该功能时不要将自动圈存重置阈值设定过高，避免出现频繁发起自动圈存的交易。

12. 什么是磁条芯片复合卡？

磁条芯片复合卡可同时支持芯片和磁条两种介质，在可以受理芯片的受理点使用时读取芯片，在不可以受理芯片的受理点则读取磁条，覆盖了传统磁条卡的所有功能。

13. 为什么要发行既有芯片又有磁条的双介质卡？

市场上银行卡受理终端种类较多、数量庞大，有 POS、ATM、非现金支付终端、电话支付终端等，因此改造成能接受芯片处理的工作需逐步完成，为使持卡人能在不同场合使用银行卡，金融 IC 卡推广初期大多带有磁条功能。

14. 双介质金融 IC 卡的磁条是否会降低金融 IC 卡的安全性？

在受理环境改造尚未完成阶段，双介质金融 IC 卡可能存在使用磁条进行交易的情况，此种情况称降级交易（FALLBACK 交易）。在降级交易处理等情况下确实可能存在信息盗取和伪造盗刷问题，但随着受理环境的不断完善和银行卡芯片化迁移进程的不断深入，这一问题将得到解决。一方面，将通过技术手段关闭双介质卡磁条交易，使卡片的安全性提升到芯片级别。另一方面，通过风险转移等市场手段促进发卡机构和收单机构加快金融 IC 卡迁移进度，优先使用芯片交易（参照国际惯例，风险转移政策规定：当发卡机构或收单机构有且只有一方未完成 PBOC 标准 IC 卡迁移时，未完成迁移方承担伪卡交易风险责任，都完成迁移时，若收单机构或其特约商户未正确处理复合卡的降级使用交易，由此产生的伪卡欺诈风险损失，由收单机构承担）。

15. 芯片卡坏了能使用磁条进行交易吗？

在金融 IC 卡终端上进行交易时，有时芯片可能损坏或芯片不可读取，则仍然允许采用磁条完成金融交易，该过程称为降级交易；由于降级交易采用磁条来完成，完全没有发挥芯片的安全性，发卡行会对降级交易进行严格控制。

16. 按照芯片和受理终端通讯方式的不同，金融 IC 卡可以分为哪几类？各有什么特点？

可分为三类：

接触式金融 IC 卡：通过读写设备（例如 POS 终端、ATM 终端）的触点与 IC 卡的触点接触进行数据的读写。国际标准 ISO/IEC 7816 对此类卡的机械、电器特性等进行了规定。

非接触式金融 IC 卡：与 IC 卡设备无电路接触，而是通过非接触式的 RFID 读写技术进行读写。国际标准 ISO/IEC 10536 和 ISO/IEC 14443 系列阐述了对非接触式 IC 卡的规定，其工作频率是 13.56MHz，读卡器和 IC 卡之间最大的读取距离为 10cm。银联非接触式金融 IC 卡的正面印有"Quick Pass 闪付"标识。

双界面卡：同时支持接触式读写和非接触式读写的金融 IC 卡。

17. 什么是加载金融功能的社会保障卡？

加载金融功能的社会保障卡是按照我国"十二五"规划、由各地人力资源和社会保障部联合商业银行向社会公众发行的、确保持卡人享有社会保障和公共就业服务权益的电子凭证。它既具有社会保障服务的基本功能，又具有银行服务的功能，可依托银行现已遍布全国的支付结算网络，为参保人实现持卡缴费、待遇领取、费用结算支付以及异地资金划拨、现金提取消费等功能提供支付结算手段。

18. 什么是 PBOC1.0、PBOC2.0、PBOC3.0？

PBOC1.0、PBOC2.0、PBOC3.0 分别是《中国金融集成电路（IC）卡规范》1.0 版本、2.0 版本、3.0 版本的简称。

1997 年，人民银行颁布《中国金融集成电路（IC）卡规范（版本 1.0）》，业内简称 PBOC1.0 规范，规范中首次定义了电子钱包 EP（Electronic Purse）和电子存折 ED（Electronic Deposit）两种应用。

2003 年，人民银行组织对 PBOC1.0 规范进行了修订，补充完善了电子钱包/电子存折应用，增加了与 EMV 标准兼容的借记/贷记应用、非接触式 IC 卡物理特性和标准、电子钱包扩展应用指南、借记/贷记应用个人化指南等内容，并于 2005 年 3 月正式颁布《中国金融集成电路（IC）卡规范（V2.0）》，业内简称 PBOC2.0。2007 年，为了满足小额、快速支付市场的迫切需求，人民银行组织对 PBOC2.0 规范进行增补，首次定义了电子现金应用。2010 年 5 月，人民银行正式颁布《中国金融集成电路（IC）卡规范》（2010 年版）。经过此次增补，电子现金已可适应公交、出租、地铁、高速、超市、加油、报刊、便利店、电影院等领域的快速支付需求。

2011 年，为进一步拓展金融 IC 卡的使用范围，强化金融 IC 卡在安全方面的优势，适应交通等快速交易领域的支付效率，人民银行在广泛征求意见和认真分析论证的基础上，再一次组织对中国金融集成电路（IC）卡规范进行修订。2013 年 2 月，人民银行正式颁布《中国金融集成电路（IC）卡规范》（2013 年版），业内简称 PBOC3.0。

19. 符合 PBOC3.0 标准的金融 IC 卡会记录哪些交易信息？

符合 PBOC3.0 标准的金融 IC 卡会记录交易日期、交易时间、授权金额、终端国家代码、交易货币代码、商户名称、交易类型等信息。

20. PBOC3.0 对芯片卡降级成磁条卡使用是怎么定义的？

降级使用交易是指当具有借贷记应用的芯片磁条复合卡在具有芯片受理能力的终端上交易时，通过刷磁条进行的交易。芯片卡终端应支持正常的芯片卡交易和降级使用交易，收银员或持卡人应首先尝试进行芯片交易，当芯片或芯片读卡器不能正常工作时方可进行降级使用交易。降级使用的交易必须得到发卡机构的授权。

21. PBOC3.0 标准与 EMV 标准兼容吗？

兼容。

22. EMV 的终端可以受理 PBOC3.0 的卡片吗？PBOC 3.0 的终端可以受理 EMV 卡吗？

EMV 终端从软件和硬件方面都兼容 PBOC3.0 卡片，但是 EMV 各成员组织的终端在应用层仍存在一定差异，因此，如需受理 PBOC3.0 的卡片，则需改造 EMV 终端并加载相关的 PBOC3.0 参数。

同样，PBOC3.0 终端从软件和硬件方面都兼容 EMV 卡片，但由于在应用层存在差异，仍需进行改造并加载 EMV 的参数才可以完全受理 EMV 的卡片。

23. PBOC3.0 中为什么要废止对于电子钱包/电子存折以及电子钱包/电子存折扩展应用的支持？

电子钱包/电子存折以及电子钱包/电子存折扩展应用等为我国早期金融 IC 卡的发展奠定了基础，也成为目前国内很多其他标准的参照模型。但随着借记/贷记应用、基于借记/贷记的小额支付应用以及快速借记/贷记（qPBOC）应用等的发展和普及，电子钱包/电子存折以及电子钱包/电子存折扩展应用等由于密钥管理复杂、安全性不足以及应用受理环境不广泛等原因，已经不能满足目前对于支付相关应用的需求。所以 PBOC 3.0 废止了对于电子钱包/电子存折以及电子钱包/电子存折扩展应用的支持。

24. 借记/贷记应用的 IC 卡进行交易时，一般有几个处理步骤？

借记/贷记应用的 IC 卡，其工作流程可分为以下几个步骤：

应用选择

应用初始化

读取应用数据

脱机数据认证（可选）

处理限制

持卡人验证（可选）

终端风险管理

终端行为分析

卡片行为分析

联机处理（可选）

发卡行认证（可选）

交易结束处理

25. 什么是非接触小额支付扩展应用？

非接触小额支付扩展应用主要应用于一些特定的小额支付环境，目前包括分时、分段扣费和脱机预授权消费两种应用模式。在分时、分段计费的模式下，持卡人预先并不知道本次消费的金额，随着消费行为结束，根据环境参数计算出消费金额，再进行扣款。典型的应用环境是地铁、高速公路（分段计费）和停车咪表（分时计费）等。脱机预授权允许终端在脱机的环境下预先冻结卡片中的部分金额，再根据实际消费情况对金额进行扣除，典型的应用环境如高铁等。对于以上提到的特定的支付环境，可以用非接触小额支付扩展应用来实现，而普通的小额支付实现这些功能则相对困难。

26. 什么是金融 IC 卡互联网终端？

金融 IC 卡互联网终端是通过互联网与金融 IC 卡配合完成 IC 卡交易的小型多功能金融服务终端，定位于家用或个人使用。金融 IC 卡互联网终端目前所支持的功能主要包括：借记/贷记账户消费、借记/贷记账户查询、借记/贷记账户交易明细查询、电子现金账户圈存、电子现金余额查询等；后期还将逐步支持转账、信用卡还款等交易。

27. 什么是"201"卡？

早期国内银行卡磁条信息格式定义与国际标准有冲突，最突出的问题就是将二磁道数据中的服务代码（Service Code）定义为"201"。

服务代码由三位数字组成，根据国际标准，第一位数字取值为 2 表示该卡为国际使用的集成电路（IC）卡，取值为 6 表示该卡为国内使用的集成电路（IC）卡；根据国内早期标准，"201"表示该卡限制在国内、跨系统交换，不限制服务类型。

由于国内早期发行的部分磁条卡将服务代码设置为"201"，该部分卡在符合 PBOC/EMV 要求的终端上被误判为芯片卡，导致交易失败。

28. CVN 和 iCVN 有什么区别？

CVN 是磁道信息中的卡片认证码，iCVN 是芯片中磁条信息的卡片认证码；为了防止从芯片中读取磁道信息来复制一张磁条卡，CVN 和 iCVN 应该不同；收单银行不能从芯片卡读取磁道等价数据后组成磁条卡报文上送给发卡行，这种情况下 CVN 校验会失败。

（二）持卡人关心的问题

29. 如何办理金融 IC 卡？

办理金融 IC 卡与办理磁条卡流程相同，目前有两种方式。一种是携带有效身份证件到各大商业银行网点，在柜台申请办理金融 IC 卡。办理前可先致电银行客服热线，确保该网点可受理该业务。另一种是网上申请，具体流程可参见各商业银行的官方网站或致电客服热线，咨询如何通过网上渠道申请办理金融 IC 卡。

30. 什么是"金融 IC 卡信息惠民工程"标识？

"金融 IC 卡信息惠民工程"标识（以下简称标识）是根据国务院关于促进信息消费、扩大内需的若干意见（国发〔2013〕32 号）的精神，为使银行自助设备支持公共服务信息化及加快实施信息惠民工程，大力推进金融 IC 卡在公共服务领域应用的要求而设定的服务标识。该标识主要用于帮助金融 IC 卡持卡人识别自助受理终端的惠民服务相关信息，以获取更好的服务。

该标识采用非接触 IC 卡制作，通过在标识中记录有关信息，不仅可以方便持卡人了解终端的相关信息，而且可以帮助相关单位对终端进行管理。凡贴有该标识的终端可以为持卡人提供与金融 IC 卡相关的各类优质服务，如跨行圈存等。今后持卡人也可以通过在带有 NFC 功能的手机下载相关应用后，查询标识中的相关电子信息。"金融 IC 卡信息惠民工程"标识的设计图案见下图。

31. 如何使用金融 IC 卡？

金融 IC 卡分为接触式与非接触式两种。接触式金融 IC 卡，可通过插入受理终端的读卡槽实现在 POS 和 ATM 上使用。目前，全国 POS 和 ATM 受理接触式金融 IC 卡改造基本完成。

支持非接触式交易界面的银联金融 IC 卡，卡面上有"Quick Pass 闪付"标识，持卡人可在支持"Quick Pass 闪付"的非接触式支付终端上，轻松一挥快速完成支付交易。一般来说，电子现金单笔金额不超过 1000 元，无须签名和输入密码。

"Quick Pass 闪付"标识

32. 金融 IC 卡也分信用卡和借记卡吗？

在支付功能上，金融 IC 卡除了借记卡、信用卡（贷记卡、准贷记卡）之外，还包括纯电子现金卡。上述三种功能还可以相互叠加组合，形成多种支付功能的金融 IC 卡，如借记和电子现金复合卡，贷记和电子现金复合卡，准贷记和电子现金复合卡等。

在信贷功能上，金融 IC 卡目前还支持小额远程手机信贷功能。

在跨行业多应用功能上，金融 IC 卡还可作为带有社会保障、安全管理、医疗卫生、文化教育、社会管理功能的多应用卡。

33. 金融 IC 卡也需要像磁条卡一样背面签名吗？

金融 IC 卡如果带有常规借记或贷记功能，则需在背面签名栏签名。

34. 持卡人若见到收银员通过刷磁条的方式受理金融 IC 卡该如何应对？

收银员在受理金融 IC 卡的时候按规则应首先尝试通过芯片完成交易，因此在可使用芯片的环境中持卡人有权要求收银员使用芯片进行交易。若收银员直接采用刷磁条的方式，持卡人可以提示收银员自己所持银行卡为芯片卡，并要求使用芯片界面进行交易。但如果因为芯片或终端发生故障而无法通过芯片进行交易时，可通过磁条完成交易，即降级交易。

为了督促商户形成受理芯片的习惯，风险转移政策规定由收单机构或特约商户承担未正确处理降级交易产生的伪卡风险损失，以此来引导收银员正确受理金融 IC 卡，减少降级交易。

35. 现在几乎所有的金融 POS 和 ATM 都可以受理磁条卡，那么金融 IC 卡的受理情况又如何呢？

全国金融 POS 和 ATM 的接触式金融 IC 卡受理改造分别于 2011 年底和 2012 年底完成，截至 2014 年第一季度，超过 98.7% 的 POS 和 97.4% 的 ATM 已经可以受理接触式金融 IC 卡，其中 21.5% 的 POS 和 6.5% 的 ATM 支持非接触式金融 IC 卡。不能受理金融 IC 卡的一般是即将淘汰的老旧 POS、ATM 或电话 POS。

36. 金融 IC 卡能容纳哪些社会公共服务功能？

依靠体积小、容量大、安全性高、可靠性强、支持非接等特点，金融 IC 卡的应用领域非常广阔，可加载功能几乎涵盖了整个公共服务领域，主要包括：

交通领域：公交、地铁、出租、轮渡、城际铁路、ETC、停车收费等；

社保领域：身份凭证、事务办理、保险缴纳、待遇领取、医保结算等；

卫生领域：预约挂号、持卡就医、电子病历等；

公共事业领域：水、电、燃气、通讯费缴纳等；

政府服务领域：民政、劳动、工商、税务、公安、教育等。

37. 金融 IC 卡与采用金融标准的行业 IC 卡有何不同？

采用金融标准的行业 IC 卡是指由非金融机构发行的、符合 PBOC 规范的 IC 卡。

两者的区别：第一是发卡主体不同，前者是由金融机构发行，后者是由非金融机构发行；第二是结算渠道不同，前者是通过银行网络进行结算，后者则是通过行业结算渠道；第三是管理规则不同，金融 IC 卡采用实名制，资金更安全；第四是使用范围不同，前者可在所有银行卡受理渠道使用，后者只能在行业受理终端上使用；第五是服务功能不同，金融 IC 卡具备借记和贷记等功能，同时还支持多应用；第六是互通能力不同，各银行发行的金融 IC 卡可互联互通，而行业 IC 卡一般不可通用。

38. 持卡人在公交行业选用非接触金融 IC 卡与普通公交 IC 卡，哪个更安全？

普通公交 IC 卡大多采用 Mifare One 技术或以 PBOC1.0 电子钱包技术标准为核心的行业标准。Mifare One 技术已被证实存在安全漏洞；PBOC1.0 采用基于对称密钥体系的 DES 算法，终端需要安装存放消费主密钥的 PSAM 卡，存在较大的安全风险隐患。在金融 IC 卡技术标准中，采用非对称安全认证体系与对称密钥体系相结合的模式，安全性远高于普通交通 IC 卡。

39. 我国有 43 亿多张银行卡，是否都有计划换成金融 IC 卡？

我国实施银行卡芯片化迁移，其目标并不是替换现有全部的存量磁条卡，而是旨在不断提升银行卡的安全保障程度和使用效率，以便持卡人使用一张金融 IC 卡就可完成原来多张磁条银行卡的功能。按照人民银行《关于推进金融 IC 卡应用工作的意见》（银发〔2011〕64 号）要求，2015 年在经济发达地区和重点合作行业领域新发行的银行卡应为金融 IC 卡。

40. 媒体报道的自制非接触式刷卡机能窃取金融 IC 卡的资金，是这样吗？电子现金消费无须密码和签名，是否会被不法分子持读卡器盗刷？

由于非法终端无法连入银行卡网络完成最终的资金清算，因此自制刷卡机无法窃取金融 IC 卡（包括电子现金）的资金；并且金融 IC 卡中的磁道信息与普通磁条中的信息不完全一样，也不能被复制成一张磁条卡进行盗刷。

41. 金融 IC 卡是否会在持卡人不知情的情况下被不法分子利用设备复制芯片卡？

国内发行的金融 IC 卡全部支持 DDA 认证（动态数据认证），卡上存放了用于脱机数据认证过程中执行卡片签名的 IC 卡私钥，该私钥无法被外部读取。因此，不法分子无法复制芯片卡。

42. 既然是非接触受理，靠近收银台时是否会被强制扣款？

金融终端非接受理的有效距离一般在终端标识刷卡区域 10 厘米内，

目前普遍设置为 2~3 厘米，且通常在收银台进行消费交易需要先确认消费金额，再执行消费扣款，同时，由于采用了多张卡片的防冲突机制，因此一般情况下不存在靠近收银台被强制扣款的问题。

43. 使用了金融 IC 卡，如果无意泄露了密码是否会在卡不离身的情况下被盗资金？

金融 IC 卡执行借记/贷记交易过程中除验证联机密码之外，还需进行发卡行对卡片的联机认证等多个与卡片相关的交易环节，交易的安全主要是由卡片保障的。因此，不存在金融 IC 卡在卡不离身的情况下被盗资金的可能性。

但对于开通网上支付功能的金融 IC 卡，其安全性与磁条卡一样。持卡人也可采用安全性与线下交易一致的 IC 卡互联网终端进行网上支付。

44. 金融 IC 卡丢失补办新卡后，原卡是否会有资金风险？

金融 IC 卡丢失补办新卡之后，原卡的借记/贷记账户自动失效，不会对持卡人后台账户造成资金风险，也不会对新卡的电子现金账户余额产生影响。

45. 使用金融 IC 卡做交易和使用传统磁条卡相比，持卡人是否需要额外支付费用？

持卡人无须支付额外费用，即可享受比传统磁条卡安全便捷的金融服务。

46. 金融 IC 卡的芯片是不是不会像磁条卡一样出现消磁的状况？有其他容易受到损坏的地方吗？

金融 IC 卡的芯片不存在消磁的状况，但是应注意芯片所处位置不可弯折，尤其是支持非接触功能的金融 IC 卡，应注意天线所处位置不可过度弯折甚至折断，否则会导致天线损坏无法进行非接触交易。

47. 金融 IC 卡如果损坏，怎么进行更换？

金融 IC 卡如果损坏，应联系发卡银行更换新卡。

48. 持卡人更换金融 IC 卡是否会收取费用？

更换金融 IC 卡的收费标准以各商业银行最终解释为准。

49. 如何开通金融 IC 卡电子现金功能？

金融 IC 卡是否支持电子现金功能可以通过卡面是否印有 UPcash 标识来区分；带有该标识的卡，持卡人可要求银行开通电子现金功能，开通电子现金功能具体条件以各发卡银行解释为准。

50. 电子现金账户金额上限是多少？

为降低持卡人脱机小额支付账户资金风险，保障持卡人用卡安全，目前电子现金账户金额上限为 1000 元人民币。

51. 为什么要设置电子现金限额？

由于电子现金是脱机小额账户，不挂失，若卡片丢失会给持卡人带来资金损失，因此，设置电子现金限额可以降低资金风险，保障用卡安全。

52. 电子现金账户是否有单笔交易金额限制？

电子现金可以设置单笔交易金额限制，如不设置，则单笔交易金额限制为电子现金账户金额上限。

53. 为什么电子现金支付没有短信提示，在支付时无法看到消费余额？

电子现金消费采用的是脱机支付方式，适用于公交、地铁、停车、快餐、便利店等小额快速脱机支付领域。由于该部分领域的终端通常不具备实时联机功能，因此电子现金在消费时无法发送通知短信。电子现金在支付时，受理终端的显示屏上可以看到对应的消费金额和扣款后金额，在具备打印签购单能力的 POS 机上，也能通过打印的签购单查看扣款金额及剩余金额。

54. 电子现金交易单据需要客户签名吗？

电子现金交易在不具备打印功能的终端上可以不打印交易凭证，持卡人也无须在交易凭证上签名。

55. 电子现金用完后如何充值？在哪里可以充值？是否能跨行充值？

持卡人卡上电子现金余额用完后，可以通过电子现金圈存交易进行充值。持卡人可以通过发卡银行的柜面、ATM、自助终端、支持圈存交易的 POS 终端、IC 卡互联网终端等途径充值。在发卡银行支持时，持卡人也可在上述渠道进行跨行充值。自 2014 年起，在 ATM 终端上可进行接触式金融 IC 卡的跨行充值交易。

56. 具有电子现金账户的卡片丢失后，电子现金可以挂失吗？如若丢失，电子现金余额如何处理？

电子现金与我们日常生活中使用的现金一样，其在脱机扣款时，销售终端通常不进行联机操作，只是在卡上扣减交易金额，因此卡上电子现金余额不一定与银行后台记载一致，在无法确定丢失卡上的余额时，丢失后就无法挂失。电子现金等同现金，丢失之后余额通常无法领回。

57. 可以通过地铁和出租车计价器等查询金融 IC 卡电子现金余额吗？

进行过 PBOC2.0/3.0 改造且支持电子现金查询功能的地铁及出租车计价器，可以用来查询金融 IC 卡电子现金余额。

58. 金融 IC 卡的非接触快速消费过程中，持卡人怎么知道在消费过程中是否多次刷卡？

金融 IC 卡非接受理终端通过声、光、电等提示持卡人消费扣款执行结果，持卡人可依此提示判断是否存在多次刷卡的情况。对于公交等固定金额扣款领域，受理终端通常具有防止重复刷卡的功能。对于金额每次变动的一般金融消费，需要先确认金额，再进行消费。另外，持卡人可根据卡内交易明细、卡片余额等判断是否是多次刷卡。

59. 非接触状态下用的是芯片还是磁条功能？

非接触状态下使用的交易介质是芯片，磁条无法进行非接触式交易。

60. 非接触状态下可以使用借记、贷记卡功能吗？

可以使用。

61. 持金融 IC 卡购买东西，如果发生退货怎么操作？

IC 借记/贷记卡退货同磁条借记/贷记卡；电子现金也可支持退货，分为终端联机退货和手工退货，终端联机退货需电子现金交易已上送后方可发起。手工退货在商户退货处填写退货单即可。

62. 与旧版本的金融 IC 卡相比，使用 PBOC3.0 的金融 IC 卡给持卡人带来哪些好处？

增加了互联网终端、双币种小额支付、非接触小额支付扩展应用等部分，标准支持的功能更强大，可以为持卡人提供更多的产品和服务。

标准更多地采纳了国际标准的内容和国际的通用做法，具有更好的国际市场兼容性，利于卡片在境内外通用。

标准支持更安全的算法，保证了持卡人交易的安全性。

63. 可以将符合 PBOC2.0 标准的卡升级成符合 PBOC3.0 标准的卡吗？

目前暂不支持将 PBOC2.0 金融 IC 卡直接升级为 PBOC3.0 的卡片，建议更换一张新的金融 IC 卡而非将原卡片升级。符合 PBOC 3.0 标准的卡片增加了分段分时计费、脱机预授权等非接触小额支付扩展应用。PBOC2.0 的卡可以被 PBOC3.0 的终端受理，并可以正常使用到失效日期当天。

64. 未来金融 IC 卡会给人们的生活带来什么改变？

金融 IC 卡具有智能芯片，可集社保、交通、医疗、教育、通讯、购物、娱乐、水电煤缴费等行业应用于一体，实现"一卡多用"，让现在被各类卡片充满的钱包"瘦身"。同时，其非接触式支付功能可广泛应用于超市、便利店、百货、药房、快餐连锁等零售场所和菜市场、停车场、加油站、旅游景点等快速交易环境，有助于加快交易结算效率。

（三）商户关心的问题

65. 外观上如何鉴别金融 IC 卡？

外观上看，金融 IC 卡通常是在卡片上嵌入了一小块金色的智能芯片，就是这款芯片赋予金融 IC 卡更高的安全性能，以及非接支付功能和多行业应用功能。

66. 如何确认持卡人所持金融 IC 卡是否支持电子现金功能？

持卡人可在自助终端或是银行柜台查询，同时卡片上也印有电子现金标识，例如商业银行发行的符合 PBOC 标准和银联企业规范的电子现金功能的卡上均有"UPcash"标识。

67. 如何确认持卡人所持金融 IC 卡是否支持非接触电子现金功能？

符合 PBOC 标准和银联企业规范，支持非接触式电子现金交易功能的金融 IC 卡，卡面上有"Quick Pass 闪付"标识以及"UPcash"电子现金标识。

68. 商户受理符合 PBOC3.0 标准的金融 IC 卡，是否需要更换或升级原有的 PBOC2.0 终端？

PBOC3.0 卡片可以在符合 PBOC2.0 标准的终端上使用，如果商户布放的金融终端已符合 PBOC2.0 标准，则无须更换或升级终端。

69. 为什么有些商户受理电子现金交易之后，却没有收到收单机构清算对账信息，清算账户中也没有收到对应的交易金额？

电子现金消费交易为脱机交易，每笔交易都会在受理终端生成脱机交易流水文件，只有终端在批结时上送脱机交易流水后，收单机构和发卡银行才能收到对应的交易流水记录并进行清算。

70. 哪些商户适合非接受理？

非接支付具有交易简便、卡片介质无磨损的特点，同电子现金结合后特别适合交易流量大、速度要求高的小额支付领域，如超市、快餐、票务、便利店等商户以及公交、出租、地铁、停车、自动售货机等行业的支付需求。也可与借贷记产品结合，满足大额支付的需要。

71. 电子现金脱机消费交易清算是否有时间限制？

根据电子现金业务规则规定，收单机构应在自交易日起 20 个自然日内批量上送脱机消费交易数据，提交清算。未及时提交而产生的风险损失由收单机构承担。

72. 受理终端电子现金脱机交易流水文件丢失该怎么办？

考虑到终端机具上的交易流水可能会因多种原因（如机具损坏、被窃等）丢失，因此，商户应妥善保管终端机具，并及时上送交易流水。如果出现交易流水丢失的情况，有两种处理方式：

（1）有交易凭证的

商户应将交易凭证（指签购单或者对应的电子凭证）交至收单机构，收单机构应提供手工补单的机制，通过人工录入交易凭证上的有关信息，形成符合要求的脱机消费交易文件，在自交易日起 20 个自然日内上送到转接清算机构进行后续处理。未及时提交补录的脱机消费交易数据而产生的风险损失由收单机构承担。

（2）无交易凭证的

业务规则中要求由双方自行协商解决，但为业务拓展需要，建议在业务开展时双方进行约定，在无法界定损失责任情况下，收单机构可以给予商户适当补偿。

73. 商户可以使用互联网终端替代传统金融 POS 终端吗？

互联网终端是供持卡人个人使用的，通过互联网终端使用金融 IC 卡，持卡人可以完成交易相关等操作。互联网终端是供个人使用的支付终端，不可由商户用作销售点终端使用。

74. 如何受理"201"卡？

在收银员刷完磁条卡后，如果终端提示"请插入 IC 卡"，则收银员应检查卡片是否具有芯片，若无芯片则表明此卡为"201"卡，收银员应提示持卡人该卡有风险，尽快去发卡行换卡。

75. 合适的非接触式交易距离应该是多少？

非接触式交易中卡片与读卡器之间最适合的距离通常在 5 厘米以内。

76. 哪些非接触式交易习惯会导致交易失败？

不将卡片完全置于终端指示的刷卡区域内或卡片与刷卡区域之间距离过远、刷卡速度过快以及在刷卡区域内来回晃动等刷卡习惯，容易导致刷卡失败。

77. 哪种账户可在 POS 线路不通的状态下完成交易？

电子现金账户是脱机账户，金额存储在卡片上。当 POS 线路不通时，可用于完成交易。

78. 非接触式交易与接触式交易哪种方式更便捷？

金融 IC 卡的接触式和非接触式界面都支持联机交易和脱机交易。由于非接触交易更多采用的是脱机交易，因此交易速度更快，而且在电子现金条件下无须输入密码和签名，更加方便持卡人。

79. 借记、贷记、电子现金交易哪种方式交易成本最低？

借记、贷记账户都是联机账户，按照国内惯例，借记、贷记交易必须联机；电子现金账户是脱机账户，在离线状态下即可完成支付交易。因此，电子现金的交易成本最低。

80. 借记、贷记交易退货怎么处理？

借记、贷记交易等联机交易的退货分为当日退货和隔日退货。对消费完成后当日当批次的全额退货，采用消费撤销处理；对当日当批次部分退货和当批次后退货的，采用联机或手工方式进行处理。受理方应以联机方式为主提交退货交易；手工方式作为联机方式的补充，当终端或系统由于故障原因无法联机处理时使用。支持多次退货，但退货累计金额不得大于原始交易金额。

81. 什么情况下商户应取消或拒绝交易并没收持卡人所使用卡片？

在受理持卡人交易时，发生下列情形之一的，商户应取消或拒绝交易并根据收单机构要求没收卡片：

（1）POS 显示的交易应答信息为发卡机构发出的没收卡指令；

（2）联络发卡机构时，发卡机构给出没收卡的指令。

82. 对商家而言，小额支付使用借贷记账户还是电子现金交易更佳？

小额支付推荐使用电子现金交易，因为无须联机、无须持卡人输入密码、无须持卡人签名，具体而言，交易速度快，而且操作安全简便。

83. 电子现金的脱机交易功能，怎么确保资金能在规定时间内准确到账？

使用电子现金脱机交易功能，商户收银员需注意每天至少一次批结或手工上送脱机交易流水，以保障资金能在规定时间内准确到账。

84. 受理电子现金脱机交易，到账不及时，造成对账不平怎么处理？

根据相关规则，收单机构应在自交易日起 20 个自然日内提交脱机交易数据，超期提交而产生的风险由收单方承担。因此，如发生相关异常情况，发卡方可以通过差错处理方式予以解决。

85. 如果是普通的商家，可以申请受理金融 IC 卡吗？怎么申请？

受理金融 IC 卡与受理传统磁条卡并无差异，申请方式也相同。

86. 商家受理金融 IC 卡的机具，需要商家付费吗？有优惠政策吗？

与受理传统磁条卡机具相比并无差异，某些地区制定了专门针对金融

IC 卡的优惠政策，具体费用及优惠政策以收单机构最终解释为准。

87. 商家受理金融 IC 卡，在扣率方面和受理磁条卡有不一样的地方吗？

扣率根据商户类型确定，因此无差异。但有的地区制订了针对金融 IC 卡或其电子现金功能的优惠政策。

88. 商家受理金融 IC 卡和磁条卡的流程以及差错处理方式一样吗？

商家在受理金融 IC 卡借贷记交易和受理磁条卡时，除了插卡与刷卡动作不同，内部交易处理方式基本一致。金融 IC 卡的非接受理方式与传统流程是不同的，尤其是非接触电子现金交易受理时，持卡人是无须输入密码，无须签名的。

商户发现差错时，处理方式相同，即联系收单机构。

（四）银行/机构关心的问题

89. PBOC3.0、PBOC2.0 和 PBOC1.0 的差异是什么？

PBOC 1.0 开创了银行 IC 卡应用的先河，并成为智能卡应用领域的标杆和旗帜，切实促进了我国行业支付卡的兴起和芯片化进程。但 PBOC 1.0 采用了对称密钥体系，并通过 PSAM 卡保存相关的密钥，一旦该 PSAM 卡被破解，将产生较大的安全隐患。

为此，近年来已在国内开始大范围推广更安全的 PBOC 2.0 规范体系，该体系采用对称和非对称密钥技术的结合，具有安全性高，管理精简等特性，因此也更适应各种应用的需求。

与 PBOC2.0 相比，PBOC3.0 进一步完善和优化了非接电子现金的交易流程，丰富了金融 IC 卡的功能，适应了金融 IC 卡在新领域应用的需求，创新了金融 IC 卡在互联网上的使用方式，同时支持具有我国自主知识产权的密码算法，废止了电子钱包/电子存折规范相关内容。

今后，新发金融 IC 卡应逐步符合 PBOC 3.0 标准。

90. 为什么要从 PBOC2.0 过渡到 PBOC3.0？

主要有如下几点原因：

（1）拓展了金融 IC 卡的应用领域。

PBOC3.0 由于更多地引入了对于行业应用的支持，可以使得金融 IC

卡能更好地满足行业应用中的各种需求。例如 PBOC3.0 增加了对分段扣费、脱机预授权、单次扣款优惠等特定小额支付扩展应用的规范，满足金融 IC 卡在公交、地铁、高铁等公共服务领域的应用需求。

（2）扩大了金融 IC 卡的使用渠道。

PBOC3.0 增加了对互联网终端的规范，满足金融 IC 卡在互联网、手机支付等创新支付方式中的应用需求，完成线下线上渠道整合，使持卡人可以在互联网上使用金融 IC 卡进行安全、便捷的线上交易。

（3）为下一步应用国密算法打下了基础。

PBOC3.0 实现了对国密算法的支持，为下一步在整个金融行业中采用我国自主产权的算法进行了铺垫。

（4）与国际规范接轨。

PBOC3.0 引入了一些国际规范的新特性，使得其较 PBOC2.0 更能与国际规范相接轨。

91. PBOC3.0 与 PBOC2.0 的兼容性如何？

PBOC3.0 与 PBOC2.0 相兼容。符合 PBOC2.0 的金融 IC 卡可以在符合 PBOC3.0 的终端上受理，同时符合 PBOC2.0 的终端也可以受理 PBOC3.0 的金融 IC 卡。因为二者兼容性好，所以可以实现平滑过渡。

92. PBOC3.0 与 PBOC2.0 相比，在安全性方面有哪些提高？

增加了一种 fDDA 版本，即版本 01，这使得更多的数据参与到签名的计算中来，也使更多的数据得到了保护。PBOC3.0 还加入了对于 SM2、SM3、SM4 等拥有我国自主知识产权的密码算法的支持。

93. PBOC3.0 标准与移动支付行业标准的关系如何？

PBOC3.0 与移动支付系列规范关系紧密，移动支付规范是现有金融 IC 卡标准的继承：一方面移动支付规范规定了在近场支付时必须遵循 PBOC 标准，同时在与应用无关的非接触通讯协议部分及应用流程上与 PBOC 标准完全一致；另一方面移动支付规范在远程支付上采用了金融 IC 卡标准交易。

94. 发布 PBOC3.0 以后，符合 PBOC2.0 规范的卡片和终端将如何处理？

卡片可以继续使用，不受任何影响，直到证书有效期结束。终端可以继续使用，直到更新替换。如果希望非接终端支持 PBOC3.0 中的新功能，也可以对其进行升级改造。

已经布放的 PBOC 2.0 的终端完全可以受理 PBOC 3.0 的卡，建议收单机构根据实际情况在适当时候对终端进行升级，对升级的时间没有强制要求。若要改造终端无须更改硬件，只需安装新版程序即可。

95. 为符合 PBOC3.0 标准，银行的后台系统是否需要进行改造？

如果不使用 SM 系列算法可以不用进行系统改造。如果希望引入 PBOC3.0 中的一些新功能，发卡机构可以根据自身需求对相关系统进行改造。

96. 符合 PBOC3.0 标准的卡片在个人化方面与符合 PBOC2.0 标准的卡片有哪些变化？

PBOC3.0 标准的金融 IC 卡在个人化上主要增加了电子现金应用 01 版本 fDDA、圈存日志入口和圈存日志格式等数据元，另外还增加了支持双币电子现金应用、电子现金扩展应用的数据元及文件。

97. 银行发行 IC 卡的个人化参数如何设定？

根据卡片的卡种类型和所支持的应用类型，确定卡片的模板或模板组合以及相关数据域，将各个人化数据按照标准组合成不同的数据分组，通过专用命令发送至卡中进行数据个人化。

98. 借贷记应用的 IC 卡是否必须设置有效期？最大有效期如何确定？

由于卡片需要装载发卡行公钥证书，而证书是有有效期的。为了保证卡片的正常使用，卡片的有效期不应超过证书的有效期。

出于安全原因，根 CA 公钥的有效期一般不超过十年，因此符合 PBOC 借记/贷记应用的卡片必须设置有效期，且目前最长不超过 10 年。

人民银行每年年底会对公钥的有效期进行评估，确定下一年公钥的有效期方案。

99. 银行发行 IC 卡能否有个性化的应用？

IC 卡的支付交易基本域必须规范一致，以实现通用。在遵守规范的前提下，各发卡机构可结合自身需要，充分利用可选域开展个性化应用。

100. 各地金融 IC 卡上加载的市民卡应用是否有所不同？

各地市民卡项目因为增加了当地的个性化应用，因此在某些可选域有不同设置，商业银行在当地发卡时，除需遵守金融 IC 卡相关规范和基本规定外，还需要遵照当地人行或主管机构的要求发行。个性化的域因为不是交易的基本域，在识别的时候需要终端的特别支持，因此在其他地区无法使用，但不会影响卡片跨地区的常规支付使用。

101. 卡片复合多应用建议何种合作模式？

以 IC 卡为载体开展小额公共支付等具有金融属性的行业合作时，应坚持以 PBOC 规范为金融应用的唯一标准，由银行控制卡片主密钥，以确保金融应用的安全。行业功能可作为卡片的一个应用或独立的区存在，但不能影响金融区的安全。

102. 如果需要受理分时分段、脱机预授权等非接触小额支付扩展应用功能，收单机构、终端等需要进行哪些改造？

由于非接触小额支付扩展应用加入了行业密钥，而行业密钥又是采用对称密钥体系的，所以如需受理非接触小额支付扩展应用的卡片，需要在终端中加入 SAM 卡。同时收单机构也可能按实际需要对其系统进行改造以完成对相关行业数据的传输或管理。

103. 非接触小额支付扩展应用涉及了行业的密钥管理体系，这一体系与银行现有的密钥管理体系有何区别？

银行系统现有的密钥体系既包括非对称密钥体系，又包括对称密钥体系，行业密钥的密钥体系则只采用对称密钥体系，两者完全独立，互不关联。银行现有的密钥体系主要保证金融交易的安全性，行业密钥体系则主要用于金融行业以外的应用，两个密钥管理体系从功能上是不同的。银行系统的密钥必须由银行系统来掌控，行业密钥则可视情况决定由哪一方来掌控。

104. 非接触小额支付扩展应用能否实现行业应用中月票、计次卡、换乘优惠等功能？

可以。PBOC3.0 加入了对于分时、分段计费应用的支持，并且还可以支持月票、计次卡、换乘优惠等多种复杂的行业应用的功能。除此之外，

PBOC3.0 可以通过支持脱机预授权交易等实现对于行业方利益的保护。由于加入了以上功能，PBOC3.0 可以基本涵盖目前常用的各种与支付相关的行业应用。

105. 双币种电子现金是否只能使用人民币和港元？使用其他币种可以吗？

可以，双币种电子现金只是限制了可以使用货币种类的数目，对于具体使用哪些币种没有限制。

106. 符合 PBOC3.0 标准的互联网终端是否可以叠加银行的个性化功能，比如加入 USB Key 等功能？

可以叠加银行的个性化功能，包括 USB Key、动态口令等。

107. 境外受理和发卡状况如何？

目前已有部分国内银行的境外分支机构和境外金融机构在境外发行了 PBOC 标准金融 IC 卡，东南亚地区的部分境外机构也已经着手开展发卡准备。境外受理已在港澳及东南亚地区开通并逐步覆盖到全球。

108. 在密钥管理方面有哪些基本的要求？

主要包括密钥生命周期管理、密钥泄露的应急处理、物理环境、人员管理、安全审计、文档配备等若干方面要求。

109. 金融 IC 卡业务中使用到了几种密钥？涉及哪些机构？

金融 IC 卡业务中使用的密钥包括对称密钥和非对称密钥两大类。

其中非对称密钥包括认证中心根密钥对、发卡机构公私钥对、IC 卡公私钥对。涉及的机构包括管理根密钥的认证中心、管理发卡机构公私钥对及 IC 卡公私钥对的发卡机构、使用认证中心公钥证书的收单机构。

对称密钥包括发卡机构对金融 IC 卡业务相关的对称密钥，其涉及的机构为发卡机构及卡组织。

110. SDA、DDA 的含义是什么？哪个更加安全？

静态数据认证（static data authentication，SDA）验证卡片在个人化以后重要的应用数据是否被非法修改。终端使用卡片上的发卡行公钥验证卡片静态数据，同时卡片上还包括发卡行公钥证书以及数字签名，数字签名中包括一个用发卡行私钥加密重要应用数据得到的哈希值。如果用实际数据产生的哈希值与从卡片中恢复出的哈希值相匹配，则说明卡片数据未被修改。

动态数据认证（dynamic data authentication，DDA）主要是用于防止伪造卡片。动态数据认证有标准动态数据认证（DDA）和复合动态数据认证（DDA/AC–CDA）两种。终端要求卡片提供由 IC 卡私钥加密动态交易数据生成的密文，动态交易数据是由终端和卡片为当前交易产生的唯一数据。终端用从卡片数据中获取的 IC 卡公钥来解密动态签名，用还原的数据与原始数据匹配来验证卡片的真伪。复合动态数据认证/应用密文生成把动态签名生成与卡片的应用密文生成相结合，确保卡片行为分析时返回的应用密文来自有效卡。

SDA 只能确保卡片中的重要数据没有被非法篡改，但不能防止伪卡，而 DDA 能有效防止伪卡，因此在推广 IC 卡时发卡行应选择安全级别高的 DDA 卡片。特别是小额支付交易采用脱机交易的方式，就必须采用 DDA 的方式发行卡片。

111. IC 卡受理终端上，如何使用 CFCA 的公钥对卡片进行认证？

受理终端预先下载好 CFCA 的公钥，在进行终端与卡片的脱机数据认证时按照如下流程进行操作：

（1）读取 IC 卡中存储的发卡行公钥证书，通过终端中存储的 CFCA 公钥，推算出发卡行公钥；

（2）读取 IC 卡中存储的卡片公钥证书，使用发卡行公钥，推算出卡片公钥；

（3）使用卡片公钥，与 IC 卡进行动态数据认证或静态数据认证。

112. 为什么一个终端上可以对不同银行发行的 PBOC2.0 规范的借贷记 IC 卡进行脱机认证？

金融认证中心的根密钥只是按照长度分为若干组，并未按照地域或者发卡行类别进行划分。所有受理金融 IC 卡的终端，都会装载认证中心不同长度的公钥。

只要终端装载了对应密钥长度的公钥，就能受理依照该密钥长度所发行的 IC 卡，不存在跨地区不能使用的问题。也就是说，只要卡片的根 CA 用的是金融认证中心的，就能实现联网通用。

（五）产业界关心的问题

113. PBOC3.0 的检测认证有哪些特殊要求？

检测要求可参见人民银行授权的检测机构发布的最新送检指南，认证要求则与现有相关要求一致。

114. 制卡商、终端商等必须实现 PBOC3.0 中的所有功能吗？

不要求必须实现 PBOC3.0 中的所有功能。PBOC3.0 按功能分为：借记/贷记、基于借记/贷记的电子现金、快速借记/贷记（qPBOC）、非接触小额支付扩展应用、IC 卡互联网终端、双币种电子现金等，制卡商、终端商等可根据实际应用需求任选实现其中的一种或多种。

115. 以 qPBOC 形式进行的电子现金交易，其防拔卡机制是如何实现的？

由于卡片在持卡人手中，交易时可能存在交易没有完成，但是卡片移出感应磁场从而导致数据不一致的情况。因此，对于非接触式发生的 qP-BOC 交易，需要进行防拔卡处理。

正常的 qPBOC 交易流程为 GPO（扣款）→读取应用数据→卡片可以移出感应区，终端继续进行脱机数据认证。如果支持小额支付的话，扣款动作在 GPO 指令中完成。如果在卡片读取应用数据时突然移出感应区，卡片的防拔位没有恢复，防止拔卡机制设计成在下次上电时恢复上一次扣款金额，确保交易的一致性。